ベトナムにおける「二十四孝」の研究

佐藤トゥイウェン 著

東方書店

本書は、独立行政法人日本学術振興会から平成28年度科学研究費助成事業
(科学研究費補助金)(研究成果公開促進費)「学術図書」(課題番号16HP5006)
の助成を受けて刊行されたものである。

序

　佐藤トゥイウェン氏の本書『ベトナムにおける「二十四孝」の研究』は、中国で生まれた「二十四孝」説話がベトナムにおいてどのように受容され、また変容していったのかを明らかにするとともに、ベトナム人の「孝」思想の特徴を考察したものである。

　そもそもベトナムが中国と陸続きの隣国として中国の影響を古くから受けてきたことはいうまでもない。皇帝制度や政治体制、都城システム、年号の使用、科挙の導入、儒教や仏教のありよう、漢字の普及、書記言語としての漢文の使用などにおいてその影響は顕著である。言い換えれば、ベトナムは東アジアにおける「漢字文化圏」に属する国であり、その意味で朝鮮・韓国や琉球、日本と文化的にさまざまな共通点をもっているといえよう。

　本書にとりあげられる「二十四孝」もそうである。これはもともと中国の二十四人の孝行物語であって、元朝の14世紀頃に成立し、周囲の国々に広まった説話である。日本においても広く普及したことは、室町時代から江戸時代初期にかけて作られた説話集『御伽草子』に「二十四孝」物語が載っていることや、足利尊氏の菩提寺だった京都の等持院に狩野興以の手になる「二十四孝図」の襖絵があること、さらには京都祇園祭の山鉾の一つに「郭巨山」があることなどを想起しただけでも知られよう。「郭巨山」とは、郭巨が老母を養うため、口減らしとしてわが子を埋めてしまおうと土を掘ったところ、地面から黄金の釜が現われたという話にもとづく。天が母親を思う郭巨の心を称えて与えた奇跡とされ、二十四孝説話の中でもとりわけ有名なものの一つである。

　さて、二十四孝説話の研究は中国と日本を中心にこれまで多数発表されているが、ベトナムにおけるそれは皆無に等しい状態と思われ、本書は従来にない重要な知見を多く含んでいる。その特色としてはひとまず次の五点を挙

げることができよう。

　第一に、ベトナムに伝わる二十四孝説話のテキスト分析がある。ベトナムにおける関連文献29点を網羅的に調査し、その作者、成立年代につき考察するとともに、中国や日本伝存のテキストと比較して文献学上・思想上の特色などを解明しているのである。

　これまでベトナムにおける二十四孝説話の専論がほとんどなかったことを考えると、本書はそのパイオニアとして貴重な文献学的研究になっていることになる。

　第二に、ベトナムの二十四孝説話がいわゆる『日記故事』系に属することを明らかにしたことである。二十四孝説話に三つの系統があることは従来も知られていたが、ベトナムの場合にはどの系統に属するのか十分明らかではなかった。本書の考察により、それが明確になった。ベトナムの二十四孝説話は他国と共通点をもちつつ、ベトナム独自の特色をもつことが知られたのである。

　第三に、「哲学としての儒教」ではなく「社会的教化手段としての儒教」もしくは「倫理道徳としての儒教」という視角が重要である。ベトナムでは経学研究が少なく、よって日本や朝鮮・韓国に比べて儒教思想は未発達だったとされることがあるが、それは「哲学としての儒教」に着目するからであって、「社会的教化手段としての儒教」「倫理道徳としての儒教」といった通俗的側面に目を向ければ、ベトナムにおいて儒教はきわめて大きな役割を果たしてきたのであり、そのことは本書の実証的研究によって確実なものになったと思われる。ベトナムと儒教の関係について、従来の通説に再考を促すものとなっているわけである。

　第四に、多くの字喃(チュノム)文献を翻訳していることがある。ここでとり上げられた李文馥「二十四孝演歌」、綿寯皇子「補正二十四孝伝衍義詞」などの諸文献はベトナムの近世・近代の文学史に重要な位置を占める字喃文学としても貴重なものといわれている。佐藤氏はこれらの文献に用いられる数多くの字喃に逐一語釈をつけ、可能なかぎり日本語に訳している。いわば本邦初訳なわけで、また字喃研究としても貴重なものになっていると考えられる。

第五に、本書がベトナムの伝統文化・思想の一端を究明するにとどまらず、「東アジアの文化交渉」の面においても重要な成果になっていることがある。文化は一地域・一国にはとどまっておらず、必ずや他地域・他国と交流・交渉をもちつつ展開し変容するというのが、いわゆる「文化交渉学」の基本的視点であるが、本書はそうした「東アジア」における「文化交渉」の様相を示す見事な事例になっていると思われる。今後、本書が機縁となって東アジアの文化や説話が複眼的な視野のもとに、より幅広く論じられるようになることが期待できるのである。

　著者の佐藤トゥイウェン氏はベトナム出身者であり、関西大学大学院・東アジア文化研究科（文化交渉学専攻）に入学して研鑽を重ねてきた。研究を遂行しながら、日本ばかりかベトナム、中国、台湾、アメリカ、フランスにまで資料調査に出かけ、関連文献を調査・収集してきたのである。ベトナムにおける「二十四孝」関連文献をここまで詳細に調べあげた人はおそらくいないと思われる。「女性でありながら」という言い方は今では通用しないし、許されないであろうが、しかし「母親でありながら」という言い方は許されよう。母親として家庭をもちながら、いわば前人のなしえなかったことをやり遂げたのであって、その熱心さには頭が下がる思いである。

　本書はその関西大学における博士学位取得論文に訂正、加筆したものである。ここに至るまでにはさまざまな紆余曲折があり、また、日本語での論文執筆には相当苦労されたものと思うが、ともあれ三年間で博士論文を書き上げ、こうして書物として出版することになったのである。ベトナムにおける儒教や家訓、「孝」思想についてはまだまだ研究の余地があるであろうが、この労作は少なくとも今後、ベトナム文化や東アジアの文化交渉史を解明する礎の一つになるものと思われる。著者の指導教授として本書の出版を慶び、ここに序文を書かせていただく次第である。

2016 年 11 月
　　　　　関西大学大学院・東アジア文化研究科　　吾妻重二

目　次

序（吾妻重二）　i

序論　ベトナムにおける儒教と「二十四孝」……………1
　一．ベトナムにおける儒教の受容について　2
　二．ベトナムの儒教の特徴について　4
　　1. 儒学と儒教／2. ベトナム儒教の歴史
　三．ベトナム儒教の特色——「孝」・「義」　15
　四．ベトナムにおける儒教と「二十四孝」　18
　おわりに　22

第一部　「二十四孝」とベトナム

第一章　中国の「二十四孝」説話とその系統 ………………31
　一．中国の「二十四孝」説話　31
　二．「二十四孝」説話とその三系統　31
　三．「二十四孝」説話の作者について——郭居敬と郭居業　37

第二章　ベトナムにおける「二十四孝」………………45
　一．ベトナムにおける孝　45
　　1.「孝」の法律化／2. 孝子の宣揚、任用／3.「勧孝」に関する書籍などの刊行／4. 祖先祭祀について
　二．現代ベトナムにおける「二十四孝」の位置　64

三．ベトナムにおける「二十四孝」文献の流布状況　67
　　四．字喃文による翻案とその歴史　81

第二部　李文馥系の「二十四孝」

第一章　李文馥と「二十四孝演歌」について …………… 91
　　一．作者の履歴　92
　　二．「二十四孝演歌」の形態　99
　　　　1. 作品の誕生の背景および創作の動機／2. 著作年代／3. 文献の形態
　　三．「二十四孝演歌」と字喃文献　103
　　おわりに　156

第二章　「詠二十四孝詩」と中越文化交渉 …………… 175
　　一．作者の履歴　175
　　　　1. 李文馥の履歴／2. 陳秀穎の履歴／3. 杜俊大の履歴／
　　　　4. 譚鏡湖の履歴／5. 梁釗の履歴
　　二．「詠二十四孝詩」の形態　181
　　　　1. 作品の誕生の背景および創作の動機／2. 著作年代／3. 文献の形態
　　三．「詠二十四孝詩」と漢詩文献　185
　　おわりに　202

第三章　李文馥系の「二十四孝」と『日記故事』系の
　　　　　各文献の比較 …………………………………… 215
　　一．『日記故事』系の各文献について　216
　　　　1. 万暦三十九年版／2. 寛文九年版／3.「二十四孝原編」／
　　　　4.『趙子固二十四孝書画合璧』／5.「二十四孝原本」

序論　ベトナムにおける儒教と「二十四孝」

　二．李文馥系「二十四孝」と『日記故事』系各文献の比較
　　　——本文について　223
　　　　1．孝子の順序の考察／2．本文の考察／おわりに

　三．李文馥系「二十四孝」と『日記故事』系各文献の比較
　　　——図版について　259

　おわりに　309

第三部　李文馥系以外の「二十四孝」

第一章　綿寓皇子と「補正二十四孝伝衍義詞」について ……313

　一．作者の履歴　314

　二．「補正二十四孝伝衍義詞」の形態　317
　　　1．作品の誕生の背景および創作の動機／2．著作年代／3．文献の形態

　三．「補正二十四孝伝衍義詞」と字喃文献　324

　おわりに　340

第二章　『四十八孝詩画全集』と中国の「二十四孝原編」、
　　　　「二十四孝別集」の比較 ……………………………345

　一．作者の履歴　346

　二．『四十八孝詩画全集』の形態　349
　　　1．作品の誕生の背景および創作の動機／2．著作年代／3．文献の形態

　三．『四十八孝詩画全集』所収の「二十四孝原編」と中国の
　　　「二十四孝原編」の比較　352
　　　1．孝子の順序の考察／2．本文の考察／3．図版の考察／おわりに

　四．『四十八孝詩画全集』所収の「二十四孝別集」と中国の
　　　「二十四孝別集」の比較　372
　　　1．孝子の順序の考察／2．本文の考察／3．図版の考察／おわりに

第三章 「二十四孝」説話からベトナム独自の
　　　『西南𡿨迻𡿨孝演歌』へ……………………399
　一. 作者の履歴　400
　　　1. 黄高啓の履歴／ 2. 張甘榴の履歴
　二.『西南𡿨迻𡿨孝演歌』の形態　404
　　　1. 作品の誕生の背景および創作の動機／ 2. 著作年代／ 3. 文献の形態
　三. 国語字（現代ベトナム語正書法）を交えた意義　412
　四.『西南𡿨迻𡿨孝演歌』と字喃文献　414
　五.『西南𡿨迻𡿨孝演歌』から見たベトナムの「孝」思想　447
　おわりに　451

結　論 ……………………………………………………461

あとがき　469
参考文献　471
初出一覧　483
索引　485

序　論　ベトナムにおける儒教と「二十四孝」

　これまでベトナム儒教は日本や朝鮮と違い、経書の解釈や哲学の理論化をさほど追求せず、したがって独自の儒教哲学をもたなかったとか、ベトナムの儒教は未発達だったとされることがある。しかし、それは「哲学理論としての儒教」に着目した意見である。多くの研究者はベトナムにおける儒教の特徴が「社会的教化手段としての儒教」「倫理道徳としての儒教」であることを示唆している。そして、「孝」「義」の思想はベトナム儒教で大きな役割を果たしているが、「孝」思想は「社会的教化」の面で「義」より高い位置づけにある。そのため、ベトナム儒教の特色である「倫理道徳としての儒教」「社会的教化手段としての儒教」の解明には、「二十四孝」「孝経」「家訓」「家礼」などの「勧孝」の作品群および「孝」教育に関する資料、テキストを欠かすことはできない。

　これら「勧孝」の作品群のうち、「二十四孝」は為政者から民衆に至るまで深い影響を与え、現在なお流布している重要な説話であり、ベトナムの儒教およびベトナムでの「孝道」教育に大きな影響を与えたものである。しかし、日本、中国、ベトナムのいずれにおいても、現在、ベトナムにおける「二十四孝」説話を文献学的に調査し、これを詳しく分析した研究は見当たらない。「二十四孝」説話がベトナムの儒教においてどのような役割を持っていたのか、ベトナムにどのように受容され、変遷したのか、「二十四孝」から見た中越の文化交渉の状況、ベトナムにおける「二十四孝」の位置とその影響、ベトナムの「孝」思想のあり方などについての包括的研究は見られないのである。

　本書ではそのような状況にかんがみ、ベトナムにおける「二十四孝」説話をテーマとして取り上げ、考察を進めることにしたのである。

なお、本書においてはさまざまな古文献をとり上げるが、漢字は基本的に常用漢字を用い、原文を引用する場合にのみもとの漢字（旧字体）を用いることにした。

一．ベトナムにおける儒教の受容について

　中国では歴史上さまざまな思想や学派、信仰が現われたが、民衆に最も深く浸透し、長期にわたって影響を与え続けたのは孔子に始まる儒教であろう。さらに儒教思想は中国から日本、朝鮮、ベトナムなどの隣国に受容され、現在に至るまでアジア諸国の文化、文学、社会、思想などの分野に深い影響を及ぼしている。

　儒教がベトナムにいつごろ伝わったのかについてはさまざまな議論があるが、以下の三つの説に要約することができる。

　第一は、儒教は紀元前にベトナムに入ったという説である。マイ・クオック・リエン（Mai Quốc Liên）氏は「儒教はベトナムに少なくとも趙佗の時代に入った[1]」と述べている。[2]

　第二の説では、儒教はベトナムに紀元29年以降に伝わったと主張する。グエン・シン・ケー（Nguyễn Sinh Kế）氏は「錫光（テイック・クアン、Tích Quang）、任延（ニャム・ジエン、Nhâm Diên）が交趾（ザオ・チー、Giao Chỉ）、九真（クー・チャン、Cửu Chân）の太守になったとき、儒教はベトナムに受容された。この二人の太守はベトナムに漢族の習慣および儒教を伝えた[3]」と述べている。これは、『大越史記全書』（以下、『全書』と省略）に「己丑也（公元二九年）。錫光、漢中人、在交趾教民以禮義、復以任延爲九眞太守。延、宛人。……延乃教民墾闢、歲歲耕種、百姓充給。貧民無聘禮者、延令長吏以下省俸祿以賑助之、同時娶者二千人。視事四年、召還。九眞人爲之立祠、其生子置名皆曰任焉。嶺南文風始二守焉[4]」とあるのにもとづく。

　第三は、儒教はベトナムに2世紀以降に受容されたという説である。ドア

ン・レー・ザン（Đoàn Lê Giang）氏は「3世紀ごろ、任延および士燮（シー・ニエップ、Sĩ Nhiếp、187-226）のはたらきによって、儒教はベトナムに受容された」[5]といい、また、タ・ゴック・リエン（Tạ Ngọc Liễn）氏は次のように指摘する。

> 西漢末期、東漢初期に、統治政策および当時「九真」「交趾」と呼ばれていたかつてのベトナムを「漢化」するのにともない、漢の文化がベトナムに伝播した。……儒教は漢の文化の一部であったから、ベトナムを「漢化」する道具として比較的早くベトナムに伝わったのは当然である。ただし、わが国の儒教の様相がありありと見えるのは、使臣である呉士連（ゴー・シー・リエン、Ngô Sĩ Liên、15世紀）が評論したとおり、「我が国が『詩』『書』に精通し、『礼』『楽』を学習するようになった」士燮が熱心な活動を行った時期からである。[6]

さらに、ベトナムの儒者は士燮を大いに敬い、「士王」や「南交学祖」の名で敬称している。[7]士燮については、『全書』に、

> 士王紀、士王、在位四十年、壽九十年。……姓士、諱燮〔爕〕、字彦威、蒼梧廣信人也。……舉孝廉、補尚書郎、以公事免官。父喪闋音缺、盡也。後舉茂才、除巫陽令、遷交州太守、封龍度亭侯、都羸𠎝。……後陳朝追封善感嘉應靈武大王。……使臣呉士連曰：我國通詩書、習禮樂、爲文獻之邦、自士王始。[8]

とある。
また、チャン・チョン・キム（Trần Trọng Kim）氏は「士燮は蒼梧広信の人であり、交州の太守として派遣され、龍度亭侯に封じられた。深い学識を有し、交州の民衆の教育に力を注ぎ、「士王」と呼ばれて敬愛された」[9]と述べている。
三つの説のうち、多くの研究者が支持するのは第三の説である。
このように、儒教は遅くとも第二北属期[10]にはベトナムに伝わったといえるが、しかし北属期の1000年余、儒教はベトナムの社会にあまり大きな影響

を与えなかった。ファン・ダイ・ゾアン（Phan Đại Doãn）氏は、このことについて「ベトナムでは儒教は北属期に伝わったが、李（リー）朝と陳（チャン）朝に至ってようやく社会に幅広い影響をもたらすようになった。しかし、その時期には実際は為政者、朝廷の官吏などの階級にしか浸透しなかった……[11]」と述べている。

実際に儒教の地位が政府当局により公認されたのは、李朝の時代、神武2年（宋熙寧3年、1070）のことであり、『全書』に「庚戌神武二年　宋熙寧三年（公元一〇七〇年）……秋、八月、修文廟、塑孔子、周公及四配像、畫七十二賢像、四時享祀、皇太子臨學焉[12]」、そして「乙卯四年　宋熙寧八年（公元一〇七五年）春、二月、詔選明經博學及試儒學三場、黎文盛中選、進侍帝學。……丙辰五年　四月以後、英武昭勝元年。宋熙寧九年（公元一〇七六年）……選文職官員識字者入國子監[13]」、さらに「丙子十七年　宋紹興二十六年（公元一一五六年）……建孔子廟[14]」とあるのが重要な指標になっている。そして、ディン・カック・トゥアン（Đinh Khắc Thuân）氏は「乙卯科（1075）（筆者注：李朝）から己未科（1919）（筆者注：阮（グエン）朝）まで、ベトナムの科挙の歴史は844年間続き、進士試あるいはそれに相当する科試が183回行なわれた[15]」と述べる。

このように、11世紀の李朝以降、各王朝は国家有用の人材を育成するために儒教思想を国家教学の標準に置き、政治体制を支える手段としたのである。

二．ベトナムの儒教の特徴について

1. 儒学と儒教

儒教はベトナムに受容された後、中国の儒教の原型を必ずしも維持せずに「ベトナム化」し、地域的特色が与えられた。ベトナム儒教は確かに中国の儒教とは異なるところがある。ベトナムの各王朝は「科挙」を通して人材を選抜し、「科挙」および儒教を学ぶことで立身出世ができることを提唱する傾向が強い。すでに述べた通り、ベトナムでは1075年から1919年まで800

年以上の長期にわたって科挙が存続した。科挙は人間の運命を変え、官僚や士人の世界に入ることのできる道である。科挙に合格すると、「栄帰拝祖」、つまり錦を飾って家に帰ることができ、家族の栄光にもなるのである。ベトナムのCa dao（歌謡）[16]にも「科挙」に合格した栄光の情景を描写するものが数多くある。たとえば以下のようなCa daoである。

> 粛尓行儀排列左右、郎馬登前妾輿在後、喧闐金鼓迓子栄帰挌尓先祖……。
> 賦也：
> 儀術棟㐌边塘、馭英㧋觥輞娘㧋㐌、几鉦得譣都饒、𠳒寬嗵噤𠳒吒熠㗂、迶栄帰術茹拝祖[17]……。
> 護衛の兵士が道の両側に立ち
> あなたの乗った馬は先に行き、私の籠が後について行く。
> それぞれカネや太鼓を打ち合って
> 緩急種々の音楽がわいわいがやがや鳴り響き
> 名誉の帰省を果たし、祖先をお祀りするのを出迎える。

そのため、科挙に合格することが多くの儒者の努力目標になり、ベトナムの儒者は「義理学」よりも「詞章学」の方を重視することになった。そのため、ベトナムの儒者は儒教の経典を学問的に深く研究せず、したがって儒学者による学統および学派の展開が見られないことなどは、中国や朝鮮、日本の儒教と異なるベトナムの儒教の特徴になっているとされる。このことについて、チャン・チョン・キム氏は、

> ベトナムの儒者はみな合格しか追及しないため、「科挙」のための学びに焦点を当て、中国の儒者のように価値の学説を提唱すること、あるいは経典の深い道理を見つけ儒教の深遠なところまで学ぶ者があまりいない。これはベトナムの儒者のきわめて大きな短所である。……「陽明学」のような学説は中国および日本に幅広く流布しているが、わが国にはこの学説について論じる人がいない。[18]

と述べている。そして、チャン・ディン・フオウ（Trần Đình Hượu）氏も、

> 科挙制は学問を奨励し、社会の中に好学の雰囲気を醸成した。しかし多面では、学問を修めて功名を求めたり、官となるために学問をしたり、収容や知識の探究といった目標に注意を払わない人間を生み出した。進士試は詩・賦・騈文等の形式で経典の道理を陳述することを受験生に求め、そのために学徒は経典を暗記し詞章を磨くことに向かい、真理の探究にはほとんど関心を持たなかった。科挙に基づく儒学は、学術・思想あるいは科学等を専らとする学者というよりはむしろ文人的知識人を育んだ。……ヴェトナムの儒者には留学した人は少なく、さらに進士試の道に縛られていたので、学術に関して創造的に探究することは少なかった。[19]

と指摘している。

さらに和田正彦氏も、

> ヴェトナムの知識人層の間には中国や日本のような儒学者による学統や学派に相当するものが見当らないこと、学問上の師弟関係に関する資料が伝存してないことである。……黎聖宗の治世に完成した黎朝の科挙制度の発達は、一方では経書を学問研究の対象としてよりも、単なる科挙を受験するために必要な道具（教科書）と化し、科挙に合格するためには知識人たちは経書等の文章の暗記にはじまり、規格に合った文章や詩賦を作ることに腐心したために、儒学は一種の修辞学に堕してしまった。[21][20]

と説明した。

このように、ベトナムの儒者が経典の評論や注釈に焦点を当てず、経書の注釈書を著わした者が少ないことは否定できないが、ベトナムに「経学」の著作が全くないわけではない。『全書』に「十一月、季犛作國語詩義并序、

序　論　ベトナムにおける儒教と「二十四孝」

令女師教后妃及宮人學習、序中多出已意、不從朱子集傳」[22]とあるように、陳朝の順宗帝丙子9年（明洪武29年、1396）に胡季犛（ホー・クイ・リー、Hồ Quý Ly）が『詩経』の意味を解説するため、字喃（チューノム）文に翻案したが、朱子の原作に従わず、自らの意見をも載せたという。また、『歴朝憲章類誌』巻之四十二、文籍誌によると、陳朝には朱文安（チュー・ヴァン・アン、Chu Văn An）撰『四書説約』十巻、呉時任（ゴー・ティー・ニャム、Ngô Thì Nhậm)[23]撰『春秋管見』十二巻、黎貴惇（レー・クイ・ドン、Lê Quý Đôn）の『易経膚説』六巻、『書経衍義』三巻、『群書攷弁』四巻、鄧泰芳（ダン・タイ・フオン、Đặng Thái Phương）撰『周易国音解義』二巻などがあり、いずれも編著者たちは原作の意味を注解しつつ自らの意見、評論を明瞭に書き入れたとされている。[24]

さらにファン・ヴァン・カク（Phan Văn Các）氏は、范阮攸[25]（ファム・グエン・ズー、Phạm Nguyễn Du）の『論語愚按』は主に朱子の集注に従い注釈しているが、各章にみずからの評論や意見を書き入れ、各章のテーマを詳細に分析するとともに、ベトナムの模範的人物を紹介して自分の意見を明証し、独自の見解を表現したと述べている。さらに范阮攸の『論語愚按』により19世紀のベトナムの儒学が「論語学」に貢献したと指摘している。[26]

また、グエン・スアン・ジエン（Nguyễn Xuân Diện）氏の統計によれば、ハノイの漢喃研究院には儒教、儒学に関する資料が1,689点所蔵されている。このうち経典に関する資料は81点あるが、経典の注解が15点、経典の評論が9点を占めている。[27]

経書に関する文献が少ない状況下で、ベトナムは中国および日本の経・史・子・集という漢籍分類法とは異なる分類を用いている。このことについて和田氏は、

> E.GaspardoneやTrần Văn Giápの研究からも明らかなように、芸文志の図書の分類法は、中国や日本の伝統的な図書分類法である経・史・子・集の四部分類ではなく、全く独自な分類法をとっている。すなわち、それは憲章類・詩文類・伝記類・方技類の四分類である。つまり、儒学の

7

経書とそれを読むための注釈書類を分類した経部に相当する分類項目がなく、より実用的な法律関係や外交関係の書物を分類した憲章類を第一の項目として立てていることが目を引く。……黎朝も後半期になると、儒学が政治思想として重視され、当時のヴェトナムの知識人の中にも経書の注釈書を著わすものが出てきたことを物語っているが、これとても経史類二十七部のうち大半は史書であり、経書に関するものは九部にすぎず……。[28][29]

と述べている。

ベトナムの儒教の歴史の中には、「考証学」「実学」「経学」の活動があるにはあったが、資料の不足などが原因で、中国と比べるとレベル的にかなり限界があったといえる。ベトナムの「考証学」「実学」の状況についてファン・ダイ・ゾアン氏は、

阮朝国史館が編纂した『大南寔録』『欽定越史通鑑綱目』などの代表的な歴史考証の資料や『登科録』など科挙に関する考証的資料も作成された。18世紀には歴史考証や儒教の「考証学」の発展があり、これらはベトナムの「実学」の大きな成果であったといえよう。しかし、ベトナムでの「考証学」は書籍の不足のため一定の制限があった。呉時士(ゴー・ティー・シー、Ngô Thì Sĩ)は『越史標案』で「何も考証できない」といっている。さらに、黎貴惇は『黎朝通史』で「現在(18世紀半ば)書籍をまとめると、約100部のみ所蔵され、中国の10分の1にも満たない」という。[30]

と述べている。

書籍の不足については、ベトナムの儒者が経書の注釈書を著わさなかったこと以外にも、さまざまな理由がある。たとえばベトナムが明朝に支配された15世紀初め、明の成祖帝の勅諭により、我が民族の文化成果である石碑、金鐘、書籍などが没収され中国に持ち帰られたり、燃やされたりした。[31]和田

氏も、内乱の兵火によって多くの書籍が失われたと指摘している。[32]

このように、多くの内外の研究者たちは、ベトナムには儒学があまり発展せず、「儒学」より「儒教」を重視していたという。このことについてファン・ダイ・ゾアン氏は、

> ベトナム儒教では道徳倫理、特に「孝」や「儀礼」、孔子、孟子、程顥、程頤、朱熹の思想が重視されたが、王守仁や陸九淵の「心学」についてはほとんど論及されなかった。しかし、程顥や程頤の思想に対しても、ベトナムの儒家は「理」と「気」、「心」と「性」、「体」と「用」などの範疇をさほど考慮せず、「道」と「徳」、「礼」と「法」、「君子」と「小人」、「治」と「乱」に焦点が当てられてきた。ベトナムの儒家は、孔子、孟子、程朱の思想を実用化、簡略化したため、「儒学」よりも「儒教」を重視していた。[33]

という。和田氏もまた、黎（レー）朝期のベトナムの知識人層が「儒学」の思想面を重視しなかったために、「儒学」（研究）はベトナムでは未発達であったと指摘している。[34]

このように、科挙の合格を目指すためベトナムの儒者たちが「詞章学」の方を重視したこと、ベトナムに独自の新しい学派、学統が誕生しなかったこと、「儒学」よりも「儒教」を重視したことはベトナムの儒教の目立った特徴であるといえよう。

2. ベトナム儒教の歴史

次に、ベトナムの儒教が各時期にどのような特徴を持っていたのかについて総括的に考察してみたい。

ベトナムの儒教の特徴について、チャン・ギアー（Trần Nghĩa）氏は三期、すなわち、1. 北属期、2. 独立期、3. フランス植民地文化の時期（20世紀初頭から1945年8月革命まで）に分けている。[35]

一方、レー・シー・タン（Lê Sỹ Thắng）氏は五期、すなわち 1. 北属期から

10世紀の独立まで、2. 独立から15世紀のラムソン蜂起・黎朝成立まで、3. ラムソン蜂起・黎朝成立からフランス植民地化まで、4. 植民地化から1945年8月革命まで、5. 民主共和国成立から現在までに分けて考察している。[36]

筆者は、黎朝から阮朝までのベトナム儒教が基本的に宋儒の「理学」(朱子学)に則っており、本質としてはあまり変化しなかったというチャン・ギアー氏の見解が妥当だと考えるが、1945年8月革命以降のベトナム儒教についても検討する必要があると考えるため、両氏の説を踏まえて四期、すなわち1. 北属期、2. 独立期(呉(ゴー)朝以降からフランス植民地化まで)、3. フランス植民地化から1945年8月革命まで、4. 民主共和国成立から現在までの時期に分けて、各時期のベトナムの儒教の特徴を検討しておきたい。

1) 第一期(北属期、ＢＣ111年～ＡＤ939年)

北属期の儒教についてチャン・ギアー氏は、

> 北属期の儒学はさらに三時期に分けられる。
> 第一は錫光、任延が交趾、九真の太守であった時期である。この時期の儒学は原始儒教に両漢時代の神学を混じえたものであり、北方の政権によって支配されたばかりのベトナムで実施された唯一の思想系統である。
> 第二は士燮が交州の太守であった時期である。この時期の儒教は原始儒教に仏教および道教の思想を混じえたものである。
> 第三は李淼(リー・ミエウ、Lý Miễu)が交州の刺史になった時期である。この時期の儒教は為政者が支えていたが、独占的な地位にはなく、仏教の下に置かれていた。[37]

という。

このように、北属期には儒教、道教、仏教の三教ともベトナムの社会に影響を与えたが、民衆の間では仏教が優勢的な位置を占めていたといえる。

2）第二期　独立期（呉朝以降からフランス植民地化まで、10世紀〜19世紀）

　独立期の初期には、儒教はまだ仏教の下に置かれていた。チャン・ヴァン・ザウ（Trần Văn Giàu）氏は「唐帝国を二分した内乱を利用して、ヴェトナムは938年[38]に独立を回復しました。初期の諸王朝、呉・丁・黎朝（筆者注：いわゆる前黎朝）は儒教ではなく仏教国家でありました[39]」と指摘している。

　多くの研究者が、李朝の儒教は「漢儒」「唐儒」の学であったが、陳朝の朱文安が『四書説約』十巻を編纂したことから、陳朝の儒教は程朱の「宋儒」の学であったと考えている。チャン・ディン・フオウ氏は「李朝は、科挙を用いて官僚機構のための人材を選抜した漢・唐のやり方に倣った。……15世紀以前に宋儒は既に影響を及ぼしていた[40]」と強調した。しかし、ファン・ゴック（Phan Ngọc）氏は「儒教の受容の歴史の中で、ベトナムは「宋儒」のみを断えず受容した[41]」と主張している。

　さらにチャン・ギアー氏は、

　　独立期のベトナム儒教を詳細に考察すると、さらに呉朝から陳朝までと、黎朝から阮朝までの二つの時期に分けられる。呉朝、丁（ディン）朝、前黎朝における儒教はあまり発展しなかったが、李朝期から陳朝期においては確固たる地位を得た。当時の儒教の魂は朱程の「理学」であり、明朝に支配された時期にも「理学」がベトナムに流布し、『五経』『四書』『性理大全』は為政者が支える教育機関で教科書として使用されていた。ただし、李朝、陳朝の儒学がすべて「宋儒」なのではなく、孔・孟・荀の原始儒学と両漢時代の神学儒学を折中したものである。位置づけとしては当時のベトナムの儒教は仏教の下に置かれている。その後、黎朝は中央集権の封建体制を建立するため、儒教を重視した。15世紀後半から朝廷の支持の下で儒教思想は日増しにその作用、役割を発揮し、社会的に主導的な思想体系になったため、仏教、道教は下の位置に押さえられた。この状況は変わらずに19世紀末、20世紀初頭まで維持される。黎朝から阮朝までのベトナムの儒学の本質は、「宋儒」の「理学」になったのである。[42]

と述べている。

　以上に見てきたとおり、黎朝から儒教がベトナムの思想界を席巻する位置を占め、「宋儒」の「理学」、すなわち「朱子学」がベトナムの儒教の思想史だけではなくベトナムの社会、文化にも重要な役割を占めるものになった。ベトナムの社会に影響を及ぼす「朱子学」の役割などについて吾妻重二氏は、

> ベトナムに朱子学がいつ伝わったのかは必ずしも明確ではないようだが、陳朝の一二五三年、太宗が首都の昇龍（現在のハノイ）に国学院を立てて孔子、周公、亜聖の塑像や七十二賢の画像を置いたのに続き、天下の儒士に命じてここで「四書六経」を講究せしめたというのが早期の記録であり、朱熹の没後五〇年あまり後のことである。「四書」（おそらく『四書集注』）がすでにもたらされ、士人教育に用いられていたわけである。現在伝わっていないが、陳朝を代表する儒者朱文安（チュー・ヴァン・アン、一二九二―一三七〇）に『四書説約』一〇巻があったのは朱子学の早期の受容を物語っている。さらに、明服属期の永楽一七年（一四一九）には明から『五経』『四書』『性理大全』が府州県学に頒賜されている。……ベトナムにおいて朱子学の普及が決定的になるのが明を撃退して立てられた黎朝の時代であり、一四三四年、科挙開設の詔の中で第一場で「四書」を使用することが明記された。ついで聖宗の時代、三年一比の科挙制度が確立するとともに、第一場で「四書」が指定され、国学としての地位を確固たるものとする。翌年の一四三五年には「新刊四書大全板」が成っているが、こうした科挙制度の整備に合わせた刊行であったろう。儒教的家族観を反映した服喪制と、『朱子家礼』にもとづく婚姻法が制定されたのもこの時期であった。明の制度にならって改革が進められ、国家統治の理念として朱子学が置かれたわけで、聖宗によるこれらの改革は「朱子学革命」と呼ばれることがある。こうしてベトナムにも朱子学が正統教学として導入され、その後の阮朝を通じて、儒教はベトナム人の精神に深く浸透していく[43]。

と指摘している。

　「宋儒」はベトナムに深く影響を及ぼしていたが、しかし「宋儒」を批判する傾向がまったくなかったとはいえない。陳朝の末、胡季犛は『明道』十四篇を編纂して程顥、程頤、朱熹などを批判したが、順宗（トゥアン・トン、Thuận Tông）帝はこれを褒めたという。このことについて、『全書』に「壬申五年　明洪武二十五年（公元一三九二年）……季犛作明道十四篇上進、大略以周公爲先聖、孔子爲先師、文廟以周公正坐南面、孔子偏坐西面。論語有四疑、如子見南子、在陳絕糧、公山佛肸、召子欲往之類。以韓愈爲盜儒、謂周茂叔、程顥、程頤、楊時、羅仲素、李延平、朱子之徒、學博而才疎、不切事情、而務爲剽窃。上皇賜詔奬諭之。國子助教段春雷上書言其不可、流近州……」[44]とある。

　このように、「宋儒」は陳朝では爲政者から批判されることがあったため、儒教の地位はまだ不安定であったが、黎朝以降から儒教の地位は向上し、科挙制度とともに重視されている。このほか、佐世俊久氏によると、黎朝には「忠」「孝」の観念が一体化された。佐世氏は「黎朝が1428年に開国して以来、1497年まで嫡長子が正式に即位したことがなかったが、ここに至って初めて儒教的に理想的な形で嫡長子の憲宗が皇帝の位に即き、忠・孝という二大儒教原理が一体化された形で、帝位継承がなされたことは、黎朝前期の歴史としてのみならず、ベトナム儒教史の上でも特記すべき歴史的事項であろう。……忠と孝は本来思想史上原理的に対立するものであるが、少なくとも1497年の聖宗の死の時点では、両者の統一が図られたのではあるまいか」[45]と示唆している。

　ただし、『全書』によると、「忠」「孝」の統一が提唱された例はすでに李朝時代から見られる。『全書』に、「戊辰十九年　三月以後、太宗天成元年。宋天聖六年（公元一〇二八年）……己亥、太子佛瑪即位於柩前。……改元天成元年。……封銅鼓山神以王爵、立廟時祭、仍行盟禮。……以是月二十五日於廟中築壇、張旗幟、整隊伍、懸劒戟於神位前、讀誓書曰：「爲子不孝、爲臣不忠、神明殛之。」群臣自東門入、過神位歃血、毎歲以爲常、後遇三月有國忌、展至四月四日」[46]とある。

このように、李朝、すなわち儒教がベトナムの社会に定着し始めた時期から「忠」「孝」は提唱されていたが、阮朝においては、歴史的背景が他の王朝と多少異なっていたため、「忠」より「孝」の方が他の儒教の徳目に比べて特に重視され、強く提唱された（この点については後述する）。いずれにしても、陳朝以降、ベトナムの儒教は「宋儒」であり、「朱子学」はベトナムの儒教思想史に不可欠なものになったといえよう。

3）第三期　（フランス植民地化【19世紀】から1945年8月革命まで）

この時期の儒教について、チャン・ギアー氏は、

> この時期は、西欧から来た文化の代表としての「新学」と伝統的な東方文化の代表としての「旧学」が衝突を起こした時期である。フランス植民地化の初期にはフランス領インドシナ連邦の総督であるポール・ドゥメール（Paul Doumer）をはじめ、ポール・ボー（Paul Beau）や続くフランス領インドシナ連邦の総督たちが「旧学」の教育政策を維持するよう主張したため、「五経」「四書」が教えられ続け、「科挙」が1919年まで行われた。20世紀初頭、愛国の儒者たち、進歩的な儒者たちは、民衆に愛国心を育成すること、文明的かつ進歩的な生活を立てること、新しい学術、思想を伝播することを目指すため、「東京義塾」運動を発動した。一方、東西の文化が融合することを主張する儒者たちは、儒教の倫理道徳および西欧の科学のメリットなどを分析する著作を著わした。例えば潘佩珠（ファン・ボイ・チャウ、Phan Bội Châu）の『孔学灯』、チャン・チョン・キムの『儒教』が誕生した。ベトナムの社会で東西の文化が接触した結果、ベトナムの儒者が二派に分かれたのである。一つは「東京義塾」運動のリーダーを代表とする愛国および進歩的儒者であり、もう一つは潘佩珠、チャン・チョン・キムなどを先駆者とし、東西の文化の融合を主張する民族精神を持つ儒者である。[47]

と述べている。

また、坪井氏は「20世紀初頭には『東京義塾』運動以外に、阮朝の官人や文紳層の中から起こった『勤王運動』および潘佩珠などの開明的儒者たちが主催する『東遊運動』、『維新運動』があった」ことも指摘している。[48]

　さらに今井氏は「王朝が実権を失い、儒教が内部から崩壊する危機にぶちあたった時期だとされる。その一方で、植民地当局側から民族主義的啓蒙主義、さらにはマルクス・レーニン主義に対抗するものとして、思想的に利用されるという側面をももった[49]」と述べている。

　以上に見てきたとおり、第三期のベトナムにおける儒教は統治の役割を失うとともに、儒教を排除、拒絶する傾向が生じ始めたため、西欧の文化と激しく競争しなければならない不利な状況の下で存在することになった。

4）第四期　（民主共和国成立から現在まで、1945年以降）

　この時期の儒教について、今井氏は「8月革命（筆者注：1945年8月の革命）の成功によってマルクス・レーニン主義が正統的地位を確立し、君主制度が崩壊したことによって、儒教の核心である忠君思想がその社会的表象を失った時期[50]」と述べている。

　また、ベトナムの儒教に関しては、これを封建制度の残余の一つとして儒教を批判する論文が多くある。[51]確かに、8月革命以降、ベトナムはマルクス・レーニン主義に従い社会主義制度を実施しているため、儒教がベトナム社会において影響力を弱めたことはいうまでもない。

三．ベトナム儒教の特色――「孝」・「義」

　上記のとおり、四つの時期それぞれにおいてベトナム儒教は盛んになったり衰えたりしたが、総括的にまとめると、ベトナム儒教は「科挙制度としての儒教」「統治制度としての儒教」「運動としての儒教」「倫理道徳としての儒教」という四つの主要な役割を果たしたという。[52]

しかし、このうち最も重要と思われるのは「倫理道徳としての儒教」であり、民衆レベルでは「モラルとしての儒教」「社会的教化手段としての儒教」が受容された。このことについて坪井氏は、「民衆レベルでは、哲学でも"制度や運動としての儒教"でもなく、何よりもモラルの体系として受容され血肉化されてきた"儒教"であった、という事実があったのである[53]」と述べている。

　そして、吾妻氏は「ベトナムの儒教は中国儒教の受容と実践が中心であり、経書解釈や哲学的理論化よりも、社会的教化を特色としていた[54]」と教示している。社会的教化手段としての儒教では、どのような観念が重視されているのかを考察してみよう。

　日、中、韓の儒教を比べて、ベトナムの儒教の特色を一言で表すと、「孝」と「義」を挙げることができよう。坪井氏によれば「中・日・韓・越の儒教の特徴を一言で要約すれば、「孝」・「忠」・「純」（もしくは「正」または「名」）・「義」となるのではないか[55]」と指摘している。さらに、坪井氏は

> ヴェトナムの儒教モラルでは、家族レベルでは"孝"、社会レベルでは"義"が格段に尊重された——ヴェトナムの儒教モラルでは、子の親に対する"孝"が強い影響力を持っている。……日本と比較して、"忠"の観念がより稀薄で"義"の観念がより強力なのは、儒教の担い手が武士である軍事国家の日本では"忠"の観念が社会全体の秩序形成のキー概念になったのに対して、文官たる官人が主たる儒教の担い手であるヴェトナムでは、"忠"は王と官人との関係に限定され、民衆レベルにまでは到達しなかったという（チャン・ディン・フオウ）。かえって、"義"の観念は、正義、大義、道義という意味合いで、民衆レベルにまで比較的容易に受容されたという。また、特に一九世紀後半のフランス植民地化過程において、忠誠の対象たる王権が弱体で、"忠"の観念を揚げても、その対象たる王自体に何の実体もなくなり、"忠"観念はもはや統治する君主その人に向けられるものでなく、民族に向けられることになった（王なき勤王運動）。抵抗を担う積極的なシンボルとしては"忠"観念は機能せ

ず、それに代って"義"の観念が抵抗のシンボルとなった。[56]

と強調した。

　これによると、王および官人レベルでは「孝」「忠」「義」の観念が重視され、民衆レベルでは「孝」「義」の観念が重視されている。換言すれば、「孝」「義」の観念はベトナムの社会のすべての階級を覆うものとなっているのである。

　それでは、「孝」と「義」は一体どのような関係を持っているのであろうか、また、「孝」と「義」はどちらがより強い社会的な教化の役割を果たしたのであろうか。

　ファン・ダイ・ゾアン氏は「ベトナムの「孝」は「義」を離れず、「義」は「孝」の条件となっているのである。故チャン・ディン・フオウ教授はベトナム人の「孝」思想が「義」と密接関係があるという思想に初めて言及した人である」[57]と示唆している。

　確かに「孝」と「義」は密接にかかわるものであり、また坪井氏の「義」に関するとらえ方も「運動における儒教」のもつ特徴としては正しいであろう。しかし、普段の民衆の生活レベルについていえば、「孝」が最も重視されたことは疑う余地がない。上述のとおり、李朝から「孝」「忠」の観念の統一が提唱され始めたが、阮朝には「孝」が「忠」より強く提唱されている。ベトナムの諸王朝は、儒教を積極的に採用し、社会秩序を安定させ、王権を強固にするため、「徳治」や「孝道」を強調、実施した。社会レベルでは、黎朝から「孝」が法律化され、諸王朝、特に阮朝においては、民衆に「倫理道徳」「孝道」を教育することがきわめて重要なものとされた。阮朝の各帝は模範的「孝子」を顕彰し、孝子である犯罪人の場合、減刑を実施した。

　さらに、20世紀初頭、フランス植民時代にベトナムの小学校で使用された倫理、道徳の教科書である『国文教科書』(*Quốc văn giáo khoa thư*)には、「二十四孝」の孝子説話がいくつか引用されている。家族レベルでは『孝経』「二十四孝」「家訓」「家礼」が利用されて「孝」を子孫に教育させている。『孝経』「家訓」「家礼」は官吏、儒者の家でよく読まれ、「二十四孝」は古くから現在まで民衆に読まれている。また筆者の経験では、ベトナム人はみな幼い時

期から"Công cha như núi Thái Sơn, nghĩa mẹ như nước trong nguồn chảy ra. Một lòng thờ mẹ kính cha, cho tròn chữ hiếu mới là đạo con"（父の功労は泰山のように、母の義は源から流れてきた水のように。一心に父母を敬い、奉養し、「孝」の一字を全うして初めて子の道といえる）という Ca dao（歌謡）を子守唄として祖母や母から聞かされたものである。

　このように、ベトナム人は古くから現在まで、依然として「孝道」を重んじ、家庭における「孝」「親孝行」の教えは、家庭の中でも学校でも倫理道徳の教育において不可欠なものである。「孝」は社会的教化の角度から見ると「義」より上位のランクづけになっているといえる。

四．ベトナムにおける儒教と「二十四孝」

　既に述べたとおり、ベトナムの儒教は「孝」および社会的教化を大きな特色としていたため、ベトナムの儒教を研究するためには「倫理道徳」、モラルとしての「孝」「孝道」の教育を考察する必要がある。「孝道」の教えを民間に普及、実践させるには、儒教経典にある「孝」思想を民衆に伝わる形式にするのが手っ取り早い方法である。坪井氏は「農民は日常生活では文字をほとんど使わず、話し言葉だけで暮らしていたのである。……儒教のモラルを民衆に教化する時には、口誦文化の影響の強い風土の中で、六八調で歌をうたうように読んだという[58]」と述べている。すなわち家規、教訓などの形式、あるいは詩歌を用いた文学作品を用いるのが効果的であろう。これらの詩歌はベトナムにおいては、おおむね暗誦しやすい「六八体」「双七六八体」[59]で作られ、民衆を含む広範な階級に強いイメージを与えることを目指している。そのため、阮朝には「六八体」「双七六八体」で字喃の詩に翻案された『孝経』「二十四孝」などの「勧孝」「孝」教育に関する著作が次々に誕生した。例としては李文馥（リー・ヴァン・フック、Lý Văn Phức）が「双七六八体」で字喃の詩に翻案した「二十四孝」がある。その後、「二十四孝」はベトナム

の社会において民衆レベルにまで深く影響を与え、ベトナム人の家庭教育の中で重要な役割を果たし、儒教の「孝」思想を民衆に伝えることに貢献している[60]。さらに、「二十四孝」はベトナムでは正式な科挙教科書ではなく、科挙の試験問題にも出されなかったが、多くの学校でも教えられ、必須の参考書と見なされた。特に学生は回答の文章や弔文においてよく引用し、貴重な資料としたのである[61]。

　もともと中国に由来する「二十四孝」は中国でも普及し、日本、朝鮮、ベトナムにも伝わったが、それぞれの国での受け止め方は互いに違うところがある[62]。

　これまで研究者たちは思想、哲学面から儒教を研究する傾向があったが、文化としての儒教にはあまり注目しなかったようである。このことについて吾妻氏は、

> 儒教を文化として見るということの重要性にも気づかされる。「思想としての儒教」ではなく、むしろ「文化としての儒教」である。「思想としての儒教」はもちろん忘れられてはならず、儒教のもつ理論や哲学の考察は必要であるが、しかしそうした見方が強すぎると、関連する文化事象が見落とされる恐れがある。たとえば、ベトナムの儒教は未発達だったとか、理論的に見るべきものはないとかいうことになり、ベトナムにおいて儒教が果たした社会的機能は見過ごされてしまうであろう[63]。

と警鐘を鳴らしている。

　以上に見てきたとおり、モラルとしての儒教、社会的教化手段としての儒教はベトナムにおける色濃い特色の一つであり、ベトナムの儒教では「二十四孝」が重要な役割を持っていた。筆者が「二十四孝」説話について調査を行なった結果、ベトナムにおける「二十四孝」説話はすべて阮朝以降に刊行されていることが明らかとなった（後述）。なぜ「二十四孝」説話は阮朝に字喃文に翻案され、次々に刊行されたのか。この問題を解明するため、阮朝の社会的背景および阮朝の儒教の特徴などを検討することは大切な作業である。

儒教は李朝、陳朝時代、ベトナムで一定の位置を占めているが、ベトナムの社会に全面的に影響を及ぼすようになったのは黎朝であるといえる。ヴー・キエウ（Vū Khiêu）氏は「李朝、陳朝には、儒教は重視され、強く発展する条件があったが、黎朝において儒教は唯我独尊の位置を占めている[64]」と述べている。しかし、黎朝末期、黎朝と莫（マク）朝および鄭氏政権と阮氏政権との長い期間の闘争で朝廷は組織が弱体化し、民衆の生活が混乱したのにともない、儒教は衰えた。李朝、陳朝、黎朝では国の独立を守るため、侵略軍への抵抗闘争という民族の豪勇の伝説は多いが、一方、内戦が長く続いた後、外国の援助、協力を得て建てられた阮朝は統治者の地位を強固にするため、儒教を復興、発展させることに努めた。阮朝の明命帝、紹治帝、嗣徳帝は直接儒教を広め、儒士を育成した人物である。儒教の「天命」「三綱」「五常」「忠孝」「節義」が大いに提唱され、それまでより厳格に実施された[65]。このような社会的背景があったため、儒教を復興させることは阮朝の死活問題であったといえよう。阮朝の儒教の特徴について、グエン・テイ・オアン（Nguyễn Thị Oanh）氏は「阮朝には教育が緩慢になり、村が良い習慣に従わない、政治が消耗しているなどの社会的背景により、19世紀の初期には、民衆を安定させ社会の秩序を維持し悪弊を止めるため、儒教の「孝道」を高揚するのが嘉隆帝および当時の政権の有効的な「治国の術」となった。多くの研究者は黎朝には「礼」が重視されたのに対し、阮朝には「孝」が高度に発揮されたと述べた[66]」という。

　そして、グエン・タイ・トウ（Nguyễn Tài Thư）氏は、

> 青年が家を出て義軍に加入して朝廷に刃向うことを防ぐため、阮朝は「孝道」の訓練に彼らを引っ張っていった。……嗣徳帝は官吏たちの手本になるため、毎日、母親の教えに従い修身努力した。李文馥は民衆、みなが「二十四孝」説話の内容を理解できるようにするため「二十四孝」を字喃文に翻案した。潘清簡（ファン・タイン・ザン、Phan Thanh Giản）は「孝」が人間としての道徳の根本であるとした。彼らは「孝」の道を通して家庭の中から抵抗の意思を消滅させることを主張した[67]。

序　論　ベトナムにおける儒教と「二十四孝」

と述べている。

　さらに、ファン・ダイ・ゾアン氏は「「経学」の活動が盛んになった18世紀は、儒教の経典を字喃文に翻案する「民族化」という特徴を持つ。……儒教を振興する道を「経学」の発展の方法から実施することは、ベトナムの儒者の認識をより一層推進するだけではなく、この時期以降、儒教の正統性、保守性を強化することにもなる。……儒教の経典を字喃文に翻案することは、ベトナムの「経学」の傾向を表現し、「越儒」の誕生に貢献することとなった」[68]と述べている。

　いずれにせよ、さまざまな儒教の基層的で重要な道徳の範疇の中で、「孝」は阮朝で特に重視され、大いに提唱された。そのことについては *Thư mục Nho giáo Việt Nam*（『越南儒教書目』）（以下、『書目』と略称）からも確認することができる。『書目』はハノイの漢喃研究院とアメリカのハーバード・燕京（HARVARD-YENCHING）研究所により編纂され、2007年に刊行された[69]。『書目』には、1470年（黎朝）から2007年までの2005点の資料が記され、現在、ベトナムの儒教に関する研究をまとめた書物の中では最も網羅的なものといえる。1470年以前の資料が『書目』に載せられていない理由は、同書序文によると「陳朝、胡（ホー）朝から儒教の関連文献はあったが、これらの文献は現在、所蔵がない。黎朝、西山（タイソン）朝、阮朝には漢文・字喃文の書籍、資料が多く誕生したが、儒教の精神および儒教に関する内容をもつ現在最も古い資料は、黎朝の黎文休（レー・ヴァン・フウ、Lê Văn Hưu）、潘孚先（ファン・フー・ティエン、Phan Phu Tiên）、呉士連らの『大越史記全書』（1479）である」[70]とある。

　『書目』によると、阮朝以前、ベトナムでは「孝」思想に特化した著作はなかったようである。しかし、阮朝以降、「孝」に関する資料、文献が次々に誕生した。そして、阮朝の「孝」関連著述は主に『孝経』や「二十四孝」を字喃文および国語字（現代ベトナム語正書法）文により翻案したものである。これは『孝経』「二十四孝」が阮朝時代にベトナムに普及し、「ベトナム化」していったことを意味するであろう[71]。

　ベトナムにおいて「孝」はどの王朝でも重視されているが、時代および当

21

時の社会的背景によって、その濃淡は異なる。阮朝は前に述べたとおり、阮朝特自の社会的背景があったため、「孝」が他の王朝よりも強力に推進された。当時、『孝経』、「二十四孝」などの「孝」に関する書籍が次々に誕生したことは自然な流れであろう。

おわりに

　上記の考察の結果によれば、儒教は遅くとも第二北属期にはベトナムに伝わっていた。ベトナムの儒者たちが「詞章学」を重視したこと、ベトナムにおいて新しい学派、学統が誕生しなかったこと、「儒学」よりも「儒教」を重視したこと、「孝」「義」および「社会的教化手段としての儒教」「倫理道徳としての儒教」としての在り方がベトナム儒教の目立った特徴の一つであることなどが明らかになったと思われる。そして、「孝」はベトナムのすべての階級に浸透し、儒教の「社会的教化」の上で「義」よりも一層強く提唱されたが、そのことは阮朝において特に著しい。儒教の「孝」思想をうたい上げる「二十四孝」説話が字喃文に翻案され、広く普及したのもこの時代であった。換言すれば、「二十四孝」説話は確かに「哲学理論としての儒教」ではないが、むしろそれゆえに社会で広く受容され、ベトナムにおける儒教、特に「孝」思想の普及に大きな役割を果たしたのである。そうであれば、「二十四孝」説話について考察することは、ベトナムの儒教の特色の解明につながるであろう。

　ベトナムにおける「二十四孝」説話がベトナムにどのように伝わり、どのように受容され、変遷したのか、「二十四孝」から見た中越の文化交渉の状況、ベトナムにおける「二十四孝」の位置づけとその影響、ベトナムの孝思想のあり方などを後章で紹介する。

序論　ベトナムにおける儒教と「二十四孝」

注

[1] Trần Trọng Kim『ベトナム史略』第一冊（*Việt Nam sử lược* quyển 1）、（Bộ giáo dục trung tâm học liệu 出版、1971 年）によると、趙佗とは趙武王（BC207 年〜 BC137 年）であり、南越の初代王。もと秦の官吏だったが、紀元前 207 年に国号を「南越」としてみずから武王と称した。

[2] Mai Quốc Liên「儒教およびベトナムの儒教」（Nho giáo và Nho giáo Việt Nam）、『ベトナムにおける儒教』（*Nho giáo ở Việt Nam*）、Khoa học Xã hội 出版社、Hà Nội、2006 年、79 頁。

[3] Nguyễn Sinh Kế「儒教の道徳およびベトナムの社会に与えた影響」（Đạo đức Nho giáo và ảnh hưởng của nó trong xã hội Việt Nam）、ベトナム社会科学院哲学博士論文、2005 年、79 〜 80 頁。

[4] 陳荊和編校『大越史記全書』校合本、外紀卷之三（東京大学東洋文化研究所附属東洋学文献センター刊行委員会、1984 年）、125 頁。

[5] Đoàn Lê Giang「ベトナムの儒教と日本の儒教」（Nho giáo Nhật Bản và Nho giáo Việt Nam）、『学際的アプローチから見るベトナム儒家思想の研究』（*Nghiên cứu tư tưởng nho gia Việt Nam từ hướng tiếp cận liên ngành*）、Thế Giới 出版社、Hà Nội、2009 年、89 頁。

[6] Tạ Ngọc Liễn「15 世紀、16 世紀初期におけるベトナムの儒教」（Nho giáo ở Việt Nam thế kỷ XV- đầu thế kỷ XVI）、『学際的アプローチから見るベトナム儒家思想の研究』（*Nghiên cứu tư tưởng nho gia Việt Nam từ hướng tiếp cận liên ngành*）、Thế Giới 出版社、Hà Nội、2009 年、130 頁。

[7] 注 3 前掲、Nguyễn Sinh Kế 論文、80 頁。

[8] 注 4 前掲、陳荊和編校『大越史記全書』校合本、外紀卷之三、130 頁、133 頁。

[9] 注 1 前掲、Trần Trọng Kim『ベトナム史略』第一冊（*Việt Nam sử lược* quyển 1）、42 〜 43 頁。

[10] 注 1 前掲、Trần Trọng Kim『ベトナム史略』第一冊（（*Việt Nam sử lược* quyển 1）に述べるように、北属期はベトナムが中国歴代王朝に支配された時期であり、第一北属期（BC 111-AD 39）、第二北属期（43-544）、第三北属期（603-939）の三つの時期に分けられる。

[11] Phan Đại Doãn『ベトナム儒教の諸問題』（*Một số vấn đề về nho giáo Việt Nam*）、Chính trị quốc gia 出版社、Hà Nội、1998 年、9 頁。

[12] 注 4 前掲、陳荊和編校『大越史記全書』校合本、本紀卷之三、245 頁。

[13] 注 4 前掲、陳荊和編校『大越史記全書』校合本、本紀卷之三、248 〜 249 頁。

[14] 注 4 前掲、陳荊和編校『大越史記全書』校合本、本紀卷之四、295 頁。

[15] Đinh Khắc Thuân『ベトナムにおける黎朝の儒学科挙および教育——漢字・字

喃文献による』（*Giáo dục và khoa cử Nho học thời Lê ở Việt Nam qua tài liệu Hán Nôm*）、Khoa học Xã hội 出版社、Hà Nội、2009 年、23 頁。

［16］Ca dao（歌謡）とは、ベトナム独自の詩の形式（6 音節・8 音節を基調とする「六八体」）で、諺に相当する「俗語（tục ngữ）」と同様人口に膾炙し、子守唄、童歌、教訓、労働、恋愛等の感情を詠いあげる文学形式である。佐藤トゥイウェン、清水政明、近藤美佳「『国風詩集合採』——阮朝ベトナムにおける漢字・字喃・国語字表記の詩集」（『大阪大学世界言語研究センター論集』第 7 号、大阪大学世界言語研究センター、2012 年）263 頁参照。

［17］『国風詩集合採』（維新庚戌年（1910）に編纂され観文堂より刊行された文献である）、第 13 葉表裏参照。本文献は現大阪大学の清水政明准教授に提供していただいた。ここに記して、謝意を表する。

［18］Trần Trọng Kim『儒教』第四冊（*Nho giáo quyển* IV）、Lê Thăng 出版社、1943 年、266 頁、282 頁。

［19］Trần Đình Hượu 著、今井昭夫訳「ヴェトナムにおける儒教と儒学——近現代の発展の実情を前にしての、その特徴と役割の問題」『漢字文化圏の歴史と未来』（大修館書店、1992 年）71〜73 頁。

［20］本論で「黎朝」というのは後黎朝（1428-1789）を示す。前黎朝（980-1009）を示すときは、「前黎朝」と明記する。

［21］和田正彦「ヴェトナム黎朝期の知識人と儒学について—黎貴惇を中心として—」（『慶應義塾大学言語文化研究所紀要』第 20 号、慶應義塾大学言語文化研究所、1988 年 12 月）、21〜22 頁。

［22］注 4 前掲、陳荊和編校『大越史記全書』校合本、本紀巻之八、471 頁。

［23］Trần Văn Giáp『漢喃書庫の考察』第二冊（*Tìm hiểu kho sách Hán Nôm tập 2*）、Khoa học Xã hội 出版社、Hà Nội、1990 年、220 頁および Phan Huy Chú（潘輝注）著、Nguyễn Thọ Dực 訳『歴朝憲章類誌』第九冊—文籍誌巻之四十二（*Lịch triều hiến chương loại chí tập IX-Văn tịch chí quyển 42*）、（Ủy ban dịch thuật Bộ văn hóa giáo dục và thanh niên 出版、1974 年、20 頁）によれば、朱文安の『四書説約』は書名のみ伝わるだけで現存しない。

［24］注 23 前掲、Phan Huy Chú（潘輝注）著、Nguyễn Thọ Dực 訳『歴朝憲章類誌』第九冊—文籍誌巻之四十二（*Lịch triều hiến chương loại chí tập IX-Văn tịch chí quyển 42*）、20〜49 頁。

［25］『大南一統志』に「范阮攸、〔……著論語愚按、撰次論語中先後之序、分聖學仕政四目、各有修理〕」とある。『大南一統志』第二輯、巻之十五乂安省下（印度支那研究会、1941 年）、1618 頁参照。〔　〕内は双行注。

［26］Phan Văn Các「『論語愚安』——注目すべき経学作品」（*Luận ngữ ngu án- tác phẩm*

序　論　ベトナムにおける儒教と「二十四孝」

kinh học đáng chú ý)、『ベトナムにおける儒教』(Nho giáo ở Việt Nam)、Khoa học Xã hội 出版社、Hà Nội、2006 年、186～198 頁。

[27] Nguyễn Xuân Diện「漢喃研究院に所蔵されている儒教、儒学関係資料総覧」(Tổng quan tài liệu Nho giáo và Nho học ở Viện nghiên cứu Hán Nôm)、『ベトナムにおける儒教』(Nho giáo ở Việt Nam)、Khoa học Xã hội 出版社、Hà Nội、2006 年、151～152 頁。

[28] 筆者は注 23 前掲、Phan Huy Chú（潘輝注）著、Nguyễn Thọ Dực 訳『歴朝憲章類誌』第九冊—文籍誌巻之四十二（Lịch triều hiến chương loại chí tập IX-Văn tịch chí quyển 42）を確認したが、経史類二十四部しか記されておらず、二十七部が何を指すかは不明である。

[29] 注 21 前掲、和田正彦論文、19～20 頁。
[30] 注 11 前掲、Phan Đại Doãn、73～78 頁。
[31] 注 11 前掲、Phan Đại Doãn、20 頁。
[32] 注 21 前掲、和田正彦論文、19～20 頁。
[33] 注 11 前掲、Phan Đại Doãn、9～10 頁。
[34] 注 21 前掲、和田正彦論文、17～31 頁。

[35] Trần Nghĩa「歴史時代を通してベトナムの儒学の分類をしてみる」(Thử phân loại nho học Việt Nam qua các thời kỳ lịch sử)、『学際的アプローチから見るベトナム儒家思想の研究』(Nghiên cứu tư tưởng nho gia Việt Nam từ hướng tiếp cận liên ngành)、Thế Giới 出版社、Hà Nội、2009 年、157～158 頁、169 頁。

[36] Lê Sỹ Thắng「ベトナム史の中の儒教」(Nho giáo trong lịch sử Việt Nam)、『哲学』第 6 号、Viện triết học 出版、1977 年、109～137 頁。引用は今井昭夫「近年のトナムにおけるベトナム儒教研究—チャン・ディン・フオウ教授の研究を中心に—」(『東京外国語大学論集』第 42 号、東京外国語大学、1991 年)、295～307 頁による。

[37] Trần Nghĩa「北属期のベトナムの儒学の役割、性格および受容時期に関する試論」(Thử bàn về thời điểm du nhập cùng tính chất, vai trò của Nho học Việt Nam thời Bắc thuộc)『ベトナムにおける儒教』(Nho giáo ở Việt Nam)、Khoa học Xã hội 出版社、Hà Nội、2006 年、84～85 頁および注 35 前掲、Trần Nghĩa 論文、150～179 頁。

[38] Trần Văn Giàu 著、坪井善明訳注「ヴェトナムにおける儒教—過去と現在」『漢字文化圏の歴史と未来』(大修館書店、1992 年、517 頁) には、「九三九年という説もある」と注記されている。

[39] 注 38 前掲、Trần Văn Giàu 著、坪井善明訳注、503 頁。
[40] 注 19 前掲、Trần Đình Hượu 著、今井昭夫訳、71 頁、73 頁。
[41] Phan Ngọc「私たちの時代と宋儒」(Tống Nho với thời đại chúng ta)、『ベトナムに

25

おける儒教』（*Nho giáo ở Việt Nam*）、Khoa học Xã hội 出版社、Hà Nội、2006 年、56 頁。
［42］注 35 前掲、Trần Nghĩa 論文、161 ～ 167 頁。
［43］吾妻重二「東アジアの儒教と文化交渉──覚え書き」（『現代思想』第 42 巻第 4 号　特集：いまなぜ儒教か、青土社、2014 年）、104 ～ 105 頁。
［44］注 4 前掲、陳荊和編校『大越史記全書』校合本、本紀巻之八、467 ～ 468 頁。
［45］佐世俊久「論説：ベトナム黎朝前期における儒教の受容について」（『広島東洋史学報』第 4 号、広島大学文学部東洋史学研究室内、1999 年）、13 頁。
［46］注 4 前掲、陳荊和編校『大越史記全書』校合本、本紀巻之二、215 頁、218 頁。
［47］注 35 前掲、Trần Nghĩa 論文、169 ～ 173 頁。
［48］坪井善明「ヴェトナムにおける儒教」（『思想』1990 年 6 月号 No.792 儒教とアジア社会、岩波書店、1990 年）、168 頁。
［49］注 36 前掲、今井昭夫論文、299 頁。
［50］注 36 前掲、今井昭夫論文、299 頁。
［51］『学際的アプローチから見るベトナム儒家思想の研究』（*Nghiên cứu tư tưởng nho gia Việt Nam từ hướng tiếp cận liên ngành*）（Thế Giới 出版社、Hà Nội、2009 年）および、『ベトナムにおける儒教』（*Nho giáo ở Việt Nam*）（Khoa học Xã hội 出版社、Hà Nội、2006 年）などを参照。
［52］注 48 前掲、坪井善明論文、166 ～ 173 頁。
［53］注 48 前掲、坪井善明論文、169 頁。
［54］注 43 前掲、吾妻重二論文、105 頁。
［55］坪井善明「中・日・韓・越のキー・ワード」『漢字文化圏の歴史と未来』（大修館書店、1992 年）145 頁。
［56］注 48 前掲、坪井善明論文、172 頁。
［57］注 11 前掲、Phan Đại Doãn、95 ～ 96 頁。
［58］注 48 前掲、坪井善明論文、170 頁。
［59］「六八体」および「双七六八体」とは、ベトナム語の独自の短詩形慣用表現である。五言・七言という中国における詩歌形式にもとづき、押韻・平仄などの規則をふまえて 2 行以上の 6 音、8 音を交替させるのが「六八体」、4 行以上の 7 音、7 音、6 音、8 音を交替させるのが「双七六八体」の詩歌形式である。この二つの詩歌形式は漢詩、中国の文献、儒教経典を翻訳・解説した作品や、ベトナムの歌謡、民謡など民間文学の作品によく使用された。
［60］佐藤トゥイウェン「ベトナムにおける「二十四孝」と字喃文献」（『東アジア文化交渉研究』東アジア研究科開設記念号、関西大学大学院東アジア文化研究科、2012 年 2 月）、243 ～ 262 頁。

［61］ Trần Bá Chi『昔の親孝行の鑑』(Những tấm gương hiếu thảo thời xưa)、Văn hóa dân tộc 出版社、Hà Nội、2000 年、49 頁。
［62］ 二十四孝説話の日本、朝鮮への伝播については、徳田進『孝子説話集の研究─二十四孝を中心に─』(井上書房、1963 年) に詳しい考察がある。
［63］ 注 43 前掲、吾妻重二論文、110〜111 頁。
［64］ Vũ Khiêu「ベトナム思想史における儒教の諸問題」(Những vấn đề Nho giáo trong lịch sử tư tưởng Việt Nam)、『ベトナムにおける儒教』(Nho giáo tại Việt Nam)、Khoa học Xã hội 出版社、Hà Nội、1994 年、15 頁。
［65］ 注 3 前掲、Nguyễn Sinh Kế 論文、91〜92 頁。
［66］ Nguyễn Thị Oanh「嘉隆王朝の儒教についての再評価─『大南寔録』および『国史遺編』を通じて─」(Tìm hiểu thêm về Nho giáo dưới triều vua Gia Long (qua Đại Nam thực lục và Quốc sử di biên)、『学際的アプローチから見るベトナム儒家思想の研究』(Nghiên cứu tư tưởng nho gia Việt Nam từ hướng tiếp cận liên ngành)、Thế Giới 出版社、Hà Nội、2009 年、201 頁。
［67］ Nguyễn Tài Thư『儒学およびベトナムにおける儒学──実践と理論についてのいくつかの問題』(Nho học và Nho học ở Việt Nam -một số vấn đề lý luận và thực tiễn)、Khoa học Xã hội 出版社、Hà Nội、1997 年、158〜159 頁。
［68］ 注 11 前掲、Phan Đại Doãn、71〜78 頁。
［69］ Viện nghiên cứu Hán Nôm, viện Harvard-Yenching (America)『越南儒教書目』(Thư mục Nho giáo Việt Nam)、Khoa học Xã hội 出版社、Hà Nội、2007 年。
［70］ 注 69 前掲の Viện nghiên cứu Hán Nôm, viện Harvard-Yenching (America)『越南儒教書目』(Thư mục Nho giáo Việt Nam)、I〜II 頁。
［71］ ベトナムにおける儒教および「孝」の研究状況については、佐藤トゥイウェン「ベトナムにおける儒教の研究状況─「孝」思想を中心に─」(『文化交渉 東アジア文化研究科院生論集』第 2 号、関西大学大学院東アジア文化研究科、2013 年 12 月)、147〜162 頁を参考されたい。

第一部　「二十四孝」とベトナム

第一章　中国の「二十四孝」説話とその系統

一．中国の「二十四孝」説話

　ベトナムにおける「二十四孝」について検討する前に、原本である中国の「二十四孝」について概括的に紹介しておきたい。

　橋本草子氏は「中国では古来、孝子に関する説話が多く伝えられてきているが、明代ころから、二十四人の孝子の説話を集めて、挿し絵をつけた「二十四孝図」またはそれに類する題名の書物が、児童教育用の書物として広く普及するようになった。……現在までのところ、文献に残る最も早い「二十四孝」という名称の用例は敦煌文書のなかに見える「故圓鑑大師二十四孝押座文」である。……管見に及んだかぎりでのつぎに古い二十四人の孝子の記録としては、北宋の崇寧五年（一一〇六）の石棺があげられる。……つぎに古い記録としては、金、元の墓室の壁に描かれた壁画がある。……二十四孝子の説話が書物になって残されているもので古いものとしては、『孝行録』と『全相二十四孝詩選』があげられる[1]」と述べている。

　また、この『全相二十四孝詩選』に見える二十四人の孝子の話は、明代後期になると、「二十四孝」などの題で、あるいは無題で『日記故事』またはそれに類する題名を持つ版本の巻首に掲載されるものが多くなると指摘している[2]。

二．「二十四孝」説話とその三系統

　さて、これまでの研究によれば、二十四孝説話集には大きく三つの系統が

ある。『全相二十四孝詩選』系、『日記故事』系、『孝行録』系である。

　第一は、郭居敬『全相二十四孝詩選』の系統である。『全相二十四孝詩選』の成立時期については二説ある。徳田進氏は「管見に拠れば、従来成立期に触れた説は全くなかった。余は、成立期を推定して、大徳延祐以後（元の成帝より仁宗に至る頃、我が伏見花園両朝以後）とする者であるが、これは、郭居敬の交友関係と純正蒙求に対する全相二十四孝詩選の関係とから推してである。……純正蒙求の成立は、延祐中かこれ以後と推定されるのである。そこで純正蒙求に仰ぐ所のあった全相二十四孝詩選も、少なくとも延祐中かこれ以後成ったものと考えられるのである。しかもこの推定が郭居敬と虞集・欧陽玄二人の関係から辿って行った成立期と適合するので、大徳頃よりも一層有力視されるわけである」[3]と述べた。これによると『全相二十四孝詩選』は延祐中（1314-1320）あるいは延祐以後（1320年以後）に成立したことになる。しかし、橋本草子氏は徳田氏の説を修正し、1336年から1346年頃までの時期としている[4]。

　『全相二十四孝詩選』系の文献については「龍大本甲本、乙本」「洪武版」「身延本」「五言詩注本」がある[5]。このうち代表的なテキストは龍谷大学図書館蔵の室町後期写本である『新刊全相二十四孝詩選』二本（甲本、乙本）である[6]。甲本は図版および本文が記されているが、乙本は本文のみである。甲本は乙本と内容が同じであるが刊行年代が記されていない。ここでは、龍谷大学図書館所蔵写本の影印本である関西大学総合図書館蔵『新刊全相二十四孝詩選』（乙本）をとり上げておきたい。乙本は第一葉の右に「新刊全相二十四孝詩選」、「延平尤溪郭居敬撰」という標題と作者が記されている。そのあと、孝子の氏名、五言絶句の題詩、説話の本文を記載している。また陸績の説話の後に、「二十四孝終　旹嘉靖廿五乙巳年刊」とある（図1-1-1参照）。ここから、『新刊全相二十四孝詩選』乙本は編纂者が郭居敬であり、嘉靖25年（1546）の刊本の写本であるとわかる。ただし乙巳年は嘉靖24年なので、この干支が正しければ嘉靖24年（1545）ということになる。

　孝子の25人[7]は大舜、漢文帝、丁蘭、孟宗、閔損、曽参、王祥、老莱子、姜詩、黄山谷、唐夫人、楊香、董永、黄香、王裒、郭巨、朱寿昌、剡子、蔡順、庾

黔婁、呉猛、張孝張礼、田真、陸績、伯瑜の順序で配列されている。

　第二は、日用類書の『日記故事』の系統である。橋本草子氏によると、『日記故事』の最初の著者が建安の虞韶、字は以成で、元の人であり、『日記故事』系統の刊本のうち、最も古い時期に刊行されたと思われるものとして虞韶纂集、熊大木校註「日記故事九巻」（嘉靖21年刊）[8]および虞韶纂集、管昫増校「小学日記十巻」（胡琰図像、嘉靖45年、朝鮮刊本）などがあるが、これらには「二十四孝」が付いていないことを指摘している。[9]そして橋本氏は「二十四孝」を掲載した『日記故事』の最も早いものとして『新鐫徽郡原板校正絵像註釈便覧与賢日記故事四巻』（詹応竹校正、黄正甫梓行、万暦39年〈1611〉刊、国立公文書館蔵）を挙げ、「元末から明の万暦初め頃まで、「詩選」と「故事」とはそれぞれ独立して刊行されていたと思われる。……時代が移るとともにこの両書は、原著者が誰であるかも不明になり、児童の教訓書としての性格を共にするところから合併されるに至ったのであろう」と述べている。[10]

　『日記故事』系の「二十四孝」文献については万暦三十九年版、寛文九年版、「二十四孝原編」、『趙子固二十四孝書画合璧』がある。なお、「二十四孝原編」の類本として「二十四孝原本」と題するもの（道光初年萊香堂刊本の道光24年〈1844〉京江柳書諫堂重刊本）があるが、15人の孝子の配列が「二十四孝原編」とは異なる。[11]つまり、「二十四孝原本」と「二十四孝原編」は孝子の配列が違うものの、「二十四孝原本」に記されている孝子の人物は『日記故事』系の「二十四孝」文献と一致するのである。

　このように、「二十四孝原本」も『日記故事』系のものであるといえる。このうち代表的な文献は、最も早い万暦三十九年版、すなわち『新鐫徽郡原板校正絵像註釈便覧与賢日記故事』（全四巻）である。そのうち「二十四孝」説話を載せるのは巻一であり、その内題に「鍥便象二十四孝日記故事巻之一」とあり、巻末には「全像二十四孝畢」とある。本書は上部に挿図を載せるほか、記載法も『全相二十四孝詩選』と異なっており、標題は「孝感動天」「親嘗湯薬」「齧指心痛」などの四字句の題で示される（図1-1-2参照）。

　孝子24人は大舜、漢文帝、曽参、閔損、仲由、董永、剡子、江革、陸績、唐夫人、呉猛、郭巨、老萊子、楊香、朱寿昌、王裒、丁蘭、孟宗、姜詩、王

第一部 「二十四孝」とベトナム

図1-1-1　関西大学総合図書館蔵『新刊全相二十四孝詩選』（921.508*K3*1-1）（乙本）第1葉表（左）および第11葉裏（右）

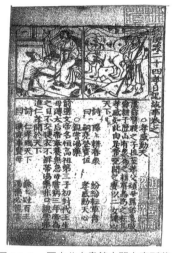
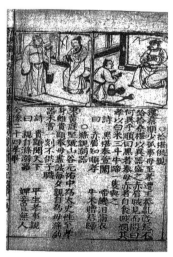

図1-1-2　国立公文書館内閣文庫所蔵『新鐫徽郡原板校正絵像註釈便覧与賢日記故事四巻』（万暦三十九年刊）第一葉表（左）および第六葉裏（右）

祥、庾黔婁、黄香、蔡順、黄山谷の順序で配列されている。

　第三は、『孝行録』の系統である。『孝行録』については黒田氏が

> 高麗の権準が描かせた二十四孝図に、李斉賢が賛を付し（四言十二句。前賛）、さらに権溥（権準の父）が三十八条を追加して（こちらにも賛があり、四言八句。後賛）、前賛章二十四、後賛章三十八の、六十二条から成る書物である（李斉賢序）。成立したのは、元の至正六（一三四六）年で（同）、権準の孫、権近による注解本が公刊され、流布した。因みに、三綱行実図を著した権採は、権近の子供に当たっている。……『孝行録』は、まず四文字句の標題（1「大舜象耕」、2「老莱児戯」等。後賛25「周后問女」、26「漢皇嘗薬」等）を置き、次に注があって、最後に賛を添える形の記載法を取っている。南葵文庫本には、さらに五言詩を加える条がある（全相二十四孝詩選に拠る）。[12]

と述べている。そして、『孝行録』系の文献については「南葵本、権近注解本」「平松家本」「石崎本」「七言詩注本」があることを指摘している[13]。すなわち、朝鮮で編纂された説話集である（図1-1-3、図1-1-4参照）。

　現存最古のテキストは東京大学附属図書館南葵文庫蔵本とされ、前賛の二十四人の孝子の名と中国の出土文物（宋・遼・金代の孝子図）とが一致するため、二十四孝の早期テキストとされる[14]。この南葵文庫本『孝行録』の記載法は標題に四字句の題を示しているが、『日記故事』系と違い、四字句の中に孝子の名を入れるのが特徴である。孝子24人は大舜、老莱子、郭巨、董永、閔損、曽参、孟宗、劉殷、王祥、姜詩、蔡順、陸績、王武子、曹娥、丁蘭、劉明達、元覚、田真、魯義姑、趙孝宗、鮑山、伯瑜、琰子、楊香の順序で配されている。

　上述した通り、三系統の記載法と24人の孝子の順序は互いに異なっている。これらを比較できるよう整理すると表1（38頁参照）のようになる。

　この三系統のうち、『孝行録』は朝鮮から日本へ伝わり、日本でも広く読まれたが、孝子の配列順序、孝子の人物は『全相二十四孝詩選』系統および『日

第一部 「二十四孝」とベトナム

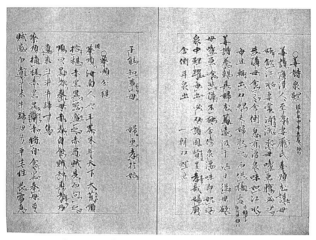

図 1-1-3　南葵文庫本『孝行録』（元順帝 6 年〈1346〉）
　　　　　黒田彰『孝子伝の研究』所載影印本による。

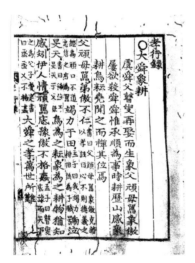

図 1-1-4　関西大学総合図書館内藤文庫蔵
　　　　　『孝行録』（L21*4*739）第一葉表

記故事』系統とは異なっている。この『孝行録』は朝鮮で編纂されたこともあり、ベトナムでの「二十四孝」とは関わりが薄いと思われる。

　このように二十四孝説話の三系統は共通する部分もあるが、とりあげられる人物および順序にかなりの違いがあることがわかる。このうち、ベトナムにおける「二十四孝」説話はおおむね『日記故事』系に属するのであるが、詳しくは後章で検討する。

三．「二十四孝」説話の作者について
——郭居敬と郭居業

　古来、中国においても、「二十四孝」説話の作者名は特定されておらず、郭居敬、郭子儀、郭居業、郭守正など、諸氏によって見解が分かれている。現在のところ、明確にいえることは『全相二十四孝詩選』の五言詩の作者が郭居敬であるということだけである[15]。徳田進氏も「従来二十四孝の作者に関して、日中両国に現われた説の主なるものは、郭居敬説、郭居業説、郭子儀説、吉昌権公説その他であった。いまこれを主なる唱導者や説の典拠について正してみると、郭居敬説二十、郭居業説九、郭居敬郭居業併説四、郭子儀説二、吉昌権公説一、その他三を数えるのである」[16]と述べている。

　しかし、日本の青木昆陽「昆陽漫録」巻之五を見ると、

　　世ノ稱スル二十四孝、ソノ作者ヲシラズ。續文獻通考ニ、元ノ郭居敬撰二十四孝詩。以訓童蒙。トアレドモ、郭居敬ハジメテ二十四孝トナシタルヤ、詩バカリ作リタルヤ詳カナラズ。郭居敬ノ全相二十四孝詩選ヲミレバ、小傳ト詩アリテ……[17]。

とある。

第一部 「二十四孝」とベトナム

表1 「二十四孝」の三系統

『全相二十四孝詩選』系（龍谷大学図書館蔵本『新刊全相二十四孝詩選』）	『日記故事』系「新鐫徽郡原板校正絵像註釈便覧与賢日記故事四巻」	『孝行録』系（南葵文庫本『孝行録』）[18]
1）大舜	1）孝感動天（大舜）[19]	1）大舜象耕（大舜）
2）漢文帝	2）親嘗湯薬（漢文帝）	2）老莱児戯（老莱子）
3）丁蘭	3）齧指心痛（曽参）	3）郭巨埋子（郭巨）
4）孟宗	4）単衣順母（閔損）	4）董氏賃身（董永）
5）閔損	5）為親負米（仲由）	5）閔子忍寒（閔損）
6）曽参	6）賣身葬父（董永）	6）曽氏覚痛（曽参）
7）王祥	7）鹿乳奉親（剡子）	7）孟宗冬筍（孟宗）
8）老莱子	8）行傭供母（江革）	8）劉殷天芹（劉殷）
9）姜詩	9）懐橘遺親（陸績）	9）王祥氷魚（王祥）
10）黄山谷	10）乳姑不怠（唐夫人）	10）姜詩泉鯉（姜詩）
11）唐夫人	11）恣蚊飽血（呉猛）	11）蔡順兮椹（蔡順）
12）楊香	12）為母埋児（郭巨）	12）陸績懐橘（陸績）
13）董永	13）戯彩娯親（老莱子）	13）義婦割股（王武子）
14）黄香	14）搤虎救親（楊香）	14）孝娥抱死（曹娥）
15）王裒	15）棄官尋母（朱寿昌）	15）丁蘭刻母（丁蘭）
16）郭巨	16）聞雷泣墓（王裒）	16）劉達賣子（劉明達）[20]
17）朱寿昌	17）刻木事親（丁蘭）	17）文覚警父（元覚）[21]
18）剡子	18）哭竹生笋（孟宗）	18）田真諭弟（田真）
19）蔡順	19）涌泉躍鯉（姜詩）	19）魯姑抱長（魯義姑）
20）庾黔婁	20）臥氷求鯉（王祥）	20）趙宗替瘦（趙孝宗）
21）呉猛	21）嘗糞憂心（庾黔婁）	21）鮑山負筐（鮑山）
22）張孝張礼	22）扇枕温衾（黄香）	22）伯瑜泣枚（伯瑜）
23）田真	23）拾椹供親（蔡順）	23）琰子入鹿（琰子）
24）陸績	24）滌親溺器（黄山谷）	24）楊香跨虎（楊香）
25）伯瑜[22]		

第一章　中国の「二十四孝」説話とその系統

　郭居敬に関する伝記資料は少ないが、ここにも挙げられた王圻『続文献通考』巻七十一によれば、

　　郭居敬、尤溪人、性至孝、事親左右、承順其心、嘗集虞舜以下二十四人孝行之概、序而詩之、名二十四孝詩、以訓童蒙。[23]

とあり、さらに民国20年（1931）編纂の『大田県志』（福建）には、

　　郭居敬、字儀祖、四十五都廣平人、博學好吟咏、不尚富麗、與仲凡仲貫俱以詩名。性至孝、事親左右承順、備得其歡心。居喪哀毀盡禮。嘗集虞舜以下二十四人孝行、序而賡之以詩、用訓童蒙。時虞集歐陽玄薦之、固辭不起。著有百香詩集。[24]

とある。すなわち、『全相二十四孝詩選』の「五言詩」の作者は、郭居敬であることは間違いない。
　一方、「二十四孝」説話の作者について、ベトナムには郭居業説がある。ベトナムにおける「二十四孝」は李文馥の「二十四孝演歌」系統が圧倒的に多いのだが（後述）、そこには中国の「二十四孝」説話の作者に関する記載は見られず、20世紀半ば以降に刊行された現代ベトナム語による「二十四孝」の書物において初めて、「二十四孝演歌」は元代郭居業の「二十四孝」説話から字喃（チューノム）の詩に翻案されたと記されているのである。たとえば、コーネル大学に所蔵されている『二十四孝』（Nhị thập tứ hiếu）（チー・ドゥック・トーン・トー（Trí Đức Tòng Thơ）出版社、第二版、1962）の序文には、

　　中国の先儒である郭居業先生は二十四の説話を選択し、「二十四孝」説話という書物を編纂した。……ベトナムの先賢である李文馥先生は、この「二十四孝」を引用しつつ24首の国音字（筆者注：字喃）の詩に翻案した。[25]

第一部 「二十四孝」とベトナム

とある。

　おそらく、ベトナムにおける郭居業説はこの書物が初出と考えられ、これ以降出版されたベトナムの「二十四孝」関連文献には、おおむね「李文馥の「二十四孝演歌」の底本は郭居業の「二十四孝」である」と記されている。

　そもそもベトナムでは、中国の書籍から字喃文に翻案された文献にもとの文献の原作者を記していない場合が多い。大阪大学の冨田健次氏によると、これはベトナムの古い書籍に共通する特徴であるという。

　しかし、「二十四孝」説話の作者を郭居業とする事例は、実は古くからある。たとえば徳田氏は、『東見記』下三十五、『世事百談』巻二、『海録』巻二などには、郭居業を編著者とする記載が見出せると述べている。[26]

　また、江戸時代の『東見記』下巻には、

二十四孝ハ元朝ノ郭居業所ナリ作ル也。羅山ノ云ク皆奇異ノ孝也。是レ可ン為メ二児女ノ語ル之ヲ云。[27]

とある。

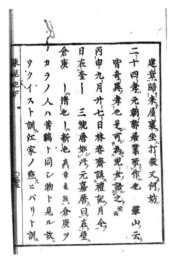

図1-1-5　関西大学総合図書館内藤文庫蔵
『東見記』下巻（L21**3*687-2）、
第35葉表

第一章　中国の「二十四孝」説話とその系統

そして、『世事百談』巻之一には、

> 廿四孝ハ、元の郭居業が作なるよし典籍便覧に見えたり、羅山随筆云、俗所謂二十四孝者、嘉語怪異寔非有道之者所述也、昔程夫子謂十哲者世俗之論也。余於廿四孝亦云矣といへり……。[28]

とある。このほか、台湾国立図書館蔵『二十四孝図説』目録に「元郭居業輯」とあることも注目される。[29]

この『二十四孝図説』に掲載される人物は、『日記故事』系の「二十四孝」と同様である。李文馥系の「二十四孝」に掲載される人物は『二十四孝図説』と一致しているが、孝子の配列順序は異なっている。そして、李文馥系の「二十四孝演歌後」(冒頭に載せる杜俊大の序文)には「命従李鄰芝翁如粤、檢日記故事」と明記されている。[30]

本章では、「二十四孝」説話の三系統の共通点と相違点を明らかにした。ベトナムにおける李文馥系の「二十四孝」は、このうちの『日記故事』系に属するものである。

また、中国では「二十四孝」の作者について諸説存在するものの、三系統のうち、最も古い「二十四孝」説話が『全相二十四孝詩選』であるため、郭居敬説を支持するものが圧倒的に多い。一方、ベトナムの「二十四孝」においては、郭居業説しか見出すことができない。また、管見の限り、李文馥系の「二十四孝」と一致する郭居業の「二十四孝」文献を見出すこともできなかった。李文馥系の「二十四孝」説話の原本の作者は、もともと郭居業とされていたのか、郭居敬とされていたのか不明なままであるが、これは副次的な事柄であるため、ひとまずそのような問題点もあることを指摘するにとどめておく。

注
[1]　橋本草子「「全相二十四孝詩選」と郭居敬―二十四孝図研究ノート　その一一」(『京都女子大学人文論叢』第43号、京都女子大学人文・社会学会、1995年)、1

41

- ～ 2 頁。
- [2] 橋本草子「「日記故事」の版本について―二十四孝図研究ノート　その三―」(『京都女子大学人文論叢』第 46 号、京都女子大学人文・社会学会、1998 年)、33 頁。
- [3] 徳田進『孝子説話集の研究―二十四孝を中心に―』(井上書房、1963 年)、145 頁、148 頁。
- [4] 注 1 前掲、橋本草子論文、29 ～ 30 頁。
- [5] 黒田彰『孝子伝の研究』仏教大学鷹陵文化叢書 5 (思文閣出版、2001 年)、101 頁。
- [6] 龍谷大学図書館蔵本『新刊全相二十四孝詩選』は、現在伝わる同書のテキストのうち最も古いものといわれる。いまその影印本および禿氏祐祥「二十四孝詩選解説」(1946 年) による。
- [7] 『全相二十四孝詩選』系のうち、他の三資料と異なって、「龍大本甲本、乙本」のみは伯瑜という人物を加入し、25 人の孝子になっている。
- [8] 『中国古代版画叢刊』2 (上海古籍出版社、1988) に影印本を収める。
- [9] 注 2 前掲、橋本草子論文、33 ～ 35 頁、40 頁。
- [10] 注 2 前掲、橋本草子論文、54 ～ 57 頁から引用。なお、梁音氏は、二十四孝説話が『日記故事』に収載された時期がもっと早い可能性を示唆する。梁音「『朱子二十四孝事蹟』について」(『名古屋短期大学研究紀要』第 40 号、2002 年)、288 頁を参照。
- [11] 注 5 前掲、黒田彰『孝子伝の研究』仏教大学鷹陵文化叢書 5、101 頁、405 ～ 406 頁。
- [12] 注 5 前掲、黒田彰『孝子伝の研究』仏教大学鷹陵文化叢書 5、96 ～ 97 頁。
- [13] 注 5 前掲、黒田彰『孝子伝の研究』仏教大学鷹陵文化叢書 5、101 頁。
- [14] 梁音「台湾国立故宮博物院蔵『全相二十四孝詩選』について―翻刻と解題―」(『名古屋短期大学研究紀要』第 43 号、名古屋短期大学、2005 年)、250 頁。
- [15] 注 1 前掲、橋本草子論文、21 ～ 22 頁、30 頁。
- [16] 注 3 前掲、徳田進『孝子説話集の研究―二十四孝を中心に―』、138 頁。
- [17] 青木昆陽「昆陽漫録」巻之五『日本随筆大成』第十巻 (吉川弘文館、1928 年)、576 頁。
- [18] 南葵文庫本『孝行録』、前後賛総目 (元順帝 6 年 (1346))。注 5 前掲の黒田『孝子伝の研究』所載影印本による。また関西大学総合図書館内藤文庫蔵『孝行録』(L21*4*739) も参照した。
- [19] (　) 内は筆者が補ったものである。
- [20] 南葵文庫本および関西大学総合図書館蔵『孝行録』の本文では「明達賣子」に作る。
- [21] 南葵文庫本および関西大学総合図書館蔵『孝行録』の本文では「元覚警父」に作る。
- [22] 注 7 前掲に同じ、『全相二十四孝詩選』系のうち、他の三資料と異なって、「龍大本甲本、乙本」のみは伯瑜という人物を加入し、25 人の孝子になっている。

［23］王圻『続文献通考』巻七十一・節義考。本論に漢文文献を引用している際、筆者により、句読点を入れる。
［24］（民国）陳朝宗修、王光張纂『福建省大田県志』第 2 冊、巻 6、孝友伝（成文出版社、民国 64 年（1975））、民国二十年鉛印本の影印、744 頁。
［25］Đoàn Trung Còn『二十四孝』（*Nhị thập tứ hiếu*）、Trí Đức Tòng Thơ 出版社、第二版、1962 年、III 〜 IV 頁。ただし、この版にある序文はドアン・チュン・コン（Đoàn Trung Còn）が 1948 年 5 月 1 日に書いているため、初版も 1948 年 5 月以降と推測される。
［26］注 3 前掲、徳田進『孝子説話集の研究─二十四孝を中心に─』、139 頁。
［27］人見卜幽軒『東見記』巻之下（関西大学総合図書館内藤文庫蔵（L21**3*687-2）、貞享 3 年（1686））、第 35 葉表。
［28］山崎美成『世事百談』全四冊（青雲堂英文蔵、天保 14 年（1843））、第 11 葉表。
［29］郭居業輯、陳鏡如音註『二十四孝図説』（上海寿世草堂、民国 7 年（1918））、15 頁。
［30］漢喃研究院蔵『掇拾雑記』（AB132）、第 30 葉表。

第二章　ベトナムにおける「二十四孝」

一．ベトナムにおける孝

　序論で述べたとおり、儒教は第二北属期（43-544）にはベトナムに伝播した。そのため、ベトナムにおける儒教の「孝」思想は第二北属期以降、ベトナムに受容されたといえる。ただし、多くの研究者は、この時期に儒教は為政者、朝廷の官吏などの階級にしか影響をもたらさなかったと指摘する。「ベトナムの初期の独立の諸王朝、呉（ゴー）・丁（ディン）・前黎（ティエン・レー）朝（980-1009）は儒教ではなく仏教国家であった」というチャン・ヴァン・ザウ（Trần Văn Giàu）氏の意見もある。その後、李（リー）朝に孔子廟を建てたり、「科挙」試験を定期的に行ったりしたことを通して、儒教がベトナムの社会で一定の地位を獲得し、発展し始めたことになる。上述したとおり、陳（チャン）朝以前の書籍は様々の理由で現存しないため、『越南儒教書目』（Thư mục Nho giáo Việt Nam）に記されているうち、現存する儒教の精神および儒教に関する早期の資料は、黎（レー）朝の『大越史記全書』（1479）[1]である。そのため、本章ではまず1.黎朝の洪徳時代（1470-1497）から阮（グエン）朝（1802-1945）まで、2.1946年から現在までの二期に分けてベトナムにおける孝について考察したい。そして、黎朝、阮朝の各皇帝をはじめ、現在のベトナム政府が、「勧孝」を強化しつつ民衆に「孝道」を教育するため、孝を法律化したり孝子を宣揚し、あるいは「勧孝」のテキストを刊行することなどのさまざまな手段を用いていたことを明らかにしたい。

第一部　「二十四孝」とベトナム

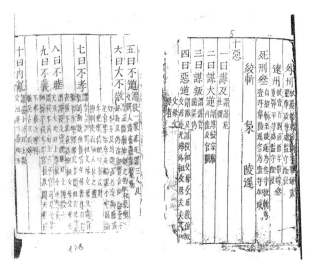

図1-2-1　『国朝刑律』（A341、漢喃研究院所蔵）巻一第3葉表裏

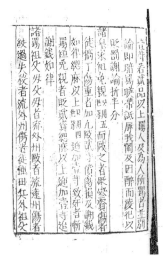

図1-2-2A
『国朝刑律』（A341、漢喃研究院所蔵）巻四第87葉裏

図1-2-2B
『国朝刑律』（A341、漢喃研究院所蔵）巻四第87葉表

第二章　ベトナムにおける「二十四孝」

1. 「孝」の法律化

① 黎朝の洪徳時代（1470-1497）から阮朝（1802-1945）まで

　上記のとおり、阮朝は他の王朝よりも「孝」を称揚したが、これは阮朝以前の各王朝が「孝」を重視しなかったという意味ではない。しかし、「孝」の色彩、様相は各王朝ごとに異なるであろう。黎朝は「礼」を重視していたというグエン・テイ・オアン（Nguyễn Thị Oanh）氏の意見があり、ファン・ダイ・ゾアン（Phan Đại Doãn）氏は「黎朝と阮朝は家庭を強固にしつつ、社会の価値水準、人格訓練を目標として「孝」を提唱した。……特に、「孝」は法律化、政策化された[2]」といっている。このことは黎朝の『国朝刑律』、阮朝の『欽定大南会典事例』に記されている。

　『国朝刑律』巻一「十悪」には、

　　一曰謀反、二曰謀大逆、三曰謀叛、四曰惡逆、五曰不道、六曰大不敬、七曰不孝〔謂告言詛罵祖父母父母、及違背教訓、闕缺供養、居父母喪身自嫁娶、若作樂釋服從吉、聞祖父母父母喪、匿不舉哀、詐稱祖父母父母死〕、八曰不睦、九曰不義、十曰内亂[3]

とあるとおりで、「不孝」の行為は罪に問われたことがわかる（図1-2-1参照）。

　また、『国朝刑律』巻四の闘訟章の第11条（すなわち『国朝刑律』第475条）および第42条（『国朝刑律』第506条）には、祖父母、父母を殺害したり、虐待したり、罵ったり、あるいは孝養を欠いたりした場合など、厳しく処罰されたことが見える。具体的には以下のとおりである。

　すなわち『国朝刑律』第四巻の闘訟章の第11条には、

　　諸罵祖父母父母者流外州、毆者流遠州、傷者絞、過失殺者流外州、傷者徒種田兵、外祖父母各減壹等、若子孫違犯教令而祖父母父母毆殺者徒槁丁、以刃殺者徒象坊兵、故殺者各加壹等、即外祖父母及嫡繼慈養殺者又加壹等、過失殺者各勿論[4]（図1-2-2A、図1-2-2B参照）。

図1-2-3
『国朝刑律』（A 341、漢喃研究院所蔵）
巻四第94葉表

図1-2-4
『国朝刑律』（A 341、漢喃研究院所蔵）
巻四第88葉表

図1-2-5　『国朝刑律』（A341、漢喃研究院所蔵）巻三第70葉裏、第71葉表

第二章　ベトナムにおける「二十四孝」

とあり、同書巻四の闘訟章の第42条には、

　　諸子孫違犯教令及供養有闕而祖父母父母鯑告者徒牖丁、即養子繼子失孝於養父繼父者減壹等失其所與財産（図1-2-3参照）。[5]

とある。

　さらに、『国朝刑律』の巻四の闘訟章の第12条（『国朝刑律』の第476条）、第13条（『国朝刑律』の第477条）には自分の祖父母、父母以外に、姑、舅、配偶者の祖父母、兄弟、親戚を罵ったり、暴力を加えた場合にも処罰されるという条例がある（図1-2-4参照）。

　次に、『国朝刑律』「増補香火令」第2条（『国朝刑律』の第389条）に

　　大臣官員百姓等凡子孫奉祀不問年甲之、長幼不拘品秩之、崇卑宜守常經委之嫡子、如嫡子先没即以長孫或無長孫方用次子、其嫡妻又無衆子方擇妾子之賢、若長子孫或有嚴疾、不肖之行、不堪奉祀、即當經告所在官司擇別子孫奉祀、違者許宗人授告諸衙門糾奏、以違棄典禮不孝不睦之罪論之……。[6]

とあるとおり、子孫は祖先祭祀を行わなければならない。これを行わなければ法律に違反し、「不孝」の罪になる（図1-2-5参照）。

　さらに、『欽定大南会典事例』に記されているとおり、阮朝には判決を下す際、面倒を見る必要のある老いた祖父母、父母がいる場合、あるいは親孝行である場合、犯人に対して減刑を実施していた。『欽定大南会典事例』巻一百七十九（刑部）には

　　凡犯死罪非常赦不原者而祖父母〔高曾同〕父母老〔七十以上〕疾〔篤廢〕應侍〔或老或疾〕、家無以次成丁〔十六以上〕者〔即與獨子無異有司推問明白〕、開具所犯罪名〔竝應待緣由〕奏。……上裁若犯徒流〔而祖父母父母老疾無人侍養〕者止杖一百、餘罪收贖存畱養親〔軍犯準此〕〔附

律條例〕、一凡犯罪有兄弟俱擬正法者、存畱一人養親仍照例奏。[7]

とある。

このように、かつてベトナムにおいては国家が「孝」を推奨するばかりか、「孝」が法律に反映されており、非常に重要な位置を占めていたといえる。

② 1946年から現在まで

　1946年から現在まで、儒教思想は前世紀と比べると影響力が弱まったが、今なお「不孝」や、親に対する子の義務、役割などの「孝」に関する法律の規定が見える。たとえば、現在のベトナム社会主義共和国の刑事法（法37/2009/QH12の第104条、121条、122条、151条）には親の体にわざと傷つける罪、親の健康を害する罪、親を侮辱する罪、親を誣告する罪の条例がある。レベルによりこの罪の処罰は3か月から15年間の禁固、場合により、禁固とともに罰金（100万ドンから1000万ドン、5000円から5万円に相当する金額）に処せられる場合もある。被害者が親、恩師、自分を養う人の場合、処罰の程度はより重くなる。そして、婚姻家族法（法52/2014/QH13の第70条、71条、104条、111条、113条）には、子は親の恩を忘れず、父母、祖父母の面倒をみたり、尊敬したり、親の言葉を聞き、家族の伝統的なよい家風を守らなければならないという条例がある。[8]

　このように、現在のベトナムにおいても国家は「孝」を推奨するとともに、法律にも反映させている。子は心を込めて、生きている親を世話するだけではなく、亡くなった親も祭祀しなければならない。そのうえ、子は自ら修身しつつ、悪い行いを避け、家族の名声を傷つけたり、親や家族を裏切る行為をしたりしてはいけないとされるのである。

2. 孝子の宣揚、任用

① 黎朝の洪徳時代（1470-1497）から阮朝（1802-1945）まで

　黎朝の憲宗（ヒエン・トン、Hiến Tông）帝は景統2年（明弘治12年、1499）、官吏と人民に対し、「朕尊臨寶位、祗紹光猷、躬孝敬以端建極之原、首綱常

而闡敷言之訓、上行下效、旣式底於咸寧、長治久安、欲永躋於丕績、特申條約、用列左方、故論」との勅諭を下し、「孝敬」を基本に国家運営を行うと明言している。さらに、明命（ミン・マン、Minh Mạng）帝は丁亥明命 8 年（1827）庚午の日に太和殿で朝見を行った際、「詔曰朕惟聖人立教粢孝、所以敦彝王位、在元斂福、是惟敷錫、蓋多福必歸于有德、而至孝莫大乎尊親欽惟我」という詔書を布告した。

　すなわち、黎朝、阮朝には為政者の「孝」を優先な位置に置くという意志が見える。そのため、黎朝と阮朝では科挙教育や官吏登用、官吏活動の面でも「孝」の思想が重視された。それは明命帝などの阮朝の王様が官吏選抜の際に孝行者を選び、「孝子」に「孝行可風」「孝順可風」などの扁額を恩賞したことに反映されている。そのことは『大南寔録』正編に、

　　諸地方導諭册上所轄孝子順孫義夫節婦、命禮部議奏及議上請隨行寔之、
　　高下分爲優平次三項、旋賞有差優項一人……、賞銀五十兩、緞四匹、給
　　與扁額〔刻彤管芳標四大字〕、官爲建坊平項十一人……、各賞銀三十兩、
　　緞二匹、給與扁額〔孝子扁刻孝行可風、順孫扁刻孝順可風、義夫兼孝子
　　扁刻行義可風、節婦扁刻貞節可風、各四大字〕

とあることからもわかる。

　さらに、『大南一統志』に載る省のいくつかは、その省の地理、人物、物産、文化、寺院などの項目以外に、模範となる「孝子」の伝を載せている。

　このように、黎朝は「孝」を法律化したが、阮朝は黎朝と比較すると、「孝」をいっそう強調し、その影響力も広範囲にわたっているように見うけられる。言い換えれば、黎朝期に播かれた「孝」の種が阮朝期に至って大きく成長し、「孝」を社会の各階級を覆う大樹となった、といえようか。

② 1946 年から現在まで

　孝子を宣揚することは、現在のベトナム社会でも見られる。現在、市・区の委員会、婦女連合会などは親孝行の人物を表彰し、賞を授けるイベント

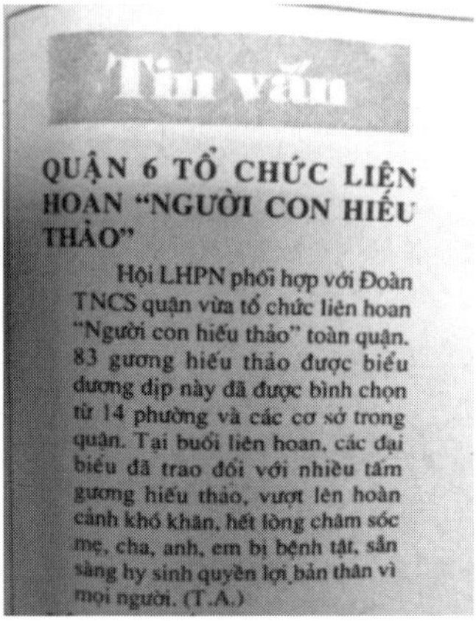
Tin vắn

QUẬN 6 TỔ CHỨC LIÊN HOAN "NGƯỜI CON HIẾU THẢO"

Hội LHPN phối hợp với Đoàn TNCS quận vừa tổ chức liên hoan "Người con hiếu thảo" toàn quận. 83 gương hiếu thảo được biểu dương dịp này đã được bình chọn từ 14 phường và các cơ sở trong quận. Tại buổi liên hoan, các đại biểu đã trao đổi với nhiều tấm gương hiếu thảo, vượt lên hoàn cảnh khó khăn, hết lòng chăm sóc mẹ, cha, anh, em bị bệnh tật, sẵn sàng hy sinh quyền lợi bản thân vì mọi người. (T.A.)

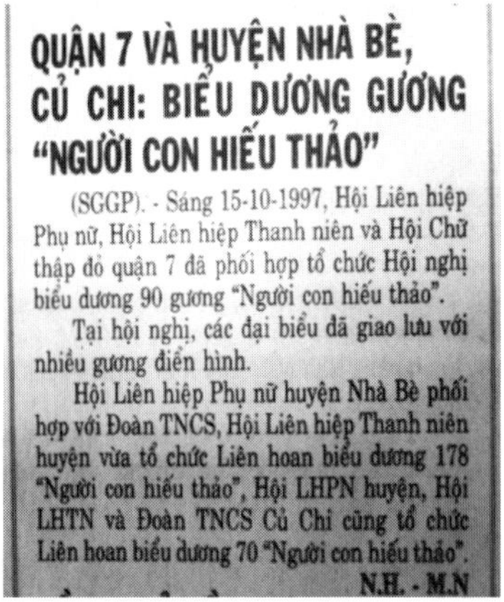
QUẬN 7 VÀ HUYỆN NHÀ BÈ, CỦ CHI: BIỂU DƯƠNG GƯƠNG "NGƯỜI CON HIẾU THẢO"

(SGGP). - Sáng 15-10-1997, Hội Liên hiệp Phụ nữ, Hội Liên hiệp Thanh niên và Hội Chữ thập đỏ quận 7 đã phối hợp tổ chức Hội nghị biểu dương 90 gương "Người con hiếu thảo".

Tại hội nghị, các đại biểu đã giao lưu với nhiều gương điển hình.

Hội Liên hiệp Phụ nữ huyện Nhà Bè phối hợp với Đoàn TNCS, Hội Liên hiệp Thanh niên huyện vừa tổ chức Liên hoan biểu dương 178 "Người con hiếu thảo", Hội LHPN huyện, Hội LHTN và Đoàn TNCS Củ Chi cũng tổ chức Liên hoan biểu dương 70 "Người con hiếu thảo".

N.H. - M.N

図 1-2-6　Sài Gòn giải phóng（『サイゴン解放』）新聞、1996 年 10 月 25 日、1 頁（左）。
見出しに「6 区が主催する親孝行の表彰会」とある。
Sài Gòn giải phóng（『サイゴン解放』）新聞、1997 年 10 月 18 日、1 頁（右）。
見出しに「7 区およびニャ・ベー県、ク・チーは親孝行の人を宣揚している」とある。

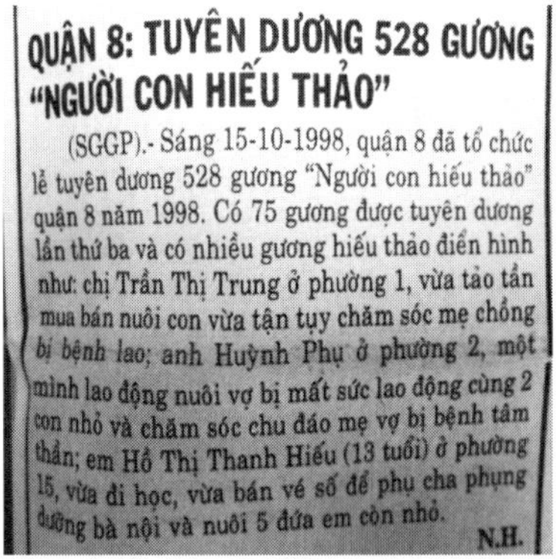
QUẬN 8: TUYÊN DƯƠNG 528 GƯƠNG "NGƯỜI CON HIẾU THẢO"

(SGGP).- Sáng 15-10-1998, quận 8 đã tổ chức lễ tuyên dương 528 gương "Người con hiếu thảo" quận 8 năm 1998. Có 75 gương được tuyên dương lần thứ ba và có nhiều gương hiếu thảo điển hình như: chị Trần Thị Trung ở phường 1, vừa tảo tần mua bán nuôi con vừa tận tụy chăm sóc mẹ chồng bị bệnh lao; anh Huỳnh Phụ ở phường 2, một mình lao động nuôi vợ bị mất sức lao động cùng 2 con nhỏ và chăm sóc chu đáo mẹ vợ bị bệnh tâm thần; em Hồ Thị Thanh Hiếu (13 tuổi) ở phường 15, vừa đi học, vừa bán vé số để phụ cha phụng dưỡng bà nội và nuôi 5 đứa em còn nhỏ.

N.H.

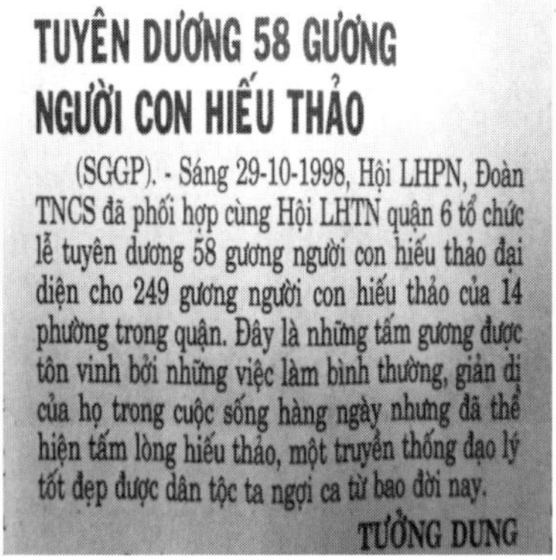
TUYÊN DƯƠNG 58 GƯƠNG NGƯỜI CON HIẾU THẢO

(SGGP). - Sáng 29-10-1998, Hội LHPN, Đoàn TNCS đã phối hợp cùng Hội LHTN quận 6 tổ chức lễ tuyên dương 58 gương người con hiếu thảo đại diện cho 249 gương người con hiếu thảo của 14 phường trong quận. Đây là những tấm gương được tôn vinh bởi những việc làm bình thường, giản dị của họ trong cuộc sống hàng ngày nhưng đã thể hiện tấm lòng hiếu thảo, một truyền thống đạo lý tốt đẹp được dân tộc ta ngợi ca từ bao đời nay.

TƯỜNG DUNG

図 1-2-7　Sài Gòn giải phóng（『サイゴン解放』）新聞、1998 年 10 月 16 日、1 頁（左）。
見出しに「8 区は親孝行の 528 人を宣揚している」とある。
Sài Gòn giải phóng（『サイゴン解放』）新聞、1998 年 10 月 30 日、2 頁（右）。
見出しに「親孝行の 58 人を宣揚している」とある。

第二章　ベトナムにおける「二十四孝」

> **HỌP MẶT 27 GƯƠNG NGƯỜI CON HIẾU THẢO**
>
> Tối 10-9-1999, tại trụ sở UBND phường 5, quận 3, gần 100 người đã đến tham dự buổi họp mặt, giao lưu với 27 gương người con hiếu thảo của phường. Trong số này có em Vương Mỹ Lệ, học sinh, 4 năm liền đạt danh hiệu người con hiếu thảo.
>
> H.Nh.

> **TIN ĐỌC NHANH**
>
> **Tuyên dương 469 gương "Người con hiếu thảo"**
>
> (SGGP). – Ngày 13-11, quận 8 tổ chức lễ tuyên dương 469 gương "Người con hiếu thảo" năm 2000. Trong đó, có 46 gương điển hình được tuyên dương lần thứ 5. Đa số các gương "Người con hiếu thảo" ở quận 8 đều là dân lao động nghèo.
>
> N.H.

図 1-2-8　Sài Gòn giải phóng（『サイゴン解放』）新聞、1999 年 9 月 13 日、7 頁（左）。
　　　　見出しに「親孝行の 27 人の表彰会」とある。
　　　　Sài Gòn giải phóng（『サイゴン解放』）新聞、2000 年 11 月 14 日、7 頁（右）。
　　　　見出しに「親孝行の 469 人を宣揚している」とある。

図 1-2-9
2010 年の表彰会にてホーチミン市人民委員会から賞を受ける 341 人の孝子たち[12]

図 1-2-10
2014 年の孝子たちの表彰会[13]

53

を毎年行っている。このことは Đại Đoàn Kết（『大団結』）、Sài Gòn giải phóng（『サイゴン解放』）、Phụ nữ thành phố Hồ Chí Minh（『ホーチミン市の婦女』）、Phụ nữ Việt Nam（『ベトナムの婦女』）、Giác Ngộ（『覚悟』）などの新聞や、テレビなどのマスコミが報道し宣伝している（図1-2-6、図1-2-7、図1-2-8、図1-2-9、図1-2-10 参照）。

3.「勧孝」に関する書籍などの刊行

『ベトナム儒教の諸問題』によると、

> 天下を統治するため「孝」を道具として使用したのは、儒教の影響下にあるほとんどの封建朝廷、特に阮朝の文化・政治路線であった。教科書とされた『四書』『五経』以外に、黎・阮朝は『孝経』の導入を強調した。……阮朝は「二十四孝」を印刷させ、全国に公布した。今世紀（筆者注：20世紀）の半ばまでに、「二十四孝演歌」のいくつかの説話は北部から南部まで各地の小学校の教科書に導入された。[14]

とある。

こうした「孝道」、「仁義」の教育を重視する政治的・社会的背景により、ベトナムでは「二十四孝」説話、「家訓」、「孝経」、ベトナム独自の孝行説話集である『西南㘰迻孝演歌』（Tây Nam hai mươi tám hiếu diễn ca）などのさまざまな「勧孝」の作品群が黎朝から現在まで絶えず刊行されている。

① 黎朝の洪徳時代（1470-1497）から阮朝（1802-1945）まで

阮朝の明命帝は民衆の「孝悌」「忠信」「仁義」を強化するため、「敦人倫」「正心術」「務本業」「尚節倹」「厚風俗」「訓子弟」「崇正学」「戒淫慝」「慎法守」「広善行」という十条を含む『上諭訓條』を御製した。

嗣徳（トゥ・ドゥック、Tự Đức）帝は明命帝の『上諭訓條』を広く流布するために、これを字喃文に翻案した。十条のうち、特に、第一条「敦人倫」、第六条「訓子弟」、第七条「崇正学」、第九条「慎法守」、第十条「広善行」

第二章　ベトナムにおける「二十四孝」

では孝悌、孝行に言及する（図1-2-11参照）。具体的な内容は次のとおりである（図1-2-12参照）。

　　第一条「敦人倫」：……若夫事父母必以孝敬、處夫婦必以和順、兄弟則相愛而無乖爭……。[15]

　　第六条「訓子弟」：夫人始爲子弟後爲父兄師長、今日不知子弟之道他日卽不能知父兄師長之道、故古之教必自子弟始、蓋以期乎爲父兄師長也、是以古者愛子教之以義方、弗納於邪……。[16]

　　第七条「崇正学」：……朕願爾兆姓等、務崇正學講明人倫、堯舜之道孝弟而已、孔孟之教仁義爲先、是皆所當講也……。[17]

　　第九条「愼法守」：……如知不道不孝之律、則不敢爲于常犯義之行……。[18]

　　第十条「広善行」：夫積善之家必有餘慶、善者福之所集也、所謂善者無他、不過孝弟忠信仁義禮智而已、茲朕教爾有民、非謂前項等條之所能悉、然其彝倫日用之常、大要亦不外是。[19]

　このほか、1941年に出版された『国文教科書』（Quốc văn giáo khoa thư）には、「二十四孝」説話のうち閔損、黄香、子路の三人の中国人の孝子の説話が現代ベトナム語表記に翻字されて記載されている（図1-2-13、図1-2-14、図1-2-15参照）。そして、黄高啓（ホアン・カオ・カイ、Hoàng Cao Khải）・張甘榴（チュオン・カム・ルウ、Trương Cam Lựu）の『西南啓進孝演歌』から抜粋したベトナム人の阮春盎（グエン・スアン・アン、Nguyễn Xuân Áng）、陳朝の英宗（アイン・トン、Anh Tông）帝の二人の孝子の話（図1-2-16参照）も収められたほか、「親孝行の鑑」「親の生育の恩を忘れるな」「祖父母を愛敬せよ」「家譜家礼を重視すること」など「孝道」関係の教育内容が多い。同書はフランス植民時代にベトナムの小学校に使用された倫理、道徳の教科書であり、「国文教科書童幼クラス」（Quốc văn giáo khoa thư lớp đồng ấu）、「国文教科書予備クラス」（Quốc văn giáo khoa thư lớp dự bị）、「国文教科書初等クラス」（Quốc văn giáo khoa thư lớp sơ đẳng）、「倫理教科書童幼クラス」（Luân lý giáo khoa thư lớp đồng ấu）、「倫理教科書初等クラス」（Luân lý giáo khoa thư lớp sơ đẳng）に分かれている。[20]

　このように、阮朝の明命帝をはじめ紹治（ティエウ・チ、Thiệu Trị）帝、嗣

第一部　「二十四孝」とベトナム

図 1-2-11
『上諭訓條抄本解音』（AB555、
漢喃研究院所蔵）第 6 葉裏

図 1-2-12
『上諭訓條抄本解音』（AB555、
漢喃研究院所蔵）第 24 葉表

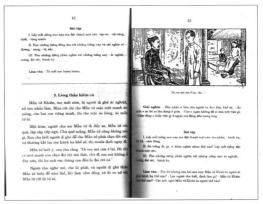

図 1-2-13　「国文教科書初等クラス」（1948 年）に記されている閔子騫の説話および「国文教科書初等クラス」の表紙
（『国文教科書選集』第一冊（Trẻ 出版社、1994 年）所載影印本による）

第二章　ベトナムにおける「二十四孝」

徳帝などの各帝は、家庭を穏やかにし社会を和睦させるため、人民に対して「孝行」の啓蒙、教育を強化した。そのため、「孝行」の推奨や、模範的「孝子」の顕彰、あるいは孝行者の伝記の編纂ことなどが促進され、政治教化政策の重要な一部分になったのである。[21]

② 1946年から現在まで

　近年出版された「孝」関係の書物として、『子としての道』（Đạo làm con）、『昔と今の孝行』（Hiếu hạnh xưa và nay）、『ベトナム人の親孝行の鑑』（Gương hiếu thảo của người Việt）、『昔の親孝行の鑑』（Những tấm gương hiếu thảo thời xưa）、『教養、家風』（Nền nếp gia phong）、『家庭の伝統およびベトナム民族の真髄』（Truyền thống gia đình và bản sắc dân tộc Việt Nam）、『昔の人の鑑——道徳および孝行』（Gương sáng người xưa- Đạo đức và hiếu hạnh）、『タン・ロンの人々の忠孝、節義の鑑』（Gương trung hiếu tiết nghĩa của người Thăng Long）などがある。これらは昔と今の孝行説話を紹介しつつ、「孝」が人間の不可欠な道徳であること、「孝道」の教育および「孝」の役割がベトナムの社会で重要な位置を占めていることを論じている。中でも、『ベトナム人の親孝行の鑑』は、さまざまな新聞に記載された親孝行の人物たちのニュースを収集したものである。

　また、各新聞に載った孝子の記事や『ベトナム人の親孝行の鑑』に紹介された現在の孝子52人の話を見ると、貧しい家庭の小学生の孝子が宝くじや新聞売りのアルバイト、手伝い、内職をしつつ家事を支え、学業面でも良い成績を残したという話が多い。またみずからの幸福、男女の愛情をみずから犠牲にし、親、祖父母、兄弟、姪、甥および舅、姑を孝養しつつ看病する孝子の話も少なくない。ここで注目したいのは、孤独な近所のお婆さんの世話をする孝子の話が記されていることである。すなわち、「孝」の範疇は血統の関係を超え、「民族」「同胞」の関係というもっとも広い視点でとらえられている。「孝」が「仁義」「情義」へと拡大しているといえる。

　さらに、家に飾るものとして、「孝」の字を大書した現代的な対聯や幡が広く市販されている。そこには「孝」の実践を推奨する現代ベトナム語の詩が記されている（図1-2-17参照）。

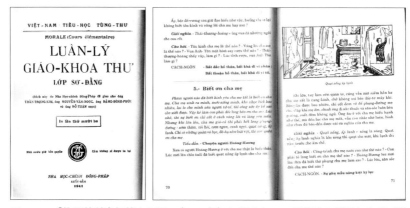

図1-2-14 「倫理教科書初等クラス」(1941年) に記されている黄香の説話および「倫理教科書初等クラス」の表紙
(『国文教科書選集』第二冊 (Trẻ 出版社、1995年) 所載影印本による)

図1-2-15 「国文教科書予備クラス」(1948年) に記されている子路の説話および「国文教科書予備クラス」の表紙
(『国文教科書選集』第一冊 (Trẻ 出版社、1994年) 所載影印本による)

こうした「孝道」「仁義」の教育を重視する政治的・社会的風潮を背景として、ベトナムでは古来、さまざまなテキストの「二十四孝」説話が現われた。李文馥（リー・ヴァン・フック、Lý Văn Phức）、綿寯（ミエン・トゥアン、Miên Tuấn）皇子、鄧輝㷷（ダン・フイ・チュー、Đặng Huy Trứ）の著作はその代表的なものであり、20世紀初頭になるとベトナム人、西欧人、日本人の孝子の話を取り入れたベトナム独自の孝行説話集である『西南台=進欧人孝演歌』が出版された。詳しくは後章に譲るが、ともあれ、伝統的なベトナム人の「孝」の思想は「奉親」「養親」「敬親」「追慕」「礼孝」「献身」を重視するものであって、その類型は大部分が中国の「二十四孝」の「孝」と共通しているといえよう。

4. 祖先祭祀について

「孝」には生きている親を奉養することのほかに、亡くなった親や祖先を奉祀する「祖先祭祀」が重要なものとして含まれる。そこで本節では、ベトナムにおける「祖先祭祀」について概括しておきたい。

①「祖先祭祀」の本質および由来

ベトナムの「祖先祭祀」の由来はどこにあるのか。研究者たちによって、ベトナムの「祖先祭祀」には三つの由来があるとされている。

ア．「万物が魂を持っている」という理念

ゴー・ドゥック・ティン（Ngô Đức Thịnh）氏は、考古文献によれば、死者とともに副葬品を埋葬する習慣がソン・ヴィー（Sơn Vi）文化時代（筆者注：紀元前2万年～1万年）からあったという[22]。ベトナム人は万物が魂を持っていると信じているため、人は死んでも魂は存在していると考える。この魂は別の世界に移動したにすぎない。言い換えれば、「死」はその人間の消滅を意味せず、魂が他の環境のもとで生きているという観念である。

イ．祖先の恩を忘れないこと、礼の重視

『ベトナムの信仰』にも指摘されるように、

第一部 「二十四孝」とベトナム

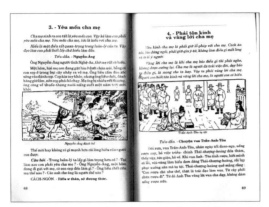

図1-2-16 「倫理教科書初等クラス」(1941年) に記されている阮春盎、陳英宗帝の話
(『国文教科書選集』第二冊 (Trẻ出版社、1995年) 所載影印本による)

図1-2-17 現代的な「孝」の対聯 (幡) (筆者撮影)

ベトナム民族は「礼」を重視するため、「恩義」が大切だと考えた。祖先は祖父母を生み、祖父母は父母を生み、父母は自分を生んだ。孝子は父母の生成の恩を忘れてはいけない。よって「親孝行をする際、自分の根源である祖先及び祖父母に対する孝行も行わなければならない。[23]

とされる。

またファン・ケー・ビン（Phan Kế Bính）氏も、「わが国の祖先祭祀の習慣を考察する際、皆が祖先を真心から尊敬しつつ拝礼する。それは「不忘本」の心であり、人間としての礼儀であり、本質、祖先を忘れないことであるといえよう[24]」と述べている。

そしてダオ・ズイ・アイン（Đào Duy Anh）氏は、「祖先祭祀は、祖先の魂が苦しくないようにすることを目指すものではなく、祖先の生成の恩を忘れず、永遠に血縁を維持するためのものである。そのため、祖先祭祀は種族の維持を目的にするという深い意味を持っている[25]」と指摘している。

さらにトアン・アイン（Toan Ánh）氏は、「親が没したあと、葬儀を行う以外に、子孫は親、祖父母、祖先を祭祀しなければならない。「祖先祭祀」というのは家に祭壇を置き、朔望の日[26]、命日、正月に祭ることである[27]」と述べた。また「「祖先祭祀」はベトナム人の特殊かつ最重要の責任、義務である[28]」とも指摘される。

ウ．儒教の影響および各王朝の勧奨の由来

儒教がベトナムに伝わった後、儒教の「事死如事生、事亡如事存、孝之至也」（『中庸』）という概念はベトナムの「土着」の思想と類似していたため、ベトナムの祖先祭祀の信仰を強化することになったという。

そして、『国朝刑律』「増補参酌校定香火」第9条（『国朝刑律』の第400条）に「香火田土、其子孫貧薄不得自賣、違者授告定坐不孝之罪、若宗人買者失其原錢他人買者聽贖不得固執[29]」とあるとおり、子孫は貧しくても祖先祭祀のための土地を売ってはならず、売ると「不孝」の罪になることがわかる（図1-2-18参照）。

第一部 「二十四孝」とベトナム

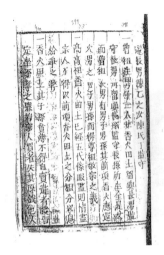

図 1-2-18 『国朝刑律』（A341、漢喃研究院所蔵）巻三 第 73 葉表

図 1-2-19 ベトナムの南部にある、20 世紀に建てられた祠堂の門および祠堂の本殿
（筆者撮影）

第二章　ベトナムにおける「二十四孝」

　つまり、ベトナムの祖先祭祀の由来は、ベトナム人の「礼儀」を重視する精神やベトナムの「土着」の思想を基本として、儒教の理念、ベトナムの王朝の推奨が加わって形成されたものであるという。そのためベトナムにおいても「祖先祭祀」は「孝」の実施に不可欠なものとなった。祠堂を建て、あるいは家屋内に祭壇を設置し祖先を祭ることは、ベトナム人にとって「孝道」の一つなのである。

　なお、現代のベトナムにおいては祖先祭祀の場として祠堂もしくは家屋内の祭壇が設けられている。戦争などのさまざまな理由で、現在祠堂（図1-2-19参照）を持っている族は少ないが、各家に祭壇を設けるのはごく普通のことである。これら祠堂や祭壇の設置の仕方、神主（位牌）や遺影の置き方あるいは祭祀の期日や方法などはそれ自体、興味深い事柄なのであるが、本書のテーマとはやや違うのでここではこれ以上論じないこととする。

　いずれにしても、現代ベトナムの「孝」思想はかつてのベトナム人の「孝」の思想と基本的には同じであるが、家族の中の子としての基本道徳から親族、配偶者の家族まで範囲が広がり、さらに、近隣の人々に対する「情義」「人情」「仁義」の心まで包括するようになっている。現代ベトナム人は「孝有三、大孝尊親、其次弗辱、其下能養」という曽子の思想（『礼記』祭義篇）、『孝経』紀孝行篇の「子曰孝子之事親也、居則致其敬、養則致其樂、病則致其憂、喪則致其哀、祭則致其嚴」、さらに、『論語』学而篇の「孝悌也者、其爲仁之本與」という思想のとおり、すべてにおいて「孝」が期待されているのである。すなわち、「孝」は昔から現在に至るまでベトナムの社会において重要な位置を占め、「親孝行」の思想はベトナム人の血肉に浸透し、今でも潜在的に存在している。祖先祭祀はベトナム人の精神文化に重要な位置を占めているのである。しかも祖先祭祀は、子孫に家庭の伝統を教育するとともに、一族の関係を結ぶかけ橋になっている。換言すれば、祖先祭祀はベトナム人の家族の絆をとり結ぶのに貢献する伝統的文化の一つとなっているのである。

第一部　「二十四孝」とベトナム

二．現代ベトナムにおける「二十四孝」の位置

では、「二十四孝」説話はベトナムではどのように受けとめられたのであろうか。阮朝までの状況は後章において詳論するので、ここでは1945年以降、現在までの状況をトレースしてみたい。

ベトナムにおける代表的な「二十四孝」説話は李文馥の「二十四孝演歌」であるが、これについてチュー・ラン・カオ・フィ・ジュ（Chu Lang Cao Huy Giu）氏は、

> 「二十四孝」は昔の中国の24人の孝子についての説話である。李文馥は元の郭居業による漢文の書『二十四孝』に基づいて、「六八体」の詩体で字喃に翻案した。李文馥はわが国の「親孝行」の語り部である。彼は最初、子孫に家訓として残す目的で「二十四孝演歌」を著作したが、その後全国に流行し、口々に賛辞が伝えられ、親に対する子の指標として価値のある書物になった。現在（筆者注：1956年刊行当時）は教科書になっている。[30]

と述べている。

また、タイン・ラン（Thanh Lãng）氏は、

> 「二十四孝演歌」は平易で素朴な言葉と倫理的教訓の性質のため大きな賛辞が寄せられた。形式としては「六八体」の詩416句である。民間に広く普及し、特に北部の教養のある家では教育用書物として用いられた。[31]

と評価している。

さらに、ホア・バン（Hoa Bằng）氏は「二十四孝演音」[32]について、

第二章　ベトナムにおける「二十四孝」

儒教教育の教室では、幼い時から「二十四孝演音」にあるいくつかの詩を暗記しない人はいなかった。それはこの作品の文句が簡素で音調がスムーズであり、覚えやすかったためである。それで、この作品は一定の社会、一定の時代に広く普及することとなった。……以前、ベトナムや中国の詩人、画家が「二十四孝」説話の内容と人物を絵描き、吟詠の題目にした。……「二十四孝」の言葉は素朴であるが、文章が明るく簡潔であるため、一定の社会、一定の時代に倫理の教訓として使用するのに適していた。[33]

と述べている。

このように、近代の研究者にとっても、「二十四孝」説話は看過できないものと認識されたこと、近代においても実際の初等教育で用いられていたことがわかる。

このほか、すでに述べたとおり、1941年成立の『国文教科書』に「二十四孝」説話から閔損、黄香、子路の三人の孝子の説話が、黄高啓・張甘榴の『西南䢄迻孝演歌』に阮春盎、陳英宗帝の二人の孝子の話が現代ベトナム語表記に翻字され記載されている。

さらに、近年に出版されたいくつかの書物でも、「二十四孝」説話、李文馥の「二十四孝演歌」、黄高啓・張甘榴の『西南䢄迻孝演歌』の流布について言及されている。

たとえば『子としての道』によると、

阮朝期、儒教は明命帝の時代に発展した。孝道は儒者によって鼓吹され、李文馥が「孝は百の行のうちの第一の行である」と書いたとおりである。人間は父母の生成の恩を忘れると、天地に立つのにふさわしくなくなる。……「二十四孝」を昔の教育に取り入れたことは（1950年以前の小学校の教育に影響を与えた）、人の知恵の開発に大変効果的であった。[34]

とある。

65

第一部　「二十四孝」とベトナム

また、『昔の親孝行の鑑』には、

> かつてわが国の教科書の中で、元の郭居業が編纂した「二十四孝」は正式な教科書ではなく、科挙の試験問題にも出なかったが、どの学校でも教えられ、必須の参考書と見なされた。特に学生は返答の文および弔文を書くときによく引用し、貴重な資料とした。[35]

とあり、さらに『昔と今の孝行』には、

> 昔の小学校では24人の孝子の鑑のいくつかの話を抜き出し、字を読んだり、書いたりできる子供たちによく教えられた。また、子供たちが心に刻むために、これを暗記させた。……これは貴重な家訓であり、フランス植民地の時代を含む長期間、60年間以上わが国の学校、家庭に存在していた。24人の孝子の説話はもともと中国のものであるが、ベトナムの20人の孝子の鑑（筆者注：黄高啓・張甘榴の『西南𠀧進八孝演歌』から抜き出した20人のベトナム人の孝子説話のことであろう）とともに、「孝行」に関する昔の家訓として家庭の子孫に教育された。学校では、講師は学生たちに「人間の道」の基礎的な道徳を教えるためこの書物をよく使用した。[36]

図1-2-20
「二十四孝」の2012年
カレンダー（筆者撮影）

第二章　ベトナムにおける「二十四孝」

とある。

　そして、近年に出版されている「孝」、「孝」の教育、ベトナムの伝統的な家庭の教育について論究する書物はいずれも、李文馥の「二十四孝演歌」や黄高啓・張甘榴の『西南㘲進𠊛孝演歌』から抜き出したいくつかの孝子の人物の話を引用し、書店では現代ベトナム語で書かれた「二十四孝」説話が市販されている。

　さらに近年、「二十四孝」説話がカレンダーに印刷され、全国で市販されている。あるカレンダーには一枚ごとに「『二十四孝』—李文馥」(*Nhị thập tứ hiếu - Lý Văn Phức*) の文字、挿し絵とともに一人の孝子の説話が現代ベトナム語表記で翻字され、本文の後に李文馥の「二十四孝演歌」のいくつかの詩句が現代ベトナム語表記で翻字されていることもある。(図1-2-20参照)。

　このように、「二十四孝」説話を調べて行くと、「孝」が昔から現在まで変わることなくベトナム人の思想、文化およびベトナム人の家庭教育で重要な位置を占め、ベトナムの社会に大きな影響を与えていることがはっきりとわかるのである。

三．ベトナムにおける「二十四孝」文献の流布状況

　次に、視点を換えて、ベトナムにおける「二十四孝」関連文献の流布状況について、具体的文献を挙げて考察する。

　現在、ベトナム・ハノイにある漢喃研究院 (Viện nghiên cứu Hán Nôm)、ホーチミン市総合科学図書館 (Thư viện khoa học tổng hợp thành phố Hồ Chí Minh)、ベトナム国家図書館 (Thư viện quốc gia Việt Nam) およびベトナム社会科学情報院 (Viện thông tin khoa học xã hội Việt Nam) には「二十四孝」に関する漢字・字喃、現代ベトナム語の文献が数多く所蔵されている。本書でこれらの文献を取り上げる際には、何度も版を重ねている書物の場合、そのうちの一つのテキストのみを選ぶことにする。筆者は2011年から2012年にかけてこれらの機関

第一部 「二十四孝」とベトナム

に調査に赴き、関連文献29点を収集した。「二十四孝」は近年出版されている現代ベトナム語の「二十四孝」や個人所蔵のものを数えるならば29点を超える。しかし、これら29点はおそらくそれら諸版本の原本となるもので、その意義はきわめて大きいといえよう。以下、筆者の調査にもとづき、整理・検討しておきたい。

① 「二十四孝演歌」および「詠二十四孝詩」(『掇拾雑記』所収)(AB132)[37]
(写本、漢喃研究院蔵)

『掇拾雑記』は李文馥(字鄰芝)によって編纂された。このテキストは漢文・字喃文の写本で、全77葉、高さ32センチ、幅22センチ。内容は李文馥の序文に続き、ベトナムにおける言語・文学に優れた30人の説話、「二氏耦談記」「附国音雑記」「舟回阻風嘆」「自述記」「不風流伝」が収められ、ついで「書二十四孝演歌後」「二十四孝演歌引」「二十四孝演歌」(末尾には「二十四孝演音畢」とある)、七言絶句による「詠二十四孝詩」、字喃の「双七六八体」の詩による「婦箴便覧」が含まれている。このうち、「二十四孝演歌」には中国の24人の孝子に関する漢文の原文と、「双七六八体」で演音され字喃によって記された24首の詩歌が収められている。また、「詠二十四孝詩」の部分は陳秀穎(チャン・トゥ・ジン、Trần Tú Dĩnh)の序文、杜俊大(ドー・トゥアン・ダイ、Đỗ Tuấn Đại)の「詠二十四孝詩序」、「詠二十四孝詩二十四首」(李文馥作)、「詠二十四孝詩二十四首」(陳秀穎作)、「詠二十四孝詩二十四首」(杜俊大作)、「詠二十四孝詩跋」、「和李陳杜詠孝詩二十四首」(譚鏡湖(中国人)作)、梁釗(毅菴)(中国人)の序文および詠詩で構成されている。

『掇拾雑記』の編纂年代は明記されていないが、李文馥の「二十四孝演歌引」により、「二十四孝演歌」の創作年代は明命16年(1835)であることがわかる。ベトナムにおける「二十四孝」の最も基本的なテキストである(第二部第一章で後述)。

② 「二十四孝詠」(『孝順約語』所収)(A433)(写本、漢喃研究院蔵)

『孝順約語』は杜発(ドー・ファット、Đỗ Phát)によって編纂された。全79

葉の写本で、高さ32センチ、幅21センチ。范道甫（ファム・ダオ・フー、Phạm Đạo Phủ）（号義斎）の序文がある。「孝順約語」、李文馥、陳秀穎、杜俊大、譚鏡湖の「二十四孝詠」、李文馥の「二十四孝演歌」、陳名案（チャン・ザイン・アン、Trần Danh Án）の「勧子読書」という四種の文献が収められている。しかし、「二十四孝演歌」には第八首「売身葬父」、第九首「為母埋児」が欠けている。さらに、「二十四孝詠」には梁釗（毅菴）の詠詩が含まれていない。

『孝順約語』の編纂年代は明記されていないが、范道甫の序文の冒頭に「甲寅春」と書かれている。編纂者である杜発（1813-1893）[38]の生卒年から見て、「甲寅年」は1854年であると推測され、本書は1854年以降、1893年以前に編纂されたと判断できる。

③「二十四孝」[39]（『勧孝書』所収）（AB13）（刊本、漢喃研究院蔵）

『勧孝書』は李文馥、陳秀穎、杜俊大によって編纂され、『ベトナム漢喃遺産—書目提要』（Di sản Hán Nôm Việt Nam - thư mục đề yếu）によれば、漢文・字喃文の八種の刊本があるが、その内容はみな同様であり、「文昌帝君勧孝文」、「勧孝篇」、「二十四孝」（すなわち、李文馥の「二十四孝演音」）、「古録」の四種の文献が収録されている[40]。

ここでは、1870年に刊行された『勧孝書』（AB13）を用いる。本書は全29葉で、高さ26センチ、幅14.5センチ。このうち「二十四孝演音」の各半葉は上下二つの部分に均等に分かれている。上部には中国の24人の孝子についての漢文の原文、李文馥、陳秀穎、杜俊大の詠詩、「二十四孝諸公述懐詩」、「又附録二十四孝詩南海潭鏡湖拝和」という順序で記され、下段部分には李文馥の字喃による「双七六八体」で翻案された24首の詩が配列されている。しかし、李文馥の詩には第二首「親嘗湯薬」と第三首「嚙指心痛」が欠けており、また「又附録二十四孝詩南海潭鏡湖拝和」では第十三の陸績以降の詠詩の部分が欠けており、梁釗（毅菴）の詠詩も記されていない。

④「二十四孝演音」（『陽節演義』所収）（VHv 1259）（刊本、漢喃研究院蔵）

『陽節演義』（VHv 1259）は成泰庚寅年（1890）に観文堂で印刷されたテキ

ストである。本書は全116葉で、高さ24センチ、幅15センチ。字喃文で翻案された「陽節演義」、「幼学越史四字」、「三千字解音」、「文昌帝君勧孝文」、「勧孝篇」、李文馥の「二十四孝演音」、「古録」、「明道家訓」という八種の文献が含まれている。このうち、「二十四孝演音」は各半葉が上下二つの部分に均等に分かれている。上部には中国の24人の孝子についての漢文の原文、李文馥、陳秀穎、杜俊大の「二十四孝」についての詠詩、「次附録二十四孝諸公述懐詩」、「又附録二十四孝詩南海譚鏡湖拝和」という順序で記され、下段部分には李文馥が字喃の「双七六八体」で翻案した24首の詩という配列となっている。しかし、「又附録二十四孝詩南海譚鏡湖拝和」では第十三の陸績以降の詠詩が欠けており、梁釗（毅菴）の詠詩も記されていない。

この『陽節演義』に合冊されている「二十四孝演音」部分は嗣徳辛未年(1871)年に錦文堂で重訂印刷されたもので、形式としては③『勧孝書』所収の「二十四孝演音」と同様である。

⑤「二十四孝演音」[41]（『驩州風土話』所収）（VHv 1718）（写本、漢喃研究院蔵）

『驩州風土話』は陳名琳（チャン・ザイン・ラム、Trần Danh Lâm）によって編纂された。ハノイの漢喃研究院には四種の写本（A592、A2288、VHv1376、VHv1718）があるが、『ベトナム漢喃遺産―書目提要』（Di sản Hán Nôm Việt Nam – thư mục đề yếu）によると、李文馥の「二十四孝演音」を載せる『驩州風土話』は本テキスト（VHv1718）だけのようである[42]。

ここでは VHv 1718 の漢文・字喃文の写本を用いる。全63葉で、高さ27センチ、幅16センチ。序文と跋文があり、「驩州風土話」のほか、副榜鄧元謹（ダン・グエン・カン、Đặng Nguyên Cẩn）の「謝庭蘭玉賦」、「仙田衡岳伯吊幸庵先生文」、李文馥の「二十四孝演音」、雑編を収めている。このうち、「二十四孝演音」には李文馥、陳秀穎、杜俊大の詠詩のみを収めており、譚鏡湖、梁釗（毅菴）の詠詩、李文馥、陳秀穎、杜俊大の述懐詩[43]は収載されていない。「二十四孝演音」という書名は他の文献では李文馥の字喃の「双七六八体」の詩をいうが、この『驩州風土話』に所収されている「二十四孝演音」は李文馥、陳秀穎、杜俊大が二十四孝について詠じた「七言絶句」の詩となって

いる。この「七言絶句」の詠詩は、他の文献では「詠二十四孝詩」あるいは「二十四孝詠」という名で記されている。

『驩州風土話』の編纂年代は明記されていないが、編纂者である陳名琳（1705-1777）[44]の生没年によって、1777年以前に編纂されたと判断できる。しかし、本テキスト、すなわちVHv 1718の中に「仙田衡岳伯吊幸庵先生文」、李文馥の「二十四孝演音」、副榜鄧元謹の「謝庭蘭玉賦」を収めている。幸庵先生は元淶（グエン・ティエップ、Nguyễn Thiếp）（1723-1804）[45]の号であるから、この弔文は1804年に書かれたものに違いない。そして、同書には副榜鄧元謹の「謝庭蘭玉賦」が収められている。『漢喃書目―作者目録』（Thư mục Hán Nôm - mục lục tác giả）によると、鄧元謹が副榜に合格したのは成泰7年（1895）[46]である[47]。そのため、この賦は1895年以降に写されたものと推測できる。

さらに、同書に収められている「二十四孝演音」を考察すると、紹治帝の字である「綿宗」の「宗」、嗣徳帝の名である「阮福時」の「時」と同音の文字である「時」を避けているため、「二十四孝演音」は嗣徳時代（1847-1883）以降に写されたものと推測できる。

⑥二十四孝に関する字喃詩（『詩文並雑紙』所収）[48]（A.2303）（写本、漢喃研究院蔵）

『詩文並雑紙』は「九重天図」「五皇方位」「北斗七星之図」、全国の地図、紹成時代（1401-1402）から昭統時代（1787-1789）までの年号、「呂裁八怪綜変」「啓童説約」「三字経訓詁」「文昌帝君百字銘」「新刊補正少微通鑑節要総論」「初学問律書」「羅仙十詠」「槐亭科録一冊」「槐亭科録二冊」「浮沙田記」「三徴田記」、二十四孝に関する字喃詩、「伝奇目録」、89篇の詩、文、賦、勅諭および題目のない文献などを収めている。全204葉で、高さ25センチ、幅15センチの写本である。二十四孝に関する字喃詩には題目が記されていないが、内容に基づけば、この詩は李文馥の「二十四孝演歌」であることがわかる。

この『詩文並雑紙』編纂の年代は明記されていない。既に述べたとおり、李文馥の「二十四孝演歌」は1835年に著されたが、『詩文並雑紙』に収められている「二十四孝演歌」の文献を考察すると、紹治帝の字である「綿宗」の「宗」、嗣徳帝の姓名である「阮福時」の「時」と同音の文字である「時」

第一部 「二十四孝」とベトナム

などの避諱文字が見られるため、この「二十四孝演歌」(二十四孝に関する字喃詩) は嗣徳時代 (1847-1883) 以降に写されたと推測できる。

⑦『四十八孝詩画全集』(AC16、A3104/c)(刊本、漢喃研究院蔵)

『四十八孝詩画全集』は鄧輝㷋によって朱文公「二十四孝原編」、高月槎「二十四孝別集」にもとづき編纂され、阮廷亮 (グエン・ディン・ルオン、Nguyễn Đình Lượng) によって校正されたもので、嗣徳丁卯年 (1867) に出版された。このうち、A3104/c は 30 葉で高さ 31 センチ、幅 23 センチで、図版のみを記載する。また、AC16 は全 54 葉で高さ 28 センチ、幅 19 センチで、本文と図版を含む。後章では AC16 をとりあげ検討する。

⑧「補正二十四孝伝衍義詞」(『孝経国語詞』所収)[49] (VNv60)(刊本、漢喃研究院蔵)

『孝経国語詞』(VNv60) は綿寓皇子によって編纂され、成泰年 (1889-1907) に雅堂で重版された。全 20 葉の刊本で、高さ 23 センチ、幅 16 センチ。「孝経国音演歌」「活世生機孝子光伝」、和盛郡王仲延が定めた「補正二十四孝伝衍義詞」の三種の文献を収めている。詳しくは後章で紹介する。

⑨『西南㘹=迸㘹ᣤ孝演歌』(VNv.62)(刊本、漢喃研究院蔵)

『西南㘹=迸㘹ᣤ孝演歌』は黄高啓・張甘榴の撰である。冒頭に二つの序文および作品を総括する歌を掲載する。福安堂から 1923 年 2 月 5 日に刊行された。全 22 葉の刊本で、ベトナムと西洋・日本の 28 人の孝子の説話が字喃の散文[50]および「双七六八体」の字喃詩で翻案されて収められている。詳しくは後章で紹介する。

⑩『二十四孝』(*Nhị thập tứ hiếu*)(スア・ナイ (Xưa nay) 印刷所、Sài Gòn、1929 年、ベトナム国家図書館蔵)

1929 年にスア・ナイ印刷所で印刷された第 3 版で、全 26 頁。印刷所の広告、序文、目録、ダン・レー・ギー (Đặng Lễ Nghi) 氏が現代ベトナム語表記で作成した「二十四孝」についての「六八体」詩を載せる。この書物は現在、ベ

トナム国家図書館にマイクロフィルムが所蔵されている。

⑪『二十四孝演音』(Nhị thập tứ hiếu diễn âm)（ゴー・トウ・ハ (Ngô Tử Hạ) 印刷所、1928 年、ベトナム国家図書館蔵）

　1928 年にゴー・トウ・ハ印刷所で印刷された第 2 版で、全 35 頁。李文馥の「二十四孝演歌」の字喃の原文と、現代ベトナム語表記に翻字された「二十四孝演歌」を併記している。この『二十四孝演音』に記される孝子の順序、孝子の人物は『掇拾雑記』本と同じであるが、標題の記載法や二人の孝子の氏名（唐夫人、黄山谷）は異なっている。唐夫人の場合は「唐氏」に、黄山谷の場合は「曽直」に作る。ただし、黄庭堅の字は魯直なので、「曽」の字は「魯」の誤りと考えられる。この書物は現在、ベトナム国家図書館にマイクロフィルムが所蔵されている。

⑫『二十四孝』(Nhị thập tứ hiếu)（スア・ナイ (Xưa nay) 印刷所、Sài Gòn、1933 年、ベトナム国家図書館蔵）

　1933 年にスア・ナイ印刷所で印刷された初版で、全 18 頁。印刷所の広告、序文、目録、グエン・チョン・タット（Nguyễn Trọng Thật）氏が現代ベトナム語表記で作成した「二十四孝」についての「六八体」詩が収められている。この書物は現在、ベトナム国家図書館にマイクロフィルムが所蔵されている。

⑬『二十四孝』(Nhị thập tứ hiếu)（ドン・タイ (Đông Tây) 印刷所、Hà Nội、1933 年、ベトナム国家図書館蔵）

　1933 年にドン・タイ印刷所で印刷、刊行された。全 19 頁。印刷所の広告、李文馥の経歴、目録、李文馥の「二十四孝演歌」の現代ベトナム語訳を載せ、各詩篇の後に語釈がある。本書に記されている孝子の順序、孝子の人物は『掇拾雑記』本と同じであるが、標題の記載法や二人の孝子の氏名（唐夫人、黄山谷）は異なっている。唐夫人の場合は「唐氏」に、黄山谷の場合は「曽直」に作っており、⑪のテキストと類似する。この書物は現在、ベトナム国家図書館にマイクロフィルムが所蔵されている。

⑭『二十四孝』（Nhị thập tứ hiếu）（ドゥック・ルウ・フオン（Đức Lưu Phương）印刷所、Sài Gòn、1933 年、ベトナム国家図書館蔵）

　1933 年にドゥック・ルウ・フオン印刷所から刊行された。全 18 頁。印刷所の広告、グエン・バー・トイ（Nguyễn Bá Thời）氏が作成した「二十四孝」の現代ベトナム語による「六八体」詩を載せる。現在、ベトナム国家図書館にマイクロフィルムが所蔵されている。

⑮『二十四孝—懐古形式の歌』（Vọng cổ Bạc Liêu Nhị thập tứ hiếu）[51]（ファム・ディン・クオン（Phạm Đình Khương）印刷所、Chợ Lớn、1935 年、ベトナム国家図書館蔵）

　1935 年にファム・ディン・クオン印刷所から刊行された。全 18 頁。印刷所の広告、現代ベトナム語で書かれた帝舜、老萊子、楊香、呉猛、孟宗、陸績、フィ・ホアン（Phi Hoảng）[52]という 7 人の孝子の説話を懐古形式の歌に改変したものである。この歌集はマイクロフィルムがベトナム国家図書館に第 1 冊のみ所蔵されている。この歌集に載る孝子の人物と順序は『掇拾雑記』本と一致しない。

⑯『二十四孝』（Nhị thập tứ hiếu）（フック・チ（Phúc Chi）印刷所、Hà Nội、出版年不明、ベトナム国家図書館蔵）

　フック・チ印刷所から刊行された。全 16 頁。この書物は李文馥の「二十四孝演歌」を現代ベトナム語表記で翻字している。この書物に記されている孝子の順序、孝子の人物は『掇拾雑記』本と同じであるが、標題の記載法や二人の孝子の氏名（唐夫人、黄山谷）は異なっている。唐夫人の場合は「唐氏」に、黄山谷の場合は「黄庭堅」に作る。

⑰『二十四孝』（Nhị thập tứ hiếu）（フオン・クェー（Hương Quê）印刷所、Hưng Yên、1957 年、ベトナム国家図書館蔵）

　1957 年にフオン・クェー印刷所から出版された。全 16 頁。この書物は李文馥の「二十四孝演歌」を現代ベトナム語表記で翻字している。本書に記されている孝子の順序、孝子の人物は『掇拾雑記』本と同じであるが、標題の記載法や二人の孝子の氏名（唐夫人、黄山谷）は異なっている。唐夫人の場合

は「唐氏」に、黄山谷の場合は「黄庭堅」に作る。

⑱『二十四孝、二十四の親孝行の鑑』（Nhị thập tứ hiếu :Hai mươi bốn tấm gương hiếu thảo）（チェー（Trẻ）出版社、Thành phố Hồ Chí Minh、1990 年、ベトナム国家図書館蔵）

　この書物はホアン・フー・ゴック・ファン（Hoàng Phủ Ngọc Phan）が編纂したもので、1990年にチェー出版社で出版社され、出版社の序文を含む。全82頁。李文馥の「二十四孝演歌」を現代ベトナム語表記で翻字されたもの、漢文の「二十四孝」の原文を現代ベトナム語表記で翻字されたもの、ニャー・ウェン（Nhã Uyển）が描いた挿し絵が収載されている。本書に記される孝子の順序、孝子の人物は『掇拾雑記』本と同じであるが、標題の記載法や二人の孝子の氏名（唐夫人、黄山谷）は異なっている。唐夫人の場合は「唐氏」に、黄山谷の場合は「黄庭堅」に作る。

⑲『二十四孝』（Nhị thập tứ hiếu）（ヴァン・ゲ（Văn Nghệ）出版社、Thành phố Hồ Chí Minh、1996 年、ベトナム国家図書館、ホーチミン市総合科学図書館、ベトナム社会科学情報院蔵）

　1996年にヴァン・ゲ出版社から刊行された。全169頁。この書物には出版社の序文、李文馥の履歴、目次などを含む。まず「二十四孝演歌」の漢文の原文部分（本文）と現代ベトナム語表記で翻字されたものを併記し、李文馥「二十四孝演歌」を現代ベトナム語表記で翻字されたもの、五言詩の原文（郭居敬の題詩）と現代ベトナム語表記で翻字されたものを併記し、さらに、李文馥の「七言絶句」の原文と現代ベトナム語表記で翻字されたものを併記している。本書に記されている孝子の順序、孝子の人物は『掇拾雑記』本と同じであるが、標題の記載法や二人の孝子の氏名（唐夫人、黄山谷）は異なっている。唐夫人の場合は「唐氏」に、黄山谷の場合は「黄庭堅」に作る。

⑳『二十四孝』（Nhị thập tứ hiếu）（テー・ゾーイ（Thế giới）出版社、Hà Nội、1998 年、ベトナム国家図書館蔵）

　グエン・バー・ハン（Nguyễn Bá Hân）の編纂で、1998年にテー・ゾーイ出

第一部　「二十四孝」とベトナム

版社から出版された。全 155 頁。出版社の序文、編纂者の序文、目次などを含む。李文馥の「二十四孝演歌」の字喃版と現代ベトナム語表記で翻字されたものを併記するとともに、「二十四孝演歌」の漢文部分（本文）を現代ベトナム語表記で翻字されたものを付す。本書に記されている孝子の順序、孝子の人物は『掇拾雑記』本と同じであるが、標題の記載法や四人の孝子の氏名（王裒、庾黔婁、唐夫人、黄山谷）は異なっている。王裒の場合は「王表」に、庾黔婁の場合は「唐黔婁」に、唐夫人の場合は「唐氏」に、黄山谷の場合は「曽直」に作る。

㉑『二十四孝』(*Nhị thập tứ hiếu*)（ドン・ナイ（Đồng Nai）出版社、Đồng Nai、2000 年、ベトナム国家図書館蔵）

　ファン・ミ（Phan My）の編纂で、2000 年にドン・ナイ出版社から出版された。全 2 冊で、それぞれ 12 の孝子の説話を記す。それぞれ 180 頁。これは「二十四孝」の説話の漫画である。

　本書に記されている孝子の人物は『掇拾雑記』本と同じであるが、順序は異なっている。

㉒『西南二十八孝演歌』(*Tây Nam nhị thập bát hiếu diễn ca*)（内閣国務府文化出版特責訳述委員会（Ủy ban dịch thuật Phủ Quốc vụ khanh đặc trách văn hóa）出版、Sài Gòn、1971 年、ベトナム社会科学情報院蔵）

　1971 年に内閣国務府文化出版特責訳述委員会から出版された。全 156 頁。本書は、ヴー・ヴァン・キン（Vũ Văn Kính）氏が黄高啓、張甘榴の『西南󠄀迪孝演歌』を現代ベトナム語表記で翻字しつつ訳注したものである。内容は二つの部分に分けられる。第一篇はヴー・ヴァン・キン氏の序文、『西南󠄀迪孝演歌』についての評価、現代ベトナム語表記で翻字された張甘榴と黄高啓の二つの序文、総歌、28 人の孝子説話の本文、目次、訂正表である。第二篇は『西南󠄀迪孝演歌』を字喃の原文で載せている。

第二章　ベトナムにおける「二十四孝」

㉓『二十四孝詩歌』（Nhị thập tứ hiếu thi ca）（マク・ディン・トウ（Mạc Đình Tứ）印刷所、Hà Nội、1911 年、ベトナム社会科学情報院蔵）

　1911 年にマク・ディン・トウ印刷所から刊行された。全 30 頁。この書物はアン・ヒエン（Áng Hiên）氏が、李文馥の「二十四孝演歌」を現代ベトナム語表記で翻字したものであり、各詩の後に現代ベトナム語による「七言八句」の詩を付す。本書に記されている孝子の順序、孝子の人物は『掇拾雑記』本と同じである。

㉔「二十四孝」（Nhị thập tứ hiếu）（ナム・ディン（Nam Định）印刷所、1908 年、ベトナム社会科学情報院蔵）

　この書物はクアン・タイン（Quang Thanh）氏が李文馥の「二十四孝演歌」を現代ベトナム語表記で翻字したものであり、1908 年にナム・ディン印刷所から刊行された。全 78 頁。漢文の「勧孝篇」、ベトナム風の「二十四孝」の挿し絵、漢文の「二十四孝」説話、現代ベトナム語表記で翻字された李文馥の「二十四孝演歌」を載せる。本書に記されている孝子の人物および孝子の順序は『掇拾雑記』本と同じである。本書のベトナム風の「二十四孝」の挿し絵については後章で詳述する。

㉕『二十四孝』（Nhị thập tứ hiếu）（ガイ・マイ（Ngày mai）出版社、Hà Nội、出版年不明、ベトナム社会科学情報院蔵）

　ガイ・マイ出版社から刊行された。全 16 頁。本書は李文馥の「二十四孝演歌」を現代ベトナム語表記で翻字したものである。本書に記されている孝子の順序、孝子の人物は『掇拾雑記』本と同じであるが、標題の記載法や二人の孝子の氏名（唐夫人、黄山谷）は異なっている。唐夫人の場合は「唐氏」に、黄山谷の場合は「曽直」に作る。

㉖『二十四孝』（Nhị thập tứ hiếu）（ファット・トアン（Phát Toán）印刷所、1910 年、ベトナム社会科学情報院蔵）

　1910 年にファット・トアン印刷所から刊行された。全 32 頁。序文、目録、ダン・レー・ギー氏が作成した現代ベトナム語による「二十四孝」の「六八

77

体」詩を載せる。本書に記されている孝子の人物は『掇拾雑記』本と同じであるが、順序は異なっている。

㉗『二十四孝』(*Nhị Thập Tứ Hiếu*)（ビン・ザン・トゥー・クアン（Binh dân thư quán）出版社、1950 年、ベトナム社会科学情報院蔵）

1950 年にビン・ザン・トゥー・クアン出版社から刊行された。全 16 頁。李文馥の「二十四孝演歌」を現代ベトナム語表記で翻字したものである。本書に記されている孝子の人物、順序は『掇拾雑記』本と同じであるが、標題の記載法や二人の孝子の氏名（唐夫人、黄山谷）は異なっている。唐夫人の場合は「唐氏」に、黄山谷の場合は「曽直」に作る。

㉘『二十四孝全集』(*Nhị thập tứ hiếu toàn tập*)（ミー・トゥアット（Mỹ Thuật）出版社、Hà Nội、2010 年、ホーチミン市総合科学図書館蔵）

フイ・ティエン（Huy Tiến）が編纂したもので、2010 年にミ・トゥアット出版社から刊行された。全 197 頁。本書は現代ベトナム語で表記した「二十四孝」説話の漫画である。本書に記されている孝子は『掇拾雑記』本と同じであるが、孝子の順序は異なっている。

㉙『ベトナム二十の親孝行の鑑』(*Hai mươi gương hiếu Việt Nam*)（チェー（Trẻ）出版社、Thành phố Hồ Chí Minh、1994 年、ベトナム国家図書館、ホーチミン市総合科学図書館蔵）

1994 年にチェー出版社から出版された。全 96 頁。本書は、ヴー・ヴァン・キン氏が『西南二十八孝演歌』（⑪のテキスト）から、ベトナムの 20 人の孝子の説話を抜き出して編集している。二つの部分に分けられ、第一篇にはヴー・ヴァン・キン氏の序文、張甘榴の序文、総歌、20 人の孝子の説話の要旨、附録として字喃の語釈（114 字）などがある。第二篇は『西南進孝演歌』に収められた張甘榴の「双七六八体」の字喃詩（20 首）を再録している。

第二章　ベトナムにおける「二十四孝」

　以上の 29 点の文献のうち、17 文献（①〜⑥、⑪、⑬、⑯〜⑳、㉓〜㉕、㉗）はすべて李文馥が著わしたものか、それを翻字したものである。すなわち、「二十四孝」説話の原文（漢文）、字喃による「双七六八体」翻案された「二十四孝演歌」（別名：「二十四孝演音」「二十四孝歌」など）、および二十四孝を漢詩の七言絶句で詠じた「詠二十四孝詩」（別名：「二十四孝詠」）が原作となっており、さらにそれらを現代ベトナム語表記に翻字したテキストも含まれている。
　一方、文献⑦は鄧輝燆が朱文公「二十四孝原編」と高月槎「二十四孝別集」を収載したもの（漢文）であり、文献⑧は阮朝の綿寯皇子の作品（字喃文献）である。⑨、㉒、㉙の三つの文献は張甘榴と黄高啓がベトナムと西洋・日本の 28 人の孝子の説話を独自に集め、「双七六八体」の字喃詩が原作となっており、それを現代ベトナム語表記に翻字したものも含んでいる。さらに、文献⑮は 7 人の孝子の説話を現代ベトナム語による懐古形式の歌に改変したものである。⑩、⑫、⑭、㉖の四つの文献は、グエン・バー・トイ、ダン・レー・ギー、グエン・チョン・タットが現代ベトナム語で書いた「二十四孝」説話の「六八体」の詩を載せている。残る二つの文献（㉑、㉘）は現代ベトナム語による「二十四孝」説話の漫画である。ここで注意したいのは、現代ベトナム語による「二十四孝」の書物では、李文馥の字喃の文献とは異なり唐夫人の説話を「唐氏」、黄山谷の説話を「曽直」或いは「黄庭堅」に作ることである。
　いずれにしても、このように多くの文献が存在することは、「二十四孝」がベトナムの社会において、庶民から知識人、貴族階層まで人々の生活の中に広く流布し、今なお影響を深く与えている証拠といえよう。
　結論を先どりすることになるが、これら 29 文献の相互の関係はどうなっているのかを以下の図に整理してみる。
　以下、本書では、これらのうち特に重要な意味をもつ李文馥系の「二十四孝」、および李文馥系以外の「二十四孝」に分けて考察したい。詳しくは李文馥系の「二十四孝演歌」（「二十四孝演音」とも。文献①、②、③、④、⑥）、「詠二十四孝詩」（「二十四孝詠」とも。文献①〜⑤）と、李文馥系以外の⑦『四十八孝詩画全集』（鄧輝燆編著）、⑧「補正二十四孝伝衍義謌」（綿寯皇子著）、⑨『西

第一部 「二十四孝」とベトナム

ベトナムにおける「二十四孝」説話

```
      ┌─────────────────────┐          ┌─────────────────────────┐
      │  李文馥系の「二十四孝」  │          │ 李文馥系以外の「二十四孝」 │
      └──────────┬──────────┘          └────────────┬────────────┘
                 ▼                                  ▼
```

①「二十四孝演歌」(『掇拾雑記』所収)
②「二十四孝詠」(『孝順約語』所収)
③「二十四孝」(『勧孝書』所収)
④「二十四孝演音」(『陽節演義』所収)
⑤「二十四孝演音」(『驩州風土話』所収)
⑥「二十四孝についての字喃詩
　 (『詩文並雑紙』所収)
⑪『二十四孝演音』
　 (Nhị thập tứ hiếu diễn âm)（1928 年）
⑬『二十四孝』(Nhị thập tứ hiếu)
　 (1933 年、ドン・タイ印刷所)
⑯『二十四孝』(Nhị thập tứ hiếu)
　 (出版年不明、フック・チ出版社)
⑰『二十四孝』(Nhị thập tứ hiếu)
　 (1957 年)
⑱『二十四孝、二十四の親孝行の鑑』
　 (Nhị thập tứ hiếu: hai mươi bốn tấm gương hiếu thảo)（1990 年）
⑲『二十四孝』(Nhị thập tứ hiếu)
　 (1996 年)
⑳『二十四孝』(Nhị thập tứ hiếu)
　 (1998 年)
㉓『二十四孝詩歌』
　 (Nhị thập tứ hiếu thi ca)
㉔『二十四孝』(Nhị thập tứ hiếu)
　 (1908 年)
㉕『二十四孝』(Nhị thập tứ hiếu)
　 (出版年不明、ガイ・マイ出版社)
㉗『二十四孝』(Nhị thập tứ hiếu)
　 (1950 年)

⑦『四十八孝詩画全集』
⑧「補正二十四孝伝衍義詞」
　 (『孝経国語詞』所収)
⑨『西南台進歎孝演歌』
⑩『二十四孝』(Nhị thập tứ hiếu)
　 (1929 年)
⑫『二十四孝』(Nhị thập tứ hiếu)
　 (1933 年、スア・ナイ印刷所)
⑭『二十四孝』(Nhị thập tứ hiếu)（1933 年、ドゥック・ルウ・フオン印刷所)
⑮『二十四孝―懐古形式の歌』
　 (Vọng cổ Bạc Liêu Nhị thập tứ hiếu)
㉑『二十四孝』(Nhị thập tứ hiếu)（2000 年）
㉒『西南二十八孝演歌』
　 (Tây Nam nhị thập bát hiếu diễn ca)
㉖『二十四孝』(Nhị thập tứ hiếu)
　 (1910 年)
㉘『二十四孝全集』
　 (Nhị thập tứ hiếu toàn tập)（2010 年）
㉙『ベトナム二十の親孝行の鑑』
　 (Hai mươi gương hiếu Việt Nam)

南忩=迸孝演歌』（黃高啓、張甘榴編著）を中心に考察し、「二十四孝」説話がベトナムにおいてどのように受容され、変遷を遂げたのか、その特徴を明らかにしたいと考えている。

四. 字喃文による翻案とその歴史

　ベトナムにおける「二十四孝」説話については、字喃文に翻案されたものが多い。ここで、字喃の起源と字喃文によって翻案された文献について簡単に整理しておこう。

　冨田健次氏によれば、「ベトナムは紀元前111年に中国の支配下に入り、1075年に科挙の制度が始められ、漢字が正式の文字となって以来、1915年（中部では1918年）にその制度が廃止されるまで実に840年もの間、漢字を正式の文字、漢文を正式の文章としてきたのである。……だが、一部の自覚した知識人の間に、日本人や朝鮮人同様、当然、自国語を表記したいという欲求が起こってくる。その時、ベトナム人は日本人と同じようにすぐ手近にあった漢字を用い何とか工夫してこれを表記してみようと思いついて、それが『字喃』という文字の起こりである」と述べている。

　字喃の起源については諸説あるが、仮借・形声文字の声符の選択状況からみて、少なくともベトナム漢字音を確立したと考えられる8〜9世紀以降に発生したことは明らかであり、13世紀ごろから字喃による作品がまとまった形で出現し始めるという指摘がある。

　また、グエン・クアン・ホン（Nguyễn Quang Hồng）氏は次のように述べている。

『ベトナム漢喃板刻本』第一冊で「奉聖夫人黎氏墓誌」という碑文を紹介した。碑文には建立の年代、作者名は書かれていないが、碑文の内容から、政隆宝応11年（1174）の後すぐに建てられたことや、その碑文に刻された漢字仮借の字喃、独自字形の字喃があることがわかった。「奉

聖夫人黎氏墓誌」(1174 年) 以外に「祝聖報恩寺碑」(12??年) などのいくつかの碑文にも二、三個の字喃が記されている。……この時代よりさらに早い年代の事例はまだ見つかっていないが、これらの碑文は遅くとも 12 世紀の初め頃、いくつかの字喃がベトナム人の漢字文献に実際に取り入れられたことを示す証拠である。[56]

さらに、ダオ・ズイ・アイン（Đào Duy Anh）氏によれば、ヴィン・フー省イエン・ラン県タップ・ミェウ社の報恩寺の碑文（李朝の李高宗時代の治平龍応 5 年〔1209〕の銘がある）に刻された 20 個の互いに異なる字喃は今日、目にし得る字喃と基本的に異ならない体系を成したものであるという。つまり、すでに 13 世紀の初めには字喃は十分に体系化されており、それ以前にかなり久しい時間的経過があったと推測されている。[57]

字喃は民族の言葉の世界に深く潜入し、ベトナム人の意思、感情を記す道具としてのメリットがあった。そのため、字喃による「六八体」あるいは「双七六八体」に変換された『四書』『五経』などの儒教の経典が多く出現したのも驚くことではない。「六八体」「双七六八体」という詩歌形式は押韻、平仄律があるため覚えやすく、民衆性、伝承性が高かったのである。

漢字文献が字喃文に変換される歴史について言えば、その分野、テーマ、課題によって状況は異なるが、ここでは儒教の経典を字喃文に翻案する歴史についてのみ紹介しておく。

『大越史記全書』によると、陳朝の順宗帝乙亥 8 年（明洪武 28 年、1395）に胡季犛（ホー・クイ・リー、Hồ Quý Ly）が『書経』の「無逸篇」を国語字（つまり字喃）文に翻案したことが「夏、四月、詔季犛入居省臺之右、名曰畫廬、季犛因編無逸篇、譯爲國語、以教官家」[58]と記されている。そして丙子九年（明洪武二十九年、1396）に胡季犛が『詩経』の意味を解説するため、国語字文に翻案しつつ自らの意見をも掲載したことが「十一月、季犛作國語詩義幷序、令女師教后妃及宮人學習、序中多出己意、不從朱子集傳」[59]と記述される。つまり、儒教の経典を字喃文で説明するようになったのが陳朝であったこと、および儒教の経典を「ベトナム化」したことがわかる。

第二章　ベトナムにおける「二十四孝」

　次に、前記グエン・クアン・ホン氏は「その後、『詩経』を字喃による散文に書き直したものが、黎朝永盛10年（1714）に『詩経解音』という書名で木活字によって刊行され、阮浹の担当のもと、光中5年（1792）に崇正院から再刊された。本書は『四書』『五経』を字喃文に翻案した初めての書籍である。光中（クァン・チュン、Quang Tsung）帝（1788-1792）は全ての『四書』『五経』の文献を字喃文に翻案させる予定であったが、それを実施できないまま1792年に亡くなった。しかし、光中帝の願望は阮朝に実現した。字喃文に翻案された「詩経大全節要演義」「書経大全節要演義」「易経大全節要演義」などを収めた『五経節要演義』が明命17年（1836）、裴輝璧（ブイ・フイ・ビック、Bùi Huy Bích）（1744-1818）の編纂により多文堂から刊行された。この他、范庭碎（ファム・ディン・トアイ、Phạm Đình Toái）が編纂した『中庸演歌』が成泰3年（1891）に刊行され、また、嗣徳帝が孔子の『論語』20篇を字喃で書き直した『論語釈義歌』が成泰8年（1896）に刊行された[60]」と述べている。

　また、潘輝注（ファン・フイ・チュー、Phan Huy Chú）の『歴朝憲章類誌』によれば、景興癸亥（1743）以前に鄧泰芳が『周易国音解義』二巻を編纂した[61]とある。

　さらに、明命16年（1835）に李文馥が「二十四孝」を字喃詩によって翻案した「二十四孝演歌」が刊行されたのをはじめ、成泰年（1889-1907）には綿寯皇子の「孝経国音衍義歌」と「補正二十四孝伝衍義詞」が、啓定3年（1918）には陳文曽『孝経訳義』が刊行された。

　字喃文に翻案する目的は、聖賢の思想を解説して、全ての階級に儒教倫理を広く浸透させることにあった。つまり、儒学者のみならず子供や女性や農民、読書や学習不能な人々に対しても有効に知識を伝授し、誰もが儒教の思想を理解できるよう教育するためであった。陳の仁宗（ニャン・トン、Nhân Tông）帝は民衆が理解できるよう帝の詔、諭などを「国語字」（つまり字喃）文で翻案するように命じたという。そのことは『大越史記全書』に「帝諭行遣司交好翰林院故事、凡宣徳音、則翰林預送詔藁于行遣、使先肄習、至宣讀時、兼講音義、令凡庶易曉者、以行遣専用中官故也[62]」と記載されるとおりである。

　さらに鄭橃（チン・ゾアイン、Trịnh Doanh）王は、民衆が覚えやすく、かつ広

83

第一部 「二十四孝」とベトナム

く伝わるように、汝廷瓚（ニュー・ディン・トアン、Nhữ Đình Toản）参訂に『黎朝教化条例』を国語字文に翻案するよう指示し、1761年に印刷した後、北河（ダン・ゴアイ、Đàng Ngoài）の全域に流布させた[63]という。

　要するに、理解・暗誦しやすい詩体で国語字（字喃）文に翻案することは、経典にある儒教思想を民間に普及するために必要なことと考えられた。こうして、李文馥の「二十四孝演歌」をはじめとする多くの「二十四孝」関連の字喃文献が生み出されることになるのである。

注
[1]　「黎朝」というのは後黎朝（1428-1789）を示す。
[2]　Phan Đại Doãn『ベトナム儒教の諸問題』（Một số vấn đề về nho giáo Việt Nam）、Chính trị quốc gia 出版社、Hà Nội、1998 年、138 頁。
[3]　『国朝刑律』（A 341）、第 3 葉表裏。〔　〕内は双行注。
[4]　注 3 前掲、『国朝刑律』（A 341）、第 87 葉表裏。
[5]　注 3 前掲、『国朝刑律』（A 341）、第 94 葉表。
[6]　注 3 前掲、『国朝刑律』（A 341）、第 70 葉裏～第 71 葉表。
[7]　天理大学図書館所蔵『欽定大南会典事例』巻 179、第 52 葉表。
[8]　『ベトナム社会主義共和国の刑事法』（Bộ luật hình sự của nước Cộng hòa xã hội chủ nghĩa Việt Nam）、Hồng Đức 出版社、2012 年、82～83 頁、93～94 頁、113～114 頁、および『ベトナム社会主義共和国の婚姻家族法』、（Bộ luật Hôn nhân và gia đình của nước Cộng hòa xã hội chủ nghĩa Việt Nam）、Chính trị quốc gia 出版社、Hà Nội、2015 年、51～52 頁、73 頁、76～77 頁。
[9]　陳荊和編校『大越史記全書』校合本、本紀巻之十四、（東京大学東洋文化研究所附属東洋学文献センター刊行委員会、1985 年）、762 頁。
[10]　阮朝国史館『大南寔録』正編第二紀巻四十九「大南寔録六」、（慶應義塾大学言語文化研究所、1972 年）、245 頁。
[11]　注 10 前掲、『大南寔録』正編第二紀巻四十八「大南寔録六」、233～234 頁。〔　〕内は双行注。
[12]　ベトナム社会主義共和国政府の新聞オンラインによる（最後閲覧日：2015 年 8 月 30 日）（http://baochinhphu.vn/Tin-khac/TPHCM-tuyen-duong-341-guong-Nguoi-con-hieu-thao/41379.vgp）
[13]　ホーチミン市 6 区のホームページ（最後閲覧日：2015 年 8 月 30 日）（http://www.quan6.hochiminhcity.gov.vn/TinTuc/tintuc/Lists/Posts/Post.aspx?CategoryId=1&I

第二章　ベトナムにおける「二十四孝」

temID=4867&PublishedDate=2014-11-18T16:55:00Z）

[14] 注 2 前掲、Phan Đại Doãn『ベトナム儒教の諸問題』（*Một số vấn đề về nho giáo Việt Nam*）、138 頁、140 頁。

[15] 漢喃研究院所蔵『上諭訓條抄本解音』（AB555）第 8 葉表裏。引用にあたっては字喃の双行注を省いた。

[16] 注 15 前掲、『上諭訓條抄本解音』（AB555）、第 16 葉表裏。

[17] 注 15 前掲、『上諭訓條抄本解音』（AB555）、第 18 葉表裏。

[18] 注 15 前掲、『上諭訓條抄本解音』（AB555）、第 22 葉裏、第 23 葉表。

[19] 注 15 前掲、『上諭訓條抄本解音』（AB555）、第 24 葉表裏。

[20] 筆者は Trẻ 出版社から刊行されている『国文教科書選集』（*Quốc văn giáo khoa thư tuyển tập*）第一冊（1994 年）、第二冊（1995 年）を検討したが、同書は Trần Trọng Kim 他により編纂され、Rectorat De L'Universite Indochine 出版社から出版された『国文教科書』（*Quốc văn giáo khoa thư*）の影印である。『国文教科書選集』第一冊（1994 年）は「国文教科書初等クラス」（1948 年）、「国文教科書予備クラス」（1948 年）、「倫理教科書童幼クラス」（1939 年）の三冊の影印を載せている。『国文教科書選集』第二冊（1995 年）は「国文教科書童幼クラス」（1941 年）、「倫理教科書初等クラス」（1941 年）の二冊の影印を載せている。

[21] 注 2 前掲、Phan Đại Doãn『ベトナム儒教の諸問題』（*Một số vấn đề về nho giáo Việt Nam*）、139 〜 144 頁。

[22] Ngô Đức Thịnh『ベトナムにおける信仰および信仰文化』（*Tín ngưỡng và văn hóa tín ngưỡng ở Việt Nam*）、Trẻ 出版社、Thành phố Hồ Chí Minh、2012 年、25 頁。

[23] Toan Ánh『ベトナムの信仰』上巻（*Nếp cũ-Tín ngưỡng Việt Nam, quyển Thượng*）、Xuân Thu 本屋、再版 1966 年、22 頁。

[24] Phan Kế Bính『ベトナムの風俗』（*Việt Nam phong tục*）、Thành phố Hồ Chí Minh 出版社、Thành phố Hồ Chí Minh、1990 年、25 〜 26 頁。

[25] Đào Duy Anh『ベトナム文化史綱』（*Việt Nam văn hóa sử cương*）、Thành phố Hồ Chí Minh 出版社、Thành phố Hồ Chí Minh、1992 年、229 頁。

[26] 朔望の日とは、旧暦一日と十五日である。

[27] 注 23 前掲、Toan Ánh『ベトナムの信仰』上巻（*Nếp cũ-Tín ngưỡng Việt Nam, quyển Thượng*）22 頁。

[28] Cao Văn Cang『昔と今の孝行』（*Hiếu hạnh xưa và nay*）、Văn hóa dân tộc 出版社、Hà Nội、2006 年、134 頁。

[29] 注 3 前掲、『国朝刑律』（A 341）、第 73 葉表裏。

[30] Chu lang Cao Huy Giu 注解『二十四孝』（*Nhị thập tứ hiếu*）、Tân Việt 出版社、1952 年、7 頁。

[31] Thanh Lãng『ベトナム文学史起草―字喃文学』(Khởi thảo văn học sử Việt Nam - văn chương chữ Nôm)、Phong trào văn hóa 出版、Hà Nội、1953 年、55 頁。

[32] 「二十四孝演音」は「二十四孝演歌」の別名である。

[33] Hoa Bằng『李文馥、19 世紀の作者』(Lý Văn Phức, tác gia thế kỷ 19)、Thăng Long 出版社、Hà Nội、1953 年、43 頁、47 頁、73 頁。

[34] Phạm Côn Sơn『子としての道』(Đạo làm con)、Văn hóa dân tộc 出版社、Hà Nội、2004 年、22 頁。

[35] Trần Bá Chi『昔の親孝行の鑑』(Những tấm gương hiếu thảo thời xưa)、Văn hóa dân tộc 出版社、Hà Nội、2000 年、49 頁。

[36] 注 28 前掲、Cao Văn Cang『昔と今の孝行』(Hiếu hạnh xưa và nay)、33～34 頁。

[37] ベトナム・ハノイにある漢喃研究院所蔵番号。番号は劉春銀・王小盾・陳義『越南漢喃文献目録提要』(中央研究院中国文哲研究所、2002 年)による。調査に当たっては、漢喃研究院のディン・カック・トゥアン (Đinh Khắc Thuân) 教授にご支援いただいた。またトゥアン先生を紹介して下さったのは関西大学の吾妻重二教授である。ここに記して、謝意を表する。

[38] Ban Hán Nôm thư viện khoa học xã hội『漢喃書目―作者目録』(Thư mục Hán Nôm - mục lục tác giả)、Ủy ban khoa học xã hội Việt Nam 出版、Hà Nội、謄写印刷、1977 年、64 頁。

[39] 『ベトナム漢喃遺産―書目提要』第 2 冊 (Di sản Hán Nôm Việt Nam - thư mục đề yếu tập 2) によると、「二十四孝演音」という標題と記されているが、実際には、『勧孝書』には「二十四孝」という題名で掲載されている。Viện Nghiên cứu Hán Nôm và Học viện Viễn Đông Bắc Cổ Pháp『ベトナム漢喃遺産―書目提要』第 2 冊 (Di sản Hán Nôm Việt Nam - thư mục đề yếu tập 2)、Khoa học Xã hội 出版社、Hà Nội、1993 年、39 頁参照。

[40] 注 39 前掲、Viện Nghiên cứu Hán Nôm và Học viện Viễn Đông Bắc Cổ Pháp『ベトナム漢喃遺産―書目提要』第 2 冊 (Di sản Hán Nôm Việt Nam - thư mục đề yếu tập 2)、39～40 頁。

[41] 『ベトナム漢喃遺産―書目提要』第 1 冊 (Di sản Hán Nôm Việt Nam - thư mục đề yếu tập 1) によると、「二十四孝演歌」という標題と記されているが、実際には、『驩州風土話』には「二十四孝演音」という題名で掲載されている。Viện Nghiên cứu Hán Nôm và Học viện Viễn Đông Bắc Cổ Pháp『ベトナム漢喃遺産―書目提要』第 1 冊 (Di sản Hán Nôm Việt Nam - thư mục đề yếu tập 1)、Khoa học Xã hội 出版社、1993 年、812 頁参照。

[42] 注 41 前掲、Viện Nghiên cứu Hán Nôm và Học viện Viễn Đông Bắc Cổ Pháp『ベトナム漢喃遺産―書目提要』第 1 冊 (Di sản Hán Nôm Việt Nam - thư mục đề yếu tập 1)、

第二章　ベトナムにおける「二十四孝」

812～813 頁。
[43] 述懐詩は心中の思いを述べる詩である。
[44] 注 38 前掲、Ban Hán Nôm thư viện khoa học xã hội『漢喃書目—作者目録』(*Thư mục Hán Nôm - mục lục tác giả*)、356 頁。
[45] 注 38 前掲、Ban Hán Nôm thư viện khoa học xã hội『漢喃書目—作者目録』(*Thư mục Hán Nôm - mục lục tác giả*)、262 頁。
[46] 『ベトナム文学史要』(*Việt Nam văn học sử yếu*)によると、「明命 10 年（1829）に科挙の会試に合格した進士の次は副榜という名号が設定された。「副榜」の名号はその時からある。Dương Quảng Hàm『ベトナム文学史要』(*Việt Nam văn học sử yếu*)、Trung tâm học liệu、第 10 版、1968 年、87 頁参照。
[47] 注 38 前掲、Ban Hán Nôm thư viện khoa học xã hội『漢喃書目—作者目録』(*Thư mục Hán Nôm - mục lục tác giả*)、46～47 頁。
[48] 『ベトナム漢喃遺産—書目提要』第 3 冊（*Di sản Hán Nôm Việt Nam - thư mục đề yếu tập 3*）によると、二十四孝に関する字喃詩が「二十四孝歌」という標題で記されているが、実際には、『詩文並雑紙』には無題で二十四孝についての字喃詩が掲載されている。Viện Nghiên cứu Hán Nôm và Học viện Viễn Đông Bắc Cổ Pháp、『ベトナム漢喃遺産—書目提要』第 3 冊（*Di sản Hán Nôm Việt Nam - thư mục đề yếu tập 3*）、Khoa học Xã hội 出版社、Hà Nội、1993 年、213 頁参照。
[49] 注 41 前掲、Viện Nghiên cứu Hán Nôm và Học viện Viễn Đông Bắc Cổ Pháp『ベトナム漢喃遺産—書目提要』第 1 冊（*Di sản Hán Nôm Việt Nam – thư mục đề yếu tập 1*）には『孝経国音演歌』（VNv60）とあるが、誤りである。
[50] 『ベトナム漢喃遺産—書目提要』第 3 冊（*Di sản Hán Nôm Việt Nam - thư mục đề yếu tập 3*）には 44 頁とある。注 48 前掲、Viện Nghiên cứu Hán Nôm và Học viện Viễn Đông Bắc Cổ Pháp『ベトナム漢喃遺産—書目提要』第 3 冊（*Di sản Hán Nôm Việt Nam – thư mục đề yếu tập 3*）、97 頁を参照。
[51] Vọng cổ 或いは vọng cổ Bạc Liêu はベトナム西南部で演奏されている古楽の一形式である。さらに、南部で上演される歌舞劇であるカイルオンの基本的な音楽のリズムの一つにもなっている。
[52] フィ・ホアン（Phi Hoàng）は中国「二十四孝」の三系統のいずれにも記されていない人物である。原本では現代ベトナム語の表記で記されているため、漢字表記の正確な氏名はわからない。
[53] 冨田健次「ベトナムの民族俗字『字喃』の構造とその淵源」（『東南アジア研究』17 巻 1 号、京都大学東南アジア研究センター、1979 年 6 月）、86～87 頁。
[54] 桜井由躬雄、桃木至朗編集『ベトナムの事典』東南アジアを知るシリーズ、同朋舎、1999 年、214 頁。

[55] 政隆鋒応11年は1173年である。注54前掲、桜井由躬雄、桃木至朗編集『ベトナムの事典』東南アジアを知るシリーズ、373頁を参照。
[56] Nguyễn Quang Hồng『字喃文字学概論』(Khái luận văn tự học chữ Nôm)、Giáo dục 出版社、2008年、106～110頁。
[57] 注53前掲、冨田健次論文、95頁。
[58] 陳荊和編校『大越史記全書』校合本、本紀巻之八（東京大学東洋文化研究所附属東洋学文献センター刊行委員会、1984年）、470頁。
[59] 注58前掲、陳荊和編校『大越史記全書』校合本、本紀巻之八、471頁。
[60] 注56前掲、Nguyễn Quang Hồng『字喃文字学概論』(Khái luận văn tự học chữ Nôm)、408～409頁。
[61] 潘輝注著、Nguyễn Thọ Dực 訳『歴朝憲章類誌』巻之四十二、文籍誌 (Lịch triều hiến chương loại chí quyển 42-Văn tịch chí)、Bộ văn hóa giáo dục và thanh niên、1974年、36～40頁。
[62] 注58前掲、陳荊和編校『大越史記全書』校合本、本紀巻之五、364頁。
[63] 注2前掲、Phan Đại Doãn『ベトナム儒教の諸問題』(Một số vấn đề về nho giáo Việt Nam)、147頁。

第二部　李文馥系の「二十四孝」

すでに述べた通り、ベトナムにおける「二十四孝」文献は李文馥（リー・ヴァン・フック、Lý Văn Phức）系の作品が圧倒的に多いが、それらは系統としては中国の『日記故事』系に属するものである。そこで第二部では李文馥系の「二十四孝」のうち、李文馥の「二十四孝演歌」、李文馥、陳秀穎（チャン・トゥ・ジン、Trần Tú Dĩnh）、杜俊大（ドー・トゥアン・ダイ、Đỗ Tuấn Đại）と中国人の友人である譚鏡湖、梁釗の五人が詠じた「詠二十四孝詩」に焦点を当てる。

第一部第一章で述べたように、『日記故事』系の代表的な文献は万暦三十九年版、寛文九年版、「二十四孝原編」、『趙子固二十四孝書画合璧』、および「二十四孝原本」である。そこで本部では三章に分けて「二十四孝」文献を探究する。第一章では「二十四孝演歌」を、第二章では「詠二十四孝詩」をとり上げ、作者の経歴および内容につき文献学的に考察する。第三章では『日記故事』系の代表的な五つの文献を比較し、どれが李文馥系「二十四孝」の底本なのか、加えて、いかなる文献が参照されているのかを明らかにしたい。

第一章　李文馥と「二十四孝演歌」について

現在に伝わる代表的な「二十四孝」文献は、李文馥が中国の「二十四孝」を字喃詩に翻案した「二十四孝演歌」である。また、その中で、「二十四孝演音畢」とある直後に、使節として李文馥に同行した陳秀穎が、

歳乙未十月既望、穎與永順李君隣芝、文江杜君鑑湖、久客于粤東之仙城、霜露既降、旅况蓋悽愴也、相與檢日記故事至二十四孝、鑑湖謂李公曰、此古聖賢之絶行也、公尤長於演音、盍亦演之以公之婦孺輩乎公□然命筆演成、即付穎與鑑湖看……。[1]

第二部　李文馥系の「二十四孝」

と記している。
　このように、李文馥は「二十四孝」を「ベトナム化」した先駆者であり、「二十四孝演歌」(「二十四孝演音」とも)はベトナム初の「二十四孝」の文献として、ベトナムの社会、民衆に幅広い影響を与えているといえる。「二十四孝演歌」はベトナムにおける「二十四孝」説話研究に不可欠な文献なのである。
　「二十四孝演歌」についての研究には管見の限り、朱瑶「漢喃《二十四孝演音》考弁」(『民族文学研究』2011 年第 2 期、中国社会科学院民族文学研究所)[2]がある。この論文は『越南漢喃文献目録提要』に従い、李文馥の「二十四孝演音」に関する文献上の情報を紹介しつつ、『日記故事』と「二十四孝演音」の関係や社会的影響について論じているが、李文馥の経歴および著作、「二十四孝演音」、「二十四孝演歌」の「双七六八体」の字喃詩など、文献学的考察は不十分なままである。
　そこで本章では、この「二十四孝演歌」を文献学の観点から考察し、「二十四孝」がベトナムにおいてどのように受容され、変遷を遂げたのか、そのベトナム的特徴はどこにあるのかを考察したい。

一．作者の履歴

　李文馥の経歴について書かれた資料は多く、筆者の調査によれば、少なくとも 20 点がある。
　『漢喃書目―作者目録』(*Thư mục Hán Nôm - mục lục tác giả*)[3]には李文馥の氏名、著作などの簡単な事項のみが記されている。『ベトナム文学史要』(*Việt Nam văn học sử yếu*)[4]、『二十四孝』(*Nhị thập tứ hiếu*、Tân Việt 出版社、1952 年)[5]、『二十四孝』(*Nhị thập tứ hiếu*、Văn Nghệ 出版社、1996 年)[6]、『二十四孝』(*Nhị thập tứ hiếu*、Đông Tây 印刷所、1933 年)[7]、『二十四孝』(*Nhị thập tứ hiếu*、Thế giới 出版社、1998 年)[8]、『ベトナム作者たちの略伝』(*Lược truyện các tác gia Việt Nam*)[9]、『タン・ロンの人々の忠孝・節義の鑑』(*Gương trung hiếu tiết nghĩa của người Thăng Long*)[10]、『昔と今の

第一章　李文馥と「二十四孝演歌」について

孝行』(Hiếu hạnh xưa và nay)[11]には、李文馥の氏名、彼のいくつかの作品などを紹介しているものの、情報は少ない。

李文馥の「自述記」(『掇拾雑記』所収)には、

於㙴坙南固趴坦北、洇詩禮本明朝汎吏、盎兵戈皮黎末竉生。……塲乙卯幸預銑鄉薦、行常棣妥連㘄芷、功生成它漢噵媄吒、薢庚辰㘚應詔下徵。……屋台欺堲蹲格桁楊、身亞卿甘聘几另覹、強朱戈䊞薾柛柊併屯㘄罙脹敱憳。……湟𣦰櫹糊爒茹獄室[12]。

(ベトナムには中国人がいる。祖先は明朝時代、ベトナムに避難してきた。私は黎(レー)朝の末に生まれた。……乙卯科で三人兄弟は郷試に合格[13]した。親の生成の恩に報うことができ、親は喜んだ。庚辰年に、帝の詔旨を受け、任用された。……罪を犯して刑務所に入った。大臣の身分はあったが、老いた兵士と同様、刑務所の淡薄な食事を食べて頑張った。三、四ヶ月なのに非常に長く感じた。……その時、釈放を命じた帝の詔旨を受け取り、刑務所が明るく照らされるように感じた。)

とある。
　また『大南寔録』には、李文馥について次のように見える。

　明命6年、「授李文馥爲禮部僉事協理廣義鎭務[14]」。
　明命7年3月、「以原淸葩參協鄧文添署該簿辦理兵部廣平該簿阮德會辦理戶部廣南記錄陳千載爲廣平該簿僉事協理廣南營務陳登儀署廣南記錄僉事協理廣義營務李文馥協理廣南營務[15]」、同年10月、「以僉事協理廣南李文馥署戶部右侍郎吏部僉事黎珖協理廣南營務[16]」。
　明命8年、「授梁進祥爲戶部尙書……李文馥爲戶部右侍郎……[17]」、同年10月、「命官纂修百司職制以協辦大學士阮有愼充總裁侍郎申文惟、阮公著、黎文德、李文馥充纂修選部、院屬司充編修、十二人考校校刊四人、謄錄十五人令于史館開局爲之初[18]」。
　明命9年4月、「以兵部左侍郎黎文德署兵部左參知、戶部右侍郎李文馥

93

署戸部右參知……[19]」、同年7月、「署戸部右參知李文馥充嘉定場主考……[20]」、同年10月、「以署禮部尚書阮科豪署兵部尚書……署戸部右參知李文馥署左參知……[21]」。

明命10年10月、「署戸部左參知李文馥有罪下獄。……罨馥尋派往洋程効力[22]」。

明命12年、「清監生陳榮知縣革職李振青及男婦四十餘人搭從商船遭風泊于平定翠磯洋分。……命衛尉黎順靖帶同革員効力李文馥等乘瑞龍大船送之歸[23]」。

明命13年、「起復革員李文馥爲内務府正九品書史。……遣署中水副衛尉段恪、署内務府郎中阮知方、司務李文馥等乘定洋船往呂宋公務……[24]」。

明命15年春正月、「遣該隊阮良輝主事李文馥等管乘定洋清洋諸號船如下州公務……[25]」。同年夏4月、「清廣東捕弁陳子龍師船遭風投泊清葩漪碧汛命省臣給以錢米尋遣兵部員外郎李文馥、翰林承旨黎伯秀等乘平字號船護送之還[26]」。

明命16年夏4月、「遣工部員外郎李文馥署戸部員外郎黎文豪等管將兵船送獲犯于廣東起復革員阮公僚杜俊大爲戸部正八品書吏隸隨公務[27]」。

明命17年3月、「如東派員工部員外郎李文馥等還言船過虎門海嶼兩遇颶風船中水尺許帆索盡裂勢甚危急弁兵悉力撐護幸得無事、帝嘉之賞馥等加一級弁兵準陞授拔補賞給錢文有差[28]」。

同年6月、「河寧總督鄧文添奏言探問清商稱有官船流泊于崖州。……遣工部員外郎李文馥主事黎光瓊等管率水師竝銀槍神礟手乘平洋船遍往探訪之[29]」。

明命18年春2月、「授李文馥爲工部郎中權辦部務[30]」。

同年秋7月、「以禮部郎中潘輝湜爲禮部左侍郎……工部郎中辦理部務李文馥陞署工部右侍郎……[31]」。

明命21年、「以工部右侍郎李文馥權理京畿水師事務……[32]」。

紹治元年、「遣使如清告哀以署工部右參知李文馥爲禮部右參知充正使、署乂安布政阮德活爲禮部右侍郎充甲副使、辦理兵部裴輔豐爲光祿寺卿充乙副使冠服賞給加一等特格也……[33]」。

第一章　李文馥と「二十四孝演歌」について

紹治 2 年、「如淸使部禮部右參知李文馥……還自燕入覲復命宣召陛殿慰問久之改補馥爲禮部左參知……[34]」。

紹治 3 年、「命署刑部左參知范惟貞充承天場主考、……禮部左參知李文馥充乂安場主考興化按察范輝副之……[35]」。

紹治 6 年、「帝曰今應制詞臣十八人恰與唐登瀛洲之數相符〔大學士張登桂、鄧文添、尚書林維浹、左副都御史潘淸簡、參知阮德活、陶致富、李文馥、裴樻、阮文典、范世顯、黃濟美、侍郎阮澤、范瑱、張國用、內閣阮德政、武范啓、阮久長、黎眞凡十八人〕復喜賦一章有贊治臣鄰森會上能詩子弟半筵中之句各賜之文房四寶[36]」。

同年夏六月、「命太保文明殿大學士領兵部尙書充機密院大臣綏盛伯張登桂充文規……禮部左參知李文馥……署工部左參知張國用均充分纂……[37]」。

紹治 7 年 2 月、「帝怒其有虧國體命錦衣枷禁于左待漏解職下廷議。……降郎中李文馥、阮廷賓俱革職發者武爲兵……」、同年 7 月、「起復革員李文馥、阮廷賓、翰林侍讀黎眞翰林院承旨阮咸寧翰林院著作均充修書所編輯……[38]」。

嗣德元年、「命參知張國用郎中辦理禮部事務李文馥、掌衛阮俊充監辦〔整理陳設隆安殿〕掌衛張進往來附辦[39]」。

ただし、『大南寔録』には当然ながら李文馥の幼少期の情報は記載せず、官吏になって以降のことを記している。

『大南正編列伝』二集には、

李文馥、字鄰芝、河内永順人、嘉隆十八年領郷薦、明命初授翰林編修充史館、累遷禮部僉事、協理廣義鎭務、兼管六堅奇、轉直隸廣南營參協、辦事多中窾、上嘉之、入爲戸部右侍郎、署右參知、坐事削職、從派員之小西洋効力又之新嘉波、尋開復內務府司務、管定洋船如呂宋、廣東公幹、又擢兵部主事、復如新嘉波、又累如廣東、澳門公幹、歷遷工部郎中除工部右侍郎兼奮鵬船如新嘉波、公囘、署工部右參知、權理京畿水師事務。

第二部　李文馥系の「二十四孝」

　　紹治元年、特授禮部右參知、充如燕正使、旣而以外舶來沱汛、辦事不
　　善案擬發兵、尋開復侍讀、嗣德元年、遷郎中辦理禮部事務。明年、擢光
　　祿寺卿、尋卒、追授禮部右侍郎、所著有西行見聞錄、閩行詩草、粵行詩
　　草、粵行續吟、鏡海續吟、周原襍咏等集文、馥有文名爲官屢躓復起前後、
　　閱三十年多在洋程効勞風濤驚恐雲煙變幻所歷非一輒見於詩云子文芯以廕
　　補授建瑞知府」。[40]

とある。しかし、ここには昇格、降格などの年代は詳細に記されていない。
　その他、『李文馥、19 世紀の作者』（Lý Văn Phức, tác gia thế kỷ 19）[41]、『文学事典』
新版（Từ điển văn học bộ mới）[42]、『ハノイの著名人』（Danh nhân Hà Nội）[43]、『ベトナ
ム漢喃の作者の字、号』（Tên tự tên hiệu các tác gia Hán Nôm Việt Nam）[44]、『李文馥、
経歴—作品』（Lý Văn Phức Tiểu sử-Văn chương）[45]、『西廂伝』（Truyện Tây Sương）[46]、「周
遊列国的越南名儒李文馥及其華夷之辨」[47]、『ベトナム史における偉人たち』第
1 冊（Danh nhân lịch sử Việt Nam - Tập 1）[48]に、李文馥の経歴や作品、使節として
隣国に派遣された回数などが記されている。
　これらの資料をまとめると、李文馥の経歴、作品などは次のようになる。
　李文馥は字は隣芝（ラン・チー、Lân Chi）、克斎（カック・チャイ、Khắc Trai）
または蘇川（ト・スエン、Tô Xuyên）と号した。河内省永順県湖口社の人で、
1785 年に生まれた。彼の祖先は明代にベトナムに移民した中国人であり、
李文馥はその第六世である。彼の祖先は朝廷の官吏となったが、祖父の世代
から儒者の業に従い、挙人（科挙試験の一つである郷試合格者）になった。しかし、
李文馥の父は学問ではあまり成功しなかった。
　李文馥には五人の兄弟がいた。幼い時期、家庭が貧しかったため、李文馥
は占い師の仕事をしたこともあったが、己卯年（1819）に彼と二人の兄弟が
三人とも郷試に合格し、挙人になった。彼は深淵な文才のある儒者である。
　明命元年（1820）からは阮朝の官僚となり、明命（ミン・マン、Minh
Mạng）・紹治（ティエウ・チ、Thiệu Trị）・嗣徳（トウ・ドゥック、Tự Đức）の三
朝に仕えた。明命帝時代の初期には翰林編修に任用され、史館に勤務した。
　明命 6 年（1825）に礼部僉事、協理広義鎮務を、明命 7 年（1826）に直隸

第一章　李文馥と「二十四孝演歌」について

広南営参協に任命された。

　明命 8 年（1827）、戸部右侍郎になり、同年 10 月に『百司職制』の纂修として編纂の仕事に参加した。

　明命 9 年（1828）4 月、戸部右参知になり、同年 7 月、嘉定場の主考として派遣され、10 月、戸部左参知になった。

　明命 10 年（1829）冬 10 月、罪を犯し解職されたが、三、四か月後、罪を贖うために奮鵬船で小西洋（ベンガル）[49]に派遣された。

　明命 12 年（1831）、平海船で新嘉波（シンガポール）に派遣され、同年、瑞龍大船で清の官僚である陳棨を福建に護送した。

　明命 13 年（1832）、内務府司務となり、定洋船で呂宋（ルソン）に派遣された。

　明命 14 年（1833）、平字七大船で台風にあった広東水師である梁国棟を広東に護送した。明命 15 年（1834）、兵部主事を授けられ、定洋・清洋船に乗り下州に公務として派遣され、同年 4 月、広東水師外委陳子龍を護送し帰国させた。

　明命 16 年（1835）4 月、逮捕された犯人を護送するため、広東に派遣された。

　明命 17 年（1836）3 月、李文馥は広東から帰国し、帝から一級の昇職という恩賞を受けた。同年 6 月、平洋船で澳門に再び派遣された。

　明命 18 年（1837）2 月に工部郎中を、同年 7 月に工部右侍郎に任命された。

　明命 21 年（1840）、工部右参知、権理京畿水師事務に遷り、奮鵬船で新嘉波（シンガポール）に派遣された。

　紹治元年（1841）、礼部右参知を授けられ、正使として清朝に明命帝の訃報を通知した。

　紹治 2 年（1842）、礼部左参知になり、紹治 3 年（1843）、乂安場の主考として派遣された。

　紹治 6 年（1846）、紹治帝に李文馥を含む 18 人が「詞臣」（詩文にすぐれた文官）として称えられた。

　紹治 7 年（1847）2 月、広南などに侵入した西洋の船に交渉に行ったが十分に処理できなかったため、解任された。同年 7 月、『文規』を編纂するため人材が必要となり、李文馥は復職し、翰林院侍読に遷った。

第二部　李文馥系の「二十四孝」

　嗣徳元年（1848）、郎中弁理礼部事務に遷り、翌年に光祿寺卿に抜擢されたが、在職中に亡くなった。礼部右侍郎を追封された。
　さて、彼の作品の種類は詩集、筆記など豊かである。漢文の作品には『周原雑詠草』『東行詩集』「西湖勝跡」『皇華雑詠』『学吟存草』『粤行詩草』『粤行続吟』『回京日記』『鏡海続吟』『李氏家譜』『李文馥遺文』『閩行雑詠草』『閩行詩草』『閩行詩話集』『使程誌略草』『使程括要編』『克斎三之粤詩』『三之粤雑草』『西行見聞紀略』『西行詩紀』『西行見聞録』『越行吟』『越行続吟』『東行詩説草』『掇拾雑記』などがある。
　また字喃による作品は『使程便覧曲』『玉嬌梨新伝』「婦箴便覧」「千字文演音」「舟回阻風嘆」「不風流伝」「二十四孝演歌」「自述記」『西廂伝』『二度梅演歌』「二氏偶談賦」「西海行舟記」「南関至燕京総歌」などである。
　その他、『百官謝表』『賦則新選』『兵制表疏』『屏書遺宝』『名編輯録』『名臣奏冊』『陽岳松軒呉子文集』『在京留草』『臣民表録附裴家北使賀文詩集』『中外群英会録』『仙城侶話』にもその詩文が収載されている。
　李文馥の事蹟や作品については、これまでさまざまに評価されている。『文学事典』には、「李文馥は漢文の作品も、字喃文の作品も優れていた。彼が多くの字喃詩の作品を作ったことは、当時の創作の潮流を明らかにし、民族の文学の種類を豊かにした。19世紀前半の文学、思想における代表的作者であったといえよう」[50]という。またグエン・テイ・ガン（Nguyễn Thị Ngân）氏は、「李文馥は忠孝の心を持ち、知恵と才能の豊かな人であったことがわかる。彼の創作活動は民族の文化、文学に貢献した。彼は多くの種類の文学の遺産を残し、儒教の文学だけではなく、18、19世紀のベトナムの中世文学の傾向、潮流の代表者になった」[51]と述べている。さらに、『李文馥、19世紀の作者』には、「李文馥は忠孝の人であり、当時の儒者階級の代表者に相応しい」[52]とあり、グエン・ドン・チ（Nguyễn Đồng Chi）氏は、「李文馥の字喃の詩はすぐれた文章であり、朗読すると軽妙に聞こえ、感興を呼び起こす。彼は才能豊かな作者であるだけでなく、使命を果たした使君でもあった。彼が阮朝の使節として派遣された時、著わされた作品は19世紀前半の文学にも貢献した」[53]という。
　このように、李文馥は政治・外交面で政務に従事する有能な忠臣であると

第一章　李文馥と「二十四孝演歌」について

ともに、字喃文学の発展にも大きく貢献した。また儒者として忠孝の思想を体現する人物でもあった。

二．「二十四孝演歌」の形態

　「二十四孝演歌」(「二十四孝演音」とも) は、前章第三節で述べたように 5 つの文献 (①、②、③、④、⑥) に収められ、テキストにより書名はやや異なるが、構成、内容は同様である。「二十四孝演歌」は李文馥が「二十四孝」説話の原文を漢文によって引用したあと、その意味を字喃の「双七六八体」で翻案したものである。このうち、序文、「二十四孝演歌」の本文、跋文、李文馥、陳秀穎、杜俊大、譚鏡湖、梁釗の五人による「詠二十四孝詩」がすべて揃っている文献は①『掇拾雑記』のみであるため、本章ではこの『掇拾雑記』所収の「二十四孝演歌」にもとづいて論じることにしたい。

　『掇拾雑記』は李文馥によって編纂された。本テキストは漢文・字喃文の写本で、全 77 葉、高さ 32 センチ、幅 22 センチ。内容は李文馥の序文に続き、ベトナムにおける言語・文学に優れた 30 人の説話、「二氏耦談記」「附国音雑記」「舟回阻風嘆」「自述記」「不風流伝」が収められ、ついで「書二十四孝演歌後」「二十四孝演歌引」「二十四孝演歌」(末尾には「二十四孝演音畢」とある)、七言絶句による「詠二十四孝詩」、「双七六八体」の字喃詩による「婦箴便覧」が含まれている。このうち「二十四孝演歌」には中国の 24 人の孝子に関する漢文の原文と、字喃の「双七六八体」で演音された 24 首の詩歌が収められている。また「詠二十四孝詩」の部分は、陳秀穎の序文、杜俊大の「詠二十四孝詩序」、「詠二十四孝詩二十四首」(李文馥作)、「詠二十四孝詩二十四首」(陳秀穎作)、「詠二十四孝詩二十四首」(杜俊大作)、「詠二十四孝詩跋」、「和李陳杜詠孝詩二十四首」(譚鏡湖作)、梁釗 (毅菴) の序文および詠詩で構成されている。

　なお、書名にある「演歌」「演音」の語だが、漢文文献などを字喃の「六八

第二部　李文馥系の「二十四孝」

体」や「双七六八体」の詩に書き改めた場合には、書名の後に"diễn ca"「演歌」、"diễn nghĩa"「演義」、"diễn âm"「演音」、"diễn nghĩa ca"「演義歌」、"giải âm"「解音」などの語がつけられる。

1. 作品の誕生の背景および創作の動機

　ホア・バン（Hoa Bằng）氏は、「李文馥は親孝行の真正の儒者であり、外国によく出張しても、家庭、親のことをよく想起したため、中国の友人と「孝」「二十四孝」に関して詩を吟詠した。……それは中国の「二十四孝」を字喃詩に翻案した動機の一つであろうか」といっている。[54]

　「二十四孝演歌」の 413 句から 416 句までに「昹公暇感身蹄隊、賒郷關斯貝聖賢。𪫨𣳮仍憛霹畑、悶留家範𢪱傳國音」（公務の仕事には余裕があり、自分の人生を考えた。いま故郷を離れ、聖賢の近くにいるが、灯の明かりの下で自分を省みて自分自身を恥ずかしく感じた。「家範」として残したかったため「二十四孝」を国音（つまり字喃）詩に翻案した）とあるのを見ると、「二十四孝演歌」の最初の創作の目的は、みずからの子孫に「家範」を残したかったためであるとわかる。

　次に、「二十四孝演歌引」の全文は次のとおりである。

> 二十四孝故事童而習之也尚矣、離父母之懷、如今五十有一年、關山落落鬢髮皤皤、口且誦之矣、手且錄之矣、故從而爲之演、何若是其諄諄焉者、二十四孝皆古之聖人也、賢人也、吾夫子不云乎、所求乎子以事父未能也、吾家有七十三歲慈親在、吾即未能、吾願吾之子若孫、世世持爲一家範不可乎、夫人幼而學之、壯而行之、不知老之將至、學皆然、而況孝爲百行之首乎、誦之矣、錄之矣、求其孩幼婦女無不曉、不有方言俚語以諷詠之乎、此其既誦之錄之、而復演之者之意也、要之人之所以爲人、不可一日而不存赤子之心、吾之子媳孫姪輩其勉旃、演成自弁數語以爲之引。後學永順克齋李文馥隣芝氏書于古粵仙城之同寶館。時　明命拾陸年小春之吉。[55]

　さらに、「二十四孝演音畢」とある直後に、使節として李文馥と同行した陳秀穎が、

第一章　李文馥と「二十四孝演歌」について

　　歳乙未十月既望、潁與永順李君隣芝、文江杜君鑑湖、久客于粤東之仙城、
　　霜露既降、旅況蓋悽愴也、相與檢日記故事至二十四孝、鑑湖謂李公曰、
　　此古聖賢之絶行也、公尤長於演音、盍亦演之以公之婦孺輩乎公□然命筆
　　演成、即付潁與鑑湖看、且告之曰、余上有七十三老母□□□□□、君
　　恩未報、萬里關山、晨昏之責、托之余子弟若孫、是當演之以爲家範耳、
　　若以公之聞見則惡乎敢……。[56]

と記している。
　ここには「孝」の重要性と、「孝道」を子孫たちが実践するためにこの「演歌」、「演音」を著わしたことが述べられている。「二十四孝演歌」の撰述意図はこのように、最初は「家範」として自分の子孫に「孝」思想を教える目的であったわけだが、それが刊行されると民衆の階級にまで広く普及することになった。

2．著作年代

　李文馥の「二十四孝演歌」が著作された年代は、グエン・テイ・ガン氏の研究によると明命16年（1835）夏から冬にかけてとされ、ホア・バン氏は『仙城侶話』の李文馥の序文により、「二十四孝演歌」は明命16年（1835）に書かれたとしている。[57][58]

　しかし、『掇拾雑記』に収録された「二十四孝演歌」の冒頭にある彼自身の序文、すなわち「二十四孝演歌引」に「後學永順克齋李文馥隣芝氏、書于古粤仙城之同寶館、時　明命拾陸年小春之吉」（図2-1-1参照）とあることから、「二十四孝演歌」は明命16年（1835）の陰暦10月に書かれたことが確認できる。

3．文献の形態

　『掇拾雑記』（AB132）の所収の「二十四孝演歌」には孝子説話が次のように配列されている。

　　1）孝感動天（大舜）[59]　　2）親嘗湯薬（漢文帝）　　3）嚙指心痛（曽参）
　　4）単衣順母（閔損）　　　5）爲親負米（仲由）　　　6）鹿乳奉親（郯子）

101

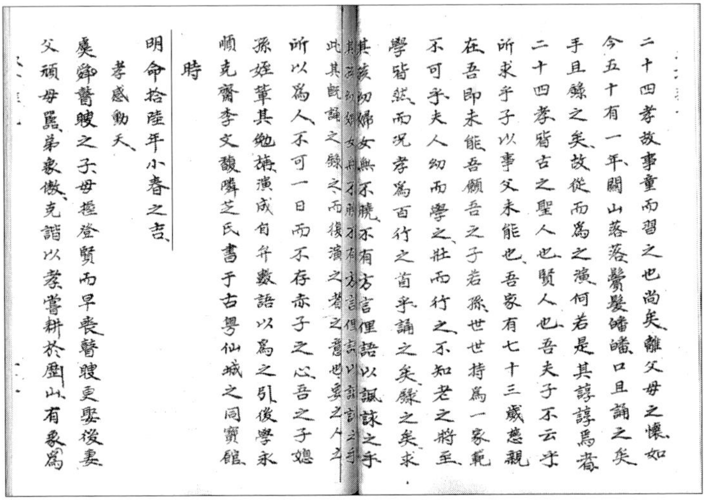

図 2-1-1 「二十四孝演歌」(『掇拾雑記』(AB132) 所収、漢喃研究院蔵)
第 31 葉裏、32 葉表

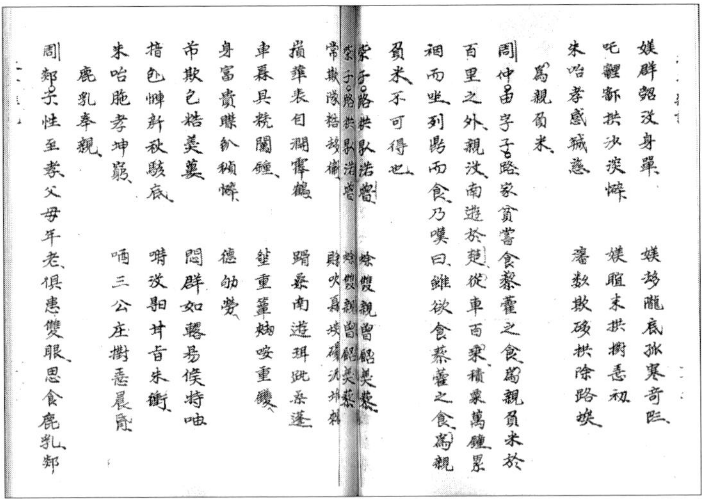

図 2-1-2 「二十四孝演歌」(『掇拾雑記』(AB132) 所収、漢喃研究院蔵)
第 35 葉裏、36 葉表

第一章　李文馥と「二十四孝演歌」について

7）戯綵娯親（老莱子）　　8）売身葬父（董永）　　9）為母埋児（郭巨）
10）湧泉躍鯉（姜詩）　　11）拾椹供親（蔡順）　　12）刻木事親（丁蘭）
13）懐橘遺親（陸績）　　14）行傭供母（江革）　　15）扇枕温衾（黄香）
16）聞雷泣墓（王裒）　　17）恣蚊飽血（呉猛）　　18）臥氷求鯉（王祥）
19）搤虎救親（楊香）　　20）哭竹生笋（孟宗）　　21）嘗糞憂心（庾黔婁）
22）乳姑不怠（唐夫人）　23）棄官尋母（朱寿昌）　24）滌親溺器（黄山谷）

　注目されるのは、「二十四孝演歌後」（杜俊大の序文）に「命從李鄰芝翁如粤、檢日記故事」と、『日記故事』を調べたことが明記されている点である。実際、この「二十四孝演歌」に記された孝子は『日記故事』のものと一致しており、「二十四孝演歌」はその系統に属することがわかる。そして、上記の孝子の標題の記載法、配列の順序は、『日記故事』系の『前後孝行録』所収の「二十四孝原本」[61]とまったく一致する。『前後孝行録』は「二十四孝原本」と「二十四孝別集」（清高月楂）からなり、清の道光2年（1822）の刊本が知られている。

　配列の順序や記載法および標題によると、ベトナムにおける李文馥系の「二十四孝」は「二十四孝原本」と関わりがあることがわかるが、その詳細については第二部第三章で紹介する。

　「二十四孝演歌」は全416句、2912字からなる。このうち、最初の8句が本書の「導入部」であり、次の9句から408句までが本文で、24人の孝子の詩を載せている。そして最後の409句から416句までが「結論」部分に相当する。

三．「二十四孝演歌」と字喃文献

　次に演歌の24首の詩をすべてとり上げ、日本語訳と語釈をつけておきたい。なお、②『孝順約語』、③『勧孝書』、④『陽節演義』、⑥『詩文並雑紙』が収録している李文馥の字喃詩による「二十四孝演歌」との文字の異同（字

喃・漢字）も記しておく。ただし、②『孝順約語』には第八首「売身葬父」、第九首「為母埋児」が、③『勧孝書』には第二首「親嘗湯薬」の後半部分、第三首「嚙指心痛」が収められていない。

また校訂の結果を示す際、以下の略称を用いた。『掇』：『掇拾雑記』、『陽』：『陽節演義』、『孝』：『孝順約語』、『勧』：『勧孝書』、『詩』：『詩文並雑紙』。

字喃部分および語釈部分については、次の方針による。

（1）Vietnamese nôm preservation foundation による Nôm Lookup Tools（http://nomfoundation.org/vnpf_new/index.php?IDcat=51）に登録された字喃フォントを使用した。
（2）Nôm Lookup Tools にない文字の場合は、『字喃大字典』（Đại tự điển chữ Nôm）（トゥアン・ホア（Thuận Hóa）出版社、2007 年）、『字喃および漢越語の読み方の指南』（Giúp đọc Nôm và Hán Việt）[62]もしくは原本の字喃を作字した。
（3）欠字の場合（1字分）は□で示す。
（4）文字を補う場合は〔　〕で示す。
（5）わかりやすくするため各句に番号をつけた。
（6）語訳および言葉の意味を日本語に解釈するため、竹内与之助『越日小辞典』（大学書林、1986 年）、小学館国語辞典編集部『日本国語大辞典』（小学館、2006 年）を参照した。

第一　大舜

【原文】孝感動天
1. 𠊛聰相跨𢵱歪坦[63][64]　　2. 埃羅空博媄生成[65][66]
3. 𨱾撩坦義歪經　　　4. 於牟朱稱𢞂情乄羆[67][68][69]
5. 苔𣾽孝朱諭汶節[70]　　6. 時推嚣𠅘涅調𨪐[71]
7. 庄祜課輅聖賢[72][73]　　8. 討𠫾進罪養齊闌秋[74]
9. 坦大聖戶虞𠳋舜[75][76]　　10. 眼潛龍當運寒微[77]

11. 歲樟屈霹慈闌^{[78][79]}　12. 吒羅瞽腴孞時央央^{[80][81]}
13. 媄疘吏性強溪乞　14. 淹象添室墨驕訛^[82]
15. 汶輪順㪇皮㠔^{[83][84]}　16. 連朝吒媄斷和共淹^[85]
17. 猱荄登汶念啥呌^{[86][87]}　18. 油死生空𥙘變移^{[88][89]}
19. 忄术情哭歔叫𧡊^[90]　20. 吹悳慳悋化慆寅寅^[91]
21. 歪高潘尒呇拱旦^[92]　22. 物無知群兔路孞^[93]
23. 余番孎歷坡配^[94]　24. 鞈鳹爲扫咼獖爲棋^[95]
25. 啳孝友睔跙陛聖^{[96][97]}　26. 命徵庸挦政讓魄^[98]
27. 琴詩禮禩請台　28. 汶如覃陰猱荍議喈^{[99][100][101]}

【語釈・校訂】

1. 孞 (người)：人　聡相 (tai mắt)：耳と目　蹲 (đứng)：立つ　融 (trong)：中　歪坦 (trời đất)：天地

2. 埃 (ai)：誰　羅 (là)：…である　空 (không)：否定辞（…でない）　博媄 (bác mẹ)：父母　生成 (sinh thành)：養育する、生まれる

3. 𨪝 (gương)：鏡　撩 (treo)：かける　坦 (đất)：土　歪 (trời)：空
「𨪝撩坦義歪經」は『孝経』「孝者天之經也、地之義也」による。

4. 於 (ở)：…における、暮らす　牢朱 (sao cho)：何とかして　稱 (xứng)：応わしい　扗 (chút)：少し　㕵 (làm)：…する、…となる　琨 (con)：子供、匹

5. 𡨸涅孝 (chữ nết hiếu)：孝の役割を果たす　朱 (cho)：…させる、あげる　贎汶節 (tròn một tiết)：完璧に遂行する

6. 時 (thì)：…は（強意語）　推噐 (suy ra)：推しはかる　猱涅 (trăm nết)：百の行調 (đều)：皆、全て　𠱋 (nên)：…となる、そのため、それで、盛んになる
「猱涅調𠱋」(trăm nết đều nên) は漢語の「百行孝爲先」の意。『勸孝書』にも「孝者百行之原」「孝爲百行之根本」とある。

7. 庒 (chẳng)：否定辞　祜 (xem)：見る　課𧺀 (thuở trước)：昔、以前

8. 討 (thảo)：孝行　台𨒒罙 (hai mươi bốn)：二十四　薟 (thơm)：香のよい、芳しい名　𨍦閭秋 (nghìn muôn thu)：万世、代々

9. 垻 (bậc)：聖人および高貴な人を呼ぶ語　大聖 (đại thánh)：聖人　户 (họ)：姓　虞 (Ngu)：中国古代の王朝名　希舜 (vua Thuấn)：古代中国の五帝の一人舜帝

10. 呢 (buổi)：時、日　潛龍 (tiềm long)：潛龍は『易経』の乾の卦に属し、龍が淵に身を隠すこと、つまり、幸運に恵まれない時期のこと　當 (đương, đang)：…に当たる　寒微 (hàn vi)：貧しい
11. 歲樟 (tuổi xanh)：少年時代　屈霧 (khuất bóng)：死亡する　慈闈 (từ vi)：母親
12. 吒 (cha)：父　羅 (là)：…である　瞽瞍 (Cổ Tẩu)：人名　𠊛 (người)：人　時 (thì)：…は (強意語)　央央 (ương ương)：聞きわけのない、頑迷な
13. 媄疕 (mẹ ghẻ)：継母　吏 (lại)：また、その上　性 (tính)：性格　強 (càng)：さらに　溪乞 (khe khắt)：厳しい、苛烈な
14. 㛪 (em)：弟、妹、年下の子供　象 (Tượng)：人名　添 (thêm)：加える、より一層　窒墨 (rất mực)：極度に　驕訛 (kiêu ngoa)：悪辣な
15. 𣳔𦩡 (một mình)：一人　奇 (cả)：全て、全部　皮 (vừa)：満足する、程よく、適当に　𠀧 (ba)：三
16. 蓮 (trên)：上　朝 (chiều)：言いなりになる、尽くす　吒媄 (cha mẹ)：父母　𧗱 (dưới)：下　和 (hòa)：仲よくする　㛪 (em)：弟、妹、年下の子供
17. 𤾓 (trăm)：百　荄蓉 (cay đắng)：辛苦　没 (một)：一　念唁吵 (niềm ngon ngọt)：甘美な、優しい
18. 油 (dầu)：たとえ…でも　死生 (tử sinh)：生死　空 (không)：否定辞（…でない）　㩲 (chút)：少し
19. 恻情 (xót tình)：痛ましく思う　𣋽 (sớm)：朝、早い　叫 (kêu)：叫ぶ　𣋀 (mai)：早朝
「恻情哭𣋽叫𣋀」は『孟子』万章篇上「舜往于田、號泣于旻天」による。
20. 吹 (xui)：そそのかす　悉 (lòng)：心　慳怗 (ghen ghét)：怨む　化 (hóa)：になる　㤇 (vui)：嬉しい、楽しい　寅寅 (dần dần)：次第に
21. 坯 (trời)：空　潘 (thẳm)：極めて遠い、深い　朵吝 (mấy lần)：いくつの回、幾度　拱 (cũng)：も　旦 (đến)：届く、達する、来る
22. 群 (còn)：まだ、なお、残る　免 (mến)：愛好する　路 (lọ)：…はなおさらである　𠊛 (người)：人
23. 朵番 (mấy phen)：朵吝 (mấy lần) と同じ、いくつの回、幾度　嫩歷 (non Lịch)：歷山　坡曝 (pha phôi)：雨や陽光に晒す
24. 鞋 (cỏ)：草 鳪 (chim)：鳥　扫 (nhặt)：拾う　𪽝 (ruộng)：田　㺧 (voi)：象　棋 (cày)：耕す

「鵒鳥爲扣鮑鶚爲棋」は「象棋鳥耘」による。
25. 咺（tiếng）：声、芳名　孝友（hiếu hữu）：孝悌　賒（xa）：遠い　踓（bay）：飛ぶ　陛聖（bệ thánh）：王座
26. 命徵庸（mệnh trưng dung）：徴用する　拚政（trao chánh）：政権を渡す　謙馗（nhường ngôi）：王位を譲る
27. 襜襖（xiêm áo）：衣服　請台（thảnh thơi）：のんびりした
「琴詩襜襖請台」は『易』繋辞下伝「垂裳而天下治」による。
28. 汷（một）：一　茹（nhà）：家　覃蔭（đầm ấm）：暖かな、穏やかな　㒱（trăm）：百　芷（đời）：時代　議唒（ngợi khen）：褒める

【日本語訳】孝感動天
　天下に立っている人であっても、生んでくれた親のいない人はいない。孝は天の道、地の義である。子としての情に相応しく生きるべきである。「孝」が完全に実行できれば、百行すべてがうまくいく。昔の聖賢たちを見てみよう。孝行な24人の手本が万世に名を留めている。
　大聖人舜帝は虞という姓であった。龍が淵の中に潜伏しているような貧しい運命であった。幼い頃に母親が亡くなった。父親は瞽瞍といい、頑迷な人であった。継母はより苛烈な性格であり、弟の象は非常に悪辣な人間であった。舜は一人で三人に従い、上は両親に尽くし、下は弟と仲よくした。百の苦渋にも一の優しさで応じ、それは何があっても変わることがなかった。舜帝は田を耕す際、あまりの辛さに天に向かって夜には泣き、朝には叫んだ。父親と継母の嫉みは次第に回心へと変わっていった。高い空までも舜の心に感動し、心を持たない物までも感動した。まして人間であればなおさらである。歴山で雨や陽光に晒され、田を耕すときには、象が田を耕し、鳥が草を拾った。舜の孝悌の心は遠くまで広まり、堯帝の耳にも届き、堯帝から王位を譲り受けた。舜の孝の心のおかげで、舜が琴を弾き、南風の詩を詠み、衣服を着用するだけで天下は安定し、その暖かな家庭は万世に褒めたたえられた。

第二部　李文馥系の「二十四孝」

第二　漢文帝[102]

【原文】親嘗湯藥

29. 箕文帝希賢漢代　　　　30. 哪印封外堁親王[103]
31. 涓翰職奇權䨱[104][105]　　32. 奉蜍薄后禮常庄差[106]
33. 忍欺綏䰟㐫治渃[107]　　34. 汻悲尼數數初如[108][109]
35. 媄欺懗𩙍惊湄[110][111]　　36. 𠀧醉侯下常如汶𪽸[112][113]
37. 相燃霉𠿯醒職盰[114]　　38. 祼連翰𠿯數帶胺[115]
39. 藥湯相察𢯦撝[116][117]　　40. 乙詳䰡𠸝買𨀈觢幔[118]
41. 啥仁孝屯嘲天下[119][120]　　42. 壘純良化奇黎元[121][122][123]
43. 台進醉祂乾坤[124]　　44. 㐌較三代駭群留方[125]
45. 意台𧿄帝王頭轄[126][127]　　46. 荸孝停欘〔鏨鏄印〕[128]
47. 群罳士庶等賢[129][130][131]　　48. 黜祜余〔几啥傳旦㖫〕[132][133]

【語釈・校訂】

29. 箕（kìa）：文頭につけて期待の意を表す語　希（vua）：王　賢（hiền）：優しい

30. 哪（vâng）：承知する　印封（ấn phong）：封爵する　堁（cõi）：地域　堁は"cõi"「地域」、"quẽ"「静寂な」という読音があるが、ここでは、"cõi"「地域」と読むべし。

31. 涓（quên）：忘れる　翰（mình）：自分のこと、体　職（chức）：役職　奇（cả）：偉い、高い　䨱（sang）：高貴

32. 奉蜍（phụng thờ）：孝養を尽くす、奉祀する　薄后（Bạc Hậu）：漢文帝の母　常（thường）：いつも、常に　庄（chẳng）：否定辞　差（sai）：間違う

33. 忍（nhẫn）：…まで　欺（khi）：時　綏䰟（nối ngôi）：王位を継ぐ　㐫（trời）：空　治渃（trị nước）：国を治める

34. 汻（vẫn）：相変わらず　悲（lòng）：心　尼（này）：この　數數（số số）：変わらない　初（xưa）：昔、以前、かつて　如（như）：…のように、…のような

35. 媄（mẹ）：母　欺（khi）：時　懗（gở）：悪い、合わない　𩙍（gió）：風　惊（kinh）：恐ろしい　湄（mưa）：雨　「懗𩙍惊湄」：雨や風にさらされるのが恐い

36. 𠀧（ba）：三　醉（năm）：年　侯下（hầu hạ）：仕える　常（thường）：いつも、

常に 如（như）：…のように、…のような 汿（một）：一 𣈜（ngày）：日

37. 相燃霺（mắt chong bóng）：目がさえる 噉（dám）：あえて…する 醉職眸（say giấc ngủ）：熟睡

38. 襖（áo）：衣服 連𦍠（liền mình）：服を着たままで 噉（dám）：あえて…する 數（số）：解く 帶胶（đai lưng）：帯

「襖連𦍠敢數帶胶」は『小学』善行第六「親有疾, 衣不解帯, 湯薬必親嘗」による。

39. 藥湯（dược thang）：薬 相（mắt）：目 察（xét）：観察する 𢬣（tay）：手 㨂（nâng）：持ち上げる

40. 乙（ất）：確かに 融（trong）：中 𠰘（miệng）：口 買（mới）：…したばかり、初めて…する 𨑮（dâng）：捧げる、持ち上げる 𨑜（dưới）：下 幔（màn）：幕、蚊帳

「藥湯相察𢬣㨂、乙詳融𠰘買𨑮𨑜幔」は『礼記』曲礼下「親有疾、飲薬、子先嘗之」による。

41. 㗂（tiếng）：声、芳名 屯（đồn）：屯所、営所、噂を広める 嘛（ran）：響き渡る

42. 𢙱（thói）：癖 純良（thuần lương）：善良、温厚 化（hóa）：…になる、変える 奇（cả）：全て、全部 黎元（lê nguyên）：民衆

43. 𠄩迨（hai mươi）：二十 𢆥（năm）：年 𥢆（lẻ）：…より（多い） 乾坤（càn khôn, kiền khôn）：『易経』の「乾卦」、「坤卦」の意だが、「天地」、「在位する」の意もある。ここでは「在位する」の意

44. 㐌（đã）：既に、…した（完了） 󠄀𣦍（sau）：後、後ろ、以後 三代（tam đại）：夏・殷・周 駭群（hãy còn）：その上まだ 留芳（lưu phương）：芳名を留める

45. 意（ấy）：その 𠄩（hai）：二 𨀈（đấng）：方、いずれも偉人、大事業をする人物につける語 頭𨔻（đầu trước）：昔、前代

46. 𡨸孝（chữ hiếu）：「孝」という文字の意 停（dành）：与える、保留する 𥒦（đá）：石 鑿（tạc）：彫刻する 鐄（vàng）：金 印（in）：印刷する、写す

47. 群（còn）：まだ、なお、残る 𠚢（ra）：出る 士（sĩ）：官吏、役人 庶（thứ）：一般庶民 等（đẳng）：第45句参照 賢（hiền）：聖賢

48. 𠶎（Đếm）：数える 䀡（xem）：見る 𠇍（mấy）：いくつ 几（kẻ）：人 㗂（tiếng）：声、芳名 旦（đến）：まで 𠉞（nay）：現在、今

第二部　李文馥系の「二十四孝」

【日本語訳】
　漢の時代に心の優しい文帝がいた。親王として封爵されたが高貴な身分にあることを忘れ、母の薄后を孝養し、普段から礼儀に違うことがなかった。王位を継いで国を治めた時でも、そのような心を変わらず持ち続けた。母親は病気がちであったため、3年間母親に仕え、眠らないよう目を見開き、帯を解いて眠ることもしなかった。薬を自分の目と手できちんと確認し、さらに自分の口でも確かめてから母親に与えた。その「仁」と「孝」は民衆たちに広まり伝わった。その温厚で善良な性格が民衆たちを善人に変えた。三代の後においても、さらに成王・康王のような方がいて、20年間在位し芳名を留めた。この前代の二人の王は「孝」を石に刻み、金の文字で刊行し、人々の手本になった。士、民衆、賢者の中で、現在まで名声が伝わる人は何人いるか数えてみよう。

第三　曽参[134]

【原文】嚙指心痛
49. 𣋆周末固柴曾子
50. 蛛媄〔吒辰竚至誠[135]〕
51. 駭推汶事鉢羮
52. 餡常□□□□□[136]
53. 茄貧薄常垓挴檜[137][138]
54. 壙〔霙樟躃退㺯溇[139][140]〕
55. 媄㘴拸霶罰楼[141][142]
56. 沛欺〔客旦钁跀琨術[143][144][145]〕
57. 繕䰟胒臨欺窮縱[146][147]
58. 哏扻〔牭朱動悉琨[148]〕
59. 魕嬂俸祝盆昆[149][150]
60. 郡疠聊〔脿跳跻踦蹟[151][152]〕
61. 跪鶨蹐蹐斯疎嗨[153]
62. 聊邊聰〔燃𤏸源干[154][155]〕
63. 朱咍慈孝相關
64. 嬵銅欺垀坤〔寒嗜鐘[156][157]〕

【語訳・校訂】
49. 𣋆（đời）：時代　　固（có）：いる、ある　　柴（Thầy）：先生
50. 蛛（thờ）：孝養を尽くす、奉祀する　　媄吒（mẹ cha）：父母　　辰（thời, thì）：注［133］を参照　　竚（giữ）：保持する

110

51. 餴（bữa）：食事　常（thường）：いつも、常に　醁（rượu）：酒　䏾（thịt）：肉　庒（chẳng）：否定辞　停（dành）：与える
52. 朱（cho）：…させる、あげる　埃（ai）：誰　唪據（vâng cứ）：そのまま従順する　鼎丁（đinh đinh）：少し　庒（chẳng）：否定辞　移（dời）：移る
53. 茄（nhà）：家　貧薄（bần bạc）：貧しい　常（thường）：いつも、常に　扡（đi）：行く　挴檜（hái củi）：薪を刈る
54. 壙（quãng）：長いものの一部を表す語　霙樟（mù xanh）：遠くまでかすんだ　躏退（lủi thủi）：独りさみしい　嫩（non）：山　溇（sâu）：深い、奥深い
55. 媄（mẹ）：母　墬（ngồi）：座る　㧅（tựa）：寄りかかる　霶（bóng）：影　𥩍樓（cửa lầu）：家の門
56. 沛欺（phải khi）：ちょうどその時　客（khách）：お客さん　旦（đến）：来る　矍（trông）：待望する　𪢮（mau）：速い　昆（con）：子供、匹　術（về）：帰る
57. 繥（rối）：乱れる　衶（trong）：中　胣（dạ）：心　臨欺（lâm khi）：一時　窮縱（cùng túng）：困り果てる
58. 哏（cắn）：噛む　掀𢬣（ngón tay）：手の指　朱（cho）：…させる、あげる　動（động）：動く　悢（lòng）：心　昆（con）：子供、匹
59. 衶（trong）：中　嫩（non）：山　俸祝（bỗng chốc）：突然起こる　盆昆（bồn cồn）：不安、いらだたしい
60. 郡疘（quặn đau）：よじれるように痛む　㗷（tắc）：一寸　胇（ruột）：腸　跳跻（bước dồn）：早足　蹈躓（gót chân）：踵
61. 跪（quì）：跪く　𠁑（dưới）：下　蹐（gối）：膝　跨斯（ghé gần）：近づく　疎𡋤（thưa hỏi）：尋ねる
62. 聊（lắng）：澄まして聞く　邊（bên）：側　聡（tai）：耳　爢爀（tỏ giải）：打ち明ける　源干（nguồn cơn）：原因、いきさつ
63. 朱咍（cho hay）：…であることが初めてわかる　慈孝（từ hiếu）：慈愛と孝行　相關（tương quan）：相関関係
64. 嫩銅（non Đồng）：銅山　欺（khi）：時　垆（lở）：崩れ落ちる　坤寒（khôn hàn）：阻止することができない　呍鐘（tiếng chuông）：鐘の音
「嫩銅欺垆坤寒呍鐘」は『世説新語』文学篇の「銅山西崩、靈鐘東應」に基づいて書かれた。

【日本語訳】
　周末のころに曽子先生がいた。誠を尽くして父母に仕えた。毎食おいしい料理とお酒を用意し、誰かに料理を分けるときには、親の言いつけ通りにした。家は貧しく、奥深い山に独りさみしく薪刈りをしていた。あるとき来客があり、母親は門によりかかり、子が早く帰るのを待ち望んでいた。心が乱れ、なすすべを知らず、子に気持ちが通じるよう指を噛んだ。奥深い山で曽子は突然不安を覚え、腹がよじれるように痛んだため、早足で帰宅した。跪きつつ状況を尋ね、耳を澄まして母の話を聴いた。そして、銅山が崩れ落ちると洛陽の鐘がそれに応じて響くように、「慈」と「孝」が相通じているのを知った。

第四　閔損

　　　【原文】單衣順母
　　65. 柴閔子窒塘孝義　　　　　66. 憛茹萱[159]敻揆[160]㕵数
　　67. 蛛吒[161]譈[162]咏[163]鬵侯　　68. 庒鞞迈[164]沛媄[165]軨爜爄
　　69. 丕當節冬寒冷汀　　　　　70. 仚媕時糊褉齰芘
　　71. 庒傷繇[166]分龍冬　　　　　72. 花苯女底冷涕汶身[167]
　　73. 欺吒蹜〔蹺〕蹞車揨[168]　　74. 浏悾悾[169]柭仕続[170]痐
　　75. 吒䁖[171]嚅[172]議買㕵　　　76. 靦酸哫哏繩[173]続唱随
　　77. 凝渃[174]相蹟跪咖吆　　　78. 祂吒嗔察吏念丹
　　79. 媄羣豼汶身單　　　　　　80. 媄㧶隴[175]底孤寒㚢[176]㞽
　　81. 吒䰀㤀[177]㧪[178]沙涘憛　　82. 媄睈耒㧪樹悉初[179][180]
　　83. 朱哈孝感柭慈　　　　　　84. 潘数欺砓㧪除路埃[181][182]

【語釈・校訂】
65. 柴（Thầy）：先生　　窒塘（rất đường）：とても　　孝義（hiếu nghĩa）：孝行
66. 憛（tủi）：わが身が嘆かわしい　　茹萱（nhà huyên）：母親（古儀）　　敻揆（quạnh quẽ）：静寂　　㕵数（đã lâu）：長い間
67. 蛛（thờ）：孝養を尽くす、奉祀する　　吒（cha）：父　　譈咏鬵侯（sớm viếng khuya

hầu）：朝に訪ね、夜も訪ねる

「歟咏鬝侯」は『礼記』曲礼上「凡爲人子之礼、冬温而夏清、昏定而晨省」による。

68. 庒鞁（chẳng may）：不運にも　返沛（gặp phải）：遭遇する　媄䮞（mẹ sau）：継母　燶爛（nồng nàn）：濃厚、激しい、厳しい

69. 丕（trời）：空　當節（đương tiết）：その時の季節　冬寒（đông hàn）：冬　冷冴（lạnh lẽo）：寒い、冷える

70. 台埯（hai em）：二人の兄弟　時（thì）：…は（強意語）　烰禊（kép áo）：合わせの服　膡（dày）：厚い　芁（bông）：綿

71. 庒（chẳng）：否定辞　傷（thương）：愛する　𦈕（chút）：少し　分（phận）：身分、運命　蕫冬（long đong）：放浪辛苦の

72. 花荖（hoa lau）：芦　女（nữ）：忍ぶ　底（để）：…させる、…するために　冷湴（lạnh lùng）：冷える　沒（một）：一　身（thân）：体

73. 欺（khi）：時　吒（cha）：父　蹈（dạo）：散歩する　蹺蹟（theo chân）：ついて行く　拼（đẩy）：押す

74. 洌悷悷（rét căm căm）：冷かな　𠳒（nên）：それ故　仕綖杻（sẩy dây tay）：手綱を滑らせる

75. 吒（cha）：父　眲（nhìn）：見る　𥋳議（ngẫm nghĩ）：考慮する　買咍（mới hay）：やっと分かる

76. 齦齼（nghiến răng）：歯ぎしりする、ここでは非常に怒る意　啦（rắp）：…するつもり　哏絀（cắn đứt）：噛み切る　綀唱随（dây xướng tùy）：夫婦関係

77. 凝（ngưng）：止まる　渃相（nước mắt）：涙　蹟（chân）：足　跪（quì）：跪く　𪖫哦（miệng gửi）：節度をもって話す

78. 祂（lạy）：平伏する　吒（cha）：父　嗔（xin）：丁寧語（…て下さい）、願う　察吏（xét lại）：見直す、再考察する　念丹（niềm đan）：誠心

79. 媄（mẹ）：母　群（còn）：いる　𥾽（chịu）：引き受ける　沒身單（một thân đơn）：只一人

80. 媄（mẹ）：母　扌多（đi）：行く　隴（luống）：絶えず　底（để）：…させる、…するために　孤寒（cô hàn）：孤独で寒い　奇（cả）：全て、全部　㠶（ba）：三

「媄群𥾽沒身單、媄扌多隴底孤寒奇㠶」は『蒙求集註』巻下の「母在一子寒、母去三子單」による。

113

81. 吒 (cha)：父　矍乾 (trông xuống)：見下ろす　拱 (cũng)：…も　沙 (sa)：落ちる　渼憐 (giọt tủi)：涙
82. 媄 (mẹ)：母　聑 (nghe)：聞く　耒 (rồi)：すでに、…し終わる　拱 (cũng)：…も　擶 (đổi)：変わる　悢 (lòng)：心　初 (xưa)：昔、以前、かつて
83. 朱咍 (cho hay)：…であることが初めてわかる　軔 (nên)：…となる、そのため、それで、盛んになる
84. 潘 (thấm)：浸透する　数 (lâu)：久しく、長い間　欺 (khi)：時　砙 (đá)：石　拱 (cũng)：…も　除 (dừ)：やわらかくなる　路 (lọ)：なおさら　埃 (ai)：誰、ここでは「人間」を指す

【日本語訳】
　閔子先生は至孝の人である。実母はずっと前に亡くなった。父親を朝に訪ね、夜も訪ねて奉養したが、不幸にも残酷な継母がいた。寒い冬には異母の二人の兄弟には暖かいコートを着せたが、閔子は可愛がらず芦の薄い上衣を着せ、身を切るような辛苦の運命だった。父親が車で外出する際、閔子騫も連れて行ったが、寒くて車から手綱を滑らせた。父親はそれを見て、状況を知り、非常に怒り、後妻との関係を断つことにしたが、閔子騫は膝を曲げて跪きつつ「お父さん、考え直して下さい。母がいれば私一人が苦しめばすむのですが、母が去ると、三人とも寒がることになります」と言った。父親はその様子を見て涙を流し、継母はそのことを聞いて心を正した。やはり「孝」は怨みの心を「慈」に感化できるのだ。流水が岩さえも擦り減らすのだから、まして人間はなおさらである。

第五　仲由

【原文】爲親負米
85. 柴子路拱趴渃魯
86. 蜍雙親曾餡羹藜
87. 常欺隊粘扐衛[185]
88. 賒吹贏埃礦泥堆粕[186][187]
89. 嵿華表自瀾霏鶴[188][189]
90. 踖桒南遊珥跐桒蓬[190]

第一章　李文馥と「二十四孝演歌」について

91. 車䮓具秣閩鐘　　　　　　　92. 坐重簟糊咹重鑊〔高〕
93. 身富貴矙㘇積悴　　　　　　94. 德劬勞〔鄭細殭疨〕
95. 苇欺包粺羹蔾　　　　　　　96. 悶群如辂易侯特呴
97. 掐㔯㦖𬖉秋骇底　　　　　　98. 嘷汶鼎甘旨朱衡
99. 朱㕵脆孝坤窮　　　　　　　100. 哂三公庄撌悉晨昏

【語釈・校訂】

85. 柴 (Thầy)：先生　拱 (cũng)：…も　𠊛 (người)：人　渃 (nước)：国
86. 蜍 (thờ)：孝養を尽くす、奉祀する　曾 (từng)：各、…ごとに、…したことがある　饒 (bữa)：食事　羹蔾 (canh lê)：アカザのスープ、粗末な食べ物のたとえ
87. 欺 (khi)：時　隊 (đội)：背負う　粺 (gạo)：米　𣘃 (đi)：行く　衛 (về)：帰る
88. 賒𨂔 (xa xôi)：遠い　𤾓 (trăm)：百　垵 (dặm)：里　䃞泥 (nặng nề)：重い　堆 (đôi)：二つの、対の　𥘀 (vai)：肩
89. 嵿 (đỉnh)：頂　華表 (Hoa biểu)：「華表」とは中国で宮殿や墓所などの前、また大路が交わる所に立てられる標柱。漢の丁令威が死後千年たって鶴に化して帰郷し、城門の華表に止まったという故事（『捜神後記』）で有名　自 (từ)：…から　潤 (khơi)：沖、遠いところ　霧 (bóng)：影
「嵿華表自潤霧鶴」は親が亡くなったことを意味する。
90. 蹎 (gót)：踵　南遊 (Nam Du)：南の方へ行く意だが、ここでは「楚国に行くこと」を指す　珥 (nhẹ)：軽い　跳 (bước)：歩幅　桑蓬 (tang bồng)：男子が志を立てること。この言葉は『礼記』射義篇「桑弧蓬矢」による
「蹎南遊珥跳桑蓬」は子路が楚国に行き、男子の志を立てることに成功したことを意味する。
91. 䮓 (trăm)：百　具 (cỗ)：色々飾りつけた車。「車䮓具」は豊かな生活を指し、『論語』季氏篇「馬千駟」による　粺 (thóc)：籾　閩 (muôn)：萬　鐘 (chung)：大甕。「閩鐘」は俸給が多い意であり、『孟子』告子下篇「萬鐘」による。
92. 坐 (ngồi)：座る　重簟糊 (chồng đệm kép)：二枚の敷布団　咹 (ăn)：食べる　鑊 (vạc)：鼎。「咹重鑊高」は「鐘鳴鼎食」による。
「坐重簟糊咹重鑊高」は富貴な生活の意である。
93. 矙㘇 (ngắm vào)：眺める　積 (riêng)：自分の、個人の　悴 (tủi)：わが身が

115

嘆かわしい
94. 劬勞 (cù lao)：子育ての親の苦労。「劬勞」は『詩経』小雅・蓼莪篇「哀哀父母、生我劬勞」による　鄭細 (chạnh tới)：考え付く、感動する　彊 (càng)：さらに　疘 (đau)：痛い、痛む、病気
95. 芇欺 (nào khi)：その時　包粘 (bao gạo)：米俵　羹 (canh)：スープ　蔞 (rau)：野菜
96. 悶 (muốn)：ほしい　群 (còn)：まだ、なお、残る　如 (như)：…のように、…のような　輆 (trước)：以前　易侯 (dễ hầu)：容易なことではない　特 (được)：…ことができる、得る　咀 (ru)：疑問を表す語
97. 揞 (ôm)：抱く　跑 (bọc)：包む、包みの袋　悁 (giận)：怒る　舒秋 (nghìn thu)：千秋　駭底 (hãy để)：まだ残す
98. 哆 (thà)：むしろ…する方がよい　沒 (một)：一　馹 (ngày)：日　甘旨 (cam chỉ)：美味しいもの　朱 (cho)：…させる、あげる　衝 (xong)：終わる
99. 朱咍 (cho hay)：…であることが初めてわかる　胣 (dạ)：心　坤窮 (khôn cùng)：極点、極度
100. 哊 (dầu)：たとえ…でも　三公 (Tam Công)：三大官　庒 (chẳng)：否定辞　撌 (đổi)：変える　悉 (lòng)：心　晨昏 (thần hôn)：朝晩。
「晨昏」は『礼記』曲礼上「凡爲人子之禮、冬温而夏清、昏定而晨省」による。

【日本語訳】
　子路先生も魯の人であり、藜のスープの食事で両親に奉じた。子路は常に、両肩に重い米を担いで遠い百里の道を行った。親が亡くなった後、子路は南の方にある楚国に行き、男子の志を立て成功することができた。車は豪華に飾られた百台や、一万の大甕の稲で溢れた。だが、二枚重ねた坐布団に座り、豪華で美味しい料理を食べ、富貴の身分を省みた際、さらにわが身が嘆かわしくなった。親の苦労に思いをはせたとき、心が痛くなった。米を担いで、藜のスープを飲んだ日々を以前のように戻すことは容易ではないのだろう。美味しいもので親に孝養することが一日でもできれば満足なのだが、今は高貴な生活なのに親に孝養できず、わが身を怒った。やはり「三公」になっても「晨昏」のこの上ない孝の心は変わらないのだ。

第一章　李文馥と「二十四孝演歌」について

第六　郯子

【原文】鹿乳奉親
101. 周郯子𠰚[ ]羅窒討　　　102. 蓮台[201]親[202]索老年高
103. 相塵屈月矑睜[203][204]　　104. 渡𤛠[205]時仍約渦曾時
105. 物庫劎坤咍常唯　　　106. 沛爐方尋最朱[206]𠚢
107. 𤞻[207]枯尋[208]捽祕膠　　108. 黙𠰚色𧘇底和論蹺[209]
109. 准嬾[210]審尋𡎢排侶　　110. 仕寅夜祕𠸦餒親[211]
111. 俸兜返僂𧍰詵[212]　　　112. 哑[213]抏弓箭坤分物𢩮
113. 究心事細尼排燃[214]　　114. 𤞻孝情眶燼[215]下催[216]
115. 朱咍鐘汉性丕[217]　　　116. 𤞻輪拱動特𢩮武夫

【語釈・校訂】

101. 𠰚（làm）：…する、…となる　羅（con）：子供、匹　窒（rất）：とても　討（thảo）：孝行

102. 蓮（trên）：上　台親（hai thân）：両親　索老年高（tác lão niên cao）：年をとっている

103. 相塵屈月矑睜（mắt lộc khuất nguyệt lờ sao）：目がかすんできた

104. 渡（sữa）：乳　𤛠（hươu）：鹿　時（ngày）：日　仍（những）：複数を示す冠詞　約渦（ước ao）：…をほしがる　曾（từng）：各、…ごとに、…したことがある

105. 庫（khó）：難しい　劎（kiếm）：探す　坤咍常唯（khôn hay thường dõi）：欲しがってやまない

106. 沛（phải）：…しなければならない　爐（lo）：不安な、気を配る　方（phương）：方法　尋最（tìm tõi）：探す　朱（cho）：…させる、あげる　𠚢（ra）：出る、出すの意だが、ここでは「見つける」の意

107. 𤞻（hươu）：鹿　枯（khô）：乾燥した、枯れた、干し物　尋（tìm）：見つけ出す　捽祕膠（lột lấy da）：皮を剥ぎ取る

108. 黙（mặc）：着る　𠰚（làm）：…する、…となる　𧘇（áo）：衣服　底（để）：…させる、…するために　和論蹺（hòa trộn nhau）：相互に混同する

109. 准（chốn）：ところ　嬾審（non thẳm）：深山　尋（tìm）：見つけ出す、探す

117

第二部　李文馥系の「二十四孝」

乩（vào）：入る　排侶（bầy lứa）：群れ
110. 仕寅夜（sẽ dần dà）：次第に、だんだん　祂（lấy）：取る　毉（sữa）：乳　餒（nuôi）：養う
111. 俸兜（bỗng đâu）：突然、急に起こること　返（gặp）：会う、出会う　僂㧘詑（lũ đi săn）：狩猟団
112. 吤（rắp）：…するつもり　拱弓箭（buông cung tiến）：弓を射る　坤分（khôn phân）：区別せず　𠊚（người）：人
113. 宨（đem）：持っていく　心事（tâm sự）：気持、真意の意だが、ここでは「理由、事情」を指す　細（tới）：着く　尼（nơi）：ところ　排燨（bày tỏ）：告白する、説明する
114. 㨪（chút）：少し　瞓（nghe）：聞く　燸（rõ）：はっきりと、明解な　卞催（bèn thôi）：すぐに止める
115. 朱呠（cho hay）：…であることが初めてわかる　鐘（chung）：同じ、相互の　沒（một）：一　性𡗶（tính trời）：天性
116. 𤀱槴（mảnh son）：赤心　拱（cũng）：…も　動（động）：感動する、動く　特（được）：…ことができる、得る　𠊚武夫（người võ phu）：武張った人

【日本語訳】
　周代の郯子は親孝行な子である。両親は老いて目がかすんできた。親は毎日、鹿の乳を欲しがった。珍しいものなので親は続けてもっと手に入れるよう望んだ。郯子は鹿の乳を見つけるため、探し方を考えなければならない。彼は鹿を捕まえ、皮をとり、鹿を油断させるため、鹿の皮を身につけた。奥深い山で鹿の群れの中に入り、鹿の乳をとり、親に孝養しようと思った。そのとき、突然、狩猟団に出逢ったが、彼らは動物か人間かが区別できず、弓を射ようとした。郯子は猟師たちのところに行き、理由を説明した。狩猟たちは彼の説明を聞いて、納得した。人はみな同じく天から賜わった本性を持つ。赤心は武張った人たちさえも感動させたのである。

第七　老莱子

【原文】戯綵娯親

117. 老莱子㫊周高士　　　　118. 蛛台親庄雄吒噵[218][219]
119. 歲𡦂㐌蹲觱迡　　　　　120. 吶能庄毑唭啾浪𡢨[220]
121. 欺從且媄吒坐轚　　　　122. 蹲邊燐扒斫𦰿疎[221]
123. （㪇）高調𦨍眼如[222][223]　124. 𣺽牟穓泊曩𩯫頭[224][225]
125. 准堂上欺侯挑諾　　　　126. 假㖏調我轚塘花[226]
127. 哭蓮汆啫吼吼[227]　　　128. 喧如鋮覮鋮陛課苒[228]
129. 蓮歲索𥫺似悗悗[229]　　130. 盎庭閑𨖅瑞湄春[230]
131. 朱哈人子事親　　　　　132. 䭃𤛆䩈特汆各𩙺悗[231]

【語釈・校訂】

117. 㫊 (đời)：時代

118. 蛛 (thờ)：孝養を尽くす、奉祀する　台親 (hai thân)：両親　庄 (chẳng)：否定辞　雄 (trễ)：遅れるの意だが、ここでは「怠ける」を指し、庄雄 (chẳng trễ) で「怠けず」を表す　吒噵 (ngọt bùi)：美味しいもの

119. 𡦂 (già)：老いている　㐌 (đã)：既に、…した（完了）　蹲觱迡 (đứng bảy mươi)：70歳になる

120. 吶能 (nói năng)：話す、しゃべる　庄 (chẳng)：否定辞　毑 (chút)：少し　唭啾 (hở môi)：口にする　浪 (rằng)：言う、…だと（接続詞）　𡢨 (già)：老いている

121. 欺 (khi)：時　從且 (thong thả)：のんびりと　媄吒 (mẹ cha)：父母　坐 (ngồi)：座る　轚 (trước)：前に、先に

122. 蹲 (đứng)：立つ　邊 (bên)：側　燐 (sân)：庭、中庭　扒斫 (bắt chước)：真似る　𦰿疎 (trẻ thơ)：子供、幼い子

123. 㪇 (thấp)：低い　調𦨍 (điệu múa)：踊る　眼如 (nhởn nhơ)：のんびりと、ゆっくりと

124. 𣺽 (sực sỡ)：この語は意味不明であるが、「二十四孝演歌」が記されている他の四つの文献（𣺽㪷：sực sỡ）を参考し、「まだら色、雑色」の意であるが、ここでは斑衣を指す。　牟 (màu)：色　穓 (áo)：衣服　泊曩 (bạc phơ)：真っ

119

白　厭頭（mái đầu）：頭髪

125. 准（chốn）：ところ　欺（khi）：時　侯（hầu）：仕える　抁（bưng）：持つ　渃（nước）：水

126. 假彳（giả làm）：ふりをする　調（điệu）：様子、容姿　我（ngã）：どっと倒れる　軺（trước）：前に、先に　墰花（thềm hoa）：堂上、縁側

127. 哭蓮（khóc lên）：泣く　氽（mấy）：いくつ　啫（tiếng）：声、芳名　呱呱（oa oa）：オギャーオギャー（赤子の泣く声）

128. 聙（nghe）：聞く　如（như）：…のように、…のような　铖（nên）：…となる　𦊚（bảy）：七　𠀧（ba）：三　課苔（thuở nào）：過ぎ去った時、時期

129. 蓮（trên）：上　歳索（tuổi tác）：年齢、高齢の意だが、ここでは父母を指す　𩖮佀（trông vào）：助けをあてにすることの意だが、ここでは見ることをいう　憹惗（vui vẻ）：嬉しい、楽しい

130. 盎庭闌（áng đình vi）：家族、家庭　𩙍瑞湄春（gió thụy mưa xuân）：温かい雰囲気があることをいう

131. 朱咍（cho hay）：…であることが初めてわかる　人子事親（nhân tử sự thân）：子が親を奉養する

132. 𩄲（trong）：中　𤾓（trăm）：百　辅（năm）：年　特（được）：…ことができる、得る　氽咅（mấy lần）：幾度　𧌝（ngài）：蛾、相手を尊敬している語、閣下など　憹（vui）：嬉しい、楽しい

【日本語訳】

　老莱子は周代の人格高潔な人である。両親を美味しいものでよく孝養した。まさに70歳になっても、年を取ったことを決して口にしなかった。父母がのんびり庭に座ったとき、老莱子は子供の仕草を真似ていた。白髪の老莱子は斑衣を着てよたよたと踊った。彼は堂上に水を持って行く折に、どっと倒れるふりをし、三つか七つの幼子のようにオギャーオギャーと泣き声を出した。親はその様子を見て、大そう楽しがった。温かい家庭の雰囲気に包まれた光景であった。いったい、子が親を奉養して、親を楽しませた度数は百年に何回あるだろうか。

第一章　李文馥と「二十四孝演歌」について

第八　董永[232]

【原文】賣身葬父
133. 迨後漢固𣎏董永　　　134. 茹窒𢧚痳性窒諴
135. 透庒庄透𡗶撑　　　　136. 父喪底姅人情群之
137. 料遣体𫜵税工役　　　138. 勉求朱體魄特安
139. 毒𠊛[234]台𨤳銅錢　　　　140. 宽身孝子氷汅富家[235]
141. 俸返几[236]彈婆兜妑　　　142. 噴結𫜵夫婦共抌
143. 縷陛𡐧𠃅絨税　　　　144. 者[237]衝嬢意買衛[238]共饒
145. 細准返[239]丿[240]兜匏變　　146. 羅仙姬𡗶遣執功
147. 朱呤㭲本於悉　　　　148. 罰浪真𠚢𠝡重固睬[241]

【語釈・校訂】

133. 迨 (đời)：時代　固 (có)：いる、ある　𣎏 (ngươi)：目下に用いる二人称、お前

134. 茹 (nhà)：家　窒 (rất)：とても　𢧚 (nghèo)：貧しい　痳 (mà)：しかし、そして　性 (tính)：性格　諴 (thành)：まじめな、誠実な

135. 透庒 (thấu chăng)：知るだろうか　庄 (chăng)：否定辞　透 (thấu)：浸透するという意だがここでは届くことを指す　𡗶撑 (trời xanh)：青い空

136. 底姅 (để đó)：そのまま置く　群之 (còn chi)：もはや…はない

137. 料 (liệu)：考慮する、計算する　𫜵税工役 (làm thuê công việc)：賃銀をもらって働く

138. 勉 (miễn)：…さえすれば　求朱 (cầu cho)：求める　體魄 (thể phách)：魂　特 (được)：…ことができる、得る　安 (yên)：安定した、安らかな

139. 毒 (độc)：毒、孤独の、残忍のという意だが、この文脈に合わず、意味不明である。他の四文献では「極」(cực) に作り、苦労の意味とする。　𠊛 (người)：人　台 (thay)：なんと　吶 (nhẽ)：理由、道理　銅錢 (đồng tiền)：金錢

140. 宽 (đem)：持っていく　氷汅富家 (bâng miền phú gia)：富豪の家に身を売る

141. 俸 (bỗng)：突然　返 (gặp)：会う、出会う　几 (kẻ)：人　彈婆 (đàn bà)：婦女　兜妑 (đâu đó)：どこかに、どこかの

121

142. 嗔（xin）：丁寧語（...て下さい）、願う　結〻夫婦（kết làm phu phụ）：夫婦として結ばれる　共（cùng）：一緒に　扷（đi）：行く
143. 縷（lụa）：絹布　匹贔（ba trăm）：三百　舤（tấm）：木片、板切れ　緎（dệt）：織る　税（thuê）：雇う、借りる
144. 者衝嬭意（trả xong nợ ấy）：その借金を全て払える　買（mới）：初めて…する　衛（về）：帰る　共饒（cùng nhau）：一緒に
145. 細（tới）：着く　准（chốn）：ところ　返（gặp）：会う　丿兜（phút đâu）：突然、ふと　㐌（đã）：既に、…した（完了）　變（biến）：消える
146. 羅（là）：…である　仙姫（tiên cơ）：仙女　𡗶（trời）：空　執功（giúp công）：手伝う
147. 朱咍（cho hay）：…であることが初めてわかる　𡗶（trời）：空　本（vốn）：もともと　於（ở）：…における、暮らす　悉（lòng）：心
148. 罰浪（há rằng）：まして…はなおさらである　𡎝（chắn）：塞ぐ　𡾵（ngất）：高くそびえる　酧重固赊（nghìn trùng có xa）：あまり遠くない

【日本語訳】
　後漢の時、董永という人がいた。家庭はたいへん貧乏であったが、彼の性格は誠実であった。どうしてそれが蒼天までとどかないことがあろうか。父が亡くなってもそのまま放置して葬式を行なわないのは人情があるとはいえない。遺体を葬るため、父の魂の安定だけを求めて、賃銀をもらって働いた。金銭の道理とはなんと辛いことか。富豪の家に身を売ったが、突然一人の女に出会った。彼女は董永と夫婦となって、一緒に同行することを求めた。三百枚の絹布を織り、その借金を全て払えた後、一緒に家へ帰った。すると、以前彼女と出会った場所で彼女はふと消えた。果たして彼女は彼を助けるべく天から派遣されてきた仙女であったのだ。おそらく天はもともと心あるところにある。まして天は高くそびえるとはいえ、実は身近にあるのではなかろうか。

第一章　李文馥と「二十四孝演歌」について

第九　郭巨[242]

【原文】爲母埋兒

149. 漢郭巨𠑮茹庫兀[243]　　　　150. 蛛母親針拙汥皮[244]
151. 𡥵群豼歲別之　　　　　152. 餪咹媄仍常時扒朱[245][246]
153. 瞿覧媄餪飯餒餒　　　　154. 貝賢妻嘆吶曲浽
155. 媄𠰁㐌庄哈餒[247]　　　　156. 底𡥵批吶妓嚷牢安[248]
157. 𡥚𠭤些群番生𢪱　　　　158. 媄𡥵未侯易特㘃
159. 噅吟淶𥪝淶畀[249][250]　　160. 拝豼㐷坦底培情深[251][252]
161. 𦘇兜覧黄金汥斧[253][254]　162. 𧵑丕朱題燴停停
163. 朱哈丕窖玉成　　　　　164. 孝心兜底斷情𠲖𡛔

【語釈・校訂】

149. 𠑮茹(cửa nhà)：家庭状況　庫兀(khó ngọt)：この語は意味不明であるが、「二十四孝演歌」が記されている他の四つの文献を参考にし、さらに文脈を考えて、「貧しい」という意味と理解した

150. 蛛(thờ)：孝養を尽くす、奉祀する　針拙汥皮(chăm chút một bề)：注意深く面倒を見る

151. 𡥵(con)：子供　群(còn)：まだ、なお、残る　豼(ba)：三　別(biết)：知る、理解する　之(gì)：何

152. 餪咹(bữa ăn)：食事　媄(mẹ)：母　仍(những)：複数を示す冠詞　常時(thường thì)：常に　扒(bớt)：減ずる　朱(cho)：…させる、あげる

153. 瞿覧(trông thấy)：見る　媄(mẹ)：母　餪(bữa)：食事　飯(no)：満腹　餒(đói)：空腹

154. 貝(với)：…と一緒に、…に対して、…と　嘆(than)：嘆息する　吶(nói)：話す　曲浽(khúc nôi)：衷心

155. 媄𠰁(mẹ già)：老いた母　㐌(đã)：既に、…した（完了）　庄(chẳng)：否定辞　哈(hay)：よく　餒(nuôi)：養う

156. 底(để)：…させる、…するために　𡥵(con)：子供　批吶妓嚷(sẻ ngọt chia bùi)：美味しいものを分配する　牢(sao)：どうして、なぜ、どのようにして

123

安（yên）：安心する、安らかに
157. 媍（vợ）：妻　馱（chồng）：夫　些（ta）：我々　群（còn）：まだ、なお、残る　番（phen）：番、度、回　生𤼯（sinh đẻ）：生む
158. 媒𡢻（mẹ già）：老いた母　耒（rồi）：すでに、…し終わる　侯易（hầu dễ）：容易なことではない　特（được）：…ことができる、得る　台（hai）：二
159. 啪（nói）：話す、しゃべる　吟（ngẫm）：考慮する　㵉（giọt）：滴、涙　𣎏（ngắn）：短い　曳（dài）：長い
160. 㧒（bới）：引き抜く　𠀧（ba）：三　寸（tấc）：寸、長さの単位　坦（đất）：土　底（để）：…させる、…するために　培（vùi）：埋める
161. 鞎兜（may đâu）：幸運にも　𧡊（thấy）：見る　沒（một）：一　壺（hũ）：壺
162. 竚（chữ）：字　𡗶（trời）：空　朱（cho）：…させる、あげる　題（đề）：記入する、書き入れる　𤍶停停（rõ rành rành）：明瞭な、明らかな
163. 朱咍（cho hay）：…であることが初めてわかる　𡗶（trời）：空　窖（khéo）：巧みな。「玉成」は張載の『西銘』「玉汝于成」による
164. 兜底（đâu để）：…させない　吒（cha）：父　琨（con）：子供

【日本語訳】
　漢代の郭巨の家庭は貧しかった。母親に仕えつつ、ねんごろに世話をした。郭巨の子は三歳になったが、老母は毎食、自分の分をいつも減らして孫に分け与えた。老母が空腹であったり満腹であったりするのを見た際、郭巨は賢妻に対して自分の衷心を語り、「老いた母はいつも満腹に食事ができない。母が私たちの子供に美味しいものを分け与えてくれて、どうして心が安らごうか。我々夫婦はまた子供を生むことができるが、母親はすでに老いているから、亡くなったら、もう二度とよみがえることはできない」と嘆息した。言い終えたあと、二人は涙を流した。親子の深い情を埋めるべく、三寸の土地を掘った。すると、幸運にも一壺の黄金が現れ、壺の上に「天が賜る」という字がはっきり書かれていた。天のわざは何物をも玉に変える。「孝心」は親子の情を絶つことなどできないのである。

第一章　李文馥と「二十四孝演歌」について

第十　姜詩

【原文】湧泉躍鯉

165. 漢姜詩茹群母㐌
166. 姎户龎阮道竚從
167. 媄常悶吒㵖瀧
168. 妯曾扲捷台馱朝姑
169. 媄常悶唉圖鱠鯏
170. 嬌馱調尋劍鍍味
171. 吏𠶚鄰母細坐
172. 底陪候媄朱憕伴𦓅
173. 邊茹俸沘噐濫叱
174. 貝㳥瀧印汶牟唫
175. 鯉魚時跑台𦓅
176. 鍫融供給晨昏常例
177. 鬲從且補欺吝憚
178. 甘所悉妯順㖇賢
179. 朱咍家道欺輒
180. 包㖇賢吏特〔連奇妯〕

【語釈・校訂】

165. 茹 (nhà)：家　群 (còn)：まだ、なお、残る

166. 姎 (dâu)：嫁　户 (họ)：一族、一家、名字　龎 (Bàng)：姜詩の妻の姓　阮 (vẹn)：全うする　竚 (chữ)：字　從 (tòng)：夫に従う、「三従」

167. 媄 (mẹ)：母　悶 (muốn)：ほしい　吒 (uống)：飲む　㵖 (nước)：水　瀧 (sông)：川

168. 妯 (dâu)：嫁　曾 (từng)：各、…ごとに、…したことがある　扲 (đi)：行く　捷 (gánh)：担ぐ　台 (thay)：交代する、代える　馱 (chồng)：夫　朝 (chiều)：言いなりになる

169. 媄 (mẹ)：母　悶 (muốn)：ほしい　唉 (ăn)：食べる　圖鱠鯏 (đồ gói ghém)：和え物

170. 嬌馱 (vợ chồng)：夫婦　調 (đều)：皆、一斉に　尋劍 (tìm kiếm)：探す　鍍 (đủ)：十分な、すべて、さまざまな

171. 吏 (lại)：また、その上　𠶚 (mời)：招く、招待する　細 (tới)：着く　坐 (ngồi)：座る

172. 底 (để)：…させる、…するために　陪候 (bồi hầu)：奉仕する、仕える、…と話をする　媄 (mẹ)：母　朱 (cho)：…させる、あげる　憕 (vui)：嬉しい、楽しい　伴 (bạn)：友達　𦓅 (già)：老いている

125

173. 邊 (bên)：側　茹 (nhà)：家　俸 (bỗng)：突然　泚器 (chảy ra)：流れ出る　濾 (suối)：泉　吪 (ngọt)：甘い
174. 貝 (với)：…と一緒に、…に対して、…と　渃 (nước)：水　瀧 (sông)：川　印 (in)：写す　沒 (một)：一　牟 (màu)：色　唔 (ngon)：美味しい
175. 時 (ngày)：日　𨂔 (nhảy)：飛び上る　台 (hai)：二　昆 (con)：匹
176. 𤀗 (đủ)：充分な、すべて、さまざまな　融 (trong)：中
177. 𣈙 (rày)：今、時　從且 (thong thả)：のんびりと　補 (bõ)：…するだけの価値がある、補う　欺 (khi)：時　吝憚 (lận đận)：貧苦の
178. 甘所悉 (cam thừa lòng)：満足させる　妞 (dâu)：嫁　順 (thuận)：従順　昆 (con)：子供、匹　賢 (hiền)：優しい
179. 朱咍 (cho hay)：…であることが初めてわかる　家道 (gia đạo)：家のしきたり　欺 (khi)：時　𢧚 (nên)：…となる、そのため、それで、盛んになる
180. 㐌 (đã)：既に、…した（完了）　昆 (con)：子供　吏 (lại)：また、その上　特 (được)：…ことができる、得る　連 (liền)：直ちに、引き続いて　奇 (cả)：全て、全部　妞 (dâu)：嫁

【日本語訳】

漢代の姜詩には家に老いた母がいた。妻の龐氏は「三従」の道を全うした。母はいつも川の水を飲みたがったため、妻は夫の代わりに水を担ぎに行き、姑に仕えた。母は常に和え物を食べたがったため、夫婦は様々な味を探した。さらには、母と話ができるように近所の老いたお母さんたちを家へ招き、母を楽しませた。家の隣に、突然甘い水の泉が流れ出た。この泉の水は川の水と同じように美味しかった。鯉は毎日、二匹ずつ飛び上り、いつも朝晩の食卓に並んだ。貧苦の時に代わって余裕のある今となり、孝順の嫁と優しい子の心をなぐさめた。家のしきたりが成ったときには、親孝行な子だけでなく、さらにはよい嫁に恵まれるものだ。

第十一　蔡順

【原文】拾椹供親
181. 𣋚蔡順於𬃉𣋚漢　　　182. 腰蜍親節亂坤㧺
183. 當干塊鎖𩇒𪘵　　　184. 連歲荒歉⚠︎𣈙𪎊䬼
185. 尼棱𪔅劎圖餒媄　　　186. 扣菓椹扠底⚡台
187. 賊徒𪐴𥢶喏唭　　　188. 嗨牢排達堆尼朱煩
189. 浪菓意色顛時吼　　　190. 𬠀媄𫯽噲𢷮悲㖫
191. 群𦉢色𧘇庒啫　　　192. 丐身茇蓉𠲤群悱酥
193. 賊𥺊呐唷朱孝敬　　　194. 跳流離麻㨋綱常
195. 勤悉俸倒𢚸傷　　　196. 䤴啫汶縢粘香汶瓢
197. 喜𦉼腅跳𨂂珥踖　　　198. 衛細茹唎焠𬠀戈
199. 朱咍𠸗拱𠸗些　　　200. 別兜寇盗庒羅艮心

【語釈・校訂】
181. 𣋚 (người)：目下に用いる二人称、お前　於 (ở)：…における、暮らす　𬃉 (sau)：後、後ろ、以後　𣋚 (đời)：時代
182. 腰 (dạ)：心　蜍 (thờ)：孝養を尽くす、奉祀する　節亂 (tiết loạn)：騒乱の時、戦乱　坤㧺 (khôn lay)：ぐらつかない
183. 當 (đương, đang)：…に当たる　干塊鎖𩇒𪘵 (cơn khói toả mù bay)：乱世を指す
184. 連 (liền)：直ちに、引き続いて　荒歉 (hoang khiếm)：不作　⚠︎ (ít)：少ない　𣈙 (ngày)：日　𪎊 (đủ)：充分な、すべて、さまざまな　䬼 (no)：満腹
185. 尼 (nơi)：ところ　棱 (rừng)：林、森　𪔅 (ruộng)：田　劎 (kiếm)：探す　圖 (đồ)：もの　餒 (nuôi)：養う　媄 (mẹ)：母
186. 扣 (nhặt)：拾う　菓椹 (quả dâu)：桑　扠底⚡台 (chia để làm hai)：二つに分けておく
187. 賊徒 (tặc đồ)：賊　𥢶 (trông thấy)：見る　喏唭 (nực cười)：失笑する
188. 嗨 (hỏi)：尋ねる　牢 (sao)：どうして、なぜ、どのようにして　排達 (bày đặt)：でっち上げる　堆 (đôi)：二つの、対の　尼 (nơi)：ところ　朱 (cho)：

…させる、あげる　煩（phiền）：煩悩する、煩雑な

189. 浪（rằng）：言う、…だと（接続詞）　菓意（quả ấy）：その果実　色顛（sắc đen）：黒色　時（thì）：…は（強意語）　叽（ngọt）：甘い

190. 𨋣（dâng）：捧げる、持ち上げる　媄𦓅（mẹ già）：老いた母　噲（gọi）：呼びかける、呼ぶ　𦏦（chút）：少し　悉（lòng）：心　𡥵（con）：子供、匹

191. 群（còn）：まだ、なお、残る　罷（ra）：出る　色䨶（sắc đỏ）：赤色　𠲖（chẳng）：否定辞　啍（ngon）：美味しい

192. 丐（cái）：類別詞　荄蓉（cay đắng）：辛苦　噉（dám）：あえて…する　群（còn）：まだ、なお、残る　悙（sợ）：恐れる　酥（chua）：酸っぱい

193. 聇（nghe）：聞く　吶（nói）：話す　啌朱（khen cho）：褒める

194. 跳流離（bước lưu ly）：家を出て各地を放浪する　麻（mà）：しかし、そして　挭（gánh）：担ぐ

195. 動悉（động lòng）：心を動かす　俸（bỗng）：突然　㤬𢞂傷（xây tấm thương）：この句の意味は判然としないが、文脈から考えると「思いやりのこころを生じる」の意か

196. 䏮（thịt）：肉　啍（ngon）：美味しい　汶𦠘（một tấm）：一枚、一切れ　粘香汶瓢（gạo hương một bầu）：ひょうたん一杯分の香りのよい米

197. 𥪝（trong）：中　胣（dạ）：心　跳趵（bước mau）：早足　珥（nhẹ）：軽い　蹭（gót）：踵

198. 衛（về）：帰る　細（tới）：着く　茹（nhà）：家　𠺕焠（miếng sốt）：ほやほやの、できたての食べ物　𨋣戈（dâng qua）：捧げる、持ち上げる

199. 朱咍（cho hay）：…であることが初めてわかる　𠊛（người）：人　拱（cũng）：…も　𠊛些（người ta）：人間

200. 別兜（biết đâu）：果たして…であろうか、多分…であろう　寇盗（khấu đạo）：盗賊　羅（là）：…である

【日本語訳】
　後漢の蔡順は、親に仕える心が戦乱の時でもぐらつかなかった。戦乱の時に当たり、何年も連続して不作になり、豊かな生活を送れる日がほとんどなかった。畑でも、林でも母親を養うために、食べ物を探しに行った。桑を拾

い、二つに分けた。賊はそれを見て失笑し、蔡順に「なぜ、その桑をわざわざご丁寧に二つに分けるのか」と尋ねた。蔡順は「この桑は黒い方が甘いので、子の気持ちとして母親に差し上げるのだ。赤色の方は美味しくない。辛苦のこの身に酸味など恐れるに足りない」と答えた。賊はそれを聞いて親孝行だと褒め、「戦乱の時でも三綱五常を担うことを忘れぬ」と讃えた。賊は感動し、思いやりの心が芽生え、一切れの肉、ひょうたん一杯分の香りがよい米を蔡順に差し出した。蔡順は非常に喜んで早足で家に帰った。家に着くや、温かい食事を母親に差し上げた。やはり賊でさえ人間であり、良心をもたない訳では決してないのだ。

第十二　丁蘭

【原文】刻木事親
201. 漢丁蘭課𢧚𢆥疎幼
202. 霙椿萱屈踕嫩撐
203. 旦𦓡歲㐌長成
204. 感功山海舌情珍甘
205. 想容貌刻﹝木像
206. 率𣊾𣇞奉養如生
207. 欺萱檜眼柑羹
208. 余進𢧚沩悉誠軽軽
209. 沛𦓡娚敬数生𤷍
210. 此祂金針技抉𤴬
211. 俸兜溪泖沚矼
212. 埃哈像梏数𦓡𧡊牢
213. 欺細餡䬲㖧達禮
214. 楒像㴜行涙渚滇
215. 察祐買𤐶源干
216. 泍烌蘿憭撒散練情
217. 嗣沛忍麻停負義
218. 孝貝情礥珥沛斤
219. 朱哈誠𦟐䩄神
220. 渚浪幽顯麻分亡存

【語釈・校訂】
201. 課（thuở）：過ぎ去った時、時期　𢆥（năm）：年　疎幼（thơ ấu）：幼い時期
202. 霙椿萱（bóng xuân huyên）：父母の姿　屈踕嫩撐（khuất dấu non xanh）：死亡する
203. 旦（đến）：届く、来る　𦓡（ngày）：日　㐌（đã）：既に、…した（完了）
204. 感功山海（cảm công sơn hải）：山、海のような親の深い恩に感謝する　舌情（thiệt

tình)：本気　珍甘（trân cam）：美味しいもの

205. 想（tưởng）：想像する　爫（làm）：…する、…となる
206. 率（suốt）：ずっと、…中　暒暡（đêm ngày）：日夜　奉養（phụng dưỡng）：孝養を尽す
207. 欺（khi）：時　簟（điệm）：筵　檜（gối）：枕　唄（buổi）：時、日　粓（cơm）：ご飯　羹（canh）：スープ
208. 伞進辅（mấy mươi năm）：数十年　汤（vẫn）：相変わらず　悉（lòng）：心　軽輳（trước sau）：前後、いつでもそうである
209. 沛（phải）：…しなければならないという意であるが、ここでは「遭遇する」（gặp phải）と理解すべし　𠊛媍（người vợ）：妻　数（lâu）：久しく、長い間　雉（trẻ）：怠ける
210. 此（thử）：…してみる　秘（lấy）：取る　金（kim）：針　針（châm）：刺す　技（kẽ）：隙間　抓𦛌（ngón tay）：手の指
211. 俸兜（bỗng đâu）：突然、急に起こること　渁（giọt）：滴、涙　泖（máu）：血　泚（chảy）：流れる　眐（ngay）：すぐに、直ちに
212. 埃（ai）：誰　哈（hay）：知る　楛（gỗ）：木材　数（lâu）：久しく、長い間　𣈜（ngày）：日　栽（thiêng）：神聖な　牢（sao）：どうして、なぜ、どのようにして
213. 欺（khi）：時　細（tới）：着く　餕（bữa）：食事　軏（chồng）：夫　𠓨（vào）：入る　達禮（đặt lễ）：お供えを置く
214. 㭲（mặt）：顔　泳行淚（rơi hàng lệ）：涙を流す　渚湴（chứa chan）：溢れる、ずぶ濡れの
215. 察祜（xét xem）：観察する　買（mới）：…したばかり、初めて…する　燸（tỏ）：はっきり、明瞭に　源干（nguồn cơn）：原因、いきさつ
216. 浽炑蘿愞（nổi bừng lá giận）：激怒する　撒散絆情（dứt tan dây tình）：夫婦関係を断ち切る
217. 罸沛（há phải）：…ではない、…する必要はない　忍（nhẫn）：残忍　麻停（mà đành）：やむを得ずそうする　負義（phụ nghĩa）：情義を裏切る
218. 貝（với）：…と一緒に、…に対して、…と　礦玾（nặng nhẹ）：軽重　沛斤（phải cân）：勘案しなければならない
219. 朱哈（cho hay）：…であることが初めてわかる　誠𧘇铖神（thành chứa nên thần）：誠実な心を積むと、神様になる。「誠𧘇铖神」は『中庸』第24章「至誠如神」

による
220. 渚浪（chớ rằng）：言うべきでない　麻（mà）：接続詞　分亡存（phân vong tồn）：存亡を分ける

【日本語訳】
　漢の丁蘭は幼い時、父母を亡くした。成長した時、山や海のような親の深い恩を感じ、美味しいものを食べさせ親に孝養したかったため、親の顔を思い浮かべながら木像を彫った。毎食、木像にまるで生きているように仕えた。数十年間かわらず筵を敷き、食事を供えることを続けた。彼の妻は長い間、木像の世話をしていたが次第に怠けはじめた。彼女は木像の指の隙間に針を刺してみた。すると突然、血が流れた。木像が長い時を経て神聖になったのを、いったい誰が知ろうか。食事の時、夫が祭壇に供え物を置いた際、木像の顔が涙を流し、びっしょり濡れているのに気づいた。よく見ると、原因がはっきりわかった。彼は激怒し、夫婦関係を断ち切った。それは残忍に情義を裏切ることにはならないだろう。「孝」と「情」はその軽重をよく考え比べなければならない。やはり、誠実な心を積むと神様になるのだ。この世とあの世を区別し、生きている人と死んだ人を区別すべきではない。

第十三　陸績

【原文】懷橘遺親
221. 漢陸績課群耄歲　　　222. 郡九江旦貝户袁
223. 伵吀埃庄腰唒　　　　224. 橘唔吧席小筵待同
225. 拮台菓鬪融殠襖　　　226. 席包殘辭告踴蹟
227. 輵墻坎念攸申　　　　228. 無情蠱橘扐躪噐外
229. 袁䎬覧哄哄嗨嗨　　　230. 牢客賢挓壘伵踈
231. 稟浪媄本性嗏　　　　232. 物唔停橘吏迻媄時
233. 袁瞫吶重爲坤挈　　　234. 𩙊羆羆麻別孝親
235. 朱咍賦予天真　　　　236. 生噐埃拱產分仁端

第二部　李文馥系の「二十四孝」

【語釈・校訂】

221. 課 (thuở)：過ぎ去った時、時期　群 (còn)：まだ、なお、残る　毢 (sáu)：六
222. 旦 (đến)：届く、来る　貝 (với)：…と一緒に、…に対して、…と　户 (họ)：一族、一家、名字
223. 秡 (trẻ)：子供、若い　哘 (xinh)：可愛い　埃 (ai)：誰　庒 (chẳng)：否定辞　腰 (yêu)：可愛がる　唷 (khen)：褒める
224. 唁 (ngon)：美味しい　咊 (mời)：招待する　席 (tiệc)：宴会、宴席　小筵 (tiểu diên)：小さい宴会　待同 (đãi đồng)：接待する
225. 拮 (cất)：入れる　台 (hai)：二　菓 (quả)：果実　鬪 (giấu)：隠す　融 (trong)：中　秡襖 (tay áo)：袖
226. 席 (tiệc)：宴席　迤 (đã)：既に、…した（完了）　殘 (tàn)：終わる　辞告 (từ cáo)：辞別する、別れる　蹓蹞 (lui chân)：帰る
227. 輊 (trước)：前に、先に　墰 (thềm)：堂上、縁側　坎念 (khúm núm)：おどおどする　敂申 (gửi thân)：礼儀正しく話す
228. 無情 (vô tình)：うっかりする　蠱 (trái)：果実　扔蹕 (nảy lăn)：飛び上る　噐外 (ra ngoài)：外に出る
229. 覸覓 (trông thấy)：見る　哄哄 (cười cười)：ニヤニヤする　噅 (hỏi)：問う、尋ねる
230. 牢 (sao)：どうして、なぜ、どのようにして　挕 (mang)：持つ　𧗄 (thói)：癖　秡疎 (trẻ thơ)：子供、幼い子
231. 稟浪 (bẩm rằng)：（目上の人に）…と申し上げる　媄 (mẹ)：母　本 (vốn)：もともと　性 (tính)：性格　於 (ưa)：好む
232. 唁 (ngon)：美味しい　停吏 (dành lại)：一部を取っておく　底 (để)：…させる、…するために　迻 (đưa)：渡す　媄 (mẹ)：母　時 (thì)：…は（強調するときの語）、旬、時制、年頃、…については
233. 䏂 (nghe)：聞く　吶 (nói)：話す　重爲坤掣 (trọng vì khôn xiết)：限りなく尊敬する
234. 㹙𤲶𤲶 (bé con con)：小さい　麻別 (mà biết)：知る、わかる
235. 朱咍 (cho hay)：…であることが初めてわかる　賦予天真 (phú dư thiên chân)：天から賜った本性、天性

236. 生𠚢 (sinh ra)：生まれる　埃 (ai)：誰　拱 (cũng)：…も　産分 (sẵn phần)：すでにある、固有の　端 (đoan)：端正な

【日本語訳】
　漢の陸績は六歳になった時、九江郡にいる袁氏の家に行った。可愛い子なので誰もが可愛がった。袁氏は小さな宴会を開き、美味しい橘でもてなした。陸績は二つの橘を袖の中に入れて隠した。宴会が終わり、別れるとき、縁側でおどおどした様子であいさつした。そのとき、うっかり橘を袖から地面に落としてしまった。袁氏はこれを見て、ニヤニヤしながら「なぜ、賢い客人は幼児のようなことをするのか」と聞いた。陸績は「母親は元々橘が好きなので、母親に橘を渡したいと思い、美味しいのをとっておいたのです」と丁寧に答えた。袁氏は小さい子なのにその親孝行ぶりを限りなく尊敬した。やはり、天から性を賜ったため、誰でも生まれた時から、すでに「仁」「善」の性を持っているものなのだ。

第十四　江革

【原文】行傭供母
237. 漢江革孤單自𠳒
238. 運遭屯貝媄同居
239. 當干亂落諸為
240. 汶騎䫻媄董魚育塘
241. 曾尒度戰場返賊
242. 賊故情抓抑究抄
243. 哭浪身媄流離
244. 歲嵾霹隻別時悋埃
245. 賊𢞂吶下催庄女
246. 耒呂吝戈於下邳
247. 振騎捷摱之稅
248. 勉餧特媄管之羅身
249. 自圖物懺吝甓歇
250. 盎春風鮮涅慈顔
251. 朱咍仍呍艱難
252. 實鐄嗮尒焒炭浻鐄

第二部　李文馥系の「二十四孝」

【語釈・校訂】

237. 孤單（cô đơn）：孤独　自（từ）：…から　卹（bé）：小さい

238. 邅屯（chiên truân）：本文は韻文なので 邅屯（chiên truân）と記されているが、本来は 屯邅（truân chiên）であり、苦難の意である　貝（với）：…と一緒に、…に対して、…と　媄（mẹ）：母

239. 當（đương, đang）：…に当たる　干亂落（cơn loạn lạc）：騒乱の時、戦乱　諸為（chơ vơ）：打ち捨てられた、寄辺のない

240. 汶翰（một mình）：一人　𱽃（cõng）：背負う　媄（mẹ）：母　蕫魚（ngẩn ngơ）：ぼんやりとする、呆然とする　育塘（dọc đường）：道上

241. 曾（từng）：各、…ごとに、…したことがある　籴度（mấy độ）：籴吝（mấy lần）と同じ、いくつの回、幾度　戰場返賊（chiến trường gặp giặc）：戦場で賊に会う

242. 故情（cố tình）：わざと、故意に　扒（bắt）：捕まる　寎扌多（đem đi）：連れて行く

243. 哭哴（khóc rằng）：…と泣きながら言った　媄（mẹ）：母　流離（lưu ly）：家を出て各地を放浪する

244. 歲𦒘霶隻（tuổi già bóng chiếc）：孤独で老いた　別時悑埃（biết thì cậy ai）：誰に頼ることなどできようか

245. 聸（nghe）：聞く　吶（nói）：話す　卞催（bèn thôi）：すぐに止める　庄女（chẳng nỡ）：思い切って…しない

246. 耒（rồi）：すでに、…し終わる　呂吝（lừa lần）：韻文なので 呂吝（lừa lần）と記されているが、本来は、吝呂（lần lừa）であり、「ぐずぐずする」の意　戈於（qua ở）：…へ移動する、…へ行く

247. 涱軿（dấn mình）：…に身を置く　捷擖𢭲稅（gánh mượn làm thuê）：賃金をもらって働く過酷な仕事

248. 勉（miễn）：…さえすれば　餕（nuôi）：養う　特（được）：…ことができる、得る　媄（mẹ）：母　管之羅身（quản gì là thân）：自分の体はどんなに辛くても構わない

249. 自（từ）：…から　圖物（đồ vật）：道具、家具　懴吝（sắm lần）：少しずつ買い揃える　氉歇（đủ hết）：十分な、満ち足りる

250. 盎春風（áng xuân phong）：春の風の意だが、ここでは「楽しい雰囲気」を指す

鮮（tươi）：生き生きとした、生気溢れた　涅慈顔（nét từ nhan）：母の顔つき
251. 朱呫（cho hay）：…であることが初めてわかる　仍昹（những lúc）：時
252. 實（thật）：本物、事実　鐄（vàng）：金　哂（dầu）：たとえ…でも　氽（mấy）：
　　いくつの　焔炭（lửa than）：火　汃（vẫn）：相変わらず

【日本語訳】
　漢の江革は小さいころに父を亡くした。母と同居して苦難の生活を過ごした。当時は打ち捨てられた騒乱の時であり、江革は一人で母を背負い、呆然として避難した。戦場で数回賊に遭い、賊は江革を捕まえ、連れて行こうと抑え付けた。江革は「母は孤独で年老いています。誰に頼ることができましょうか」と泣きながら言った。賊はそれを聞くと、あえて江革を連れて行かなかった。江革はやがて下邳に行き、賃金をもらって働く過酷な仕事についた。母を孝養することさえできれば、自分の体がどんなに辛くてもかまわない。家具などを少しずつ買い揃えることができ、楽しい雰囲気をつくると、母の顔が嬉しそうに生気が溢れた。やはり、艱難の時は試練の時である。本物の金であればどんなに火を入れても金であり、そのままで色を変えることはない。

第十五　黄香

【原文】扇枕温衾
253. 哤後漢黄香劜歲　　　　254. 屈楠慈唯唯汝傷
255. 渶珠坤燥𦥯行　　　　　256. 唶賢迍吒𩜋廊調唒
257. 蛛嚴父勤專髇蠧　　　　258. 役勺𢯦庄嗷抽竹
259. 歪欺曠夏𤍊𤍊　　　　　260. 獻𩜋箄繪唏𠲸沫淫
261. 歪冬眠霜覃雪滲　　　　262. 邑唏輪朱蔭裯禎
263. 爲𢯦吃特安身　　　　　264. 罙務空別固分夏冬
265. 唒孝行感悳郡守　　　　266. 區標撩烴𧀋鐄輪
267. 朱呫祕歲麻坤　　　　　268. 辭初𩂀別㦖𢯦氽馭

【語釈・校訂】

253. 𣦮（đời）：時代　𠃩歳（chín tuổi）：九歳

254. 屈楣慈（khuất mặt từ）：母が亡くなった　唯唯（dòi dõi）：絶えず　汝傷（nhớ thương）：懐かしむ

255. 溇珠（giọt châu）：涙　坤（khôn）：…ない　燥（ráo）：乾ききった　台行（hai hàng）：二筋の涙

256. 㗂（tiếng）：声、芳名　屯吹（đồn dậy）：広まり伝わる　𧟱廊調唭（trong làng đều khen）：村中が皆褒める

257. 蛛（thờ）：孝養を尽くす、奉祀する　勤専（cần chuyên）：熱心に　𣊾𣋀（khuya sớm）：朝晩

258. 役𡥵𤳆（việc làm con）：ここでは「子としての道」の意と理解すべし　庄敢（chẳng dám）：あえて…しない　𥿺（chút）：少し　𢨚（khuây）：怠慢な

259. 丕（trời）：空　欺（khi）：時　曠夏（nắng hạ）：夏の暑さ　㤕㤕（tray tray）：この語の意味は判然としないが、文脈を考慮すると、「蒸し暑い」という意であろうか

260. 㪗（quạt）：扇ぐ　𧟱（trong）：中　簟襘（điệm gối）：筵と枕　唭（hơi）：気体、空気　𣹓（bay）：飛ぶ　沫潭（mát dầm）：涼しい

261. 丕（trời）：空　𣇜霜覃雪渗（buổi sương đầm tuyết thấm）：寒い日

262. 邑唭𨉟（ấp hơi mình）：自分の体で暖める　朱蔭（cho ấm）：温かくする　褅禎（chiếu chăn）：筵と掛布団

263. 為𡥵（vì con）：子のおかげで　吒（cha）：父　特（được）：…ことができる、得る　安身（yên thân）：身を安らかにする

264. 䊷務（bốn mùa）：四季　空別（không biết）：わからない　固（có）：いる、ある　分夏冬（phân hè đông）：夏、冬を分ける

265. 唭（khen）：褒める　感憹（cảm lòng）：感動する

266. 匾標（biển nêu）：看板　撩（treo）：かける　𢫝（chói）：輝かしい　䋦（đỏ）：赤い　鐄𥾽（vàng son）：華美なもの、輝かしいもの

267. 朱咍（cho hay）：…であることが初めてわかる　𥘶（trẻ）：子供、若い　麻坤（mà khôn）：賢い

268. 𠦳初（nghìn xưa）：昔　𣋀（sớm）：早い　別（biết）：知る、理解する　職𡥵（chức con）：子としての道、子としての役割　𣈜（mấy）：いくつの　𠊛（người）：人

第一章　李文馥と「二十四孝演歌」について

【日本語訳】
　後漢の黃香は九歳になった時、母が亡くなった。いつも母のことを懐かしみ、二筋の涙が乾き切らなかった。黃香の優しさが村に広まり伝わったため、みな黃香のことを褒めた。黃香は朝晩、厳しい父を熱心に仕えた。子としての道において、少しも怠ることがなかった。蒸し暑い夏の日、黃香が筵や枕を扇ぐと、涼しい空気が漂った。冬の寒い日にも自分の体で筵と掛布団を暖めた。子のおかげで、父は身を安らかにすることができた。そのため、父は年中、冬と夏の区別すらわからなかった。黃香の親孝行は郡守の心を動かし、輝かしい赤い扁額を賜わり顕彰された。黃香は小さいが賢い人である。昔から、子としての道が早くからわかっている人は、いったい何人いるだろうか。

第十六　王裒

【原文】聞雷泣墓
269. 魏王裒迻芇西晋　　　　270. 為讐吒另隠高甝[353]
271. 邊墓哭亘枯核　　　　　272. 論芇堃庄向西眏帀[354][355]
273. 欺靁熟尋㕧母墓　　　　274. 禔哭浪亘固混低
275. 羅為性媙初盁[356][357]　　　276. 本曾悸彚仍𠲋遒湄[358][359]
277. 𠉞睽朔庄辭歘最[360][361]　　278. 神魄安胣買鄧安[362]
279. 常欺讀册講坛[363]　　　　280. 細句生我淚渥如滐
281. 吸嚥几及門拱感　　　　282. 詩蔘㩳庄嗷詳吟[364]
283. 朱咜此理此心[365]　　　　284. 師生拱㘥情深恪之[366]

【語釈・校訂】
269. 迻（gặp）：会う、出会う　　芇（Đời）：時代
270. 為（vì）：…だから、…のために　　讐（thù）：怨恨、怨む、仇　　吒（cha）：父親　　另隠高甝（lánh ẩn cao bay）：遠いところに隠居する
271. 邊（bên）：側　　哭（khóc）：泣く　　亘（đã）：既に、…した（完了）　　枯（khô）：乾燥した、枯れた、干し物　　核（cây）：木

137

272. 論芇 (trọn đời)：一生　坐 (ngồi)：座る　庄 (chẳng)：否定辞　昅苃 (lúc nào)：いつ

273. 欺 (khi)：時　靁霺 (sấm sét)：雷と閃光　尋 (tìm)：探す　๚ (vào)：入る

274. 禮 (lạy)：平伏する　哭浪 (khóc rằng)：…と泣きながら言った　包固羆低 (đã có con đây)：私はここにいますよ

275. 羅爲 (là vì)：なぜならば…だからである　性 (tính)：性格　媄 (mẹ)：母　初皉 (xưa nay)：今昔

276. 本 (vốn)：もともと　曾 (từng)：各、…ごとに、…したことがある　怕 (sợ)：恐れる　靁 (sấm)：雷　仍䏂𣋀湄 (những ngày gió mưa)：雨の降った日

277. 䏸 (nên)：…となる、そのため、それで、盛んになる　䁛䀠 (coi sóc)：よく面倒を見る　庄辝 (chẳng từ)：拒絶しない　䭾㝡 (sớm tối)：朝晩

278. 神魄 (thần phách)：魂　安 (yên)：安定した　胣 (dạ)：心　買 (mới)：…したばかり、初めて…する　鄧 (đặng)：得る、…することができる

279. 欺 (khi)：時　講坛 (giảng đàn)：演説する、講義する

280. 細 (tới)：着く　生我 (sinh ngã) は『詩経』小雅・蓼莪の篇「哀哀父母、生我劬勞」による　淚潺如潌 (lệ sàn như tuôn)：涙が絶えず流れ出る

281. 吸嚷 (ngập ngừng)：躊躇する、もじもじする　几及門 (kẻ cấp môn)：弟子　拱 (cũng)：…も　感 (cảm)：感動する

282. 蓼莪 (Lục Nga)：『詩経』小雅の篇名　庄噉 (chẳng dám)：あえて…しない

283. 朱呵 (cho hay)：…であることが初めてわかる　此理此心 (thử lý thử tâm)：同じことにみな同じ考えを持つ　「此理此心」は「人同此心、心同此理」による

284. 師生 (sư sinh)：師と生徒　拱 (cũng)：…も　忱情深 (tấm tình thâm)：深い情け　恪之 (khác gì)：何ら違わない、同じである

【日本語訳】

　魏の王裒は西晋の時代に父の仇を討ったため、遠いところに隠居していた。王裒は父の墓の傍らで哀しみに明けくれ、枯れた木が生きかえるほど涙を流した。王裒は一生西に向かって座ることがなかった。雷が鳴り閃光が光ると、母の墓に行って平伏し、「私はここにいますよ」と泣きながら言った。なぜならば、母は以前から雨の日に雷を恐れていたからである。そのため、王裒

は朝晩にかかわらず、いつも母の墓をよく気にかけていた。母の魂が安らぐと、自分も落ち着くことができた。『詩経』を弟子に講義したとき、「生我」という句のところでは涙が絶えず流れ出た。弟子たちも感動し、それから「蓼莪」の詩を敢えて吟じることがなかった。やはり、同じことにみな同じ考えを持つのであり、師も生徒も親に対して深い情けを持つことに、何ら違いはないのである。

第十七　呉猛

【原文】恣蚊飽血

285. 晋吳猛歳時𫢶糝
286. 悷事親刻噉欺慄[367]
287. 庄[368]爲[369]汶泿貧寒
288. 固床𫘭達空幔外䨋[370]
289. 歪坦眲眖夏燷拿
290. 嗜姆禩呂渚㜑湄
291. 怵台台=德𡃏慈
292. 底蝋𫂁姆悲除別牢[371]
293. 擬胮𫸩[372]方巿台衼[373]
294. 決𩨌陳姆余庄墽[374]
295. 油悉朱姆特飯
296. 底蝋淹愛戕蝴朱安[375][376]
297. 歳雖𠵍[377]𠵍[378]麻肝庄𠵍
298. 脆愛親日勢時催[379][380]
299. 朱咍至性黜歪[381]
300. 仍疠𫘭膵噉哢外胗[382][383][384]

【語釈・校訂】

285. 時（thì, thời）：…は（強意語）　𫢶（nên）：…となる、そのため、それで、盛んになる　糝（tám）：八

286. 悷（lòng）：心　刻（khắc）：刻む、必ず、時刻　噉（dám）：あえて…する　欺慄（khi sờn）：軽視

287. 庄爲（chẳng vì）：「…ためではない」の意だが、ここでは「ただ…のためだけ」と理解すべし　汶（một）：一　泿貧寒（nỗi bần hàn）：貧乏

288. 固（có）：いる、ある　床（giường）：ベッド　𫘭（trong）：中　達（đặt）：置く　空（không）：否定辞（…でない）　幔（màn）：幕、蚊帳　䨋（che）：覆う、隠す、守る、護る

139

289. 𡗶坦（trời đất）：天地の意だが、ここでは「天気、気候」を指す　𣎀𣈜（buổi đêm）：夜　燶拏（nồng nã）：暑い
290. 㗂（tiếng）：声、芳名　姆（muỗi）：蚊　𢴑（bay）：飛ぶ　呂渚（lã chã）：たらたら流す　㳉（dường）：…のように　湄（mưa）：雨
291. 㤕（xót）：痛くてしみ渡る、心を痛める　台（thay）：代わりに　台=德嚴慈（hai đức nghiêm từ）：父母
292. 底（để）：…させる、…するために　𧍋（ngài）：尊敬する人物の三人称の意だが、ここでは「親」を指す　𫍡姆（chịu muỗi）：蚊に刺される　悲除（bây giờ）：今、現在　别（biết）：知る、理解する　牢（sao）：どうして、なぜ、どのようにして　「悲除别牢」（bây giờ biết sao）：今いったいどうしよう、どうしたらよいのか
293. 擬（nghĩ）：…と思う、…と考える　胮𦙼（da thịt）：皮膚、肌　方芇（phương nào）：どの方法　台𬈎（thay lấy）：交代する、代える
294. 決（quyết）：決心する　𦢳（nằm）：横になる　陳（trần）：裸の　姆𡍋（muỗi mấy）：蚊がどんなに多くとも　庄撽（chẳng xao）：揺り動かさない
295. 油悲（dầu lòng）：我慢する　朱（cho）：…させる、あげる　姆（muỗi）：蚊　特（được）：…ことができる、得る　𩚵（no）：満腹
296. 底（để）：…させる、…するために　𧍋（ngài）：第292句参照　淹愛（êm ái）：軽やかで気持ちがよい　耴蝴（giấc hồ）：熟睡　朱（cho）：…させる、あげる　安（yên）：安定した
297. 歳雖𠑉（tuổi tuy bé）：小さい歳ながらも　麻（mà）：しかし、そして　庄𠑉（chẳng bé）：小さくない
298. 胣（dạ）：心　旦勢時催（đến thế thì thôi）：極度、極点
299. 朱咍（cho hay）：…であることが初めてわかる　至性（chí tính）：孝悌の性格　𤳆（bởi）：…によって、…のために　𡗶（trời）：空
300. 仍疖𦞻脾（những đau trong ruột）：心の奥底が痛む　噉𠱊（dám nài）：厭わない　外𦜺（ngoài da）：外にある肌

【日本語訳】

　晋の呉猛は八歳になったばかりだったが、その親に仕える心は決して軽いものではなかった。ただ貧乏であったため、家には寝台はあったもののそれ

を覆う蚊帳がなかった。暑い夏の夜には蚊が飛んでいる音がザーザー流れる雨の音のように聞こえた。父母のことに心を痛め、父母が蚊に刺されたらどうしようと思った呉猛は、父母の代わりに自分の肌を蚊が刺すようにするには、どのような方法があるのかと考えた。呉猛は裸で横になり、蚊がどんなに多くても揺り動かさないことにした。父母が気持ちよく熟睡できるために、呉猛は蚊を満腹にさせるまで我慢した。呉猛は歳は小さくても肝は決して小さくなかった。呉猛の親を愛する心に勝るものはないほどだった。やはり、孝悌の性格は天から賜わったのである。自分の肌の痛みは肉体の痛みだから取るに足らないが、父母が蚊に刺されることは自分にとって心の痛みとなる。その苦しみは自分の肌の痛みなど及びもつかないのである。

第十八　王祥

【原文】臥氷求鯉

301. 𧘇王祥拱羅𣇜晉　　　302. 㵋萱堂𣋀隠霧賒
303. 媄㛪返几酥訛　　　　304. 唭讒繞絨貝吒仍調
305. 悉吒庄群腰如蝦　　　306. 悉琨常庄恪如初
307. 媄常汝餒生魚　　　　308. 霻冬歪冷閉除尋兜
309. 逢垓霊決求朱斤　　　310. 擒袔䍀㳐㐱拱㤴
311. 俸空霊劇㔕台　　　　312. 鯉魚鞭特汶堆宪衛
313. 餒供給汶皮恭順　　　314. 媄吒調改憾㔕繕
315. 朱哈孝感在軀　　　　316. 哂𠶊怗昿竜情拱催

【語釈・校訂】

301. 𧘇 (ngươi)：目下に用いる二人称、お前　拱 (cũng)：…も　羅 (là)：…である　𣇜 (đời)：時代

302. 㵋 (tủi)：わが身が嘆かわしい　萱堂 (huyên đường)：茹萱 (nhà huyên) と同じであり、母親 (古儀)　𣋀 (sớm)：朝、早い　隠霧 (ẩn bóng)：屈霧 (khuất bóng) と同じ、死亡する　賒 (xa)：遠い、離れる

303. 媄嫠 (mẹ sau)：継母　返 (gặp)：会う、出会う　几 (kẻ)：人　酥訛 (chua ngoa) 悪辣な

304. 哨讒 (tiếng gièm)：悪口を言う　繞緻 (thiêu dệt)：捏造する　貝 (với)：…と一緒に、…に対して、…と　吒 (cha)：父　仍調 (những điều)：さまざまなこと

305. 悉 (lòng)：心　吒 (cha)：父　庒 (chẳng)：否定辞　群 (còn)：まだ、なお、残る　腰 (yêu)：可愛がる　如 (như)：…のように、…のような　轾 (trước)：以前、前

306. 悉 (lòng)：心　睴 (con)：子供、匹　庒恪 (chẳng khác)：変わらない　如 (như)：…のように、…のような　初 (xưa)：昔、以前、かつて

307. 媄 (mẹ)：母　汝 (nhớ)：思い出す、懐かしい　餔 (bữa)：食事

308. 霻冬 (giá đông)：結氷する、凍結する　丕 (trời)：空　閉除 (bấy giờ)：今、現在　尋 (tìm)：探す　兜 (đâu)：どこに

309. 蓮 (trên)：上　垘 (đống)：堆積、土盛り　霻 (giá)：第308句参照　決 (quyết)：決心する　求朱𧡡 (cầu cho thấy)：見つけるように

310. 擶 (cởi)：脱ぐ　襖 (áo)：衣服　醶 (nằm)：横になる　洌汆拱 (rét mấy cũng)：どんなに寒くとも　㦖 (vui)：嬉しい、楽しい

311. 俸空 (bỗng không)：突然　霻 (giá)：第308句参照　劇朱台 (xẻ làm hai)：二つに割る

312. 䰉 (may)：幸運　特汶堆 (được một đôi)：一対の魚を得る　宂衛 (đem về)：持って帰る

313. 餔 (bữa)：食事　没 (một)：一　皮 (bề)：方向

314. 媄 (mẹ)：母　吒 (cha)：父　調 (đều)：…とも、皆　改憫朱善 (cải giận làm lành)：怒りを喜びに変える

315. 朱咍 (cho hay)：…であることが初めてわかる　在翰 (tại mình)：自分によって

316. 哂 (dẫu)：たとえ…でも　𤾓 (trăm)：百　怗 (ghét)：嫌い　昹 (lúc)：時　蓳 (xuống)：「下る」、「下りる」、「下す」の意味だが、ここでは、「蓳情」(xuống tình) で「満足する」ことをいう　拱 (cũng)：…も　催 (thôi)：止める

【日本語訳】

　王祥も晋の人であった。王祥は母を早く亡くし、わが身を嘆いた。継母は悪辣な人であった。継母は父に、王祥について様々なことをでっちあげ、悪口を言った。父は王祥のことを以前のように可愛がらなくなった。しかし、王祥の心は以前と同じで変わらなかった。継母は生魚を食べたいと思った。その時は冬で寒く、川が凍結していた。どこで魚を探すというのか。王祥は魚を見つけるために服を脱いで凍氷の上に横たわったが、どんなに寒くとも楽しかった。突然、凍氷は二つに割れた。幸運にも、王祥は一対の鯉魚を得て、家に持って帰った。王祥は食事に際し、親に慎んで従った。父も母も二人とも怒りを喜びに変えた。やはり、孝の心がいかに人を感動させるのかは自分によるのである。どんなに嫌いでも、満足したときはその心が情けに変わるのだ。

第十九　楊香

【原文】搤虎救親
317. 晉楊香課迨罕歲
318. 吒跳噐恒唯蹺吒
319. 汶歆喥穭同賒
320. 搯身歲索俸沙呬㝵
321. 疕㞒相歆歆浽憭
322. 極枻空為泐冲塘
323. 噐枻擤育提昂
324. 台二枻擽貝虎狼汶輪
325. 㝵孟沛碑獰另蹭
326. 台二吒罷吏汶團衛
327. 朱咍孝孟欣威
328. 別吒催吏別之固身

【語釈・校訂】

317. 課（thuở）：過ぎ去った時、時期　迨罕（mười bốn）：十四
318. 吒（cha）：父　跳噐（bước ra）：出る　恒（hằng）：恒常の　唯蹺（dõi theo）：「従う、ついて行く」を指す
319. 汶歆（một hôm）：ある日　喥（thăm）：尋ねる　穭（lúa）：稲　同賒（đồng xa）：遠い畑

143

320. 𦹳（chút）：少し　歲索（tuổi tác）：年齢、高齢の意だが、ここでは父を指す　俸（bỗng）：突然　沙（sa）：落ちる　𠰘（miệng）：口　㺌（hùm）：虎
321. 疒（đau）：痛い、痛む、病気　𥊛相（con mắt）：目　欪欪（hầm hầm）：顔を真赤にする　浽慷（nổi giận）：怒る
322. 極（cực）：極めて苦しいの意だが、ここでは「やむを得ず、…せざるを得ない」を指す　𣮪空（tay không）：素手　爲汒（vơ vẩn）：もの思いにふける　𠁾塘（giữa đường）：途中で
323. 𢴑𣮪（ra tay）：手を出す　攋提昂（dần dọc đè ngang）：縦横に押し付ける
324. 台𣮪（hai tay）：両手　㨋（chống）：抵抗する　貝（với）：…と一緒に、…に対して、…と　汶𦝄（một mình）：一人
325. 㺌（hùm）：第320句参照　孟（mạnh）：強い　沛（phải）：…しなければならない　碾（mài）：磨く　𤠳（nanh）：牙　另踏（lánh gót）：去る
326. 台吒𡥵（hai cha con）：二人の親子　吏（lại）：また、その上　汶團（một đoàn）：一団　衛（về）：帰る
327. 朱咍（cho hay）：…であることが初めてわかる　孟（mạnh）：第325句参照　欣（hơn）：…より
328. 別（biết）：知る、理解する　吒（cha）：父　催吏別之固身（thôi lại biết chi có mình）：もはや自分のことを気にしない

【日本語訳】
　晋の楊香は十四歳の時、父が外出すると、いつも父について行った。ある日、二人が遠い畑に稲を見に行ったとき、突然、父の体が虎に噛みつかれ引きずられた。父が虎に食べられそうになるのを見て心を痛め、顔を真赤にして激怒した。道の途中なので、やむを得ず、素手で虎を縦横に押し付けた。素手で一人で虎に抵抗したのだ。強い虎は牙を収めて去って行ったため、二人の親子は無事に一緒に帰ることができた。やはり、孝は威力よりも強かった。父のことのみを気にかけ、もはや自分のことなど気にしなかったのだ。

第二十　孟宗

【原文】哭竹生笋

329. 吳孟宗父親歈屈
330. 蛛母親篤寔康康
331. 歲嵯陳濁冰傾
332. 欺疠汝鉢羹桟仍噆
333. 歪冬月別尋兜特
334. 准竹林沛跳蹟迻
335. 隻身坐拵榙桺
336. 揞榙叫哭囉呢貝榙
337. 竍平地丿綀俸㵽
338. 佘林桟㭸坦扨生
339. 宪衛調製餚羹
340. 咹末病媄吏䏿如初
341. 桟務冷閉除骸庫
342. 低忍蟟買固自低
343. 朱咍孝動高髞
344. 情深輙遣鞈榙拱情

【語釈・校訂】

329. 歈 (sớm)：早い　屈 (khuất)：屈霂 (khuất bóng) と同じ、死亡する

330. 蛛 (thờ)：孝養を尽くす、奉祀する　篤寔 (đốc thực)：まじめに　康康 (khăng khăng)：決して気の変わらない、頑固な、断固

331. 歲嵯 (tuổi già)：「老いた」の意だが、ここでは「母親」を指す　陳濁 (trằn trọc)：寝返りを打つ　冰傾 (bâng khuâng)：物悲しい

332. 欺 (khi)：時　疠 (đau)：痛い、痛む、病気　汝 (nhớ)：第307句参照　鉢 (bát)：茶碗、食器類の総称　羹 (canh)：スープ　桟 (măng)：筍　仍 (những)：複数を示す冠詞　噆 (thèm)：むさぼる

333. 歪 (trời)：空　別 (biết)：知る、理解する　尋 (tìm)：探す　兜 (đâu)：第308句参照　特 (được)：…ことができる、得る

334. 准 (chốn)：ところ　沛 (phải)：第325句参照　跳蹟迻 (bước chân đi)：行く

335. 隻身 (chiếc thân)：一人で　坐 (ngồi)：座る　拵 (tựa)：寄りかかる　榙 (gốc)：根本　桺 (tre)：竹

336. 揞 (ôm)：抱く　榙 (cây)：木　叫哭 (kêu khóc)：泣き叫ぶ　囉呢 (nằn nì)：懇願する　貝 (với)：…と一緒に、…に対して、…と

337. 竍 (giữa)：中間、中心、中央　丿綀 (phút giây)：瞬間　俸 (bỗng)：突然　㵽 (nứt)：ひび割れする

338. 氽 (mấy)：いくつの　株 (chồi)：芽　桭 (măng)：第332句参照　楒坦 (mặt đất)：地面　扔生 (nảy sinh)：発生する、生ずる

339. 宆衛 (đem về)：第312句参照　調製 (điều chế)：ここでは「料理を作る」の意味を表す　餼 (bữa)：食事　羮 (canh)：スープ

340. 咹 (ăn)：食べる　耒 (rồi)：すでに、…し終わる　媄 (mẹ)：母　吏 (lại)：また、その上　礄 (lành)：治る　如 (như)：…のように、…のような　初 (xưa)：昔、以前、かつて

341. 桭 (măng)：第332句参照　務冷 (mùa lạnh)：寒い季節　閉除 (bấy giờ)：第308句参照　駭庫 (hãy khó)：「まだ珍しい」の意

342. 低 (đây)：ここ、これ　忍 (nhẫn)：…まで　軪 (sau)：後、後ろ、以後　買 (mới)：…したばかり、初めて…する　固 (có)：いる、ある　自低 (từ đây)：今から、ここから

「低忍軪買固自低」は「後に知られる早筍は、ここから始まった」の意味

343. 朱呷 (cho hay)：…であることが初めてわかる　動 (động)：感動する、動く　高髞 (cao dày)：天。「孝動高髞」は『孝経』感応篇「孝悌之至通於神明、光於四海、無所不通」による

344. 輒 (nên)：…となる、そのため、それで、盛んになる　遣 (khiến)：…させる　䩞楑 (cỏ cây)：草木　拱 (cũng)：…も

【日本語訳】

　呉の孟宗は父親を早く亡くした。孟宗はまじめに母親に仕えた。母親が病気になった時、一杯の筍のスープをほしがり、もの欲しそうに寝返りを打った。だが天には冬の月がかかり、どこに探しに行けばよいかわからなかった。孟宗はとにかく竹林に行かなければならないと考えた。彼は一人で竹の根本に寄りかかって座り、竹を抱き、泣き叫んで竹に懇願した。その時、突然、地面に瞬く間にひびが入った。何本かの筍の芽が地面から生えてきた。孟宗はこれを持って帰り、スープを作った。母親は筍のスープを食べると、病気が治った。寒い季節の筍はめったにないものだ。後に知られる早筍（孟宗竹のこと）は、ここから始まった。やはり、孝は天を感動させ、深い情けは草木にさえも情けを持たせたのであろう。

第一章 李文馥と「二十四孝演歌」について

第二十一　庾黔婁

【原文】嘗糞憂心
345. 庾黔婁固名齊國
346. 縣𡑢陵任職親民[444]
347. 細衙渚特沕旬[445][446]
348. 蒲灰如澹心神恙疴[448]
349. 撩印驫跻駒蹖把[447]
350. 衛探吒病㐌㐌鬧[448][449]
351. 唅唹唪據唭柴
352. 吻噢頭袛酸𤷍誆悉[450][451]
353. 覔𫳘呚病中宜苦
354. 約牢朱病愈買甘
355. 晧晧向北朝叅[452]
356. 嗔𡨸性命台㐌身吒[453]
357. 悉求禱透座星宿[454]
358. 福平安惚趣庭闈[455]
359. 朱哈檳動玄微
360. 台𦨂傳𧍋群誋金縢[456][457][458]

【語釈・校訂】

345. 固（có）：いる、ある　名（danh）：芳名、名声

346. 任職（nhậm chức）：就任する　親民（thân dân）：民に親しむの意だが、ここでは県令を指す

347. 細（tới）：着く　衙（nha）：役所　渚特沕旬（chưa được một tuần）：まだ一週間に充たない

348. 蒲灰（mồ hôi）：汗　如（như）：…のように、…のような　澹（gội）：沐浴する　恙（dường）：…のように　疴（đau）：痛い、痛む、病気

349. 撩印（treo ấn）：官職を棄てる　驫（ruổi）：疾走する　跻駒（vó câu）：馬の歩み　蹖把（vồn vã）：ねんごろに、熱心に

350. 衛（về）：帰る　探（thăm）：尋ねる　吒（cha）：父　㐌（đã）：既に、…した（完了）　台（hai）：二　鬧（ngày）：日

351. 唅（nếm）：味見する、嘗める　唹（dơ）：汚いの意だが、ここでは「糞」をいう　唪（vâng）：承知する　據（cứ）：…による　唭（lời）：言葉　柴（thầy）：先生の意だが、ここでは「医師」を指す

352. 吻噢（ngọt ngào）：甘い　頭袛（đầu lưỡi）：舌の先　酸𤷍（chua cay）：悲惨　誆悉（cuống lòng）：心

353. 覔（thấy）：見る　𫳘（chữ）：字　呚（dạy）：教える

147

354. 約（ước）：期待する　宇（sao）：どうして、なぜ、どのようにして　朱（cho）：…させる、あげる　病愈（bệnh dũ）：病気が治る　買（mới）：…したばかり、初めて…する　甘（cam）：甘んじる意だが、ここでは「安心する」を指す
355. 晻晻（đêm đêm）：毎晩　向北朝参（hướng Bắc triều tham）：北へ向かって祈願する
356. 噷（xin）：丁寧語（…て下さい）、願う　究（đem）：持って行く　性命（tính mạng）：生命　台乍（thay làm）：代わりに　吒（cha）：父
357. 悉（lòng）：心　求禱（cầu đảo）：祈禱する　透（thấu）：届く　座星宿（tòa tinh tú）：ここでは「北斗」を指す
358. 慅趣（vui thú）：陽気な　庭闈（đình vi）：家族、家庭
359. 朱哈（cho hay）：…であることが初めてわかる　槙動玄微（máy động huyền vi）：天地の道は玄妙である
360. 台（thay）：代える、交代する　翰（mình）：自分のこと、体　傳（truyện）：物語　輵（trước）：以前　群（còn）：まだ、なお、残る　範（ghi）：記入す、記録する　金縢（kim đằng）：『書経』の中の一篇

【日本語訳】

　庾黔婁は斉国で名声があった。庾黔婁は孱陵県の県令に就任した。就任したあと一週間も経たずに、水を浴びたように汗をかき、精神を痛めたように（不安を）感じた。庾黔婁は官職を棄て、馬に乗って急いで実家に帰り父を訪ねると、父は病気になり二日間が経っていた。庾黔婁は医師の言葉に従い、父の糞を嘗めた。病気の時、糞の味が苦ければ病気が良くなるとのことだったが、父の糞の味は甘かったので悲惨な心持ちになった。みずからが安心できるように、何とかして父の病気が治るように期待した。庾黔婁は毎晩、北へ向かって自分の生命が父の身代わりになるよう祈願した。庾黔婁の祈りの誠心は北斗に届いた。父の病気が治り、家族は喜んだ。やはり、天地の道は玄妙であった。身代わりになることについては昔から金縢篇に記されている。

第二十二　唐夫人

【原文】乳姑不息

361. 妯尸崔埃朋唐氏　　　　362. 傷媄觔年紀包高
363. 空齩吆易特帒　　　　　364. 暙暙挵扯跳仈喥睆[459]
365. 祂褆叺台呫粓粭[460][461]　　366. 氽輔丕庒粘麻餒[462][463]
367. 爲妯篤道蜙姑　　　　　368. 胅琩鼇鶴罘務如春
369. 恩悉意坤分報吏[464]　　　　370. 哏臨終喕貝皇天
371. 嗔朱願特如願　　　　　372. 妯妯暙恪吏賢如妯
373. 埃瞋拱嶙饒孝敬[465]　　　　374. 罰崔家興盛荵荵[466]
375. 朱呛家慶数睵　　　　　376. 寶芇群寶欣趴妯頑[467][468]

【語釈・校訂】

361. 妯（dâu）：嫁　尸（họ）：一族、一家、名字　埃（ai）：誰　朋（bằng）：同じ

362. 傷（thương）：愛する　媄（mẹ）：母　觔（chồng）：夫　年紀包高（niên kỷ đã cao）：年をとった

363. 空（không）：否定辞（…でない）　齩（rǎng）：歯　吆易特帒（ǎn dễ được nào）：簡単に食べられない

364. 暙暙（ngày ngày）：毎日、日々　挵（lau）：拭く　扯（chải）：髪の毛をとく　跳仈（bước vào）：入る　喥睆（thǎm coi）：面倒を見る

365. 祂（lấy）：取る　褆（sữa）：乳　叺（ngọt）：甘い　台（thay）：交代する、代える　粓（cơm）：ご飯　粭（cháo）：お粥

366. 氽輔丕（mấy năm trời）：何年もの間　庒（chẳng）：否定辞　粘（gạo）：米　麻（mà）：しかし、そして　餒（no）：満腹

367. 爲（vì）：…だから、…のために　妯（dâu）：嫁　篤道蜙姑（dốc đạo thờ cô）：心を尽くして姑に仕える

368. 胅琩（da mồi）：甲羅肌　鼇鶴（tóc hạc）：白髪。「胅琩鼇鶴」（da mồi tóc hạc）は年老いてふけ込むことのたとえ　罘務（bốn mùa）：四季　如（như）：…のように、…のような

369. 悉意（lòng ấy）：その心　坤分報吏（khôn phân báo lại）：報うことができない

149

370. 唄 (buổi)：時、日　嘱 (dặn)：諭す意だが、ここでは「嘆願する」の意　貝 (với)：…と一緒に、…に対して、…と
371. 嗔 (xin)：丁寧語 (…て下さい)、願う　朱 (cho)：…させる、あげる　特 (được)：…ことができる、得る　如 (như)：…のように、…のような
372. 妯 (dâu)：嫁　時恪 (ngày khác)：他の日の意だが、ここでは「他の人」を指す　吏 (lại)：また、その上　如 (như)：…のように、…のような
373. 埃 (ai)：誰　喧 (nghe)：聞く　拱 (cũng)：…も　嚥饒 (răn nhau)：お互いに諭し合う
374. 劉崔家 (cửa Thôi gia)：崔氏の家　興盛 (hưng thịnh)：繁栄する　丗丗 (đời đời)：代々、世々
375. 朱哈 (cho hay)：…であることが初めてわかる　家慶 (gia khánh)：家の慶び　数腿 (lâu dài)：長期の

376. 芇 (nào)：どの　群 (còn)：まだ、なお、残る　欣 (hơn)：…より　倴妯頑 (người dâu ngoan)：従順な嫁

【日本語訳】
　崔一族にとって唐氏の嫁ほどすばらしい人はいなかった。唐氏は年をとった姑を敬愛した。姑は歯がないため、ご飯を容易に食べられなかった。そのため、唐氏は毎日、体を綺麗に洗い、髪の毛を整えた後、姑の部屋に入り、面倒を見た。ご飯やお粥の代わりに美味しい乳を出した。そのおかげで、姑は何年もご飯を食べなかったが満腹であった。嫁は心を尽くして姑に仕えたため、白髪甲羅肌の姑は年中、いつも春のように元気だった。姑はこの恩に報いることができなかったとして、臨終の時、上帝に「他の嫁たち皆が唐氏と同じようによい嫁であるように」と嘆願した。誰でもこのことを聞くと、孝行をするようにお互いに諭し合った。崔一族は代々繁栄した。やはり、家の慶びは長続きし、どんな宝物も従順な嫁に勝るものはないのである。

第二十三　朱寿昌

【原文】棄官尋母

377. 朱壽昌𠓨官宋代
378. 媄[469]生噐𠀧歲離悉
379. 羅[470]爲嫡母[471]庄容
380. 㝵[472]身蒲柳伴共[473]渃嫩
381. 𨷈[474]𠦳[475]埃媄𡥵賒屈
382. 舩進䄵𠄼坦巴爲
383. 生𡥵仍想𢚸㤕
384. 丐[476]身充暢悲[477]麻之
385. 辭[478]官職[479]決拯尋最
386. 礦哾誓啫貝家人
387. 身尼[480]庄返慈親
388. 嘸[481]料鞋托貝身朱停
389. 歪麻負𦝄[482]誠牢安
390. 准[483]同州把語返饒
391. 涅𢚸埃膓輆兜
392. 媄頭雪染𡥵頭花[484]𦝨
393. 匋補呍嘆悢哭𠴗[485]
394. 吏圍輆蓮蔭𦝨淹
395. 朱𠺙𡋂[486]泚[487]膵[488]鬱
396. 庄歪埃想群尋特低[489][490]

【語釈・校訂】

377. 𠓨（làm）：…する、…となる

378. 媄（mẹ）：母　生噐（sinh ra）：生まれる　𠀧歲（bảy tuổi）：七歳　離悉（lìa lòng）：母を離れる

379. 羅爲（là vì）：なぜならば…だからである　庄容（chẳng dung）：容認しない

380. 㝵（đem）：持っていく　蒲柳（bồ liễu）：蒲と柳、年若い美しい女性のたとえ　伴（bạn）：友達　共（cùng）：一緒に　渃嫩（nước non）：山河

381. 𨷈𠦳埃（muôn nghìn dặm）：遥かに遠い　媄𡥵（mẹ con）：母子　賒屈（xa khuất）：離れる

382. 舩進（năm mươi）：五十　䄵（năm）：年　歪坦（trời đất）：天地　巴爲（bơ vơ）：身寄りがない

383. 生𡥵（sinh con）：子供を生む　仍想（những muốn）：希望する、期待する　㤕伽（cậy nhờ）：依頼する、頼る

384. 丐（cái）：類別詞　充暢（sung sướng）：幸福な、充足した　悲㦖（bây giờ）：今、現在　麻之（mà chi）：何のためになろう

385. 辭（từ）：棄てる　決（quyết）：決心する　拶（đi）：行く　尋最（tìm tõi）：探す

386. 礦（nặng）：重い、深い　哔誓（lời thề）：誓詞　嗜（giã）：辞去する　貝（với）：…と一緒に、…に対して、…と

387. 身尼（thân này）：「この身」の意だが、ここでは「私」を指す　庄（chẳng）：否定辞　返（gặp）：会う、出会う　慈親（từ thân）：母

388. 啐（thà）：むしろ……する方がよい　料（liều）：思い切って…する　甡托（sống thác）：生死　貝（với）：…と一緒に、…に対して、…と　朱停（cho đành）：自ら納得する

389. 夳（trời）：空　麻（mà）：しかし、そして　負（phụ）：裏切る　肬誠（tấm thành）：誠心　牢（sao）：どうして、なぜ、どのようにして　安（an）：安定した、安らかな

390. 准（chốn）：ところ　把語（bỡ ngỡ）：唖然とする　返饒（gặp nhau）：遭遇する、出会う

391. 涅悧（nét mừng）：嬉しい、喜ぶ　埃（ai）：誰　軆（vẽ）：描く　軏（nên）：…となる、そのため、それで、盛んになる　兜（đâu）：どこに

392. 媄（mẹ）：母　頭雪染（đầu tuyết nhuộm）：雪のような白髪の頭　混（con）：子供、匹　頭花菻（đầu hoa râm）：胡麻塩頭

393. 龟（đã）：既に、…した（完了）　補（bổ）：…するだけの価値がある、補う　昹（lúc）：時　嘆悕哭嚜（than thầm khóc ngậm）：秘かに嘆泣する

394. 吏（lại）：また、その上　圍軏（vầy nên）：団欒する　蓮蔭翩淹（trên ấm dưới êm）：暖か味のある家庭、円満な家庭

395. 朱哈（cho hay）：…であることが初めてわかる　鄂（máu）：血　沚（chảy）：流れる　脾（ruột）：腸　糉（mềm）：やわらかい。「鄂沚脾糉」（máu chảy ruột mềm）は、血統関係があるもの同士には密接な結び付きがあるという意味を表す

396. 庄（chẳng）：否定辞　夳（trời）：空　埃（ai）：誰　想（tưởng）：想像する　群（còn）：まだ、なお、残る　尋特低（tìm được đây）：見つけることができる

【日本語訳】

朱寿昌は宋代の官吏であった。7歳になった時、朱寿昌の父親の正妻が妾

第一章　李文馥と「二十四孝演歌」について

の朱寿昌の実母を容認しなかったため、実母と離れた。実母は家を出て、山河と共に生きた。母子は50年間遙か遠く離れたため、朱寿昌には身寄りがなかった。誰でも子供を生んだとき、将来、子供に頼ることを期待するであろう。朱寿昌は大きくなって、自分が今充足した生活を送っているが、母を孝養できなかったため、このような幸福な生活がいったい何のためになろうかと思っていた。そこで、官職を棄て、母を探しに行こうと決心した。朱寿昌は家人に別れを告げ、深い誓詞として「私は母に出会うことができなければ、思い切って死に甘んじるかもしれない」と言った。天はどうして彼の誠心を裏切ることができようか。果たして同州で親子二人は遭遇して驚いた。二人とも誰にも描写できないほどの喜びに包まれた。母は雪のような白髪の頭であり、一方、子はごま塩頭であった。苦労した時を補うように、暖か味のある団欒の時を過ごすことができた。やはり、血のつながりがある者同士には密接な結び付きが確かにあるのだ。天の手伝けなしに、果たして出会うことなど想像できたであろうか。

第二十四　黄山谷

【原文】滌親溺器
397. 朝元祐固柴魯直　　　　　398. 羅户黄埊職史臣[491][492]
399. 恩耉乜珥舥身[493]　　　　400. 分羆汤㝎蜍親如嘨
401. 圕沁沼當牺拌捽　　　　　402. 役尋常庄抽单差[494]
403. 剄浪差遣空埃[495]　　　　404. 宨身官長㕥馭家奴[496]
405. 職人子沛朱勤苦　　　　　406. 固媄吒買固身些[497]
407. 朱哈道庄於賒[498][499]　　408. 哈⺌孝子買噐忠臣[500]
　　　　　　　　　　＊
409. 閉饒跡古人衛轄[501]　　　410. 隔斍初如鑿汶悉[502]
411. 計之几逹馭窮[503]　　　　412. 律悉埃擇塊鉸彝倫
413. 盷公暇感身跻隊[504][505]　　414. 賒郷關斯貝聖賢
415. 罋㔷仍慯霈畑[506][507]　　416. 悶畓家範铖傳國音[508]

153

第二部　李文馥系の「二十四孝」

【語釈・校訂】

397. 固（có）：いる、ある　柴（Thầy）：先生
398. 羅（là）：…である　戸（họ）：一族、一家、名字　坐（ngồi）：座る　史臣（sử thần）：史官
399. 希（vua）：王　㐌（đã）：既に、…した（完了）　珥（nhẹ）：軽い　䏻身（tấm thân）：身体
400. 分（phận）：身分、運命　昆（con）：子供、匹　沕（vẫn）：相変わらず　符（giữ）：守る　蜍（thờ）：孝養する、奉祀する　如哰（như ngày）：以前のように
401. 圖沁洗（đồ tắm rửa）：「お風呂用品」の意だが、ここでは「溺器」を指す　拺（tay）：手　抔掉（lau chuốt）：ここでは「洗う」を指す
402. 役尋常（việc tầm thường）：普通のこと、平凡なこと　庒（chẳng）：否定辞　𥘷（chút）：少し　単差（đơn sai）：蔑にする
403. 罅哴（há rằng）：まして…はなおさらである　差遣（sai khiến）：命令する　空（không）：否定辞（…でない）　埃（ai）：誰
404. 宆（đem）：持っていく　台（thay）：交代する、代える　𠊚家奴（người gia nô）：召使
405. 職人子（chức nhân tử）：親に対する子の道　沛（phải）：…しなければならない　朱（cho）：…させる、あげる　勤苦（cần khổ）：熱心に、尽力する
406. 固（có）：いる、ある　媄吒（mẹ cha）：父母　買（mới）：…したばかり、初めて…する　些（ta）：私、自分
407. 朱咍（cho hay）：…であることが初めてわかる　庒（chẳng）：否定辞　於（ở）：…における、暮らす　賒（xa）：遠い
408. 咍（hay）：よく、しばしば　𫜵（làm）：…する、…となる　買（mới）：…したばかり、初めて…する　罷（ra）：…になる。
「咍𫜵孝子買罷忠臣」（hay làm hiếu tử mới ra trung thần）は『後漢書』韋彪伝「求忠臣必於孝子之門」による
409. 閉饒（bấy nhiêu）：それほど多くの　跡（tích）：故事　衛𧺀（về trước）：以前、昔
410. 隔𠦳初（cách nghìn xưa）：遙か昔から　如（như）：…のように、…のような　鐫（tạc）：彫刻する　沒悉（một lòng）：一心
411. 計之（kể chi）：計算に入れない意であるが、ここでは「含めている」の意

几達 (kẻ đạt)：成功、盛名を馳せた人　獃窮 (người cùng)：極貧の人

412. 律悉 (lọt lòng)：生まれた　埃 (ai)：誰　趛塊 (trốn khỏi)：逃げる　鋠彝倫 (vòng di luân)：「彝倫」の輪、つまり、人の常に守るべき道。「彝倫」は『書経』洪範篇に見える

413. 眊公暇 (lúc công hạ)：公務の仕事が暇である時　感身蹯隊 (cảm thân đợi đội)：この語は意味不明であるが、文脈から考えると「自分の人生を考えた」の意か

414. 賒 (xa)：遠い　郷關 (hương quan)：故郷　斦 (gần)：近い　貝 (với)：…と一緒に、…に対して、…と

415. 鸜伮 (trông vào)：眺める、見る　仍愗 (những thẹn)：恥ずかしい　霥畑 (bóng đèn)：灯の明かり

416. 悶 (muốn)：ほしい　畱 (lưu)：留める　軏 (nên)：…となる、そのため、それで、盛んになる　傳國音 (truyền quốc âm)：字喃詩に翻案する

【日本語訳】
　元祐の時代に、黄魯直先生がいた。黄氏は史官に就任した。帝の恩のおかげで余裕ある生活を過ごした。子としての道および親に仕える心を変わらず守り続けた。親の溺器を自分の手で洗った。黄氏は普通のこととして、全くないがしろにしなかった。彼は誰にも命令されず、官長の身分でありながら召使の仕事を代わりにした。親に対して子は尽力しなければならなかったからだ。父母のおかげで自分がいる。やはり、道は遠いところに存在してはいない。孝子になることができないのに、どうして忠臣になることなどできよう。

＊

　昔の古人の故事はこれほど多かった。これらの故事は遙か昔から伝わってきて、皆の心に刻まれている。成功した人でも名を馳せた人でも、極貧の人でも、生まれた後、誰でも「彝倫」の輪から逃げることができない。公務の仕事には余裕があり、自分の人生を考えた。いま故郷を離れ、聖賢の近くにいるが、灯の明かりの下で自分を省みて自分自身を恥ずかしく感じた。「家範」として残したかったため「二十四孝」を国音（筆者注：すなわち字喃）詩に翻案した。

第二部　李文馥系の「二十四孝」

おわりに

　本章では、李文馥の生涯を考証、説明するとともに、「二十四孝演歌」の内容と特色を考察し、さらに原文の訳注を試みた。字喃の語釈、テキスト間の文字の異同についてもこれを明示した。このことによって字喃詩に翻案された「二十四孝演歌」がどのようなものであるかが知られたであろう。

　もともと漢文で書かれた二十四孝説話は李文馥によって字喃詩に演音され、暗誦しやすい詩歌の形式で普及していった。それにより、伝承性が高くなり、幼子や婦女、読書や学習の不得手な人たちも「二十四孝」説話の内容がしっかりと理解できるようになった。いわば、「孝」教育の目的がいっそう発揮され、ベトナムの民衆層に大きな影響を与えることになったのである。

　なお、文献学上の問題として、『孝順約語』『陽節演義』『勧孝書』『詩文並雑紙』に収められている「二十四孝演歌」には、紹治帝の字である「棉宗」の「宗」や嗣徳帝の姓名である「阮福時」の「時」と同音の文字である「時」の避諱文字が見られるため、この四つの文献は嗣徳時代（1847年〜1883年）以降に刊行され、写されたことがわかる。一方、『掇拾雑記』に収める「二十四孝演歌」にはそれらの避諱の痕跡が認められない。

　また、『孝順約語』『陽節演義』『勧孝書』『詩文並雑紙』の四つの文献のうち、『孝順約語』は他の三文献より避諱を比較的厳しく守っているが、避けるべき文字を避けていないところもあるため、一貫性を欠いているといえよう。このことについてゴー・ドゥック・トー（Ngô Đức Thọ）氏は「ハノイ、フエ、サイゴンなどの大都市では国語字（筆者注：現代ベトナム語正書法）の本、新聞が次第に多く出版されるようになったため、避諱は以前ほど厳しくなくなった。……特に成泰年（筆者注：1889-1907）に刊行された多くの字喃の書籍で「時」の字が避けられるときもあれば避けられないときもあり、一貫性がなかった」[509]と述べている。

第一章　李文馥と「二十四孝演歌」について

注

[1] 漢喃研究院蔵『掇拾雑記』（AB132）、第50葉表裏。
[2] 「二十四孝演音」は「二十四孝演歌」の別名である。
[3] Ban Hán Nôm thư viện khoa học xã hội『漢喃書目―作者目録』（*Thư mục Hán Nôm - mục lục tác giả*）、Ủy ban khoa học xã hội Việt Nam 出版、Hà Nội、1977年、146～147頁。
[4] Dương Quảng Hàm『ベトナム文学史要』（*Việt Nam văn học sử yếu*）、Bộ giáo dục - Trung tâm học liệu 出版、1968年、392～393頁。
[5] Chu lang Cao Huy Giu 注解『二十四孝』（*Nhị thập tứ hiếu*）、Tân Việt 出版社、1952年、9～10頁。
[6] Đinh Quang Nhã, Bích Tiên 編纂『二十四孝』（*Nhị thập tứ hiếu*）、Văn Nghệ 出版社、Thành phố Hồ Chí Minh、1996年、5頁。
[7] 『二十四孝』（*Nhị thập tứ hiếu*）、Đông Tây 印刷所、Hà Nội、1933年、1頁。
[8] Nguyễn Bá Hân 編纂『二十四孝』（*Nhị thập tứ hiếu*）、Thế Giới 出版社、Hà Nội、1998年、7頁。
[9] Trần Văn Giáp 主編『ベトナム作者たちの略伝』（*Lược truyện các tác gia Việt Nam*）、Văn học 出版社、Hà Nội、第三版、2000年、393頁。
[10] Nguyễn Trường『タン・ロンの人々の忠孝・節義の鑑』（*Gương trung hiếu tiết nghĩa của người Thăng Long*）、Văn hóa Thông tin 出版社、Hà Nội、2010年、164～165頁。
[11] Cao Văn Cang『昔と今の孝行』（*Hiếu hạnh xưa và nay*）、Văn hóa dân tộc 出版社、Hà Nội、2006年、36～37頁。
[12] 漢喃研究院蔵「自述記」（『掇拾雑記』所収、AB132）、写本、第25葉表～第26葉裏。
[13] 『大南正編列伝』によれば李文馥は嘉隆18年に郷試に合格した。嘉隆18年は「乙卯年」ではなく「己卯年」である。すなわち、「自述記」に記されている「乙卯科」は誤りである。
[14] 阮朝国史館『大南寔録』正編第二紀卷三十五「大南寔録六」（慶應義塾大学言語文化研究所、1972年）、32頁。
[15] 注14前掲、『大南寔録』正編第二紀卷三十八「大南寔録六」、67頁。
[16] 注14前掲、『大南寔録』正編第二紀卷四十一「大南寔録六」、115頁。
[17] 注14前掲、『大南寔録』正編第二紀卷四十三「大南寔録六」、146頁。
[18] 注14前掲、『大南寔録』正編第二紀卷四十八「大南寔録六」、230頁。
[19] 注14前掲、『大南寔録』正編第二紀卷五十一「大南寔録六」、282頁。
[20] 注14前掲、『大南寔録』正編第二紀卷五十三「大南寔録六」、300頁。
[21] 注14前掲、『大南寔録』正編第二紀卷五十四「大南寔録六」、324頁。
[22] 阮朝国史館『大南寔録』正編第二紀卷六十二「大南寔録七」（慶應義塾大学言語

文化研究所、1973 年）、22 頁。
- [23] 注 22 前掲、『大南寔録』正編第二紀巻七十一「大南寔録七」、168 頁。
- [24] 注 22 前掲、『大南寔録』正編第二紀巻七十九「大南寔録七」、286 頁、297 頁。
- [25] 阮朝国史館『大南寔録』正編第二紀巻一百十八「大南寔録九」（慶應義塾大学言語文化研究所、1974 年）、40 頁。
- [26] 注 25 前掲、阮朝国史館『大南寔録』正編第二紀巻一百二十四「大南寔録九」、144 頁。
- [27] 阮朝国史館『大南寔録』正編第二紀巻一百五十「大南寔録十」（慶應義塾大学言語文化研究所、1975 年）、118 頁。
- [28] 注 27 前掲、『大南寔録』正編第二紀巻一百六十七「大南寔録十」、352 頁。
- [29] 注 27 前掲、『大南寔録』正編第二紀巻一百七十「大南寔録十」、411 頁。
- [30] 阮朝国史館『大南寔録』正編第二紀巻一百七十八「大南寔録十一」（慶應義塾大学言語文化研究所、1975 年）、123 頁。
- [31] 注 30 前掲、『大南寔録』正編第二紀巻一百八十三「大南寔録十一」、208 頁。
- [32] 阮朝国史館『大南寔録』正編第二紀巻二百十四「大南寔録十二」（慶應義塾大学言語文化研究所、1976 年）、280 頁。
- [33] 阮朝国史館『大南寔録』正編第三紀巻二「大南寔録十三」（慶應義塾大学言語文化研究所、1977 年）、35 頁。
- [34] 注 33 前掲、『大南寔録』正編第三紀巻十七「大南寔録十三」、252 頁。
- [35] 注 33 前掲、『大南寔録』正編第三紀巻三十二「大南寔録十三」、433 頁。
- [36] 阮朝国史館『大南寔録』正編第三紀巻五十四「大南寔録十四」（慶應義塾大学言語文化研究所、1977 年）、240 頁。〔　〕内は双行注。
- [37] 注 36 前掲、『大南寔録』正編第三紀巻五十九「大南寔録十四」、293 頁。
- [38] 注 36 前掲、『大南寔録』正編第三紀巻六十五、巻六十六、巻七十「大南寔録十四」、371 頁、378 頁、435 頁。
- [39] 阮朝国史館『大南寔録』正編第四紀巻二「大南寔録十五」（慶應義塾大学言語文化研究所、1979 年）、59 頁。〔　〕内は双行注。
- [40] 阮朝国史館『大南正編列傳』二集、巻二十五「大南寔録二十」（慶應義塾大学言語文化研究所、1981 年）、274 頁。
- [41] Hoa Bằng『李文馥、19 世紀の作者』（*Lý Văn Phức, tác gia thế kỷ19*）、Thăng Long 出版社、Hà Nội、1953 年、7 ～ 57 頁。
- [42] Đỗ Đức Hiểu 他『文学事典』新版（*Từ điển văn học bộ mới*）、Thế Giới 出版社、2004 年、926 ～ 928 頁。
- [43] Vũ Khiêu『ハノイの著名人』（*Danh nhân Hà Nội*）、Hà Nội 出版社、2004 年、531 ～ 541 頁。
- [44] Trịnh Khắc Mạnh『ベトナム漢喃の作者の字、号』（*Tên tự tên hiệu các tác gia Hán*

第一章　李文馥と「二十四孝演歌」について

Nôm Việt Nam)、Khoa học xã hội 出版社、Hà Nội、2002 年、195 〜 197 頁。
[45] Dương Quảng Hàm 注解『李文馥、経歴―作品』(*Lý Văn Phức Tiểu sử-Văn chương*)、Nam Sơn 出版社、出版年不明、9 〜 12 頁。
[46] Vũ Ngọc Phan 他『西廂伝』(*Truyện Tây Sương*)、Văn hóa 出版社、1961 年、9 〜 17 頁。
[47] Nguyễn Thị Ngân「周遊列国的越南名儒李文馥及其華夷之辨」『学際的アプローチから見るベトナム儒家思想の研究』(*Nghiên cứu tư tưởng nho gia Việt Nam từ hướng tiếp cận liên ngành*)、Thế Giới 出版社、Hà Nội、2009 年、180 〜 188 頁。
[48] Trương Hữu Quýnh, Phan Đại Doãn『ベトナム史における偉人たち』第 1 冊 (*Danh nhân lịch sử Việt Nam -Tập 1*)、Giáo dục 出版社、1987 年、176 〜 177 頁。
[49] Dương Quảng Hàm 氏は「『西行詩紀』の序文には「小西洋」は「明歌」である、といっている。Trần Văn Giáp 氏によれば、「明歌」は Bengale (ベンガル) であるという」と述べている。(注 45 前掲、Dương Quảng Hàm 注解『李文馥、経歴―作品』(*Lý Văn Phức Tiểu sử-Văn chương*)、10 頁を参照)。
[50] 注 42 前掲、Đỗ Đức Hiểu 他『文学事典』新版 (*Từ điển văn học bộ mới*)、928 頁。
[51] Nguyễn Thị Ngân、「李文馥」(Lý Văn Phức)、『ハノイの著名人』(*Danh nhân Hà Nội*)、Hà Nội 出版社、2004 年、540 頁。
[52] 注 41 前掲、Hoa Bằng、『李文馥、19 世紀的作者』(*Lý Văn Phức, tác gia thế kỷ 19*)、28 頁。
[53] Nguyễn Đổng Chi、「李文馥、阮朝の優れた外交闘争の筆鋒」(Lý Văn Phức ngòi bút đấu tranh ngoại giao xuất sắc đời Nguyễn)、『ゴー・ザー・ヴァン・ファイ、グエン・ザー・ティエウ、リー・ヴァン・フック、グエン・ミエン・タム、ゴー・ティー・ニャム』(*Ngô Gia Văn Phái, Nguyễn Gia Thiều, Lý Văn Phức, Nguyễn Miên Thẩm, Ngô Thì Nhậm*)、Văn Nghệ 出版社、Thành phố Hồ Chí Minh、1998 年、95 頁、104 頁。
[54] 注 41 前掲、Hoa Bằng、『李文馥、19 世紀的作者』(*Lý Văn Phức, tác gia thế kỷ 19*)、49 〜 50 頁。
[55] 注 1 前掲、『掇拾雑記』(AB132)、第 31 葉表裏、第 32 葉表。
[56] 注 1 前掲、『掇拾雑記』(AB132)、第 50 葉表裏。
[57] 注 47 前掲、Nguyễn Thị Ngân「周遊列国的越南名儒李文馥及其華夷之辨」『学際的アプローチから見るベトナム儒家思想の研究』(*Nghiên cứu tư tưởng nho gia Việt Nam từ hướng tiếp cận liên ngành*)、182 頁。
[58] 注 41 前掲、Hoa Bằng、『李文馥、19 世紀的作者』(*Lý Văn Phức, tác gia thế kỷ 19*)、51 〜 52 頁。
[59] 以下、題目後の（　）内は筆者が補ったものである。
[60] 注 1 前掲、『掇拾雑記』(AB132)、第 30 葉表。

[61]『前後孝行録』道光甲辰年春敬募重鐫（京江柳書諫堂、1844 年）。筆者は『前後孝行録』T1A0/22/138（東京学芸大学図書館の電子化資料・画像）を参照した。
[62]この書物は 2013 年 3 月、筆者がアメリカのコーネル大学のキース・ウェラー・テイラー（Keith Weller Taylor）教授から贈っていただいたものである。ここに記して、謝意を表する。
[63]『陽』・『孝』・『勧』・『詩』は「觝」に作る。
[64]『陽』・『孝』・『勧』・『詩』は「天地」に作る。
[65]『詩』は「罘」に作る。
[66]『詩』は「吒」に作る。
[67]『陽』・『孝』・『勧』・『詩』は「哱」に作る。
[68]『詩』は「怵」、『勧』は「稊」に作る。「稊」は誤植と思われる。
[69]『勧』は「棍」に作る。
[70]『陽』・『孝』・『勧』・『詩』は「筽孝念」に作る。「筽孝念」は孝を念じること。
[71]『陽』・『勧』・『詩』は「推黜」、『孝』は「推黜」に作る。
[72]『陽』・『孝』・『勧』・『詩』は「極」に作る。
[73]『詩』は「罣」に作る。
[74]『詩』は「悶」に作る。
[75]『陽』・『孝』・『詩』は「徳」、『勧』は「衒」に作る。
[76]『陽』・『勧』は「卢」に作る。「卢」は「虞」の簡略体。
[77]『陽』・『孝』・『勧』・『詩』は「返」に作る。
[78]『陽』・『勧』・『詩』は「腂」、『孝』は「䨖」に作る。
[79]『陽』・『孝』・『詩』は「圉」、『勧』は「閿」に作る。「閿」は誤植と思われる。
[80]『詩』は「罘」に作る。
[81]『詩』は「央々」に作る。
[82]『陽』・『孝』・『勧』・『詩』は「澆訛」に作る。
[83]『陽』・『勧』・『詩』は「茂身」、『孝』は「汶身」に作る。
[84]『勧』・『詩』は「奇」に作る。
[85]『詩』は「拱」に作る。
[86]『陽』・『孝』・『勧』・『詩』は「酘蓥」に作る。
[87]『陽』・『勧』・『詩』は「茂」に作る。
[88]『陽』・『孝』・『勧』・『詩』は「哂」に作る。
[89]『陽』・『勧』は「猵」、『詩』は「怵」に作る。
[90]『陽』・『孝』・『勧』・『詩』は「枚」に作る。
[91]『詩』は「孟」に作る。
[92]『詩』は「共」に作る。

第一章　李文馥と「二十四孝演歌」について

[93]　『陽』・『孝』・『詩』は「勉」に作る。
[94]　『詩』は「橄」に作る。
[95]　『孝』は「鮎」に作る。
[96]　『詩』は「悲」に作る。
[97]　『詩』は「圣」に作る。
[98]　『陽』・『孝』・『勧』・『詩』は「謙魋」に作る。
[99]　『陽』・『勧』・『詩』は「茂」に作る。
[100]　『孝』は「茄」に作る。
[101]　『陽』・『孝』・『詩』は「潭」、『勧』は「潭」に作る、「潭」は誤植と思われる。
[102]　『勧』はこの「第二　漢文帝」の後半部分を欠く。
[103]　『陽』・『孝』、『勧』は「揆」に作る。
[104]　『陽』・『孝』、『勧』は「涓」に作る。
[105]　『詩』は「重」に作る。
[106]　『陽』・『孝』・『勧』・『詩』は「極」に作る。
[107]　『陽』・『孝』・『詩』は「魋」に作る。
[108]　『陽』・『孝』は「孜孜」に作る。
[109]　『陽』・『孝』・『詩』は「如初」に作る。原文では「初如」の右側に上下を入れ替える記号の「乙」がついており、「如初」が正しいと思われる。
[110]　『陽』・『孝』は「礪」、『詩』は「砺」に作る。
[111]　『陽』・『孝』・『詩』は「鷲」に作る。
[112]　『陽』・『孝』・『詩』は「輔」に作る。
[113]　『陽』・『孝』・『詩』は「茂畤」に作る。
[114]　『陽』・『孝』・『詩』は「烑靆」に作る。
[115]　『陽』・『孝』・『詩』は「達」に作る。
[116]　『陽』・『孝』は「糠湯」に作る。
[117]　『詩』は「眛」に作る。
[118]　『陽』・『孝』・『詩』は「融」に作る。
[119]　『陽』・『孝』・『詩』は「吨」に作る。
[120]　『詩』は「蘭」、『陽』は「嚙」に作る。「嚙」は「滲み出る」という意味がある。
[121]　『陽』・『孝』・『詩』は「醍」に作る。
[122]　『陽』・『孝』・『詩』は「醇」に作る。
[123]　『詩』は「奇」に作る。
[124]　『陽』・『孝』は「輔」に作る。
[125]　『陽』・『孝』・『詩』は「成康」に作る。「成康」は成王と康王である。
[126]　『陽』・『孝』は「位」、『詩』は「魋」に作る。

161

[127]『詩』は「畧」に作る。
[128]原文では3文字を欠くが、『孝』「二十四孝演音」により補った。
[129]『詩』は「羣」に作る。
[130]『陽』・『詩』は「㸦」、『孝』は「𠑽」に作る。
[131]『陽』・『孝』・『詩』は「蹲」に作る。
[132]『陽』・『孝』・『詩』は「點」に作る。
[133]原文では5文字を欠くが、『孝』「二十四孝演音」により補った。
[134]『勧』はこの「第三　曽参」部分を欠く。
[135]原文で5文字を欠くが、『孝』「二十四孝演音」を参考に補った。「蜍娛吒辰竚至誠」の「辰」は文脈により、「時」に作らなければならないが、「時」は嗣徳帝の名である「阮福䐂」の「䐂」と同音の文字である。そのため、諱を避けるため、「辰」に改めている。このことは『欽定大南会典事例』に、「紹治七年十月〔謹按是月欽詔以開年戊申爲嗣徳元年〕、議奏恭照　御名字臨文改用臨讀避音、人名地名不得用冒該三字〔一字左從日右從寺改用序字上從山下從日同又如寺刻之類照隨之義通暢凡係應改之字其義甚廣名以例推……〕、偏旁諸字臨文改用、人名地名仍不得冒用三十一字〔一字上艹頭左從日右從寺、一字左從氵中從日右從寺、一字左從魚中從日右從寺、一字左從土中從日右從寺……〕」とある。『欽定大南会典事例』（天理大学図書館所蔵）巻百二十一、第14葉裏以下を参照。〔　〕内は双行注である。
[136]第51句および第52句の文は、他の『孝』、『陽』、『詩』のテキストでは「餂常醑陆庄停、朱埃唎據鼎丁庄移」となっている。原文の第52句は「餂常」以外の6文字を欠く。かりにここを『孝』その他により、「餂常醑陆庄停」に改めても、まだ2文字が不足している。そのため、訳文ではひとまず『孝』、『陽』、『詩』の表現によった。
[137]『陽』・『孝』・『詩』は「茹」に作る。
[138]『孝』・『詩』は「搗」に作る。
[139]『孝』は「獥」、『詩』は「徹」に作る。
[140]原文で6文字を欠くが、『孝』を参考に補った。
[141]『陽』・『孝』・『詩』は「殂」に作る。
[142]『陽』・『詩』は「胮」、『孝』は「𤴔」に作る。
[143]『陽』・『孝』・『詩』は「因欺」に作る。
[144]『陽』・『孝』・『詩』は「輊」に作る。
[145]原文で6文字を欠くが、『孝』を参考に補った。
[146]『陽』・『孝』・『詩』は「䑋」に作る。
[147]『陽』・『孝』・『詩』は「穷」に作る。

[148] 原文で5文字を欠くが、『孝』を参考に補った。
[149] 『陽』は「衄嬚」、『孝』は「衄㰅」、『詩』は「衄㯲」に作る。
[150] 『陽』・『孝』・『詩』は「盆瘠」に作る。
[151] 『陽』・『孝』・『詩』は「曲」に作る。
[152] 原文で5文字を欠くが、『孝』を参考に補った。
[153] 『陽』・『孝』・『詩』は「倚斯」に作る。
[154] 『陽』・『詩』は「聊边」に作る。
[155] 原文で4文字を欠くが、『孝』を参考に補った。
[156] 『詩』は「㺯」に作る。
[157] 原文で3文字を欠くが、『孝』を参考に補った。
[158] 『勧』は「建君」に作る。
[159] 『陽』・『孝』・『詩』は「悴」に作る。
[160] 『陽』は「濞」、『孝』は「邅」、『勧』は「遇」、『詩』は「鄭」に作る。
[161] 『陽』・『勧』・『詩』は「極」に作る
[162] 『陽』・『孝』・『詩』は「㪐」、『勧』は「埋」に作る。
[163] 『陽』・『孝』・『勧』は「燶憹」、『詩』は「爈燶」に作る。
[164] 原文は諱を避けず、そのまま「時」を使用している。一方、『孝』は嗣徳帝の名である「阮福時」の諱の「時」と同音の「時」を避けるため、ここを「辰」に改めている。このことは注135を参照されたい。
[165] 『孝』は「柵」に作る。
[166] 『陽』・『孝』・『勧』・『詩』は「極」に作る。
[167] 『陽』・『勧』・『詩』は「戧」に作る。
[168] この詩は「双七六八体」であるため、この句は7字があるはずだが、1文字を欠いている。他の『陽』、『孝』、『勧』のテキストでは「欺吒蹟蹟車拼」となっている。それらを参考に「蹟」を「欺吒蹟」の後に補った。
[169] 『陽』・『孝』・『勧』は「唫唫」、『詩』は「吟々」に作る。
[170] 『陽』・『孝』・『勧』・『詩』は「批」に作る。
[171] 『陽』・『孝』・『勧』は「擬」、『詩』は「扲」に作る。
[172] 『陽』・『勧』・『詩』は「買台」に作る。
[173] 『陽』・『孝』・『勧』・『詩』は「坦」に作る。
[174] 『陽』は「欺」、『勧』は「擬」、『孝』は「凝」、『詩』は「洿」に作る。「欺」は「とき」という意味であり、「擬」は「考える」の意であるが、おそらく「凝」の誤植であろう。
[175] 『陽』・『孝』・『勧』・『詩』は「陲」に作る。
[176] 『陽』・『勧』・『詩』は「奇」に作る。

第二部　李文馥系の「二十四孝」

[177]『陽』・『勧』は「鼃」、『孝』は「睚」、『詩』は「鼉」に作る。
[178]『詩』は「斛」に作る。
[179]『詩』は「聡」に作る。
[180]『詩』は「対」に作る。
[181]『陽』・『勧』・『孝』・『詩』は「滲」に作る。
[182]『陽』・『勧』・『孝』は「徐」に作る。
[183]『陽』・『勧』・『孝』・『詩』は「亼」に作る。
[184]『詩』は「常」に作る。
[185]『陽』・『勧』・『孝』・『詩』は「術」に作る。
[186]『陽』・『勧』・『孝』・『詩』は「跌」に作る。
[187]『勧』は「親」に作る。
[188]『陽』・『孝』・『詩』は「靂」、『勧』は「脾」に作る。
[189]『陽』・『勧』・『孝』・『詩』は「鶴」に作る。
[190]この詩は「双七六八体」であるため、この句は7字あるはずだが、1文字多い。他のテキストでは「蹐南遊珥跳桑蓬」となっているため、原文「蹐桑南遊珥跳桑蓬」の最初の「桑」の字は衍字であろう。
[191]『陽』・『勧』・『詩』は「狌」、『孝』は「鮏」に作る。
[192]この詩は「双七六八体」であるため、この句は8字あるはずだが、1文字を欠いている。他の『陽』、『孝』、『勧』のテキストでは「坌重簞糊呟重鐉高」となっている。それらを参考に「高」を補った。
[193]『詩』は「賸」に作る。
[194]『陽』・『勧』・『孝』・『詩』は「添」に作る。
[195]『陽』・『勧』・『孝』・『詩』は「隊」に作る。
[196]『勧』・『孝』・『詩』は「特」に作る。
[197]『陽』・『勧』・『詩』は「彘唅」、『孝』は「汶唅」に作る。
[198]『孝』・『詩』は「穷」に作る。
[199]『陽』・『勧』・『詩』は「極」に作る。
[200]『陽』・『勧』・『孝』・『詩』は「拁」に作る。
[201]『詩』は「蛛」に作る。
[202]『陽』・『勧』・『孝』・『詩』は「歳」に作る。
[203]『陽』・『勧』・『孝』・『詩』は「貔」に作る。
[204]『陽』・『勧』・『孝』・『詩』は「孰」に作る。
[205]『陽』・『勧』・『孝』は「台」、『詩』は「能」に作る。
[206]『陽』・『勧』・『孝』・『詩』は「黜」に作る。
[207]『孝』は「庫」に作る。

[208]　『陽』・『勧』・『孝』・『詩』は「劊」に作る。
[209]　『詩』は「吝」に作る。
[210]　『陽』・『勧』・『孝』・『詩』は「潘」に作る。
[211]　『孝』は「餽」、『勧』・『陽』・『詩』は「貔」に作る。
[212]　『陽』・『勧』・『孝』・『詩』は「猶」に作る。
[213]　『陽』・『勧』・『孝』・『詩』は「拉」に作る。
[214]　『陽』・『勧』・『孝』・『詩』は「抚」に作る。
[215]　『詩』は「聡」に作る。
[216]　『陽』・『勧』・『孝』・『詩』は「拱」に作る。
[217]　『陽』『勧』・『詩』は「僉」に作る。
[218]　『陽』・『勧』・『詩』は「極」に作る。
[219]　『陽』・『勧』・『孝』・『詩』は「裴」に作る。
[220]　『詩』は「鍬」に作る。
[221]　『陽』・『孝』は「蹄躴𠈎」、『詩』は「蹄睞𠈎」、『勧』は「搀㑣𠈎」に作る。
[222]　原文で1文字を欠くが、『孝』「二十四孝演音」を参考に補った。
[223]　『陽』・『勧』・『孝』・『詩』は「𮗚」に作る。
[224]　『陽』・『勧』・『孝』・『詩』は「㣴𣲖」に作る。
[225]　『陽』・『勧』・『孝』・『詩』は「坡」に作る。
[226]　『詩』は「華」に作る。
[227]　『陽』・『勧』・『孝』・『詩』は「拮」に作る。
[228]　『陽』・『勧』・『孝』・『詩』は「想」に作る。
[229]　『陽』・『勧』・『孝』・『詩』は「歴」に作る。
[230]　『陽』・『勧』は「𩜾」に作る。
[231]　『陽』・『勧』・『孝』・『詩』は「㖇」に作る。
[232]　『孝』はこの「第八　董永」部分を欠く。
[233]　『陽』・『勧』は「庄極」、『詩』は「極極」に作る。
[234]　『陽』・『勧』・『詩』は「極」に作る。
[235]　『陽』・『勧』・『詩』は「抚」に作る。
[236]　『陽』・『勧』・『詩』は「仉」に作る。
[237]　『陽』・『勧』・『詩』は「啫」に作る。
[238]　『陽』・『勧』・『詩』は「衒」に作る。
[239]　『陽』・『勧』・『詩』は「俸」に作る。
[240]　『陽』・『勧』・『詩』は「脱」に作る。
[241]　『陽』・『勧』・『詩』は「高潘」に作る。
[242]　『孝』はこの「第九　郭巨」部分を欠く。

165

第二部　李文馥系の「二十四孝」

[243]　『陽』・『勧』・『詩』は「沙鉢」に作る。
[244]　『陽』『勧』・『詩』は「僉」に作る。
[245]　『陽』『勧』・『詩』は「慈母」に作る。
[246]　原文は諱を避けず、そのまま「時」を使用している。
[247]　『陽』『勧』・『詩』は「極」に作る。
[248]　『陽』・『勧』・『詩』は「裝」に作る。
[249]　『陽』・『勧』・『詩』は「吶催」に作る。
[250]　『詩』は「短」に作る。
[251]　『詩』は「拜」に作る。
[252]　『詩』は「尺」に作る。
[253]　『陽』・『勧』・『詩』は「啾」に作る。
[254]　『陽』『勧』・『詩』は「僉」に作る。
[255]　『陽』・『勧』・『孝』・『詩』は「老母」に作る。
[256]　『陽』・『勧』・『孝』・『詩』は「熖」に作る。
[257]　『陽』・『勧』・『孝』・『詩』は「滝」に作る。
[258]　『陽』・『勧』・『孝』・『詩』は「𫘝」に作る。
[259]　『詩』は「常」に作る。
[260]　『陽』・『勧』・『詩』は「剱」に作る。
[261]　『陽』・『勧』・『詩』は「殢」、『孝』は「𤺥」に作る。
[262]　『陽』・『勧』・『孝』・『詩』は「黜」に作る。
[263]　『陽』・『勧』・『詩』は「僉」に作る。
[264]　『陽』・『勧』・『孝』・『詩』は「融」に作る。
[265]　『孝』は「昆」に作る。
[266]　『孝』は「昆」に作る。
[267]　『陽』・『勧』・『詩』は「奇」に作る。
[268]　原文では3文字を欠くが、『孝』「二十四孝演音」を参考に補った。
[269]　『陽』・『勧』・『孝』・『詩』は「輔」に作る。
[270]　『陽』・『勧』は「歛」に作る。
[271]　『孝』は「劍」に作る。
[272]　『陽』・『勧』は「罋」、『孝』は「晤」、『詩』は第187句、第188句の2句が記されていない。
[273]　『陽』・『勧』・『孝』・『詩』は「情」に作る。
[274]　『詩』は「羣」に作る。
[275]　『勧』は「羅」、『詩』は「罗」、『孝』は「如」に作る。
[276]　『陽』・『詩』は「極」に作る。

第一章　李文馥と「二十四孝演歌」について

[277] 『勸』・『詩』は「敢」、『孝』は「監」に作る。
[278] 『孝』は「味」に作る。
[279] 『陽』・『勸』では第195句、第196句の2句が「傳軍貼餞産床」および「跕僂㐌隻粘粮㐌瓢」、『孝』では「傳軍貼餞産床」および「跕僂汶隻粘粮汶瓢」、『詩』では「傳軍伐貼産床」および「跕僂㐌隻粘粮㐌瓢」と記されている。
[280] 『陽』・『勸』・『孝』・『詩』は「棚」に作る。
[281] 『陽』・『勸』・『孝』・『詩』は「䏦」に作る。
[282] 『孝』は「旦」に作る。
[283] 『陽』・『勸』・『孝』・『詩』は「盗賊」に作る。
[284] 『陽』・『勸』・『詩』は「極」に作る。
[285] 『詩』は「罚」に作る。
[286] 『陽』・『勸』・『詩』は「霹」に、『孝』は「霏」に作る。
[287] 『陽』・『勸』・『孝』・『詩』は「㖇」に作る。
[288] 『陽』・『勸』・『孝』・『詩』では「據餂常」と記されている。
[289] 『陽』・『勸』・『孝』・『詩』は「襌」に作る。
[290] 『陽』・『勸』・『孝』・『詩』は「襘」に作る。
[291] 「𣈜」(ngày) は普通「日」の意味である。しかしここでは「𣈜」の後に「媱」(vợ)(奥様、妻) と記されているため、「𣈜」は「𠊚」(người：人) の意でと理解すべきである。『陽』・『勸』・『孝』は「𠊚」(người)、『詩』は「欺」に作る。
[292] 『陽』・『勸』・『孝』・『詩』は「𫟿」に作る。
[293] 『陽』・『勸』・『詩』は「台」、『孝』は「能」に作る。
[294] 『詩』は「灵」に作る。
[295] 『陽』・『勸』・『孝』・『詩』は「旦」に作る。
[296] 『陽』・『勸』・『孝』・『詩』は「別」に作る。
[297] 『陽』・『勸』・『孝』・『詩』は「呵」に作る。
[298] 『陽』・『勸』・『詩』は「弼」に作る。
[299] 『陽』・『孝』・『詩』は「喰」に作る。
[300] 『詩』は「羣」に作る。
[301] 『孝』は「雉」に作る。
[301] 『孝』・『詩』は「生」に作る。
[303] 『陽』・『勸』・『詩』は「極」に作る。
[304] 『陽』・『勸』・『孝』・『詩』は「達」に作る。
[305] 『陽』・『勸』・『孝』・『詩』は「䏦」に作る。
[306] 『陽』は「嶙」、『勸』・『孝』・『詩』は「隣」に作る。
[307] 『陽』・『勸』・『孝』・『詩』は「𥮊」に作る。

［308］『孝』は「睚」に作る。
［309］『陽』・『勧』・『詩』は「唄々嗨々」に作る。
［310］『陽』・『勧』・『孝』・『詩』は「腿」に作る。
［311］『陽』・『勧』・『孝』・『詩』は「敆」に作る。
［312］『陽』・『勧』・『詩』は「喰」に作る。
［313］『陽』・『勧』・『孝』・『詩』は「於」に作る。
［314］原文は諱をさけず、そのまま「時」を使用している。
［315］『孝』は「鬻」に作る。
［316］『陽』・『勧』は「䎱」、『孝』・『詩』は「䎱」に作る。
［317］『陽』・『勧』・『孝』・『詩』は「善」に作る。
［318］『陽』・『勧』・『孝』・『詩』は「跳」に作る。
［319］『陽』・『勧』・『孝』・『詩』は「屯邅」に作る。
［320］『陽』・『勧』・『孝』・『詩』は「巴」に作る。
［321］『陽』・『勧』・『詩』は「戧命」に作る。
［322］『孝』・『詩』は「艮」に作る。
［323］『陽』・『勧』・『孝』・『詩』は「劫」に作る。
［324］『陽』・『勧』・『孝』・『詩』は「捉」に作る。
［325］『陽』・『勧』・『孝』・『詩』は「扰」に作る。
［326］『陽』・『勧』・『詩』は「脺」に、『孝』は「寠」に作る。
［327］原文は諱をさけず、そのまま「時」を使用している。
［328］『陽』・『勧』・『孝』・『詩』は「苹」に作る。
［329］『陽』・『勧』・『詩』は「極牧」に、『孝』は「庄牧」に作る。
［330］『陽』・『勧』・『孝』・『詩』は「毎」に作る。
［331］『陽』・『勧』・『詩』は「台」に作る。
［332］原文は諱を避けず、そのまま「實」の字を使用しているが、『陽』・『勧』・『孝』・『詩』は紹治帝の母親の名である「實」の諱を避け、「簤」、「寔」に改めている。このことについては『欽定大南会典事例』巻一百二十一に、「紹治元年議奏恭照、……臨文加巛頭臨讀避音、人名地名不得冒用二字〔一字上從茻下從十、一字上從宀下從貫〕とある。『欽定大南会典事例』巻百二十一（天理大学図書館所蔵）、第3葉表、第4葉表参照。〔 〕内は双行注である。
［333］『陽』・『勧』・『孝』・『詩』は「吻」に作る。
［334］『陽』・『勧』・『孝』・『詩』は「尬」に作る。
［335］『陽』・『勧』・『詩』は「霹」に、『孝』は「寠」に作る。
［336］『陽』・『勧』・『孝』は「曷」に作る。
［337］『陽』・『勧』・『孝』・『詩』は「吨」に作る。

[338]『陽』・『勸』・『孝』・『詩』は「融」に作る。
[339]『陽』・『勸』・『孝』は「昒昄」、『詩』は「昒歔」に作る。
[340]『陽』・『勸』・『詩』・『孝』は「道」に作る。
[341]『陽』・『勸』・『詩』は「極敢」に、『孝』は「庄敢」に作る。
[342]『詩』は「懢」に作る。
[343]『陽』・『勸』・『詩』・『孝』は「炻」に作る。
[344]『陽』・『勸』・『詩』・『孝』は「禫」に作る。
[345]『陽』・『勸』・『詩』・『孝』は「潭」に作る。
[346]『陽』・『勸』・『詩』・『孝』は「抳」に作る。
[347]『陽』・『勸』・『孝』は「韶」、『詩』は「詔」に作る。
[348]『陽』・『勸』・『詩』・『孝』は「旬」に作る。
[349]『陽』・『勸』・『詩』は「台」に作る。
[350]『孝』は「鯑」に作る。
[351]『孝』は「剹」に作る。
[352]『陽』・『勸』・『詩』・『孝』は「道」に作る。
[353]『陽』・『勸』・『孝』・『詩』は「答」に作る。
[354]『陽』・『勸』・『孝』・『詩』は「殎」に作る。
[355]『陽』・『勸』・『孝』・『詩』は「極」に作る。
[356]『陽』・『勸』・『孝』・『詩』は「黜」に作る。
[357]『孝』は「習」に作る。
[358]『陽』・『勸』・『孝』・『詩』は「㝵」に作る。
[359]『陽』・『勸』は「邂」、『詩』は「逾」に作る。
[360]『陽』・『勸』・『詩』は「極」に作る。
[361]『陽』・『勸』・『詩』は「儀」、『孝』は「剹」に作る。
[362]『陽』・『勸』・『孝』・『詩』は「特」に作る。
[363]『勸』・『孝』・『詩』は「鱣」に作る。
[364]『陽』・『勸』・『孝』・『詩』は「群」に作る。
[365]『詩』は「台」に作る。
[366]『勸』は「各」、『詩』は「別」に作る。
[367]『陽』・『勸』・『孝』・『詩』は「閑」に作る。
[368]『陽』・『勸』・『孝』・『詩』は「極」に作る。
[369]『孝』は「術」に作る。
[370]『陽』・『勸』・『孝』・『詩』は「融」に作る。
[371]『陽』・『勸』・『孝』・『詩』は「猷」に作る。
[372]『詩』は「扐」に作る。

第二部　李文馥系の「二十四孝」

[373]『陽』・『勸』・『孝』・『詩』は「衹」に作る。
[374]『陽』・『勸』は「拯」、『詩』は「極」に作る。
[375]『陽』・『勸』・『孝』・『詩』は「趴」に作る。
[376]『陽』・『勸』・『詩』は「候」、『孝』は「胡」に作る。
[377]『陽』・『勸』は「嘛」に作る。
[378]『陽』・『勸』・『詩』は「極」に作る。
[379]『孝』は「世」に作る。
[380] 原文は諱を避けず、そのまま「時」を使用している。
[381]『陽』・『勸』・『孝』・『詩』は「台」に作る。
[382]『陽』・『勸』は「䏶肆」、『詩』は「䏶律」、『孝』は「脿䏶」に作る。
[383]『詩』は「敢」に作る。
[384]『陽』・『勸』・『孝』・『詩』は「奈」に作る。
[385]『陽』・『勸』・『孝』・『詩』は「𦫳」に作る。
[386]『陽』・『勸』・『詩』は「脺」に、『孝』は「霶」に作る。
[387]『陽』・『勸』・『孝』・『詩』は「咮」に作る。
[388]『陽』・『勸』・『孝』・『詩』は「繞」に作る。
[389]『陽』・『勸』は「極」、『詩』は「拯」に作る。
[390]『詩』は「羣」に作る。
[391]『陽』・『勸』は「極」、『詩』は「拯」に作る。
[392]『陽』・『勸』・『孝』・『詩』は「悶」に作る。
[393]『陽』・『勸』・『孝』・『詩』は「靊凍」に作る。
[394]『勸』は「湖」に作る。
[395]『陽』・『勸』・『孝』・『詩』は「沼」に作る。
[396]『陽』・『勸』・『孝』・『詩』は「啾」に作る。
[397]『陽』・『勸』・『詩』は「㑒」に作る。
[398]『陽』・『勸』・『詩』は「術」に作る。
[399]『陽』・『勸』・『詩』は「㑒」に作る。
[400]『陽』・『勸』・『孝』・『詩』は「敬」に作る。
[401]『陽』・『勸』・『詩』は「命」、『孝』は「騎」に作る。
[402]『陽』・『勸』・『孝』・『詩』は「慄」に作る。
[403]『陽』・『勸』・『孝』は「買」、『詩』は「歲」に作る。
[404]『陽』・『勸』・『詩』は「㐄跳𨁣」、『孝』は「㐄跳」に作る。
[405]『孝』は「恒唯𦫳」に作る。
[406]『陽』・『勸』・『詩』は「㑒」に作る。
[407]『陽』・『勸』・『詩』は「欺」に作る。

第一章　李文馥と「二十四孝演歌」について

[408]　『陽』・『勧』・『孝』・『詩』は「喋」に作る。
[409]　『勧』は「嗨」に作る。
[410]　『孝』は「怞」に作る。
[411]　『陽』・『勧』・『孝』・『詩』は「脱」に作る。
[412]　『孝』は「㕸沙」に作る。
[413]　『陽』・『勧』・『孝』・『詩』は「捻」に作る。
[414]　『陽』・『勧』・『孝』・『詩』は「搗」に作る。
[415]　『陽』・『勧』・『孝』・『詩』は「䘺」に作る。
[416]　『陽』・『勧』・『孝』・『詩』は「台」に作る。
[417]　『孝』は「陳」に作る。
[418]　『陽』・『勧』・『孝』・『詩』は「𦜶」に作る。
[419]　『陽』・『勧』・『孝』・『詩』は「僉命」に作る。
[420]　『陽』・『勧』・『孝』・『詩』は「猛」に作る。
[421]　『陽』・『勧』・『孝』・『詩』は「砸」に作る。
[422]　『陽』・『勧』・『詩』は「僉」に作る。
[423]　『陽』・『勧』・『孝』は「術」に作る。
[424]　『陽』・『勧』・『孝』・『詩』は「猛」に作る。
[425]　『陽』・『勧』・『孝』は「命」に作る。
[426]　原文は諱を避けないが、『孝』、『陽』、『勧』、『詩』では「綿宗」は紹治の字であり、「宗」を避けるため、「尊」に改めている。紹治元年（1841）の諱の勅令には欠筆して「宗」としているが、紹治2年（1842）には通常の文章では「宗」を「尊」などに改めるよう命じた。このことについて、『大南寔録』には「辛丑紹治元年春二月頒紹治元年協紀曆、……禮部議上國諱諸尊字〔一臨文改用臨讀避音、人名地名不得冒用凡三字、左從日中從方右從定、上從日左從鬲右從虫、上從宀下從示〕……」、「小子臨文稱呼惟禁不得連用若單用宗字凡於郊廟者著照樣直書餘職制及臨文應用者著省一畫臨讀者應稱爲尊字亦足昭敬重」、「……壬寅紹治二年冬十一月、……列廟徽號與玉牒寔録中遇有應書人名及臨文如有恭遇列聖徽號亦準各敬缺一筆、至如臨文如係南國及北朝前代帝王廟號竝一切常用文字準各隨文義或改爲尊字或別字者毋得仍前省畫餘依議行……」とある。『大南寔録』正編、「大南寔録十三」第三紀（慶應義塾大学言語文化研究所、1977年）巻四62頁〜64頁、巻二十六358頁、366頁を参照。〔　〕内は双行注である。
[427]　『陽』・『勧』は「賫」に作る。
[428]　『陽』・『勧』・『孝』は「忟」に作る。
[429]　『陽』・『勧』・『詩』は「僉」、『孝』は「汶」に作る。
[430]　『陽』・『勧』・『詩』は「䏲」、『孝』は「觔」に作る。

171

第二部　李文馥系の「二十四孝」

［431］『詩』は「埒」に作る。
［432］『陽』・『勧』・『孝』・『詩』は「嗤」に作る。
［433］『陽』・『勧』・『孝』・『詩』は「趺」に作る。
［434］『陽』・『勧』・『孝』・『詩』は「術」に作る。
［435］『陽』・『勧』・『孝』・『詩』は「逸」に作る。
［436］『陽』・『勧』・『孝』・『詩』は「疜」に作る。
［437］『孝』は「忙」に作る。
［438］『陽』・『勧』・『孝』・『詩』は「悲」に作る。
［439］『陽』・『勧』・『孝』・『詩』は「買」に作る。
［440］『陽』・『勧』・『孝』・『詩』は「覔」に作る。
［441］『陽』・『勧』・『詩』は「𠴑忍䮤䩚汜䩼核」、『孝』は「𠴑忍䃅䩚汜䩼核」に作る。
［442］『陽』・『勧』・『詩』は「台」に作る。
［443］『陽』・『勧』・『孝』・『詩』は「溇」に作る。
［444］『陽』・『勧』・『詩』は「戕」に作る。
［445］『陽』・『勧』・『孝』・『詩』は「返」に作る。
［446］『陽』・『勧』・『詩』は「夋」に作る。
［447］『陽』・『勧』・『孝』・『詩』は「愖」に作る。
［448］『陽』・『勧』・『孝』・『詩』は「術喋」に作る。
［449］『陽』・『勧』・『孝』・『詩』は「唱」に作る。
［450］『陽』・『勧』・『孝』・『詩』は「酸」に作る。
［451］『陽』・『勧』・『孝』・『詩』は「胚」に作る。
［452］『陽』・『勧』・『孝』・『詩』は「三」に作る。
［453］『陽』・『勧』・『孝』・『詩』は「舐」に作る。
［454］『陽』・『勧』・『孝』・『詩』は「懇」に作る。
［455］『陽』・『勧』・『孝』・『詩』は「𡨸」に作る。
［456］『陽』・『勧』・『孝』・『詩』は「舐命」に作る。
［457］『詩』は「記」に作る。
［458］『陽』・『勧』は「謄」、『孝』は「騰」に作る。
［459］『陽』・『勧』・『孝』・『詩』は「喋」に作る。
［460］『陽』・『勧』・『孝』・『詩』は「貅」に作る。
［461］『陽』・『勧』・『孝』・『詩』は「舐」に作る。
［462］『陽』・『勧』・『詩』は「觧」に作る。
［463］『陽』・『勧』は「極」、『詩』は「拯」に作る。
［464］『陽』は「思」に作る。
［465］『陽』・『勧』・『孝』・『詩』は「僥」に作る。

第一章　李文馥と「二十四孝演歌」について

[466]　『陽』・『勧』は「鞹」に作る。
[467]　『孝』・『詩』は「宝」に作る。
[468]　『孝』・『詩』は「宝」に作る。
[469]　『陽』・『勧』・『詩』は「黜」、『孝』は「黜」に作る。
[470]　『詩』は「黜」に作る。
[471]　『陽』・『勧』は「極」、『詩』は「拯」に作る。
[472]　『陽』・『勧』・『孝』・『詩』は「扰」に作る。
[473]　『陽』・『勧』・『詩』は「拱」に作る。
[474]　『陽』・『勧』・『孝』・『詩』は「閔」に作る。
[475]　『陽』・『勧』・『詩』は「嚜」、『孝』は「黙」に作る。
[476]　『陽』・『勧』・『孝』・『詩』は「除」に作る。
[477]　『陽』・『勧』・『詩』は「嘛」、『孝』は「嚅」に作る。
[478]　『陽』・『勧』・『孝』・『詩』は「辞」に作る。
[479]　『陽』・『勧』・『詩』は「戕」に作る。
[480]　『陽』・『勧』は「極」、『詩』は「拯」に作る。
[481]　『陽』・『勧』・『孝』・『詩』は「時」に作る。
[482]　『陽』・『勧』・『孝』・『詩』は「嘛」に作る。
[483]　『陽』・『勧』・『孝』・『詩』は「僥」に作る。
[484]　『陽』・『勧』・『孝』は「染雪」に作る。
[485]　『陽』・『勧』・『孝』・『詩』は「吭」に作る。
[486]　『詩』は「台」に作る。
[487]　『陽』・『勧』・『孝』・『詩』は「卵」に作る。
[488]　『陽』・『勧』・『孝』・『詩』は「胖」に作る。
[489]　『陽』・『勧』・『孝』・『詩』は「極」に作る。
[490]　『孝』は「筧」に作る。
[491]　『詩』は「罗」に作る。
[492]　『陽』・『勧』・『詩』は「殊職」、『孝』は「殊職」に作る。
[493]　『陽』・『勧』・『孝』・『詩』は「弭」に作る。
[494]　『陽』・『勧』は「極恓」、『詩』は「拯搊」に作る。
[495]　『陽』・『勧』は「呵哴」、『孝』・『詩』は「呵浪」に作る。
[496]　『陽』・『勧』・『孝』・『詩』は「鈦」に作る。
[497]　『陽』・『勧』・『詩』は「戕」に作る。
[498]　『陽』・『勧』・『孝』・『詩』は「台」に作る。
[499]　『陽』・『勧』は「極」、『詩』は「拯」に作る。
[500]　『陽』・『勧』・『孝』・『詩』は「黜」に作る。

［501］『孝』・『詩』は「術」に作る。
［502］『陽』・『勧』・『詩』は「戧」に作る。
［503］『陽』・『勧』・『孝』・『詩』は「穹」に作る。
［504］『陽』・『勧』・『孝』・『詩』は「唄」に作る。
［505］『陽』・『勧』・『孝』・『詩』は「踏」に作る。
［506］『詩』は「䰠」、『孝』は「睲」に作る。
［507］『陽』・『勧』・『詩』は「䨖」に、『孝』は「䨆」に作る。
［508］『陽』・『勧』・『詩』は「留」に作る。
［509］Ngô Đức Thọ『ベトナム各王朝の避諱文字の研究』（*Nghiên cứu chữ húy Việt Nam qua các triều đại*）、Publication du Centre de l'Ecole Francaise d'Extreme-Orient au Vietnam、1997 年、172 ～ 173 頁を参照。

第二章 「詠二十四孝詩」と中越文化交渉

「詠二十四孝詩」は、李文馥(リー・ヴァン・フック、Lý Văn Phức)、陳秀穎(チャン・トゥ・ジン、Trần Tú Dĩnh)、杜俊大(ドー・トゥアン・ダイ、Đỗ Tuấn Đại)が中国広東に使臣として派遣されたとき、譚鏡湖、梁釗ら中国人の友人とともに唱和した七言絶句の詠詩である。テキストにより、「詠二十四孝詩」、「二十四孝詠」などと題名が異なっているが内容は類似している。ベトナムにおける「二十四孝」関連文献のうち「詠二十四孝詩」のみは、ベトナム人の知識人と中国人の知識人との唱和詩であるため、両国の文化交渉をよく反映した文献であるといえよう。漢文で書かれたこの「詠二十四孝詩」は、押韻・平仄律をもつ詩歌形式である「双七六八体」の字喃詩に演音された作品「二十四孝演歌」と比較すると民衆性に欠けるが、当時の官僚や知識人に一定の影響を与えたと推測できる。

本章では、『掇拾雑記』(AB132)所収の「詠二十四孝詩」をとり上げ、それが知識人層にどのような影響を与えたのか、中国とベトナムの文化交渉にどのように貢献したのかを考えてみたい。

一.作者の履歴

1. 李文馥の履歴

李文馥の履歴については第二部第一章でとり上げたため、本節では他の作者である陳秀穎、杜俊大、譚鏡湖、梁釗について述べる。

第二部　李文馥系の「二十四孝」

2. 陳秀穎の履歴

　陳秀穎の経歴に関する資料は、筆者の調査によれば、『漢喃書目―作者目録』(Thư mục Hán Nôm - mục lục tác giả)[1]、『李文馥、19世紀の作者』(Lý Văn Phức, tác gia thế kỷ 19)[2]、『ベトナム作者たちの略伝』(Lược truyện các tác gia Việt Nam)[3]、『西廂伝』(Truyện Tây Sương)[4]、『大南寔録』正編第二、三紀、『大南正編列伝』二集、『仙城侶話』の7点がある。このうち『大南寔録』『大南正編列伝』『仙城侶話』は漢文で書かれ、他の4点は現代ベトナム語による文献である。

　現代ベトナム語による文献には陳秀穎の氏名、字、号、著作について重複する記述もかなりあるため、ここでは最も基本的な資料である『大南寔録』『大南正編列伝』『仙城侶話』の関連記述のみを引用する。

　李文馥・陳秀穎・杜俊大により編著された『仙城侶話』の「仙城話語集序」には、

　　乙未夏、余奉命如粤、同派有陳君寔軒[5]、杜君鑑湖者、余因得與之交焉、
　　陳君乙酉科解元、與余有門誼。……陳公寔軒、金洞之延安人[6]。

とある。
　また、『大南正編列伝』によると、

　　陳秀穎興安金洞人、明命六年、領郷薦絲戸部行走累遷郎中十三年、授京
　　兆尹坐事免、奉派乘大銅船送往粤東、江流波公幹、前後閲十餘年洋程、
　　凡九度備經險艱開復至内務府郎中、紹治七年、以老母年屆八十得請歸養、
　　自號金山觀濤老人、所著有家禮並觀濤詩集、年六十卒[7]。

とある。さらに、『大南寔録』には、

　　明命十三年、「以戸部署郎中陳秀穎調署承天府丞」[8]。
　　明命十四年、「授段文富爲工部左侍郎……陳秀穎爲承天府丞署府尹」[9]、「授
　　張登桂爲兵部尚書……陳秀穎爲承天府尹」[10]。

第二章　「詠二十四孝詩」と中越文化交渉

明命十五年、「府尹陳秀頴以短減犯產價值致民黷、控坐革罶」[11]、「承天府尹陳秀頴坐免」[12]。

明命十六年、「起復革員陳秀頴爲司務、頴前以府尹獲咎、得革派從青鷟船効力及還摘發派員陳公璋劣蹟故起用之」[13]。

明命十八年、「起復陳名彪爲内務府……陳秀頴爲内務府司務」[14]。

明命二十年、「分派官船如外洋公務瑞龍船以參知陶致富充正辦員外郎陳秀頴充副辦往江流波」[15]。

明命二十一年、「遣副衞尉協領侍衞阮進雙充清洋船正辦員、外郎陳秀頴充副辦、送洋人哺移助等〔派員陶致富所雇護隨氣機船〕回下洲地方、因便採買貨項」[16]。

紹治二年、「以二等侍衞武文智内務府員外郎阮文功充金鷟船副辦往江流波地方……内務府員外郎陳秀頴充雲鵬船副辦、漕政副使阮公義充翔鶴船副辦均往新嘉波地方操演水程仍照内務府清單採辦」[17]。

紹治三年、「命戸部原左參知陶致富充奮鵬船正辦内務府員外郎陳秀頴充副辦往江流波」[18]。

とある。

これに現代ベトナム語による資料4点の記述をあわせて陳秀頴の経歴と作品について整理すれば、以下のようになる。

陳秀頴は字を寔軒（トゥック・ヒエン、Thực Hiên）、号を金山観濤老人（キム・ソン・クアン・ダオ・ラオ・ニャン、Kim Sơn Quan Đào lão nhân）という。興安省金洞県延安社の人である。明命6年（1825）乙酉科の解元となり、李文馥と同門の友人である。

上記7つの資料にはその生没年が記されていないが、『掇拾雑記』にある「詠二十四孝詩序」の直前に陳秀頴自身が「頴　七八歳時、遠從學業、在外之日多、至二十有七、僥倖一解」[19]と記している。上述したように、彼は1825年に解元になったため、そこから、生年は1799年であると推測できる。60歳で、すなわち1858年に死去した。官職在任の間に何度か降格したが、しばらくすると、復職した。

177

明命 13 年（1832）から紹治 3 年（1843）まで、承天府丞、承天府尹、内務府司務をつとめ、江流波、新嘉波、広東、下州などに派遣され、前後十数年の日々を海外で過ごした。李文馥とは中国広東に 3 回同行している。その作品としては『家礼』（AB573）、『仙城侶話』（A301）、「観濤詩集」が伝わっている。

3. 杜俊大の履歴

杜俊大の経歴に関する資料は、筆者の調査によれば、『漢喃書目―作者目録』[20]（*Thư mục Hán Nôm - mục lục tác giả*）、『李文馥、19 世紀の作者』（*Lý Văn Phức, tác gia thế kỷ 19*）[21]、『ベトナム作者たちの略伝』（*Lược truyện các tác gia Việt Nam*）[22]、『ベトナム漢喃の作者の字、号』（*Tên tự tên hiệu các tác gia Hán Nôm Việt Nam*）[23]、『西廂伝』（*Truyện Tây Sương*）[24]、『大南寔録』正編第二、三紀、『仙城侶話』の 7 点がある。このうち『大南寔録』『仙城侶話』だけが漢文で書かれ、他の 5 点は現代ベトナム語による文献である。

現代ベトナム語による文献には杜俊大の氏名、字、号、著作について重複する記述もかなりあるため、ここでは最も基本的な資料である『仙城侶話』、『大南寔録』の関連記述のみを引用する。

李文馥・陳秀穎・杜俊大によって編著された『仙城侶話』の「仙城話語集序」には、

> 乙未夏、余奉命如粵、同派有陳君寔軒、杜君鑑湖者、余因得與之交焉、……杜君先余二科、領郷薦、則於余爲先達輩。……杜公鑑湖、文江之温舎人、皆吾三之粵、辰文章交也、交久而不哀道也。[25]

とある。

また、『大南寔録』には、

> 明命十四年、「以宣光布政阮有珪調補海陽布政工部署郎中杜俊大調署海陽按察」[26]、「海陽按察杜俊大以私事擅用公篆爲署督阮公著指参坐革職從部效力」[27]。

第二章 「詠二十四孝詩」と中越文化交渉

明命十五年、「遣副衞尉范富廣、陳公瑋、該隊范文伐等、帶同革員杜俊大、阮名碑、阮公僚分乘靈鳳青鷽奮鵬諸大船駛往江流波呂宋下洲公務」[28]。
明命十六年、「遣工部員外郎李文馥、署戸部員外郎黎文豪等、管將兵船送獲犯于廣東起復革員阮公僚、杜俊大爲戸部正八品書吏隸隨公務」[29]。
紹治元年、「皇考斂福錫民之惠乃各免其爲兵效力、尊室潢、杜俊大開復司務」[30]。
紹治四年、「以工部員外郎杜俊大、太常寺員外郎阮忠義均陞署吏部郎中」[31]。
紹治五年、「……以吏部郎中杜俊大補授鴻臚寺卿」[32]。
紹治六年、「以兵部左參知林維浹陞署工部尚書……鴻臚寺卿杜俊大陞署工部右侍郎」、「以署工部右侍郎杜俊大調署承天府尹。……俊大以承天妾貫上疏迴避乃以署刑部左侍郎陳著調署承天府尹、杜俊大調署刑部左侍郎」[33][34]、「署刑部右侍郎杜俊大免、俊大之子陰受人財、代單控狀、事發以禁約不嚴、降補員外郎衛發洋程效贖」、「遣戸部右侍郎尊室常郎中阮公議乘寶龍大船駛往江流波地方……員外郎杜俊大乘彩鷽大船駛往新嘉波地方操演水程因便採買貨項」[35][36]。
紹治七年、「以署戸部郎中潘伯彥補授倉場郎中員外郎杜俊大陞署禮部郎中」[37]。

とある。
　これに、現代ベトナム語による資料５点の記述をあわせて杜俊大のその経歴を総括すれば、以下のとおりである。
　杜俊大は字を鑑湖（ザム・ホー、Giám Hồ）という。北寧省文江県温舎社の人である。生没年は不明である。嘉隆12年（1813）癸酉科の挙人になり、李文馥より二科先輩である。官職在任の間に何回か降格を経験しているが、しばらくすると復職している。
　明命14年（1833）から紹治7年（1847）まで、海陽按察、吏部郎中、鴻臚寺卿、工部右侍郎、刑部左侍郎、礼部郎中を歴任し、江流波、新嘉波、広東、下州、呂宋に派遣された。彼は李文馥、陳秀穎と広東に3回同行した。李文馥、陳

179

秀穎とともに『仙城侶話』(A301) を編著したほか、『掇拾雑記』(AB132) に跋があり、『燕台嬰話演音』(AB285) に評論文が載っている。

4. 譚鏡湖の履歴

　譚鏡湖についての資料はほとんどない。『孝順約語』に収める「二十四孝詠」には「附大清譚鏡湖詠[38]」とあり、『掇拾雑記[39]』所収の「詠二十四孝詩」には「和李陳杜詠孝詩二十四首、南海譚鏡湖秋江拜和[40]」とある。この情報にもとづき、筆者は『広東省南海県志』(清宣統2年) 7冊、『三十三種清代伝記綜合引得 (Index to Thirty-three Collections of Ch'ing Dynasty Biographies)』、『清代七百名人伝』の三資料を調べたが、譚鏡湖秋江という名は見えない。『李文馥、19世紀の作者』にも、「李文馥が中国人の文友と交渉した際、「孝」についての話題を話しつつ詩を詠じた。例えば、乙未 (1835) の冬に広東に滞在した際、彼は中国人の文友である譚秋江とともに「二十四孝」について唱和した[41]」と簡単に述べるだけである。なお、杜俊大の「詠二十四孝詩跋」(『掇拾雑記』所収) のあとに、譚鏡湖はみずから、

　　　余少孤出就外傳一巻青燈、半窗風雨、欝欝不得志者二十餘年、無何歸以
　　　奉母、母年老多病侍湯藥者凡八年、母歿又不克承先人之訓、以終其業、
　　　松楸相對、猿鶴爲隣、黍稷菽麥、且不知、麻縷絲絮、且不知、悠悠歳月、
　　　于今四十年矣。……梁子 (筆者注：梁釗 (毅菴) である) 曰、然子之志高、
　　　子之心亦若矣[42]。

と述べている。
　ここから、譚鏡湖は字を秋江といい、清の南海の人で長く隠居生活をし、梁釗や李文馥と交友があったことがわかる。

5. 梁釗の履歴

　梁釗 (毅菴) に関する資料もほとんどない。『掇拾雑記』に収める「詠二十四孝詩」には「乙未冬十一月既望、南海梁釗毅菴書于停雲山館[43]」とある。

第二章 「詠二十四孝詩」と中越文化交渉

筆者は『広東省南海県志』（清宣統2年）7冊、『三十三種清代伝記綜合引得』、『清代七百名人伝』を調べたが、梁釗（毅菴）という名前は出てこない。しかし、『越南漢文燕行文献集成』の所収の李文馥「澳門誌行詩抄序」に、

> 癸巳夏、余與同官洪大夫、奉國命護送、失風戰船來粵、八月既望、余獨以事之澳門、與南海梁君毅菴、同舟往返凡五日、得詩各如干首。毅菴蓋文雅士、而隱于市北、性恬和與物無忤、……是行余復與之俱、夫毅菴與余南北人也。余非因公來粵、固無由之澳門、卽毅菴非余亦足跡之不所到、乃行。……顧念異地之相知、喜雅遊之有偶。何可付之散落、以遺大塊、文章一憾哉、於是總爲抄收拾抄錄成編、聊以誌梁君與余之情於奇山秀水間、爲梁君與余嘗居披閱焉耳矣、詩之所工拙、均非所計也、編成題顏曰澳門誌行詩抄幷辯數行于端簡以送之云。[44]

とある。

　これによると、癸巳すなわち1833年の夏、李文馥が広東南海の人である梁毅菴とともに澳門（マカオ）に行った時、澳門のすばらしい景色について詩を作り、二人が唱和した詩を「澳門誌行詩抄」という詩集にまとめたという。また梁毅菴は文学に優れた人であり、穏やかな性格の持ち主で、南海の市北に隠棲していたということもわかる。

二.「詠二十四孝詩」の形態

　「詠二十四孝詩」（「二十四孝詩」）は①から⑤の文献に収められている。このうち、現在知られる李文馥、陳秀穎、杜俊大、譚鏡湖、梁釗（毅菴）の五人の詠詩をすべて収載している文献は①『掇拾雑記』の「詠二十四孝詩」であるため、本章ではこれによって考察することにする。

第二部　李文馥系の「二十四孝」

1. 作品の誕生の背景および創作の動機

「詠二十四孝詩」に関して、『仙城侶話』にある「仙城話語集序」には、

> 乙未夏、余奉命如粵、同派有陳君寔軒、杜君鑑湖者。……辰因公暇、相與論文、或發於詩、各存之集、就中有因事同詠者、有隨興別咏者、有次韻者、有不必次韻者、凡亦以聲韻代音話耳、余惧其久而譌也、所有二十四孝詠、另已合訂成編。……永湖克齋李文馥隣芝自序于仙城使驛。[45][46]

とある。
次に、「詠二十四孝詩序」(李文馥)の全文は次のとおりである。

> 余演二十四孝歌旣成、陳君實軒、杜君鑑湖、不以爲無文誦不置、猝謂余曰、盍詠之、余惟二十四孝皆古聖賢絕行也、演之土音、俾易於成誦斯可矣、加一辭以贊之、不已贅乎、矧以余之筆墨、而何能摹寫其萬一、轉念仰聖謨景賢範、朱夫子蓋嘗有是言也。無已則章詠一截、仍繫于演音之後、各以致其景仰之誠焉爾、詩之工拙且勿論何如、二君咸慫慂曰、是所願也、夫二君亦豈好爲矜長而衒艷者哉情之所觸也、孝也、余不能違、因書以爲序、後學　李文馥拜書。[47][48]

そして、「詠二十四孝詩跋」(杜俊大)には、

> 李隣芝翁演二十四孝歌成、余與陳君寔軒請詠之、翁始謂尋常筆墨、曷足以摹仿之、旣而曰不妨、亦各致其景仰焉耳矣、遂乃各詠二十四首、以繫演後、夫孝之爲德固大、而學之者寔非高遠難行、貧富老幼、隨所遇之境、皆可得學、顧在力行之何如耳、余曰望余之子媳若孫、世世學之、其婦孺者於此歌、時時服膺焉、其讀詩者、尤於此詩、時時服膺焉、相與歌誦諷詠、有所興起、爲善思貽父母令名必果、爲不善、思貽父母羞辱、必不果、縱未能遠追先哲、或亦庶乎、至於詩之工拙、翁固曰非所論也、因書以爲跋。時　明命乙未復月、文江學復堂杜俊大鑑湖書于仙城公館。[49]

第二章 「詠二十四孝詩」と中越文化交渉

とある。
　また、「詠二十四孝詩跋」の直後にある譚鏡湖の文には、

　　歳之閏月、李君隣芝由越南奉使來粤、公餘之下、手編二十四孝詩成、同
　　時和者、則有皆來之杜君鑑湖、陳君寔軒、其人也、出示梁子毅葊、屬余
　　一閲。……夫二十四孝詩、非所以問世正所以風世也、爲國家正綱常者詩
　　此、爲閭里厚風俗者、此詩、將使仁人孝子、靄然沐於光天化日之下者、
　　此詩、甚盛事也、讀聖賢書、所學何事、……余不覺怊然而悲、矍然而起、
　　和成若干首、以付毅葊、請質之隣芝諸君子、道光乙未復陽月既望、南海
　　譚鏡湖秋江氏書于城西之聽潮樓。[51]

と記されている。
　さらに、「和李陳杜詠詩二十四首」の譚鏡湖の詠詩の直後にある梁釗の文
には、

　　乙未冬、越使李隣芝先生手編二十四孝演音一篇、且繋以詩、其同事杜君
　　鑑湖、陳君實軒、僉謂先生勸孝之心、殆深有益于風俗者、我朋輩亦不可
　　不繋以詩、而推廣之、使知愚有所興感、以副　先生之意、余感斯言、不
　　敢以淺陋辭、爰成二十四首、以殿諸君之後、工拙非所計也、道光乙未冬
　　十一月既望、南海梁釗毅葊書于停雲山館。[52]

とある。
　これらを総括すれば、「詠二十四孝詩」の著作の動機がわかる。李文馥、
陳秀穎、杜俊大はベトナムから中国広東に使臣として派遣されたとき、譚鏡
湖、梁釗ら中国の友人とともに、李文馥の「二十四孝演歌」の続編の意味を
こめて「詠二十四孝詩」を作った。彼らは「孝道」の実践の模範として代々
の子孫に残し、子孫が風俗に善い影響を与え、国家の綱常が正しくなるよう
貢献することを求めてこれをまとめたという。

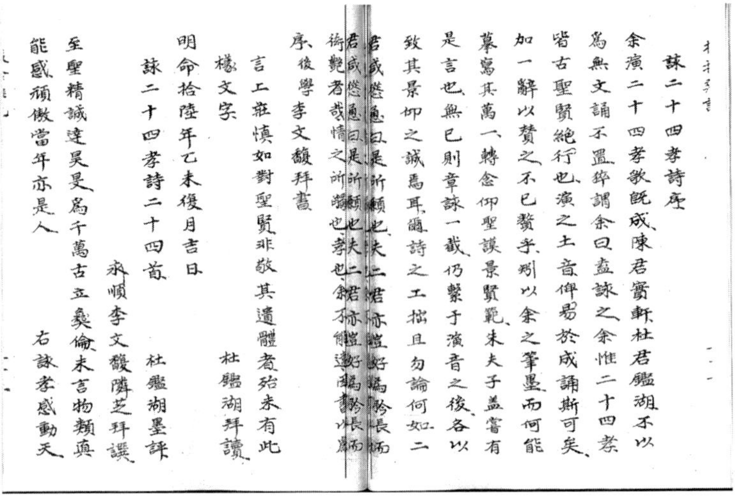
詠二十四孝詩序
余演二十四孝歌既成陳君竇軒杜君鑑湖不以
爲無文誦不置卒謂余曰盍詠之余惟二十四叅
皆古聖賢絶行也演之土音俾易於成誦斯可矣
加一辭以贊之不已贅乎別以余之筆墨而何能
摹寫其萬一轉念仰聖謨景賢範朱夫子盖嘗有
是言也無已則章詠一截仍繫于演音之後各以
致其景仰之誠焉耳爾詩之工拙且勿論何如二
君咸慫慂曰是所願也夫二君亦嗌好篤於長而
術艶者哉情之所鍾也孝也余不能遽[illegible]書以爲
序後學李文馥拜書
言工拙慎如對聖賢非敬其遺體者殆未有此
㰜文字　杜鑑湖拜讀
明命拾陸年乙未復月吉日
詠二十四孝詩二十四首
永順李文馥隣芝拜譔　杜鑑湖墨評
至聖精誠達昊旻爲千萬古立彝倫未言物類眞
能感頑傲當年亦是人　右詠孝感動天

図 2-2-1「詠二十四孝詩」（『掇拾雑記』（AB132）所収、漢喃研究院蔵）
第 51 葉裏～ 52 葉表

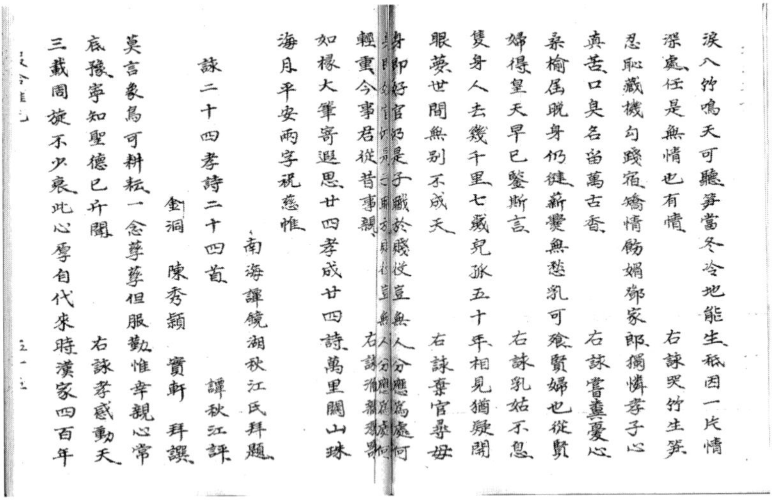
淚入竹鳴天可聽笋當冬冷地能生秖因一片情
深處任是無情也有情　右詠哭竹生笋
忍恥藏機勾踐宿矯情飭媚鄧家郎獨憐孝子心
眞苦口臭名留萬古香　右詠嘗糞憂心
桑楡屆晩身仍健薪爨無愁乳可飡賢婦也從賢
婦得皇天早已鑒斯言　右詠乳姑不怠
隻身人去幾千里七歳兒孫五十年相見猶疑開
眼夢世間無別不成天　右詠棄官尋母
身即好官仍是子職於賤役豈無人分應爲處何
輕重今事君從昔事親　右詠滌親溺器
如椽大筆寄遐思廿四孝成廿四詩萬里關山珠
海月平安兩字祝慈帷
南海譚鏡湖秋江氏拜題　譚秋江評
詠二十四孝詩二十四首
金洞陳秀穎寶軒拜譔
莫言象鳥可耕耘一念孳孳但服勤惟幸覲心常
底豫寧知聖德已升聞　右詠孝感動天
三載周旋不少衰此心孚自代來時漢家四百年

図 2-2-2「詠二十四孝詩」（『掇拾雑記』（AB132）所収、漢喃研究院蔵）
第 54 葉裏～ 55 葉表

2. 著作年代

「詠二十四孝詩」が作られた年代は、杜俊大の「詠二十四孝詩跋」には、「時明命乙未復月」とあり、譚鏡湖の語にも「道光乙未復陽月既望」とあり、梁釗の語にも「道光乙未冬十一月既望」とある。ここから、「詠二十四孝詩」が明命 16 年乙未（1835）旧暦 11 月に書かれたことは明らかである（図 2-2-1 参照）。

3. 文献の形態

「詠二十四孝詩」は「詠二十四孝詩序」、「二十四孝詩二十四首」（李文馥作）、「二十四孝詩二十四首」（陳秀頴作）、「二十四孝詩二十四首」（杜俊大作）、「詠二十四孝詩跋」、「和李陳杜詠孝詩二十四首」（譚鏡湖作）、梁釗（毅菴）の詠詩で構成される。これは 24 人の孝子について詠じた七言絶句の漢詩であり、李文馥、陳秀頴、杜俊大、譚鏡湖、梁釗それぞれの 24 首の詠詩を載せ、さらに李文馥、陳秀頴、杜俊大の 24 首のあとに譚鏡湖による拝題の詩を各 1 首載せている。全部で 123 首、492 句からなる。

三．「詠二十四孝詩」と漢詩文献

ここで李文馥、陳秀頴、杜俊大、譚鏡湖、梁釗による詠詩全 123 首を引用することにする。また、他の文献、すなわち②『孝順約語』、③『勧孝書』、④『陽節演義』、⑤『驩州風土話』はいずれも李文馥、陳秀頴、杜俊大の「詠二十四孝詩」を収録しているので、それらとの文字の異同も記しておく。ただし、⑤『驩州風土話』には譚鏡湖、梁釗の詠詩は収められず、②『孝順約語』は譚鏡湖の詠詩を収めるが梁釗の詠詩を収めていない。③『勧孝書』と④『陽節演義』では、附録として譚鏡湖の詠詩を掲載しているが、第十三の陸績以降の詠詩が欠けており、また、梁釗（毅菴）の詠詩も収められていない。

第二部　李文馥系の「二十四孝」

　先述のように、原文では李文馥以下 5 人の作者ごとに 24 首を載せ、さらに譚鏡湖の拝題の詩 3 首を加えているがここでは見やすくするため、各孝子の標題をつけ、そのあとにその孝子についての各人の詩を分載した。また、譚鏡湖の詩 3 首は最後にまとめて掲げた。
　校訂の結果を示す場合は、以下の略称を用いる。すなわち『掇』:『掇拾雑記』、『孝』:『孝順約語』、『勧』:『勧孝書』、『陽』:『陽節演義』、『驩』:『驩州風土話』。

第一　孝感動天

①李文馥の詠詩
　　至聖精誠達昊旻、爲千萬古立彝倫、未言物類眞能感[53]、頑傲當年亦是人。
　　　　　　　　　　　　　　　　　　　　　　　　　　　右詠孝感動天
②陳秀穎の詠詩
　　莫言象鳥可耕耘、一念孳孳但服勤[54]、惟幸親心常底豫[55]、寧知聖德已升聞。
　　　　　　　　　　　　　　　　　　　　　　　　　　　右詠孝感動天
③杜俊大の詠詩
　　天遣重華繼放勳[56][57]、故教衡困達宸聞[58]、尋常親遜家家有[59]、嫣汭何年覿躍雲[60][61]。
　　　　　　　　　　　　　　　　　　　　　　　　　　　右詠孝感動天
④譚鏡湖の詠詩
　　歷山怨艾慕雙親[62]、鳥象同耕行絕倫[63]、千古綱常名教在、不知天地有頑人。
　　　　　　　　　　　　　　　　　　　　　　　　　　　右和孝感動天
⑤梁釗の詠詩
　　貳室曾聞舊館甥[64]、重瞳大孝久蜚聲、莫言頑傲應知感、禽獸當年亦代耕。
　　　　　　　　　　　　　　　　　　　　　　　　　　　右詠孝感動天

第二章 「詠二十四孝詩」と中越文化交渉

第二　親嘗湯藥[65]

①李文馥の詠詩
　　九州榮養珍甘易、三載周旋[66]寢食難[67]、喜動慈顏[68]宜勿藥[69]、此心抵得幾金丹[70]。
　　　　　　　　　　　　　　　　　　　　　　　　　　　　　　　　　右詠親嘗湯藥

②陳秀穎の詠詩
　　三載周旋[71]不少衰、此心厚[72]自代來時[73]、漢家四百年天下、早在蒼龍一夢奇。
　　　　　　　　　　　　　　　　　　　　　　　　　　　　　　　　　右詠親嘗湯藥

③杜俊大の詠詩
　　帝王特孝異尋常、三載存存寢寐忘[74]、一念願爲恭儉子、瑤圖四百萬年香[75]。
　　　　　　　　　　　　　　　　　　　　　　　　　　　　　　　　　右詠親嘗湯藥

④譚鏡湖の詠詩
　　萬國昇平海宇寬[76]、身先教孝敢言難[77]、寢門侍病三年藥、應是長春不老丹。
　　　　　　　　　　　　　　　　　　　　　　　　　　　　　　　　　右和親嘗湯藥

⑤梁釗の詠詩
　　寢門三載百焦憂、藥餌親嘗子道周、最是西京明詔好、躬將孝弟教神州。
　　　　　　　　　　　　　　　　　　　　　　　　　　　　　　　　　右詠親嘗湯藥

第三　囓指心痛[78]

①李文馥の詠詩
　　母居深室子深山、一路匆匆[79]去復還[80]、指囓[81]未應心便動[82]、是慈是孝獨相關[83][84]。
　　　　　　　　　　　　　　　　　　　　　　　　　　　　　　　　　右詠囓指心痛

②陳秀穎の詠詩
　　祿養[85]羞從徑路尋、採薪日日到深林、指頭一囓歸來早、感應先乎平昔心[86]。
　　　　　　　　　　　　　　　　　　　　　　　　　　　　　　　　　右詠囓指心痛

③杜俊大の詠詩
　積誠林藪也非遥、感在無聲豈待招、啓聖廟中從祀朋[87]、顯揚到底屬山樵[88]。
　　　　　　　　　　　　　　　　　　　　　　　　　　　右詠囓指心痛

④譚鏡湖の詠詩
　一肩殘炤幾重山[89]、伐木丁丁去復還[90]、心痛不知縁底事[91]、由來血脉總相關[92]。
　　　　　　　　　　　　　　　　　　　　　　　　　　　右和囓指心痛

⑤梁釗の詠詩
　心痛翻從指痛催、負薪入帶夕陽回、可知氣血相孚處、即是心傳一貫來。
　　　　　　　　　　　　　　　　　　　　　　　　　　　右詠囓指心痛

　　　　　　　　第四　單衣順母

①李文馥の詠詩
　肯教冬月寒三子、轉得春風煖一家、孝行也能榮艸木[93]、千秋猶識有蘆花[94]。
　　　　　　　　　　　　　　　　　　　　　　　　　　　右詠單衣順母

②陳秀穎の詠詩
　寒到蘆花也不知[95]、春温蓬蓽自怡怡、三單一語千秋感、妬母安能不作慈。
　　　　　　　　　　　　　　　　　　　　　　　　　　　右詠單衣順母

③杜俊大の詠詩
　雪裏[96]蘆花[97]氣自温[98]、婞修奚必事多言[99]、顯〔親〕[100][101]直要登仁岸[102]、遺體安能見季孫。
　　　　　　　　　　　　　　　　　　　　　　　　　　　右詠單衣順母

④譚鏡湖の詠詩
　忍寒無奈父先知、一領蘆花亦自怡[103][104]、到底母賢終孝感、頑嚚何事不爲慈。
　　　　　　　　　　　　　　　　　　　　　　　　　　　右和單衣順母

⑤梁釗の詠詩
　一般愛敬一般親、却忘蘆花有未均、偶爲傷慈方顯孝、古今何在計頑嚚。
　　　　　　　　　　　　　　　　　　　　　　　　　　　右詠單衣順母

第二章 「詠二十四孝詩」と中越文化交渉

第五　爲親負米

①李文馥の詠詩
　鼎鍾他日男兒分[105]、藜藿當年赤子心[106]、負米片言千古貴[107]、大唐萬乘亦知欽[108]。
　　　　　　　　　　　　　　　　　　　　　　　　　　　右詠爲親負米

②陳秀穎の詠詩
　躬勞負米敢言賢、列鼎重裀轉惘然、此念好推千乘賦[109]、知方應不待三年[110]。
　　　　　　　　　　　　　　　　　　　　　　　　　　　右詠爲親負米

③杜俊大の詠詩
　居然鼎食憶藜羹[111]、負米回思百里輕[112][113]、每飯想應如有見[114]、聖門絶勇不虛名。
　　　　　　　　　　　　　　　　　　　　　　　　　　　右詠爲親負米

④譚鏡湖の詠詩
　重裀列鼎嘆藜羹、富貴浮雲一樣輕、莫道田家雞黍敬、晨門擊柝亦知名[115]。
　　　　　　　　　　　　　　　　　　　　　　　　　　　右和爲親負米

⑤梁釧の詠詩
　列鼎重裀記昔時、自烹藜藿當甘飴[116]、于今伏臘空回首、故國松楸一望悲。
　　　　　　　　　　　　　　　　　　　　　　　　　　　右詠爲親負米

第六　鹿乳奉親

①李文馥の詠詩
　堂上老看花似霧、山中巧炫鹿爲衣[117][118]、鹿如有意能分乳[119]、人亦何心不息機[120]。
　　　　　　　　　　　　　　　　　　　　　　　　　　　右詠鹿乳奉親

②陳秀穎の詠詩
　縱有珍甘不謂豐[121][122]、鹿衣日日到山中、一壺香乳雙親喜[123]、感得虞人亦掛弓[124]。
　　　　　　　　　　　　　　　　　　　　　　　　　　　右詠鹿乳奉親

189

③杜俊大の詠詩
　除是崑崙請玉漿、鹿遊儘可報爺娘、誰知仙獸能方便、日日留來贈孝郎。
　　　　　　　　　　　　　　　　　　　　　　　　右詠鹿乳奉親

④譚鏡湖の詠詩
　親頤似較往時豐、更向深山萬壑中、自笑年來爲鹿友、何人挾矢又張弓。
　　　　　　　　　　　　　　　　　　　　　　　　右和鹿乳奉親

⑤梁釗の詠詩
　深林得乳正歸來、惹得庭闈笑口開、我亦山中麋鹿友、也思擎乳作霞杯。
　　　　　　　　　　　　　　　　　　　　　　　　右詠鹿乳奉親

　　　　　　第七　戲彩娛親

①李文馥の詠詩
　眞爲高堂啼暮雪、故將斑彩舞春風、白頭到底心仍赤、一箇兒孩却是翁。
　　　　　　　　　　　　　　　　　　　　　　　　右詠戲彩娛親

②陳秀穎の詠詩
　百歲嚴慈七十兒、彩斑堂上笑嘻嘻、時聞臥地猶啼哭、白髮盈頭也不知。
　　　　　　　　　　　　　　　　　　　　　　　　右詠戲綵娛親

③杜俊大の詠詩
　鶴髮成雙觀韉履、雪頭嬌戲媚庭闈、天教奇孝膺奇福、不羨人間有錦衣。
　　　　　　　　　　　　　　　　　　　　　　　　右詠戲綵娛親

④譚鏡湖の詠詩
　盈頭白髮尚爲兒、戲綵庭前笑又嘻、去日已多來日火、暗中喜懼有誰知。
　　　　　　　　　　　　　　　　　　　　　　　　右和戲綵娛親

⑤梁釗の詠詩
　白頭猶自舞班衣、博得雙親一笑微、信是老萊□色養、承歡堂上幾依依。
　　　　　　　　　　　　　　　　　　　　　　　　右詠戲綵娛親

第二章 「詠二十四孝詩」と中越文化交渉

第八　賣身葬父

①李文馥の詠詩
　無地可埋生我骨、有錢能贖[141]克家身、世間安[142]得仙姬在、千古令人哭一貧。
　　　　　　　　　　　　　　　　　　　　　　　　　　　　　右詠賣身葬父
②陳秀穎の詠詩
　賣身底事最傷心、寸草春暉淚不禁、三百縑成仙已去、至今人尚憶槐陰。
　　　　　　　　　　　　　　　　　　　　　　　　　　　　　右詠賣身葬父
③杜俊大の詠詩
　必信深心不問[143]身、空中自有贖來人、世間祗[144]怕無誠孝、一孝能誠豈怕貧。
　　　　　　　　　　　　　　　　　　　　　　　　　　　　　右詠賣身葬父
④譚鏡湖の詠詩
　當時傷[145]盡葬[146]親心、一望松楸倍不禁、最是消魂天上月[147]、松陰移過又槐陰。
　　　　　　　　　　　　　　　　　　　　　　　　　　　　　右和賣身葬父
⑤梁釗の詠詩
　親安爲重此身輕、難得神仙也動情、一月縑成天上去、槐陰曾否訂三生。
　　　　　　　　　　　　　　　　　　　　　　　　　　　　　右詠賣身葬父

第九　爲母埋兒

①李文馥の詠詩
　拭淚[148]只知堂上母、深情[149]翻起穴中兒[150][151]、人能爲父方純孝、偏有多金買一慈[152]。
　　　　　　　　　　　　　　　　　　　　　　　　　　　　　右詠爲母埋兒
②陳秀穎の詠詩
　孝母惟知一片誠[153]、含飴[154]未暇計人情、蒼蒼憐老還憐幼、偏有黃金記姓名。
　　　　　　　　　　　　　　　　　　　　　　　　　　　　　右詠爲母埋兒

191

第二部　李文馥系の「二十四孝」

③杜俊大の詠詩
　愛身秪解惜光陰、慈孝紛如此一心、天爲孝貧助甘旨、故教去取地中金。
[155][156][157]
　　　　　　　　　　　　　　　　　　　　　　　　右詠爲母埋兒

④譚鏡湖の詠詩
　年衰有限是光陰、一日承歡一日心、母飽兒存天特厚、穴中僥倖得黃金。
[158]
　　　　　　　　　　　　　　　　　　　　　　　　右詠爲母埋兒

⑤梁釗の詠詩
　只愁甘旨缺親闈、那計傷慈事已非、天爲孝賢留哲嗣、黃金赤子一同歸。
　　　　　　　　　　　　　　　　　　　　　　　　右詠爲母埋兒

第十　湧泉躍鯉

①李文馥の詠詩
　子孝最難賢有婦、泉甘未便食無魚、朝朝餘惠沾鄰母、千古令人欲卜居。
[159][160][161]
　　　　　　　　　　　　　　　　　　　　　　　　右詠湧泉躍鯉

②陳秀穎の詠詩
　汲水求魚鎭日娛、孝心到底婦如夫、湧泉躍鯉天非遠、報與人間幾不愚。
[162][163][164]
　　　　　　　　　　　　　　　　　　　　　　　　右詠湧泉躍鯉

③杜俊大の詠詩
　玉液銀絲日爲充、從今孝養色融融、莫言貧也無爲養、取給天家自不窮。
[165][166][167]
　　　　　　　　　　　　　　　　　　　　　　　　右詠湧泉躍鯉

④譚鏡湖の詠詩
　娛母還祈體日充、婦賢夫孝樂融融、即今魚膾香泉水、一例凴君用不窮。
[168][169][170][171]
　　　　　　　　　　　　　　　　　　　　　　　　右和湧泉躍鯉

⑤梁釗の詠詩
　唱隨同具敬親心、江水江魚歲月深、一自香泉生舍側、只今賢孝萬人欽。
　　　　　　　　　　　　　　　　　　　　　　　　右詠湧泉躍鯉

第十一　拾椹供親

①李文馥の詠詩
　自信桑椹供母飽、無端米肉贈君回、未應賊子能憐孝、血性原從點化來。[172]
　　　　　　　　　　　　　　　　　　　　　　　　　　　　右詠拾椹供親

②陳秀穎の詠詩
　荒歲啼饑人不堪、桑椹儘可當珍甘、赤眉道是殘民賊[173]、猶記當年蔡汝南。
　　　　　　　　　　　　　　　　　　　　　　　　　　　　右詠拾椹供親

③杜俊大の詠詩
　流離猶自別桑椹[174]、賊也能知愛敬深、菽水[175]珍甘[176]皆有孝[177]、請君平旦內觀心[178]。
　　　　　　　　　　　　　　　　　　　　　　　　　　　　右詠拾椹供親

④譚鏡湖の詠詩
　養親無術拾桑椹、最是年荒歲又深、顛沛幾人存孝行、赤眉猶有愛賢心。
　　　　　　　　　　　　　　　　　　　　　　　　　　　　右詠拾椹供親

⑤梁釗の詠詩
　顛沛依然子道存、桑椹揀得作盤飱、由來暴客誠能感、白米牛蹄識所尊。
　　　　　　　　　　　　　　　　　　　　　　　　　　　　右詠拾椹供親

第十二　刻木事親

①李文馥の詠詩
　雙淚動垂生面目、一誠拚斷[179][180]死心肝、可憐血氣人非木、堂上爺娘作像看。
　　　　　　　　　　　　　　　　　　　　　　　　　　　　右詠刻木事親

②陳秀穎の詠詩
　遺容堂上見神明、血淚垂垂[181]自血誠[182]、愚婦幾人收覆水[183]、當年可悔怠心生。
　　　　　　　　　　　　　　　　　　　　　　　　　　　　右詠刻木事親

193

第二部　李文馥系の「二十四孝」

③杜俊大の詠詩
　優然堂上儼如生、天使無情欲有情[184]、笑殺晨昏虛逮養[185]、紛紛梵字去皈誠[186]。
　　　　　　　　　　　　　　　　　　　　　　　　　　右詠刻木事親
④譚鏡湖の詠詩
　事死儀型若事生[187]、何來張叔太無情[188]、祇緣假物親垂淚[189]、孝感全憑一念誠[190]。
　　　　　　　　　　　　　　　　　　　　　　　　　　右和刻木事親
⑤梁釗の詠詩
　歸來堂上叩雙親、橫逆無端有惡鄰、不是血誠通木偶、何因形貌到楓宸。
　　　　　　　　　　　　　　　　　　　　　　　　　　右詠刻木事親

第十三　懷橘遺親

①李文馥の詠詩
　讓梨能弟同時重[191][192]、懷橘尤奇擧座傾[193]、六歲有心知奉母、九江何面不容兄[194]。
　　　　　　　　　　　　　　　　　　　　　　　　　　右詠懷橘遺親
②陳秀穎の詠詩
　袁家老賊可無兄[195]、能識髫童厚所生、多少世人皆有母、桑楡曾否記深情。
　　　　　　　　　　　　　　　　　　　　　　　　　　右詠懷橘遺親
③杜俊大の詠詩
　髫童一菓不忘親、穎叔同垂億萬春[196]、膚髮誰非毛裏有[197][198][199]、光陰虛度我何人。
　　　　　　　　　　　　　　　　　　　　　　　　　　右詠懷橘遺親
④譚鏡湖の詠詩
　天性生來本愛親[200]、陸郎丰韻一枝春[201][202]、袁家老賊恩情薄、心折筵前墜橘人[203]。
　　　　　　　　　　　　　　　　　　　　　　　　　　右和懷橘遺親
⑤梁釗の詠詩
　懷寶自來堪賈禍、弱齡懷橘竟垂名、祇緣一念推誠孝、吳下何人比陸生[204]。
　　　　　　　　　　　　　　　　　　　　　　　　　　右詠懷橘遺親

第十四　行傭供母

①李文馥の詠詩
　　心愁豈問身爲役、義動翻令賊亦良、儘有平居能奉母、最憐轉徙戰爭場。
　　　　　　　　　　　　　　　　　　　　　　　　　　　　右詠行傭供母

②陳秀穎の詠詩
　　牢落風塵到下邳、鳥鳥愛日賊相知、行行却得吾心樂、晨去昏來不遠離。
　　　　　　　　　　　　　　　　　　　　　　　　　　　　右詠行傭供母

③杜俊大の詠詩
　　雲霧漫漫一望紛、萍踪娛養獨欣欣、天將逆境昭誠孝、到底時艱得服勤。
　　　　　　　　　　　　　　　　　　　　　　　　　　　　右詠行傭供母

④譚鏡湖の詠詩
　　聞道烽烔靖下邳、負逃猶恐虎狼知、分甘食力供慈母、翻怔人間有別離。
　　　　　　　　　　　　　　　　　　　　　　　　　　　　右和行傭供母

⑤梁釗の詠詩
　　干戈滿地更何之、母子逃亡虎口餘、尚喜辛勤供菽水、下邳從此賦安居。
　　　　　　　　　　　　　　　　　　　　　　　　　　　　右詠行傭供母

第十五　扇枕温衾

①李文馥の詠詩
　　只知我父宜衾枕、不許人間有夏冬、郡守當年旌表額、可曾九歲寫眞容。
　　　　　　　　　　　　　　　　　　　　　　　　　　　　右詠扇枕温衾

②陳秀穎の詠詩
　　冬可爲温夏可涼、竒童深愛不尋常、知君早有劉良守、藹藹春風滿一堂。
　　　　　　　　　　　　　　　　　　　　　　　　　　　　右詠扇枕温衾

③杜俊大の詠詩
　一堂冬夏自春風、何幸黄家出異童、人病幼癡還壯惰、鬢眉倏忽便成翁。
[221][222][223]
　　　　　　　　　　　　　　　　　　　　　　　　右詠扇枕温衾
④譚鏡湖の詠詩
　席可温時枕亦凉、胸中原自有綱常、飛來天語眞難得、倚日靈椿慶一堂。
[224][225][226][227][228]
　　　　　　　　　　　　　　　　　　　　　　　　右和扇枕温衾
⑤梁釗の詠詩
　愛親誰得似孩提、送煖噓寒不暫睽、留得姓名天壤裡、至今門閭與雲齊。
　　　　　　　　　　　　　　　　　　　　　　　　右詠扇枕温衾

　　　　　　　　　第十六　聞雷泣墓

①李文馥の詠詩
　哭聲高處雷聲霽、三尺孤墳禁動揺、莫恠蓼莪章可輟、栢寒也爲涙痕彫。
[229][230][231][232]
　　　　　　　　　　　　　　　　　　　　　　　　右詠聞雷泣墓
②陳秀穎の詠詩
　蓼莪三復怛劬勞、不許嗔雷作怒號、石馬關河荊棘蔓、讀堂終古斗山高。
[233][234][235][236]
　　　　　　　　　　　　　　　　　　　　　　　　右詠聞雷泣墓
③杜俊大の詠詩
　攀栢枯餘恨未灰、蓼莪刪去涙仍催、阿香有鑒千秋下、王氏廬邊莫响雷。
　　　　　　　　　　　　　　　　　　　　　　　　右詠聞雷泣墓
④譚鏡湖の詠詩
　蓼莪雖廢亦心灰、雙眼枯時涙又催、骨肉未寒三尺土、不禁天外有驚雷。
[237]
　　　　　　　　　　　　　　　　　　　　　　　　右和聞雷泣墓
⑤梁釗の詠詩
　但逢雷雨便星馳、常護松楸賴有兒、解事中二三子、一朝刪去蓼莪詩。
[238]
　　　　　　　　　　　　　　　　　　　　　　　　右詠聞雷泣墓

第十七　恣蚊飽血

①李文馥の詠詩
　　心痛渾忘身有血、夜深暗哭夏無帷、秖縁長喙偏貪蠢、顯得千秋八歲兒。
　　　　　　　　　　　　　　　　　　　　　　　　　　　　　右詠恣蚊飽血
②陳秀穎の詠詩
　　夜執但求親枕穩、雷飛肯學世人驅、不知孝子還貪飽、長喙由來到底愚。
　　　　　　　　　　　　　　　　　　　　　　　　　　　　　右恣詠蚊飽血
③杜俊大の詠詩
　　飽蚊創孝古無前、却屬呉郎婉孌年、春滿高堂身健在、還留姓字至今傳。
　　　　　　　　　　　　　　　　　　　　　　　　　　　　　右詠恣蚊飽血
④譚鏡湖の詠詩
　　愛日心誠敢惜軀、聚雷深處不曾驅、如今縱爾無情飽、莫笑兒童是下愚。
　　　　　　　　　　　　　　　　　　　　　　　　　　　　　右和恣蚊飽血
⑤梁釗の詠詩
　　韶齡猶解愛親深、膏血聊供飫飽心、若使兒家有幃帳、定應長喙已成擒。
　　　　　　　　　　　　　　　　　　　　　　　　　　　　　右詠恣蚊飽血

第十八　臥氷求鯉

①李文馥の詠詩
　　臥隱寒氷衣可解、躍交雙鯉食埋充、世間後母能慈少、難得如君此孝哀。
　　　　　　　　　　　　　　　　　　　　　　　　　　　　　右詠臥冰求鯉
②陳秀穎の詠詩
　　緣凍求魚事亦難、順承心熱體無寒、古今多少秋霜感、應倩丹青揭座端。
　　　　　　　　　　　　　　　　　　　　　　　　　　　　　右詠臥冰求鯉

③杜俊大の詠詩
　神開冰腹送親餐、和氣如春失沍寒、未看佩刀知大器、此心天下事無難[259]。
　　　　　　　　　　　　　　　　　　　　　　　　右詠臥冰求鯉
④譚鏡湖の詠詩
　得鯉歸來供母餐、層冰三尺不知寒、計窮只有天垂念、承順如君實[260]萬難[261]。
　　　　　　　　　　　　　　　　　　　　　　　　右和臥氷求鯉
⑤梁釗の詠詩
　籌思無計得親心、一望寒江自解襟、至竟冰融雙鯉出、高堂曾否鑒微忱。
　　　　　　　　　　　　　　　　　　　　　　　　右詠臥冰求鯉

　　　　　　　　第十九　搤虎救親

①李文馥の詠詩
　怒眼湧翻心上血、獰牙倒避手頭拳、未應孩穉能争虎[262]、父子良知物有天。
　　　　　　　　　　　　　　　　　　　　　　　　右詠搤虎救親
②陳秀穎の詠詩
　世間暴虎幾何人、血性冲撞不有身、天付虎狼仁一點[263]、相將携手一家春。
　　　　　　　　　　　　　　　　　　　　　　　　右詠搤虎救親
③杜俊大の詠詩
　山裏空拳弱冠兒[264]、虎牙爭出乃翁竒[265]、若非猛獸能憐孝、一念千神本護持。
　　　　　　　　　　　　　　　　　　　　　　　　右詠搤虎救親
④譚鏡湖の詠詩
　救〔父〕[266]心恈[267]勇向前、雙眉倒竪手擎拳、霎時虎伏磨牙逝[268]、血性生成秪[269]有天。
　　　　　　　　　　　　　　　　　　　　　　　　右和搤虎救親
⑤梁釗の詠詩
　虎口伊誰敢獨攖、呼號急盡救親情、須知此氣充天地、馮婦當年未與京。
　　　　　　　　　　　　　　　　　　　　　　　　右詠搤虎救親

第二章　「詠二十四孝詩」と中越文化交渉

第二十　哭竹生笋

①李文馥の詠詩
　涙入竹鳴天可聽、笋當冬冷地能生、秖因一片情深處、任是無情也有情。
　　　　　　　　　　　　　　　　　　　　　　　右詠哭竹生笋
②陳秀穎の詠詩
　雪布寒林四望遥、匆匆孝子正心焦、一羮天與平安藥、竹幸隣香萬古標。
　　　　　　　　　　　　　　　　　　　　　　　右詠哭竹生笋
③杜俊大の詠詩
　天報平安雪裏春、精誠一片久通神、玄冥長信龍鞭起、留與千秋孝養人。
　　　　　　　　　　　　　　　　　　　　　　　右詠哭竹生笋
④譚鏡湖の詠詩
　忍聽寒林鳴咽聲、此君憐爾笋頻生、雙〔親〕得往平安國、多謝蒼筤一片情。
　　　　　　　　　　　　　　　　　　　　　　　右和哭竹生笋
⑤梁釗の詠詩
　涙盡心灰識至誠、天寒地坼笋方生、調羮奉母躋仁壽、成就千秋孝子名。
　　　　　　　　　　　　　　　　　　　　　　　右詠哭竹生笋

第二十一　嘗糞憂心

①李文馥の詠詩
　忍耻藏機勾踐宿、矯情飭媚鄧家郎、獨憐孝子心眞苦、口臭名留萬古香。
　　　　　　　　　　　　　　　　　　　　　　　右詠嘗糞憂心
②陳秀穎の詠詩
　琴堂忽忽動遐思、父病醫言半信疑、密禱夜深人未識、精誠早有北辰知。
　　　　　　　　　　　　　　　　　　　　　　　右詠嘗糞憂心

③杜俊大の詠詩
　醫鏡有方窮二竪、若心到底爲吾親、汗青[292]猶足香千古、夜黑[293]洵堪對北辰。
　　　　　　　　　　　　　　　　　　　　　　　　　　右詠嘗糞憂心

④譚鏡湖の詠詩
　難醫形狀默[294]籌[295]思、更有何人爲解疑、除是微誠通帝座[296]、或邀天眷尚難知。
　　　　　　　　　　　　　　　　　　　　　　　　　　右和嘗糞憂心

⑤梁釗の詠詩
　歸來父病正恓惶、甘苦先湏我備嘗、一瓣心香逢夜靜、北辰應鑒瘦家郎。
　　　　　　　　　　　　　　　　　　　　　　　　　　右詠嘗糞憂心

　　　　　　　　　第二十二　乳姑不怠

①李文馥の詠詩
　桑楡屆晩身仍健、薪爨[297]無愁乳可飱[298]、賢婦也從賢婦得[299]、皇天早已鑒斯言。
　　　　　　　　　　　　　　　　　　　　　　　　　　右詠乳姑不息

②陳秀穎の詠詩
　數歲誰能孝不衰、乳當甘旨色怡怡、儀型儘可留孫婦、也在笄[300]簪[301]下拜時。
　　　　　　　　　　　　　　　　　　　　　　　　　　右詠乳姑不息

③杜俊大の詠詩
　乳姑堂下整笄珈、名族今傳孝敬家、報婦姑言天實聽[302][303]、未聞閉月與羞花。
　　　　　　　　　　　　　　　　　　　　　　　　　　右詠乳姑不息

④譚鏡湖の詠詩
　如酥如醴[304]乳常吞、朝免饔[305]兮[306]夕免飧、孫媳他時仍事母、亦應常念此遺言[307]。
　　　　　　　　　　　　　　　　　　　　　　　　　　右和乳姑不息

⑤梁釗の詠詩
　白髮慈姑粒食艱、堂前新婦善承顏、晨昏奉乳甘如醴、爲語兒孫願好還。
　　　　　　　　　　　　　　　　　　　　　　　　　　右詠乳姑不息

第二十三　棄官尋母

①李文馥の詠詩
　　隻身人去幾千里、七歲兒孤五十年、相見猶疑開眼夢、世間無[308]別[309]不成天。
　　　　　　　　　　　　　　　　　　　　　　　　　　　　　右詠棄官尋母

②陳秀穎の詠詩
　　涯角茫茫何處尋、緇塵[310]不管馬蹄侵、團圓終古同州月、長照當年孝子心。
　　　　　　　　　　　　　　　　　　　　　　　　　　　　　右詠棄官尋母

③杜俊大の詠詩
　　拂衣去去獨恓惶[311]、何處聞言子壽昌、此樂也應忘綬組[312]、旌褒自是國家光。
　　　　　　　　　　　　　　　　　　　　　　　　　　　　　右詠棄官尋母

④譚鏡湖の詠詩
　　萬重山色百[313]重泉、身世勞勞不計年、一夜同州魂定後、逢人都道再生天。
　　　　　　　　　　　　　　　　　　　　　　　　　　　　　右和棄官尋母

⑤梁釗の詠詩
　　大地茫茫何處尋、彼蒼先鑒老臣心、懸知母子相持處[314]、五十年前恨最深[315]。
　　　　　　　　　　　　　　　　　　　　　　　　　　　　　右詠棄官尋母

第二十四　滌親溺器

①李文馥の詠詩
　　身卽好官仍是子[316]、職於賤役豈無人、分應爲處何輕重、今事君從昔事親。
　　　　　　　　　　　　　　　　　　　　　　　　　　　　　右詠滌親溺器

②陳秀穎の詠詩
　　子識何堪倩[317]別人、故將賤役自[318]身親、玉當聲價當年貴[319]、萬石[320]同垂億萬春。
　　　　　　　　　　　　　　　　　　　　　　　　　　　　　右詠滌親溺器

③杜俊大の詠詩
　不嫌役賤爲情深、千古誰窺萬石心、歸惹鴨香磚影午、雲間玉署總華簪。
　　　　　　　　　　　　　　　　　　　　　　　　右詠滌親溺器

④譚鏡湖の詠詩
　風騷一代冠詞臣、原是周旋子舍人、不覺下朝鷄唱午、朝衣除罷又娛親。
　　　　　　　　　　　　　　　　　　　　　　　　右和滌親溺器

⑤梁釗の詠詩
　膝前忘却顯官身、役賤何嫌盡事親、臣道也應如子道、須知孝子卽純臣。
　　　　　　　　　　　　　　　　　　　　　　　　右詠滌親溺器

南海譚鏡湖秋江氏拜題
　如椽大筆寄遐思、廿四孝成廿四詩、萬里關山珠海月、平安兩字祝慈幃。

南海譚鏡湖秋江氏拜題
　南交人士本才華、吳越原來是一家、吟到同州圓月夜、知君應已夢萱花。

南海譚鏡湖秋江氏拜題
　最是珠江唱和時、吟壇旗鼓競驅馳、挑燈細讀松楸句、馬鬣空山一樣悲。

おわりに

　この「詠二十四孝詩」を通して、中国人もベトナム人も「勧孝」の精神を強く保持し、両国の知識人が豊かな才能を発揮していることが知られる。今の段階で、この文献が逆に中国に伝わったのかどうか、伝わっていた場合中国でどのような反響を呼んだのかはわからない。しかし、本書は阮（グエン）

第二章 「詠二十四孝詩」と中越文化交渉

朝の大臣である李文馥、陳秀穎、杜俊大が中国の譚鏡湖、梁釗とともに著わしたものであったため、当時のベトナムの知識人に一定の影響を与え、ベトナムと中国の間の文化交渉に寄与することになったといえる。

「詠二十四孝詩」は漢詩文献であるため、字喃詩で翻案されている「二十四孝」関連文献に比べて学術性は高いが、逆に文献の民衆性、伝承性が低くなることは否定できない。漢文は当時の知識人層、科挙試験を受験する人々は講読できたが、「書二十四孝演歌後」に杜俊大が「土音、使婦孺皆得習而化之者」と述べているように、婦女や子供は漢文を読むことはできなかった。ここにいう「土音」とは、字喃により「六八体」および「双七六八体」の詩歌形式に翻案したものをいう。換言すれば、本書は「二十四孝演歌」ほど民衆に広く流布することはなかったが、当時のベトナムの官僚、知識人階層に影響を与えたものであって、ベトナムにおける中国文化受容のあり方を物語る貴重な資料といわなければならない。これまでほとんど紹介がなかったことをふまえ、ここでは筆者が製作の背景について論じるとともに、原文のすべてを掲げ、文字の校訂をほどこした。まずは今後の詳細な研究のための材料を提供することとした次第である。

注

[1] Ban Hán Nôm thư viện khoa học xã hội『漢喃書目―作者目録』(Thư mục Hán Nôm - mục lục tác giả)、Ủy ban khoa học xã hội Việt Nam、謄写印刷、1977 年、376 頁。
[2] Hoa Bằng『李文馥、19 世紀の作者』(Lý Văn Phức, tác gia thế kỷ 19)、Thăng Long 出版社、Hà Nội、1953 年、52〜53 頁。
[3] Trần Văn Giáp『ベトナム作者たちの略伝』(Lược truyện các tác gia Việt Nam)、Văn học 出版社、Hà Nội、第三版、2000 年、381 頁。
[4] Vũ Ngọc Phan 他『西廂伝』(Truyện Tây Sương)、Văn hóa 出版社、1961 年、16 頁。
[5] 『掇拾雑記』では「實軒」と記している（漢喃研究院蔵『掇拾雑記』〔A132〕、第 51 葉表を参照）。一方、『仙城侶話』では「寔軒」と記している。『仙城侶話』は紹治帝の母親の名である「實」の諱を避け、「寔」に改めている。このことは第二部第一章の注 332 を参照されたい。
[6] 漢喃研究院蔵『仙城侶話』（A301）、第 3 葉表、第 4 葉表。
[7] 阮朝国史館『大南正編列伝』二集、巻二十九「大南寔録二十」（慶應義塾大学言

203

語文化研究所、1981 年)、330 頁。
[8] 阮朝国史館『大南寔録』正編第二紀巻八十五「大南寔録七」(慶應義塾大学言語文化研究所、1973 年)、376 頁。
[9] 阮朝国史館『大南寔録』正編第二紀巻九十六「大南寔録八」(慶應義塾大学言語文化研究所、1974 年)、125 頁。
[10] 注 9 前掲、『大南寔録』正編第二紀巻一百九「大南寔録八」、322 頁。
[11] 阮朝国史館『大南寔録』正編第二紀巻一百三十二「大南寔録九」(慶應義塾大学言語文化研究所、1974 年)、276 頁。
[12] 注 11 前掲、『大南寔録』正編第二紀巻一百三十九「大南寔録九」、382 頁。
[13] 阮朝国史館『大南寔録』正編第二紀巻一百五十一「大南寔録十」(慶應義塾大学言語文化研究所、1975 年)、134 頁。
[14] 阮朝国史館『大南寔録』正編第二紀巻一百八十二「大南寔録十一」(慶應義塾大学言語文化研究所、1975 年)、179 頁。
[15] 阮朝国史館『大南寔録』正編第二紀巻二百七「大南寔録十二」(慶應義塾大学言語文化研究所、1976 年)、164 頁。
[16] 注 15 前掲、『大南寔録』正編第二紀巻二百十三「大南寔録十二」、267 頁。〔　〕内は双行注である。
[17] 阮朝国史館『大南寔録』正編第三紀巻二十六「大南寔録十三」(慶應義塾大学言語文化研究所、1977 年)、360 頁。
[18] 阮朝国史館『大南寔録』正編第三紀巻三十五「大南寔録十四」(慶應義塾大学言語文化研究所、1977 年)、1 頁。引用にあたっては双行注を省いた。
[19] 漢喃研究院蔵『掇拾雑記』(AB132) 第 50 葉裏。
[20] 注 1 前掲、『漢喃書目一作者目録』(*Thư mục Hán Nôm - mục lục tác giả*)、65 ～ 66 頁。
[21] 注 2 前掲、『李文馥、19 世紀の作者』(*Lý Văn Phức, tác gia thế kỷ 19*)、52 ～ 53 頁。
[22] 注 3 前掲、『ベトナム作者たちの略伝』(*Lược truyện các tác gia Việt Nam*)、362 頁。
[23] Trịnh Khắc Mạnh『ベトナム漢喃の作者の字、号』(*Tên tự tên hiệu các tác gia Hán Nôm Việt Nam*)、Khoa học xã hội 出版社、Hà Nội、2002 年、134 頁。
[24] 注 4 前掲、『西廂伝』(*Truyện Tây Sương*)、16 頁。
[25] 注 6 前掲、『仙城侶話』(A301)、第 3 葉表裏、第 4 葉表。
[26] 注 9 前掲、『大南寔録』正編第二紀巻八十八「大南寔録八」、3 頁。
[27] 注 9 前掲、『大南寔録』正編第二紀巻九十六「大南寔録八」、125 頁。
[28] 注 11 前掲、『大南寔録』正編第二紀巻一百三十八「大南寔録九」、360 頁。
[29] 注 13 前掲、『大南寔録』正編第二紀巻一百五十「大南寔録十」、118 頁。
[30] 注 17 前掲、『大南寔録』正編第三紀巻三「大南寔録十三」、50 頁。
[31] 注 18 前掲、『大南寔録』正編第三紀巻四十二「大南寔録十四」、86 頁。

[32] 注18 前掲、『大南寔録』正編第三紀巻四十八「大南寔録十四」、161頁。
[33] 注18 前掲、『大南寔録』正編第三紀巻五十四「大南寔録十四」、230頁。
[34] 注18 前掲、『大南寔録』正編第三紀巻五十四「大南寔録十四」、235、236頁。
[35] 注18 前掲、『大南寔録』正編第三紀巻五十九「大南寔録十四」、298頁。
[36] 注18 前掲、『大南寔録』正編第三紀巻六十二「大南寔録十四」、341頁。
[37] 注18 前掲、『大南寔録』正編第三紀巻六十八「大南寔録十四」、414頁。
[38] 注19 前掲、『掇拾雑記』（AB132）には「譚」と記している。
[39] 漢喃研究院蔵『孝順約語』（A433）第38葉表。
[40] 注19 前掲、『掇拾雑記』第63葉表。
[41] 注2 前掲、『李文馥、19世紀の作者』（Lý Văn Phức, tác gia thế kỷ 19）、49～50頁。
[42] 注19 前掲、『掇拾雑記』（AB132）第62葉表裏。
[43] 注19 前掲、『掇拾雑記』（AB132）第66葉裏。
[44] 中国復旦大学文史研究院、越南漢喃研究院合編『越南漢文燕行文献集成』第十三冊、（復旦大学編出版社、2010年）、82～84頁。
[45] 注19 前掲、『掇拾雑記』（AB132）では「永順」と記している。
[46] 注25 前掲、『仙城侶話』（A301）、第3葉表裏、第4葉表。
[47] 原文は「各以致其景仰之誠焉耳」に作る。また原文では「耳」の字を削除する書き入れがある。よって、ここでは「耳」の字をとった。
[48] 注19 前掲、『掇拾雑記』（AB132）、第51葉裏、第52葉表。
[49] 注19 前掲、『掇拾雑記』（AB132）、第61葉表裏。
[50] 原文では「詩此」の右側に上下を入れ替える記号の「乙」がついており、「此詩」が正しいと思われる。
[51] 注19 前掲、『掇拾雑記』（AB132）、第61葉裏、第62葉表裏。
[52] 注19 前掲、『掇拾雑記』（AB132）、第66葉表裏。
[53] 『孝』、『勧』、『陽』、『驪』は「莫言象鳥」に作る。
[54] 『勧』、『陽』、『驪』は「孳々」に作る。
[55] 『驪』は「宁」に作る。
[56] 重華は舜帝の名である。
[57] 放勲は堯帝の名である。
[58] 『孝』、『陽』は「閜」、『勧』は「間」に作る。
[59] 『勧』、『陽』、『驪』は「家々」に作る。
[60] 『孝』、『勧』、『陽』は「潙」、『驪』は「爲」に作る。
[61] 嬀汭は堯が二女を舜にめあわせたとされる地。
[62] 『勧』、『陽』は「双」に作る。
[63] 『孝』、『勧』、『陽』は「萬」に作る。

[64]　妻の父を外舅といい、外舅に対してみずからを甥という。『孟子』万章篇上による。
[65]　『勧』はこの「第二　親嘗湯薬」部分の李文馥、陳秀穎、杜俊大の詠詩を欠く。
[66]　『陽』・『驪』は「詳」に作る。
[67]　『孝』は「睡寝」、『驪』は「跬寝」、『陽』は「眭寝」に作る。
[68]　『孝』は「闌」に作る。
[69]　勿薬は『易経』无妄・九五に「无妄之疾、勿薬有喜」とあるのによる。
[70]　『陽』・『孝』・『驪』は「是」に作る。
[71]　『陽』・『驪』は「詳」に作る。
[72]　『陽』・『孝』・『驪』は「原」に作る。
[73]　原文は避諱していないが、『孝』は諱を避けるため「辰」に改めている。
[74]　『孝』は「孜孜」、『陽』・『驪』は「孜々」に作る。
[75]　『陽』は「江」に作る。
[76]　『陽』・『驪』は「国」に作る。
[77]　『陽』・『驪』は「難」に作る。
[78]　『勧』はこの「第三　嚙指心痛」部分の李文馥、陳秀穎、杜俊大の詠詩を欠く。
[79]　『孝』・『陽』・『驪』は「樵採」に作る。
[80]　『陽』・『驪』は「还」に作る。
[81]　『孝』は「嚙指」、『陽』・『驪』は「喫指」に作る。
[82]　『孝』・『陽』・『驪』は「何能」に作る。
[83]　『陽』・『驪』は「両」に作る。
[84]　『孝』・『陽』は「関」、『驪』は「間」に作る。
[85]　『驪』は「稱」に作る。
[86]　『孝』・『陽』・『驪』は「元」に作る。
[87]　『孝』は「寂」に作る。
[88]　『孝』・『陽』は「祀典」、『驪』は「祖與」に作る。
[89]　『陽』・『勧』・『孝』は「照」に作る。
[90]　『陽』・『勧』は「还」に作る。
[91]　原文は「心痛不知緣緣底事」に作り、この句が8文字になっている。七言絶句であるが、この句は1文字多い。また原文では「緣」の字を削除する書き入れがある。よって、ここでは「緣」の字をとった。さらに、『孝』でも「心痛不知緣底事」に作っている。
[92]　『孝』・『陽』・『勧』は「関」に作る。
[93]　『勧』は「哉」、『陽』・『驪』は「訍」に作る。
[94]　『勧』は「若」、『陽』・『驪』は「芦」に作る。
[95]　『勧』は「若」、『陽』・『驪』は「芦」に作る。

[96] 『勸』は「鼎錘」、『驪』は「背裏」に作る。
[97] 『勸』は「体」、『陽』・『孝』・『驪』は「亦」に作る。
[98] 『勸』は「怡」に作る。
[99] 『勸』・『陽』・『孝』・『驪』は「何」に作る。
[100] 原文では欠字だが、『陽』・『勸』・『孝』・『驪』を参考にして、「親」を補った。
[101] 『陽』・『孝』・『驪』は「事」に作る。
[102] 『勸』は第三句が他の四文献と異なり「顯親宰娶花如慈」に作る。
[103] 『勸』は「若」、『孝』・『陽』は「芦」に作る。
[104] 『孝』・『陽』・『勸』は「心」に作る。
[105] 『勸』・『孝』・『陽』・『驪』は「此」に作る。
[106] 『孝』は「志」に作る。
[107] 『孝』は「心子」に作る。
[108] 『孝』は「天子」に作る。
[109] 『孝』は「好念」に作る。
[110] 『勸』・『孝』・『陽』・『驪』は「富」に作る。
[111] 『勸』・『孝』は「相」に作る。『驪』は欠字である。
[112] 『孝』は「穏」に作る。
[113] 『勸』・『孝』・『陽』は「迴」に作る。
[114] 『勸』・『孝』・『陽』・『驪』は「爲」に作る。
[115] 『孝』は「哲」に作る。
[116] 原文は「于肘今伏臘空回首」に作り、この句が8文字になっている。七言絶句であるが、この句は1文字多い。また原文では「肘」の字を削除する書き入れがある。よって、ここでは「肘」の字をとった。
[117] 『陽』・『勸』・『驪』は「羔」、『孝』は「樣」に作る。
[118] 『陽』・『勸』・『孝』・『驪』は「物」に作る。
[119] 『陽』・『勸』・『驪』は「又何」に作る。
[120] 『陽』・『勸』は「机」に作る。
[121] 『驪』は「双」に作る。
[122] 『驪』は欠字。
[123] 『陽』・『勸』・『驪』は「双」に作る。
[124] 『驪』は「卢」に作る。
[125] 『陽』・『勸』・『孝』・『驪』は「深」に作る。
[126] 『孝』は「入」、『驪』は「山」に作る。
[127] 『勸』は「爺」に作る。
[128] 『孝』は「自」に作る。

[129] 『孝』・『陽』は「問」、『驪』は「回」に作る。
[130] 『陽』・『孝』・『驪』は「孫兒」、『勸』は「孜兒」に作る。
[131] 『陽』・『勸』・『孝』は「怡怡」、『驪』は「怡々」に作る。
[132] 『陽』・『勸』・『孝』・『驪』は「泣」に作る。
[133] 『驪』は「白」に作る。
[134] 『陽』・『勸』は「成双」、『驪』は「双親」に作る。
[135] 『勸』は「見」に作る。『驪』は欠字。
[136] 『陽』・『勸』・『孝』・『驪』は「事應」に作る。
[137] 『陽』・『勸』・『孝』・『驪』は「健」に作る。
[138] 原文では「火」とあるが、意味が通じない。一方、『陽』・『勸』・『孝』は「少」に作る。「火」は「少」の誤りであろう。
[139] 『陽』は「時」に作る。
[140] 『陽』・『勸』・『孝』は「惧」に作る。
[141] 『陽』・『勸』・『驪』は「难」、『孝』は「難」に作る。
[142] 『孝』は「難」に作る。
[143] 『陽』・『勸』は「回」、『孝』は「有」に作る。『驪』は欠字。
[144] 『陽』・『勸』・『孝』・『驪』は「只」に作る。
[145] 『陽』・『勸』・『孝』は「前」に作る。
[146] 原文は「當時傷儘盡葬親心」に作り、この句が8文字になっている。七言絶句であるが、この句は1文字多い。また原文では「儘」の字を削除する書き入れがある。よって、ここでは「儘」の字をとった。さらに『孝』でも「當時傷盡」に作っている。
[147] 『陽』・『勸』・『孝』は「日」に作る。
[148] 『陽』・『勸』・『驪』は「涕」に作る。
[149] 『陽』・『勸』は「无」、『孝』・『驪』は「無」に作る。
[150] 『陽』・『勸』は「今」、『驪』は「淦」に作る。
[151] 『驪』は「今」に作る。
[152] 『驪』は欠字。
[153] 『陽』・『勸』・『孝』・『驪』は「誰」に作る。
[154] 「含飴」は『後漢書』「含飴弄孫」による。
[155] 『陽』・『勸』・『孝』・『驪』は「只」に作る。
[156] 『孝』は「分」に作る。
[157] 『陽』・『勸』・『孝』・『驪』は「取得」に作る。
[158] 『陽』は「幸」、『勸』・『孝』は「倖」に作る。
[159] 『陽』・『勸』・『孝』・『驪』は「孝子」に作る。

［160］『孝』は「母」に作る。
［161］『勧』は「小」に作る。
［162］『孝』は「臥」に作る。
［163］『陽』・『勧』・『驩』は「慎」、『孝』は「母」に作る。
［164］『孝』は「口」に作る。
［165］『陽』・『勧』・『孝』・『驩』は「子」に作る。
［166］『孝』は「也」に作る。
［167］『陽』・『勧』・『驩』は欠字。
［168］『陽』・『勧』・『孝』は「供」に作る。
［169］『陽』・『勧』は「还」に作る。
［170］『陽』は「溶々」に作る。
［171］『陽』・『勧』・『孝』は「憑」に作る。
［172］『陽』・『勧』・『孝』・『驩』は「飯」に作る。
［173］『陽』・『勧』・『驩』は「盗」に作る。
［174］『孝』は「拾」に作る。
［175］「菽水」は『礼記』檀弓篇下「啜菽飲水盡其歡斯之謂孝菽水歡」による。
［176］『陽』・『勧』・『孝』・『驩』は「是」に作る。
［177］『陽』・『勧』・『驩』は「評」に作る。
［178］『陽』・『勧』は「内初」、『驩』は「向初」、『孝』は「記初」に作る。
［179］『陽』・『勧』・『孝』・『驩』は「透」に作る。
［180］『陽』・『勧』・『孝』・『驩』は「到」に作る。
［181］『陽』・『勧』・『孝』・『驩』は「行行」に作る。
［182］『孝』は「至」に作る。
［183］『驩』は「要」に作る。
［184］『陽』・『勧』・『孝』・『驩』は「孝思一片事如生」に作る。
［185］『陽』・『勧』は「粉々」、『驩』は「行々」に作る。
［186］『驩』は「歸」、『孝』は「投」に作る。
［187］「事死儀型若事生」は『中庸』「事死如事生」による。
［188］原文は「何來張菽叔太無情」に作り、この句が8文字になっている。七言絶句であるが、この句は1文字多い。また原文では「菽」の字を削除する書き入れがある。よって、ここでは「菽」の字をとった。さらに、『孝』でも「何來張叔」に作っている。
［189］『孝』は「只」に作る。
［190］『陽』・『勧』・『孝』・『驩』は「片」に作る。
［191］『陽』・『勧』・『孝』・『驩』は「悌」に作る。

第二部　李文馥系の「二十四孝」

[192] 原文では諱を避けないが、一方、『驪』は「時」の諱を「辰」に改める。「時」の避諱改字については第二部第一章の注135に説明したため、参照されたい。
[193] 『陽』・『勧』・『孝』は「坐傾」、『驪』は「坐驚」に作る。
[194] 『孝』は「事」に作る。
[195] 『孝』は「生」に作る。
[196] 『陽』・『勧』・『孝』・『驪』は「望」に作る。
[197] 『陽』・『勧』・『孝』・『驪』は「皆」に作る。
[198] 『陽』・『孝』・『驪』は「従」に作る。『勧』は欠字。
[199] 『孝』は「裡」に作る。
[200] 『孝』は「孝」に作る。
[201] 『孝』は「手」に作る。
[202] 『孝』は「掬」に作る。
[203] 『孝』は「愧」に作る。
[204] 原文は「呉下何人比陸名生」に作り、この句が8文字になっている。七言絶句であるが、この句は1文字多い。また原文では「名」の字を削除する書き入れがある。よって、ここでは「名」の字をとった。
[205] 『陽』・『勧』・『孝』・『驪』は「孝思」に作る。
[206] 『陽』・『勧』・『孝』・『驪』は「顧」に作る。
[207] 『孝』は「哀」に作る。
[208] 『陽』・『勧』・『孝』・『驪』は「皆」に作る。
[209] 『驪』は「行」に作る。
[210] 『陽』・『勧』・『孝』・『驪』は「候」に作る。
[211] 『陽』・『驪』は「往」に作る。
[212] 『陽』・『勧』・『驪』は「欣々」に作る。
[213] 『陽』・『驪』は「难」、『孝』は「難」に作る。
[214] 『孝』は「詣」に作る。
[215] 『勧』は「在」に作る。
[216] 『陽』・『驪』は「教」に作る。
[217] 『勧』は「生」に作る。
[218] 『孝』は「童兒愛」に作る。
[219] 『陽』・『勧』・『孝』・『驪』は「日」に作る。
[220] 『陽』は「知」、『勧』・『孝』は「如」、『驪』は「刘」に作る。
[221] 『孝』は「春」に作る。
[222] 『孝』は「秋冬」に作る。
[223] 『孝』は「難」に作る。

[224]『孝』は「兮」に作る。
[225]『孝』は「可」に作る。
[226]『孝』は「晦」に作る。
[227]『孝』は「已」に作る。
[228]『孝』は「度」に作る。
[229]『陽』は「樂」、『勸』は「莫」に作る。
[230]『陽』・『勸』・『孝』・『驪』は「霆」に作る。
[231]『驪』は「阿」に作る。
[232]『勸』は「形」に作る。
[233]『孝』は「陌」に作る。
[234]『陽』・『勸』・『孝』・『驪』は「山」に作る。
[235]『陽』・『勸』・『孝』・『驪』は「梦」に作る。
[236]『陽』・『勸』・『驪』は「講堂」、『孝』は「講當」に作る。
[237] 原文では「時」の諱を避けていないが、『孝』は「時」を「辰」に作る。「時」の避諱改字については第二部第一章の注135に説明したので参照されたい。
[238] 七言絶句であるが、この句は6文字であり、1文字少ない。ただし、他の文献にはこの梁釗の詠詩は記されていないため、参照できない。
[239]『勸』は「高」に作る
[240]『勸』は「惟」に作る。
[241]『陽』・『勸』は「頭」に作る。
[242]『陽』・『勸』・『孝』・『驪』は「熱」に作る。
[243]『孝』は「有」に作る。
[244] 原文では「恣詠」の右側に上下を入れ替える記号の「ξ」がついており、「詠恣」が正しいと思われる。
[245]『陽』・『勸』・『孝』・『驪』は「焉」に作る。
[246]『陽』・『勸』・『孝』・『驪』は「幼」に作る。
[247]『陽』・『勸』・『孝』・『驪』は「前」に作る。
[248] 原文は「聚雷深處不曾軀驅」に作り、この句が8文字になっている。七言絶句であるが、この句は1文字多い。また原文では「軀」の字を削除する書き入れがある。よって、ここでは「軀」の字をとった。
[249] 原文は「韶齡猶解愛親心深」に作り、この句が8文字になっている。七言絶句であるが、この句は1文字多い。また原文では「心」の字を削除する書き入れがある。よって、ここでは「心」の字をとった。
[250]『陽』・『勸』・『孝』・『驪』は「穏」に作る。
[251]『陽』・『勸』・『孝』・『驪』は「教」に作る。

[252]『孝』は「生」、『陽』・『勧』・『驪』は「双」に作る。
[253]『陽』・『勧』・『孝』・『驪』は「堪」に作る。
[254]『陽』・『勧』・『孝』は「解」、『驪』は「觧」に作る。
[255]『勧』は「鍾」に作る。
[256]『陽』・『勧』・『孝』・『驪』は「不」に作る。
[257]『陽』・『勧』・『孝』・『驪』は「著」に作る。
[258]『陽』・『勧』・『孝』・『驪』は「坐」に作る。
[259]『孝』は「無難事」に作る。
[260]『孝』は「到」に作る。
[261]『孝』は「底」に作る。
[262]『孝』は「該」に作る。
[263]『陽』・『勧』は「三」に作る。
[264]『孝』は「冠兒弱」に作る。
[265]『陽』・『勧』・『孝』・『驪』は「歸」に作る。
[266] 原文では欠字になっているが、『孝』によって「父」の字を補った。
[267]『孝』は「踴」に作る。
[268]『孝』は「物」に作る。
[269]『孝』は「本」に作る。
[270]『驪』は「咽」に作る。
[271]『陽』・『勧』・『孝』・『驪』は「縁」に作る。
[272]『陽』・『勧』・『孝』・『驪』は「勞」に作る。
[273]『驪』は「簡」に作る。
[274]『驪』は「留」に作る。
[275]『陽』・『勧』・『孝』・『驪』は「孫」に作る。
[276]『孝』は「養」に作る。
[277]『陽』・『勧』・『孝』・『驪』は「念」に作る。
[278]『孝』は「咱」に作る。
[279]『孝』は「頭」に作る。
[280] 原文では欠字になっているが、『孝』により「親」の字を補った。
[281]『孝』は「蒼」に作る。
[282] 原文は「涙盡心灰識誠至誠」に作り、この句が8文字になっている。七言絶句であるが、この句は1文字多い。また原文では前者の「誠」の字を削除する書き入れがある。よって、ここでは前者の「誠」の字をとった。
[283]『孝』は「伯」に作る。『驪』は欠字。
[284]『驪』は「糞」に作る。

［285］『驪』は「廿」に作る。
［286］『孝』は「孝心子」に作る。
［287］『陽』・『勸』・『孝』・『驪』は「名」に作る。
［288］『陽』・『勸』・『孝』・『驪』は「字」に作る。
［289］『陽』・『勸』・『孝』・『驪』は「還」に作る。
［290］『孝』は「芳」に作る。
［291］『陽』・『勸』・『驪』は「倏尓」、『孝』は「倏爾」に作る。
［292］『陽』・『勸』・『孝』・『驪』は「清」に作る。
［293］『孝』は「詢」に作る。
［294］『孝』は「疇」に作る。
［295］『孝』は「杏」に作る。
［296］『孝』は「所」に作る。
［297］『孝』は「年」に作る。
［298］『陽』・『勸』・『孝』・『驪』は「孝」に作る。
［299］『陽』・『勸』・『孝』・『驪』は「有」に作る。
［300］『驪』は「春」に作る。
［301］『驪』は「辰」に作る。
［302］原文は「實」の諱を避けていないが、『孝』・『驪』は「實」を「寔」に改めている。「實」の避諱改字については第二部第一章の注332に説明したため、参照されたい。
［303］『陽』・『勸』・『孝』・『驪』は「咱」に作る。
［304］『孝』は「勉」に作る。
［305］『孝』は「勉」に作る。
［306］『孝』は「婦」に作る。
［307］『孝』は「一」に作る。
［308］『陽』・『勸』・『孝』・『驪』は「何」に作る。
［309］『陽』・『勸』・『孝』・『驪』は「事」に作る。
［310］『陽』・『勸』・『孝』は「細」、『驪』は「紅」に作る。
［311］『陽』は「去々独惶惶」、『驪』は「去々獨惶々」に作る。
［312］『孝』・『驪』は「組綬」に作る。
［313］『孝』は「萬」に作る。
［314］「彼蒼」は『詩経』「彼蒼者天」による。
［315］原文は「五十年前恨後最深」に作り、この句が8文字になっている。七言絶句であるが、この句は1文字多い。また原文では「後」の字を削除する書き入れがある。よって、ここでは「後」の字をとった。
［316］『陽』・『勸』・『驪』は「頭」、『孝』は「顯」に作る。

[317]『陽』・『勧』・『孝』は「職」、『驩』は「戠」に作る。
[318]『孝』は「親身」に作る。
[319]『陽』・『勧』・『孝』・『驩』は「古」に作る。
[320]『陽』・『勧』・『孝』は「望」、『驩』は「堂」に作る。
[321]『陽』・『勧』・『孝』・『驩』は「賤役」に作る。
[322]『陽』・『勧』・『孝』・『驩』は「古」に作る。
[323]『勧』・『驩』・『陽』・『孝』は「花」に作る。
[324]『孝』は「复」に作る。
[325]『孝』は「供」に作る。
[326]原文では「南海譚鏡湖秋江氏拜題」とするが、『孝』では「禮部參知李文馥述懷」、『陽』では「李公述板一首」とし、『勧』では「李公述懷一首」とする。『陽』に記している「述板」は誤字であると思われる。
[327]『陽』・『勧』・『孝』は「関」に作る。
[328]『孝』は「幃」、『陽』は「諱」に作る。
[329]原文では「南海譚鏡湖秋江氏拜題」とあるが、『孝』では「承天府尹陳秀穎述懷」、『陽』では「陳公述板一首」とし、『勧』では「陳公述懷一首」とする。『陽』に記している「述板」は誤字であると思われる。
[330]『孝』は「荜」、『陽』は「花」、『勧』は「䔢」に作る。原文も『勧』も紹治帝の母親の名である「華」の諱を避けるため、「華」を「荜」や「䔢」のように欠筆や「華」の上に「巛」を加える。このことについては、『欽定大南会典事例』に「紹治元年議奏恭照、……臨文加巛頭臨讀避音、人名地名不得冒用二字〔一字上從艹下從十、一字上從宀下從貫〕」、「……四年議準向例凡臨文恭遇、廟諱一字左從玉右從當、一字上從宀下從貫、一字上從艹下從十與一字左從日右從侖、該四字均奉加様而字體、仍然恐未足以昭尊敬、茲請這四字並原加様、諸字臨文各缺一筆……」とある。〔 〕内は双行注である。『欽定大南会典事例』（天理大学図書館所蔵）巻百二十一、第３葉表、第４葉表、第17葉表を参照。
[331]『孝』は「樹」、『陽』・『勧』は「楚」に作る。
[332]原文では「南海譚鏡湖秋江氏拜題」とあるが、『孝』では「永隆省按察使杜俊大詠」、『陽』では「杜公述板一首」、『勧』では「杜公述懷一首」とする。『陽』に記している「述板」は誤字であると思われる。
[333]『陽』・『勧』は「倡」に作る。
[334]『陽』・『勧』・『孝』は「杏」に作る。
[327]『陽』・『勧』は「圴」に作る。

第三章　李文馥系の「二十四孝」と『日記故事』系の各文献の比較

　本章では前半および後半に分けて李文馥（リー・ヴァン・フック、Lý Văn Phức）系「二十四孝」の底本について論じる。前半では漢喃研究院蔵『掇拾雑記』（AB132）所収の「二十四孝演歌」の本文を『日記故事』系の代表的な五つの文献と比較し、どれが李文馥系「二十四孝」の底本であるのか、加えて、どの文献が参照されているのかを明らかにしたい。

　次に、後半では図版について考察する。李文馥系「二十四孝」文献のうち、ベトナム社会科学情報院蔵『二十四孝』（Nhị thập tứ hiếu）（ナム・ディン（Nam Định）印刷所、1908年）、および李文馥系以外の「二十四孝」文献のうち、『四十八孝詩画全集』（第三部第二章で後述する）のみが「二十四孝」の図版を載せている。このうち『四十八孝詩画全集』は朱文公「二十四孝原編」と高月槎「二十四孝別集」に従い作成されたものであるため、李文馥系の「二十四孝」とは異なっている。一方、『二十四孝』（ナム・ディン印刷所、1908年）に載せる図版も李文馥の作品ではないが、同書には、現代ベトナム語表記で翻字された李文馥の「二十四孝演歌」が合わせて記されているため、李文馥系の「二十四孝」に属するといえる。そこで、ここでは『二十四孝』（ナム・ディン印刷所、1908年）をとり上げ、『日記故事』系の代表的な五つの文献の図版と比較することで、李文馥系「二十四孝」の図版の底本および参照した文献が何であったかを確認したい。

第二部　李文馥系の「二十四孝」

一.『日記故事』系の各文献について

　第一部第一章に述べたとおり、『日記故事』系の「二十四孝」の代表的文献は五つ、すなわち万暦三十九年版、寛文九年版、「二十四孝原編」、『趙子固二十四孝書画合璧』、「二十四孝原本」である。以下、これらの版本について紹介しておこう。

1. 万暦三十九年版
　万暦三十九年版『日記故事』の正式な書名は『新鐫徽郡原板校正絵像註釈便覧与賢日記故事』(全四巻)である。そのうち二十四孝説話を載せるのは巻一であり、その内題に「鍥便象二十四孝日記故事」とあり、尾題に「全像二十四孝畢」とある。本書は現在、日本の国立公文書館内閣文庫に所蔵され、詹応竹の校正で、万暦39年(1611)に刊行された。各葉は上下二つの部分に分かれ、上は図版、下は本文と題詩である。半葉の上部と下部に二人分の孝子の説話の本文、題詩と図版が載っている（図2-3-1参照）。

2. 寛文九年版
　和刻本の寛文九年版『日記故事』の書名は、『新鍥類解官様日記故事大全』(全七巻、長沢規矩也編『和刻本類書集成』第三輯所収)である。明の張瑞によって編纂されたもので、この和刻本は明万暦刊繡像本の精密な覆刻本であり、寛文9年(1669)に刊行されたという[1]。このうち巻一に二十四孝説話が収められ、各葉は上下二つの部分に分かれている。上は図版、下は本文と題詩であり、半葉に一人ずつ載せている（図2-3-2参照）。

3.「二十四孝原編」
　黒田彰氏によると、

第三章　李文馥系の「二十四孝」と『日記故事』系の各文献の比較

「二十四孝原編」は民国の林仕荷編に掛る三余堂叢刻五冊の第一冊冒頭に収められている。三余堂叢刻については、『中国叢書綜録』（中華書局、一九五九年）第一冊、彙編・雑纂類（民国）に、「（民国）林仕荷輯、民国十六（一九二七年）鄞県林氏拠旧刊版彙印本」とあり、三余堂叢刻は、同上書の収蔵情況表・蔵書者欄に表示される華東師範大学に一本が所蔵される他、目下の所北京師範大学に一本の所在が確認し得るのみの稀覯書となっている。……三餘堂叢刻は、浙江省鄞県の古書肆であった林仕荷(彬甫)の蒐集に掛る旧書、十二種十七巻を叢刻とし、民国十六（一九二七年）に刊行したものである。[3]

という。

『日記故事』系の五つの文献のうち、『三余堂叢刻』は比較的近年の書籍（1927）であり、ベトナムにおける「二十四孝」の漢文・字喃文はすべて 1927 年前に刊行されている。鄧輝燆（ダン・フイ・チュー、Đặng Huy Trứ）によって編纂され、嗣徳 20 年（1867）に刊行された『四十八孝詩画全集』の「四十八孝詩画全集序」に「丁巳春余試和榮得李文禎□□前後二十四孝詩画」とあり、さらに「詠前後二十四孝原序」には、

　　歳之春、李茂瑞兄子禎送以前後二十四孝二本、一是朱文公原編、一是高月槎先生別集、皆一詩一畫。[6]

とある。

　すなわち、鄧輝燆は嗣徳丁巳（1857 年）に『前後二十四孝』に収められている朱文公「二十四孝原編」と高月槎「二十四孝別集」を李文禎から得たわけであるから、『前後二十四孝』所収の「二十四孝原編」と「二十四孝別集」は、1857 年以前のものであると推測できる。また、「二十四孝原編」と「二十四孝別集」は撰者が異なることから、もともと別行していたのであろう。そうであれば、これらの成立年代はもっと遡る可能性が高い。しかし、現在見ることのできる「二十四孝原編」は、『三余堂叢刻』所収本のみで、『三余堂叢刻』

217

第二部　李文馥系の「二十四孝」

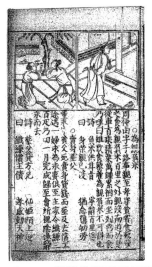

図 2-3-1　『新鐫徽郡原板校正絵像
　　　　　註釈便覧与賢日記故事』第 2 葉表

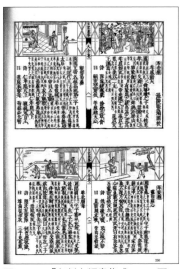

図 2-3-2　『和刻本類書集成』250 頁

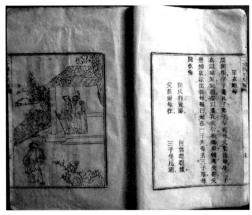

図 2-3-3　華東師範大学所蔵
　　　　　『三余堂叢刻』第 4 葉裏、
　　　　　第 5 葉表

第三章　李文馥系の「二十四孝」と『日記故事』系の各文献の比較

所収本よりも古い「二十四孝原編」は見あたらないのである。「二十四孝原編」は半葉に一人の孝子の説話の図版を載せ、次の半葉に本文、題詩を載せている（図 2-3-3 参照）。

『三余堂叢刻』目録には、「二十四孝原編一巻　宋朱熹」とある。「二十四孝原編」の作者については梁音氏が、「「朱子二十四孝事蹟」は「二十四孝原編」と同じように、朱熹撰と伝えられるが、朱熹に関する資料には見られないため、朱熹が撰した確証は得られない。しかし、「二十四孝原編」と同様に朱熹に仮託することは興味深い[7]」と述べている。

4.『趙子固二十四孝書画合璧』

『趙子固二十四孝書画合璧』の著作年代および同書の伝来について、黒田彰氏は、

趙子固二十四孝書画合璧は、外題刷題箋を「趙子固二十・四孝書画合璧」とするコロタイプ影印本（縦三八・五糎横二六・八糎）一冊、袋綴二十六丁で、奥付に、「中華民国二十二年十月初版／趙子固二十四孝書画合璧／（毎部一冊定価洋四円）／宝蘊楼蔵／北平古物陳列所印行／印刷所集成印書局／発行所北平古物陳列所、〔横書〕不准複製」とある。発行所の古物陳列所、所蔵者とされる宝蘊楼のことを簡単に纏めておくと、一九一二年二月十二日、宣統帝溥儀の退位に際し、中華民国は内務部に古物陳列所を設置、紫金城外朝、奉天、熱河行宮等の文物管理に当たらせるが、一九二四年十一月五日、溥儀の紫金城退去に伴って、二十日に弁理清室善後委員会を発足させ、それが翌一九二五年九月、故宮博物院となる。宝蘊楼（元は、外朝の武英殿右の建物の名）は古物陳列所のことで、一九二九年頃から蔵品の印刷、発行に当たったらしい。……趙子固二十四孝書画合璧は万暦以前、おそらく明代中期から後期にかけての制作と考えることが出来る[8]。

と説明している。

219

第二部　李文馥系の「二十四孝」

図 2-3-4　ハーバード大学図書館蔵
　　　　　『趙子固二十四孝書画合璧』の奥付

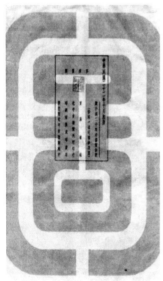

図 2-3-5　中国国家図書館の別館に所蔵されて
　　　　　いる『趙子固二十四孝書画合璧』の
　　　　　奥付

筆者が複写したハーバード大学図書館所蔵の『趙子固二十四孝書画合璧』[9]には、中国国家図書館所蔵の『趙子固二十四孝書画合璧』と違う点が一つある。それは奥付の（毎部一冊定価洋四円）／宝蘊楼蔵の行間に「外加套子四角」と手書きで書き込みがあることである（図 2-3-4、図 2-3-5 参照）。

本書は半葉に一つの説話の図版を載せ、次の半葉（裏葉）は本文である（図 2-3-6 参照）。

5.「二十四孝原本」

「二十四孝原本」は『前後孝行録』に収められている。『前後孝行録』は「道光甲辰年春敬募重鐫」、すなわち道光 24 年（1844）に京江柳書諫堂で再版されたテキストが伝わっている。

『前後孝行録』の「孝行録序」には「世傳二十四孝一書不知何人所著凡采取子史所載孝行二十四則集爲一編向時郷塾都有之、今高君月槎復別錄二十四事以廣之、又毎事繋之一詩以致其長言詠歎之意、呂君黙盦募資合刻以廣其傳、……道光元年十月呉門石韞玉序」とあり、さらに、跋文が三篇付されている、一つ目の跋文には「昭欲合爲一編重摹壽棗有志而無力、賴同人損貲得成此書不可謂非厚幸也、……道光元年正月人日呂晉昭跋於萊香堂[11]」とあり、三つ目の跋文には「余弟黙盦輯孝行録一書刊以勸世……道光二年春王正月呂泰運書[12]」とある。

このように、『前後孝行録』の初版は道光 2 年（1822 年）に呂晉昭によって出版された。『前後孝行録』所収の「二十四孝原本」の編著者は不明であり、一方、「二十四孝別録」は高月槎によって編纂されている。『前後孝行録』は「孝行録序」、三つの跋文、「孝行録目録」、「文昌帝君孝経」、「二十四孝原本」、「二十四孝別録」、「勧孝格言」、「重刊前後孝行録合刻記」という順序で構成されている。半葉に一人の孝子の説話の図版を載せ、次の半葉が本文、題詩である（図 2-3-7 参照）。

本章で使用する「二十四孝原本」は、東京学芸大学附属図書館蔵『前後孝行録』（道光甲辰年春敬募重鐫、京江柳書諫堂）に所収のものである。このほか、中国でも影印本が出版されている。上海文芸出版社の『前後孝行録』（1991 年）

第二部　李文馥系の「二十四孝」

図 2-3-6　ハーバード大学図書館蔵『趙子固二十四孝書画合璧』
　　　　　第 1 葉裏、第 2 葉表

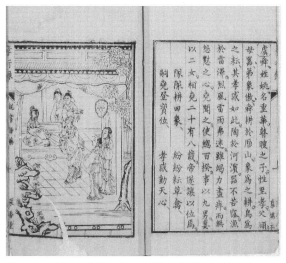

図 2-3-7　『前後孝行録』（東京学芸大学附属図書館蔵）
　　　　　「二十四孝原本」第 2 葉裏、第 3 葉表

222

第三章　李文馥系の「二十四孝」と『日記故事』系の各文献の比較

がそれであるが、内容は同一であるものの、所載の文章の順番が異なっている。
[13]

二．李文馥系「二十四孝」と『日記故事』系各文献の比較——本文について

　ここでは、李文馥系の「二十四孝」（『掇拾雑記』（AB132）所収「二十四孝演歌」の「双七六八体」の直前に記されている漢文の原文）と『日記故事』系の文献、すなわち国立公文書館内閣文庫に所蔵される万暦三十九年版、寛文九年版（『和刻類書集成』第三輯所収「新鍥類解官様日記故事大全」巻一廿四孝）、「二十四孝原本」（『前後孝行録』所収、東京学芸大学附属図書館の画像、道光甲辰年春敬慕重鎸、京江柳書諫堂）、ハーバード大学図書館に所蔵される『趙子固二十四孝書画合璧』、華東師範大学所蔵『三余堂叢刻』所収の「二十四孝原編」を比較する。以上はいずれも『日記故事』系に属するが、互いにやや違いも見られるので、各文献と 24 人の孝子の順序、本文、図版について、比較表を用いて考察する。

　比較する際には、以下の略称を用いる。『掇』：『掇拾雑記』、『原本』：「二十四孝原本」、『万』：万暦三十九年版、『寛』：寛文九年版、『原編』：「二十四孝原編」、『璧』：『趙子固二十四孝書画合璧』。

1. 孝子の順序の考察

　表 1 の上欄は『掇拾雑記』所収「二十四孝演歌」による孝子名である。

　表 1 により、『掇拾雑記』所収「二十四孝演歌」の 24 人の孝子の順序は、「二十四孝原本」（『前後孝行録』所収）と一致することがわかる。

第二部　李文馥系の「二十四孝」

表1　24人の孝子の順序

	大舜	漢文帝	曽參	閔損	仲由	郯子	老萊子	董永	郭巨	姜詩	蔡順	丁蘭	陸績	江革	黄香	王裒	呉猛	王祥	楊香	孟宗	庾黔婁	唐夫人	朱寿昌	黄山谷
掇	1	2	3	4	5	6	7	8	9	10	11	12	13	14	15	16	17	18	19	20	21	22	23	24
原本	1	2	3	4	5	6	7	8	9	10	11	12	13	14	15	16	17	18	19	20	21	22	23	24
万	1	2	3	4	5	7	13	6	12	19	23	17	9	8	22	16	11	20	14	18	21	10	15	24
寛	1	2	3	4	5	7	17	6	13	20	18	22	9	8	19	21	11	12	14	23	16	10	15	24
原編	1	2	3	4	5	7	6	8	13	11	15	12	16	9	10	17	20	19	14	18	21	22	24	23
壁	1	13	20	16	11	10	12	7	5	23	18	8	15	14	21	6	17	4	2	3	19	22	9	24

2．本文の考察

　次に、本文について検討してみる。以下にとり上げる孝子の順序は、『掇拾雑記』の「二十四孝演歌」の順番による。六つの文献を見ると、異同がいくらかあることがわかる。たとえば『原本』は『原編』と同様、題詩（五言詩）の前に「詩曰」の文字がない。『掇』は『壁』と同様、題詩が記されていない。『壁』、『原本』にはそれぞれの説話の初めに「孝感動天」などの標題がないが、他の四文献には載っている。これらはすべての説話において同じである。なお、『掇』の本文の後に題詩は記されていないため、ここでは本文（散文部分）を中心に二十四の説話につき比較する。

第一　大舜

掇	孝感動天 虞舜、瞽瞍之子、母握登賢而早喪、瞽瞍更娶後妻、父頑母嚚、弟象傲、克諧以孝、嘗耕於歷山、有象爲之耕、鳥爲之耘、其孝感如此、堯聞之、妻以二女、讓以天下。
原本	虞舜、<u>姓姚名重華</u>、瞽瞍之子、<u>性至孝</u>、父頑母嚚、弟象傲、舜耕於歷山、象爲之耕、鳥爲之耘、其孝感如此、<u>陶於河濱</u>、<u>器不苦窳</u>、<u>漁於雷澤</u>、<u>烈風雷雨</u>、<u>弗迷</u>、<u>雖竭力盡瘁而無怨懟之心</u>、堯聞之、<u>使總百揆</u>、<u>事以九男</u>、妻以二女、<u>相堯二十有八載</u>、帝遂讓以位焉。 　　隊隊耕田象　　紛紛耘草禽 　　嗣堯登寶位　　孝感動天心

224

第三章　李文馥系の「二十四孝」と『日記故事』系の各文献の比較

万	孝感動天 虞舜、瞽瞍之子、性至孝、父頑母嚚、弟象傲、舜耕于歴山、有象爲之耕、有鳥爲之耘、其孝感如此、由是、帝堯聞之、妻以二女、讓以天下。 　詩曰 　　隊々耕春象　　紛紛耘草禽 　　嗣堯登寶位　孝感動天心
寛	孝感動天 虞舜、瞽瞍之子、性至孝、父頑母嚚、弟象傲、舜耕於歴山、有象爲之耕、鳥爲之芸、其孝感如此、帝堯聞之、事以九男、妻以二女、遂以天下讓焉。 　詩曰 　　隊隊耕春象　　紛紛芸草禽 　　嗣堯登寶位　孝感動天心
原編	孝感動天 虞舜、<u>姓姚名重華</u>、瞽瞍之子、性至孝、父頑母嚚、弟象傲、舜耕於歴山、象爲之耕、鳥爲之耘、其孝感如此、<u>陶於河濱、器不苦窳、漁於雷澤、烈風雷雨、弗迷、雖竭力盡、瘁而無怨懟之心</u>、堯聞之、<u>使總百揆</u>、事以九男、妻以二女、<u>相堯二十有八載</u>、帝遂讓以位焉。 　　隊隊耕田象　　紛紛耘草禽 　　嗣堯登寶位　孝感動天心
壁	虞舜、瞽瞍之子、性至孝、父頑母嚚、弟象傲、舜耕於歴山、有象爲之耕、鳥爲之芸、其孝感如此、帝堯聞之、事以九男、妻以二女、遂以天下讓焉。

『原本』は『原編』と同様、詳しい記述（傍線の部）となっているが、『掇』にそれらの部分は見えない。そして、『掇』には「母握登賢」、「而早喪、瞽瞍更娶後妻」、「克諧以孝」とあるが、他の文献にこの句はない。しかし、『史記』五帝本記には「而舜母死、瞽叟更娶妻而生象」とあり、『尚書』には「克諧以孝」とある。一方、「母握登賢」は『尚書』、『史記』五帝本記、『孟子』などの帝舜の説話を掲載したテキストに見えないため、李文馥が加えた解説文だと思われる。『掇』には「營耕於歴山」とあり、『原本』、『原編』、『寛』と『壁』には「舜耕於歴山」とあり、『万』は「舜耕于歴山」となっている。『掇』は『万』と同じく、「事以九男」が見られない。『掇』は『原本』、『原編』と同様に、「堯聞之」とし、他の文献は「帝堯聞之」とする。『掇』は『原本』、

225

『原編』と同じく「鳥爲之耘」とし、『万』は「有鳥爲之耘」とし、『寛』と『壁』は「鳥爲之芸」とする。『掇』は『万』と同様に、「讓以天下」とし、『寛』は『壁』と同様に、「遂以天下讓焉」とし、『原編』は『原本』と同様に、「帝遂讓以位焉」とする。

　要するに、上の五つ文献のうち、『掇』に最も近いのは『万』といえるが、李文馥が加えた解説文があることが確認できる。そして、『掇』は『原本』、『原編』に記されている詳しい文（傍線の部）を除けば、『原本』、『原編』とも類似していると指摘できる。しかし、上記の表1により、『掇』に記されている孝子の順序配列は『万』、『原編』と一致せず、『原本』と一致することから、李文馥は『原本』にもとづき書き改めたが、その際『原編』、『万』などの他の文献を参照したといえる。また、『掇』は説話のシナリオを守りつつ細かな部分を省略する傾向があると指摘できる。

第二　漢文帝

掇	親嘗湯藥 漢文、名恒、高祖第三子、初封代王、生母薄太后、帝奉養無怠、母病三年、帝爲之目不交睫、衣不解帶、湯藥非口親嘗不進、仁孝聞於天下。
原本	前漢文帝、名恒、高祖第三子、初封代王、生母薄太后、帝奉養無怠、母病三年、帝爲之目不交睫、衣不解帶、湯藥非口親嘗弗進、仁孝聞於天下。 　　仁孝臨天下　　巍巍冠百王 　　漢庭事賢母　　湯藥必親嘗
万	親嘗湯藥 前漢文帝、名恒、高祖第三子、初封代王、生母薄太后、帝奉養無怠、母嘗病三年、帝爲之目不交睫、衣不解帶、湯藥非口親嘗弗進、仁孝聞於天下。 　　詩曰 　　仁孝臨天下　　巍々冠百王 　　漢庭事賢母　　湯藥必親嘗

第三章　李文馥系の「二十四孝」と『日記故事』系の各文献の比較

寛	親嘗湯藥 前漢文帝、名恒、高祖第三子、初封代王、生母薄太后、帝奉養無怠、母嘗病三年、帝目不交睫、衣不解帶、湯藥非口親嘗弗進、仁孝聞天下。 　詩曰 　仁孝臨天下　　巍巍冠百王 　漢庭事賢母　　湯藥必先嘗
原編	親嘗湯藥 前漢文帝、名恒、高祖第三子、初封代王、生母薄太后、帝奉養無怠、母病三年、帝爲之目不交睫、衣不解帶、湯藥非口親嘗弗進、仁孝聞於天下。 　仁孝臨天下　　巍巍冠百王 　漢庭事賢母　　湯藥必親嘗
璧	漢帝名恒、高祖第三子、初封代王、生母薄太后、帝奉養無怠、母嘗病三年、帝目不交睫、衣不解帶、湯藥非口親嘗弗進、仁孝聞天下。

　『掇』では「漢文」、『璧』では「漢帝」、他の文献では「前漢文帝」となっている。『掇』は『原本』、『原編』と同様に、「母病三年」とし、他の三文献は「母嘗病三年」とする。『掇』は『原本』、『原編』、『万』と同様に、「帝爲之目不交睫」、「仁孝聞於天下」とあり、『寛』および『璧』は「帝目不交睫」、「仁孝聞天下」となっている。『掇』が「不進」とする箇所は、他の五つの文献は「弗進」とする。

　『掇』は『原本』、『原編』とほぼ同文である。

第三　曾參

掇	嚙指心痛 周曾參、字子輿、事母至孝、嘗採薪山中、家有客至、母無措、望參不還、乃嚙其指、參忽心痛、負薪以歸、跪問其故、母曰有急客至、吾嚙指以悟汝爾。
原本	周曾參、字子輿、孔子弟子、事母至孝、參嘗採薪山中、家有客至、母無措、望參不還、乃嚙其指、參忽心痛、負薪以歸、跪問其故、母曰有急客至、吾嚙指以悟汝爾。 　母指纔方嚙　　兒心痛不禁 　負薪歸未晚　　骨月至情深

227

第二部　李文馥系の「二十四孝」

万	齧指心痛 曾參、字子輿、事母至孝、參嘗採薪山中、家有親客至、母無所措、望參不還、乃叩齒齧指、參忽心痛、負薪以歸、跪問其故、母曰有急客至、吾齧指以悟汝爾。 　詩曰 　　母指纔方齧　兒心痛難禁 　　負薪歸未晚　骨肉至情深
寛	齧指痛心 周曾參、字子輿、事母至孝、參嘗採薪山中、家有客至、母無措、望參不還、乃齧其指、參忽心痛、負薪以歸、跪問其故、母曰有急客至、吾齧指以悟汝尓。 　詩曰 　　母指纔方齧　兒心痛不禁 　　負薪歸未晚　骨肉至情深
原編	齧指心痛 周曾參、字子輿、孔子弟子、事母至孝、參嘗採薪山中、家有客至、母無措、望參不還、乃齧其指、參忽心痛、負薪以歸、跪問其故、母曰有急客至、吾齧指以悟汝爾。 　　母指纔方齧　兒心痛不禁 　　負薪歸未晚　骨月至情深
壁	周曾參、字子輿、事母至孝、參嘗採薪山中、家有客至、母無措、望參不還、乃齧其指、參忽心痛、負薪以歸、跪問其故、母曰、有急客至、吾齧指以悟汝爾。

　『掇』は『原編』、『万』と同様に「齧指心痛」とし、『寛』は「齧指痛心」とする。『掇』は『原編』、『原本』、『寛』、『壁』と同様に「周曾參」、「家有客至」、「母無措」、「乃齧其指」とし、『万』は「曾參」、「家有親客至」、「母無所措」、「乃叩齒齧指」とする。『原本』、『原編』には「孔子弟子」の句が見られるが、『掇』にはない。『掇』は『万』、『原編』、『原本』、『壁』と同じく「爾」とし、『寛』のみは「尓」とする。

　『掇』は『原本』、『原編』、『壁』と類似しているといえるが、「孔子弟子」などの語を省略する傾向がある。

第三章　李文馥系の「二十四孝」と『日記故事』系の各文献の比較

第四　閔損

掇	單衣順母 周閔損、字子騫、早喪母、父娶後母、生二子、衣以棉絮、妬損、衣以蘆花、父令損御車、體寒失靷、父察知故、欲出後母、損曰、母在一子寒、母去三子單、母聞悔改。
原本	周閔損、字子騫、孔子弟子、早喪母、父娶後母、生二子、衣以棉絮、妬損、衣以蘆花、父令損御車、體寒失靷、父察知故、欲出後母、損曰、母在一子寒、母去三子單、母聞改悔。 　閔氏有賢郎　　何曾怨晚孃 　父前留母在　　三子免風霜
万	単衣順母 閔損、字子騫、早喪母、父娶後妻、生二子、衣以綿絮、妬損、衣以蘆花、父令損御車、体寒失靷、父察知故欲出後母、損曰、母在一子寒、母去三子単、母聞悔改。 　詩曰 　閔氏有賢郎　　何曾怨晚娘 　尊前留母在　　三子免風霜
寬	単衣順母 周閔損、字子騫、早喪母、父娶後母、生二子、衣以綿絮、妬損、衣以蘆花、父令損御車、体寒失靷、父察知故欲出後母、損曰、母在一子寒、母去三子単、母聞悔改。 　詩曰 　閔氏有賢郎　　何曾怨晚娘 　尊前留母在　　三子免風霜
原編	單衣順母 周閔損、字子騫、孔子弟子、早喪母、父娶後母、生二子、衣以棉絮、妬損、衣以蘆花、父令損御車、體寒失靷、父察知故、欲出後母、損曰、母在一子寒、母去三子單、母聞改悔。 　閔氏有賢郎　　何曾怨晚孃 　父前留母在　　三子免風霜
璧	周閔損、字子騫、早失母、父娶後母、生二子、衣以綿絮、妬損、衣以蘆花、父令損御車、體寒失靷、父察知故、欲出後母、損曰、母在一子寒、母去三子單、母聞悔改。

229

第二部　李文馥系の「二十四孝」

　『掇』は『原本』、『原編』、『寛』、『璧』と同様に「周閔損」とし、『万』のみは「閔損」とする。『原本』、『原編』には「孔子弟子」という句が見られるが、『掇』にはない。『掇』には『原編』、『原本』、『寛』、『万』と同様に「早喪母」とあり、『璧』は「早失母」とする。『掇』は『原編』、『原本』、『寛』、『璧』と同じく「父娶後母」とし、『万』は「父娶後妻」となっている。『掇』は『原本』、『原編』と同様に「棉」とし、他の文献は「綿」とする。『掇』は『原編』、『原本』、『璧』と同様に、正字である「單」、「體」を用いているが、『万』、『寛』は俗字である「単」、「体」となっている。『掇』は『万』、『寛』、『璧』と同様に「妒損」、「母聞悔改」とし、『原本』、『原編』では「妬損」、「母聞改悔」とする。

　『掇』は『日記故事』系の五つの文献のうち、『原本』、『原編』に最も近い。

第五　仲由

掇	爲親負米 周仲由、字子路、家貧、嘗食藜藿之食、爲親負米於百里之外、親没、南遊於楚、從車百乘、積粟萬鐘、累裀而坐、列鼎而食、乃嘆曰、雖欲食藜藿之食、爲親負米、不可得也。
原本	周仲由、字子路、孔子弟子、家貧、食藜藿之食、爲親負米百里之外、親没、南遊於楚、從車百乘、積粟萬鐘、累裀而坐、列鼎而食、乃嘆曰、雖欲食藜藿之食、爲親負米、不可得也。 　負米供甘旨　寧忘百里遥 　身榮親巳没　猶念舊劬勞
万	爲親負米 周仲由、字子路、事親至孝、家貧、嘗食藜藿之食、爲親負米百里之外、親没、南遊於楚、從車百乘、積粟萬鍾、累裀而坐、列鼎而食、乃嘆曰、雖欲食藜藿、爲親負米、不可得也。 　詩曰 　負米供甘旨　寧辭百里遥 　身榮親巳没　猶念舊劬勞

第三章　李文馥系の「二十四孝」と『日記故事』系の各文献の比較

寛	爲親負米 周仲由、字子路、家貧、嘗食藜藿之食、爲親負米百里之外、親没、南遊於楚、從車百乘、積粟萬鐘、累裀而坐、列鼎而食、乃嘆曰、雖欲食藜藿、爲親負米、不可得也。 　　　詩曰 　　　負米供甘旨　　寧辞百里遥 　　　身榮親已没　　猶念舊劬勞
原編	爲親負米 周仲由、字子路、孔子弟子、家貧、食藜藿之食、爲親負米百里之外、親没、南遊於楚、從車百乘、積粟萬鐘、累裀而坐、列鼎而食、乃歎曰、雖欲食藜藿之食、爲親負米、不可得也。 　　　負米供甘旨　　甯忘百里遥 　　　身榮親已没　　猶念舊劬勞
璧	周仲由、字子路、家貧、嘗食藜藿之食、爲親負米百里之外、親殁、南遊於秦、從車百乘、積粟萬鍾、累裀而坐、列鼎而食、乃嘆曰、雖欲食藜藿、爲親負米、不可得也。

　『原本』では『原編』と同様に「孔子弟子」という句が見えるが、『掇』にはこの句が記されていない。『万』には「事親至孝」の句が見えるが、『掇』では『原本』、『原編』、『寛』、『璧』と同様にこの句が見えない。『璧』のみが「南遊於秦」とする箇所を、他の文献は「南遊於楚」とする。『掇』は『原本』、『万』、『寛』、『璧』と同様に「嘆曰」とし、『原編』は「歎曰」とする。『掇』は『原本』、『原編』と同じく「雖欲食藜藿之食」とし、他の文献は「雖欲食藜藿」とする。総じて、『掇』は『原本』に最も類似している。

第六　郯子

掇	鹿乳奉親 周郯子、性至孝、父母年老、俱患雙眼、思食鹿乳、郯子順承親意、乃衣鹿皮、去深山、入鹿群之中、取鹿乳以供親、獵者見而欲射之、郯子以情告、乃免。

第二部　李文馥系の「二十四孝」

原本	周郯子、性至孝、父母年老、倶患雙眼、思食鹿乳、郯子順承親意、乃衣鹿皮、去深山、入羣鹿中、取鹿乳以供親、獵者見而欲射之、郯子具以情告、乃免。 　　老親思鹿乳　　身挂鹿毛衣 　　若不高聲語　　山中帶箭歸
万	鹿乳奉親 剡子、性至孝、父母年老、倶患雙眼、思食鹿乳、剡子乃衣鹿皮、去深山、入鹿群之中、取鹿乳供親、獵者見而欲射之、剡子具以情告、乃免。 　　詩曰 　　親老思鹿乳　　身掛褐毛衣 　　若不高聲語　　山中帶箭歸
寛	鹿乳奉親 周剡子、性至孝、父母年老、倶患雙眼、思食鹿乳、剡子乃衣鹿皮、去深山、入鹿群之中、取鹿乳供親、獵者見而欲射之、剡子具以情告、乃免。 　　詩曰 　　親老思鹿乳　　身掛褐毛衣 　　若不高聲語　　山中帶箭歸
原編	鹿乳奉親 周郯子、性至孝、父母年老、倶患雙眼、思食鹿乳、郯子順承親意、乃衣鹿皮、去深山、入鹿羣中、取鹿乳以娯親、獵者見而欲射之、郯子具以情告、乃免。 　　老親思鹿乳　　身掛鹿毛衣 　　若不高聲語　　山中帶箭歸
壁	周剡子、性至孝、父母年老、倶患雙目、思食鹿乳、剡子乃衣鹿皮、去深山、入鹿羣之中、取鹿乳供親、獵者見而欲射之、剡子具以情告、乃免。

　『掇』は『原本』、『原編』と同様に「周郯子」とし、『寛』と『壁』は「周剡子」とし、『万』は「剡子」とする。『掇』は『万』、『寛』、『原本』、『原編』と同様に「眼」とし、『壁』のみは「目」とする。『掇』には『原本』、『原編』と同様に「郯子順承親意」という句が見えるが、他の三文献にはない。『掇』は『万』、『寛』と同様に「入鹿群之中」とし、『壁』は「入鹿羣之中」とし、『原本』は「入羣鹿中」とし、『原編』は「入鹿羣中」とする。『掇』は『原本』と同じく「以供親」とし、『万』、『寛』、『壁』は「供親」とし、『原編』は「以娯親」とする。『掇』は『原本』とほぼ同文であるといえる。

232

第三章　李文馥系の「二十四孝」と『日記故事』系の各文献の比較

第七　老莱子

掇	戯綵娯親 周老莱子、至孝、奉二親極其甘脆、行年七十、言不称老、嘗著五彩斑爛之衣、爲嬰兒戯舞於親側、又嘗取水上堂、詐跌臥地、作小兒啼、以供親喜。
原本	周老莱子、楚人、至孝、奉二親極其甘脆、行年七十、言不称老、着五綵斑爛之衣、爲嬰兒戯舞於親側、又取水上堂、詐跌臥地、作小兒嚇、以娯親喜。 　　戯舞學嬌癡　　春風動綵衣 　　雙親開口笑　　喜氣滿庭闈
万	戯彩娯親 老莱子、至孝、奉二親極其甘脆、行年七十、言不穪老、嘗着五色斑襕之衣、爲嬰兒戯於親側、又嘗取水上堂、詐跌臥地、作嬰兒啼、以娯親意。 　　詩曰 　　戯舞學嬌痴　　春風動綵衣 　　雙親開笑口　　喜色滿庭闈
寛	戯彩娯親 周老莱子、至孝、奉二親極其甘脆、行年七十、言不称老、嘗着五色斑欄之衣、爲嬰兒戯於親側、又嘗取水上堂、詐跌臥地、作嬰兒啼、以娯親意。 　　詩曰 　　戯舞學嬌痴　　春風動綵衣 　　雙親開口笑　　喜色滿庭闈
原編	戯綵娯親 周老莱子、楚人、至孝、奉二親極其甘脆、行年七十、言不稱老、著五綵斑爛之衣、爲嬰兒戯舞於親側、又取水上堂、詐跌臥地、作小兒戯、以娯親喜。 　　戯舞學嬌癡　　春風動綵衣 　　雙親開口笑　　喜氣滿庭闈
璧	周老莱子、至孝、奉二親極其甘脆、行年七十、言不称老、嘗着五彩斑襕之衣、爲嬰兒戯於親側、又嘗取水上堂、詐跌臥地、作嬰兒啼、以娯親意。

『掇』は『原本』、『原編』、『寛』、『璧』と同様に「周老莱子」とし、『万』のみは「老莱子」とする。『原本』と『原編』には「楚人」の句が見えるが、他の文献にはない。『掇』は『原編』、『原本』と同様に、「爲嬰兒戯」の後に「舞」という字があるが、他の文献にはない。『掇』は「嘗著五彩」とし、『原

233

第二部　李文馥系の「二十四孝」

本』は「着五綵」とし、『原編』は「著五綵」とし、『壁』は「甞着五彩」とし、『万』、『寬』は「甞着五色」とする。『掇』は『原本』、『原編』と同様に「斑斕」とし、『万』、『壁』は「斑襴」とし、『寬』は「斑欄」とする。また『万』、『寬』、『壁』は「作嬰兒啼」とし、『掇』は「作小兒啼」とし、『原本』は「作小兒嚦」とし、『原編』は「作小兒戲」とする。『掇』は「以供親喜」とし、『原編』、『原本』は「以娛親喜」とし、『万』、『寬』、『壁』は「以娛親意」とする。

　このように、『掇』は『原本』、『原編』に最も類似している。

第八　董永

掇	賣身葬父 漢董永家貧、父死、賣身貸錢而葬、及去償工、路遇一婦求爲永妻、俱至主家、令織縑三百疋乃回、一月完成、歸至槐陰會所、遂辭永而去。
原本	漢董永家貧、父死、賣身貸錢而葬、及去償工、路遇一婦求爲永妻、俱至主家、令織縑三百疋乃回、一月完成、歸至槐陰會所、遂辭永而去。 　葬父將身賣　仙姬陌上迎 　織縑償債主　孝感動天庭
万	賣身葬父 董永家貧、父死、賣身貸錢而葬、及去償工、途遇一婦求爲永妻、俱至主家、令織縑三百疋乃回、一月完成、歸至會所槐陰、遂辭永而去。 　詩曰 　葬父貸方兄　仙姬陌上迎 　織縑償主債　孝感動天神
寬	賣身葬父 漢董永家貧、父死、賣身貸錢而葬、及去償工、途遇一婦求爲永妻、俱至主家、令織縑三百疋乃回、一月完成、歸至槐陰會所、遂辞永而去。 　詩曰 　葬父貸孔兄　仙姬陌上逢 　織縑償債主　孝感動天神
原編	賣身葬父 漢董永家貧、父死、賣身貸錢而葬、及去償工、路遇一婦求爲永妻、俱至主家、令織縑三百疋乃回、一月完成、歸至槐陰會所、遂辭而去。 　葬父將身賣　仙姬陌上迎 　織縑償債主　孝感動天庭

第三章　李文馥系の「二十四孝」と『日記故事』系の各文献の比較

| 璧 | 漢董永家貧、父死、賣身貸錢而葬、及去償工、遇一婦求爲永妻、俱至主家、令織縑三百疋乃回、二月完成、歸至槐陰會所、遂辭永而去。 |

　『原編』のみ「賣身葬父」とし、『掇』、『万』、『寛』は「賣身荃父」とする。『掇』は『原編』、『原本』と同様に「路遇一婦」とし、『万』と『寛』は「途遇一婦」とし、『璧』は「遇一婦」とする。『掇』は『原編』、『原本』、『万』、『寛』と同様に「一月完成」とし、『璧』のみは「二月完成」とする。『掇』は『原編』、『原本』、『寛』、『璧』と同様に「槐陰會所」とし、『万』のみは「會所槐陰」とする。『掇』は『原本』、『万』、『璧』と同様に「遂辭永而去」とあり、『寛』は「遂辞永而去」とあり、『原編』は「遂辞而去」となっている。
　『掇』は『原本』と同文である。

第九　郭巨

掇	爲母埋兒 漢郭巨、字文舉、家貧、有子三歲、母常減食與之、巨謂妻曰、貧乏不能供母、子又分母之食、蓋埋此子、子可再有、母不可復得、妻不敢違、遂掘坑三尺餘、忽見黃金一釜、金上有字、天賜黃金、郭巨孝子、官不得奪、民不得取。
原本	漢郭巨、字文舉、家貧、有子三歲、母減食與之、巨謂妻曰、貧乏不能供母、子又分母之食、蓋埋此子、子可再有、母不可復得、妻不敢違、巨遂掘坑三尺餘、忽見黃金一釜、金上有字云、天賜黃金、郭巨孝子、官不得奪、民不得取。 　郭巨思供給　　埋兒願母存 　黃金天所賜　　光彩耀寒門
万	爲母埋兒 郭巨家貧、有子三歲、母嘗減食與之、巨謂妻曰、貧乏不能供母、子又分母之食、蓋埋此子、及掘坑三尺、得黃金一釜、上云、天賜郭巨、官不得取、民不得奪。 　詩曰 　郭巨思供給　　埋兒願母存 　黃金天所賜　　光彩照寒門

235

寛	為母埋兒 漢郭巨家貧、有子三歳、母嘗減食與之、巨謂妻曰、貧乏不能供母、子又分母之食、蓋埋此子、及掘坑三尺、得黄金一釜、上云、天賜郭巨、官不得取、民不得奪。 　　詩曰 　　郭巨思供給　　埋兒願母存 　　黄金天所賜　　光彩照寒門
原編	為母賣兒 漢郭巨、字文舉、家貧、有子三歳、母減食與之、巨謂妻曰、貧乏不能供母、子又分母之食、蓋賣此子、<u>子可再有、母不可復得、妻不敢違、忽一日巨</u>掘坑三尺餘、忽見黄金一釜、<u>釜上有字云、天賜黄金、郭巨孝子、</u>官不得奪、民不得取。 　　郭巨思供給　　賣兒願母存 　　黄金天所賜　　光彩耀寒門
璧	漢郭巨家貧、有子三歳、母嘗減食與之、巨謂妻曰、貧乏不能供母、子又分母之食、蓋埋此子、<u>兒可再有、母不可復得、妻不敢違、巨遂掘坑三尺餘、忽見黄金一釜、金上有字云、天賜黄金、郭巨孝子、</u>官不得奪、民不得取。

　『掇』は『万』、『寛』と同様に「為母埋兒」とし、『原編』のみ「為母賣兒」とする。『掇』は『原本』、『原編』、『寛』、『璧』と同様に「漢郭巨」とし、『万』のみは「郭巨」とする。『掇』には『原本』、『万』、『寛』、『璧』と同様に「埋此子」とあり、『原編』のみ「賣此子」となっている。『原編』には「忽一日」の句が見えるが、他の文献にはない。そして、『掇』には『原本』、『原編』、『璧』と同様に詳しい説明（傍線部分）があるが、『万』、『寛』にはない。『掇』には『原本』、『原編』と同じく「字文舉」とあるが、『万』、『寛』、『璧』にはない。『掇』には『原本』、『原編』、『璧』と同様に「官不得奪、民不得取」とあり、『万』、『寛』には「官不得取、民不得奪」となっている。このように、『掇』は『原本』とほぼ同文である。

第三章　李文馥系の「二十四孝」と『日記故事』系の各文献の比較

第十　姜詩

掇	湧泉躍鯉 漢姜詩、事母至孝、妻龐氏奉姑尤謹、母性好飲江水、江去舎數里、妻常出汲而奉之、母更嗜魚膾、夫婦常作以進、召鄰母共食、舎側忽有湧泉味如江水、日躍雙鯉、詩取以供母。
原本	漢姜詩、事母至孝、妻龐氏奉姑尤謹、母性好飲江水、妻汲而奉之、母更嗜魚膾、夫婦作而進之、召鄰母共食、舎側忽有湧泉味如江水、日躍雙鯉、詩取以供母。 　舎側甘泉出　一朝雙鯉魚 　子能知事母　婦更孝於姑
万	湧泉躍鯉 漢姜詩、事母至孝、妻龐氏奉姑尤謹、母性好飲江水、妻出汲而奉之、母又嗜魚膾、夫婦常作、召鄰母共食、舎側忽有湧泉味如江水、日躍雙鯉、時取以供母。 　詩曰 　舎側甘泉出　時々雙鯉魚 　事親如夫婦　萬古永留題
寛	湧泉躍鯉 漢姜詩、事母至孝、妻龐氏奉姑尤謹、母性好飲江水、妻出汲而奉、母又嗜魚膾、夫婦常作、召隣母共食、側忽有湧泉味如江水、日躍雙鯉、時取以供母。 　詩曰 　舎側甘泉出　一朝雙鯉魚 　子能知事母　婦更孝於姑
原編	湧泉躍鯉 漢姜詩、事母至孝、妻龐氏奉姑尤謹、母性好飲江水、妻汲而奉之、母更嗜魚膾、夫婦作而進之、召鄰母共食、舎側忽有湧泉味如江水、日躍雙鯉、詩取以供母。 　舎側甘泉出　一朝雙鯉魚 　子能知事母　婦更孝於姑
壁	漢姜詩、事母至孝、妻龐氏奉姑尤、母好飲江水、去舎六七里、妻常出汲謹而奉之、母更嗜魚膾、又不能獨食、夫婦常力作供膾、召隣母共食、舎側忽有湧泉味如江水、日躍雙鯉、時取以供母。

237

第二部　李文馥系の「二十四孝」

　『掇』は『原編』、『原本』、『万』、『寛』と同様に「奉姑尤謹」、「母性好飲江水」とし、『璧』のみ「奉姑尤」、「母好飲江水」とする。『掇』は「江去舍數里」とし、『璧』は「去舍六七里」とするが、この句は他の文献にはない。「去舍六七里」は、関西大学総合図書館蔵『百孝図』に引用された『漢書』の「姜詩」[14]の記述に見られる。また、『掇』は「妻常出汲而奉之」とし、『万』は「妻出汲而奉之」とし、『原編』、『原本』は「妻汲而奉之」とし、『寛』は「妻出汲而奉」とし、『璧』は「妻常出汲謹而奉之」とする。『掇』には『原編』、『原本』、『璧』と同様に「母更嗜魚膾」とあり、『万』、『寛』には「母又嗜魚膾」となっている。『掇』は「夫婦常作以進」とし、『原本』、『原編』は「夫婦作而進之」とし、『万』、『寛』は「夫婦常作」とし、『璧』は「夫婦常力作供膾」とする。『璧』には「又不能獨食」という句が見えるが他の文献には見えない。『掇』は『原本』、『原編』、『万』と同様に「鄰母」とし、『寛』、『璧』は「隣母」とする。『掇』は『原本』、『原編』、『万』、『璧』と同様に、「舍側忽有湧泉」とし、『寛』のみは「側忽有湧泉」とする。『掇』は『原編』、『原本』と同様に「詩取以供母」とし、他の文献は「時取以供母」とする。

　このように、『掇』は『原本』、『原編』に最も近い。

第十一　蔡順

掇	拾椹供親 漢蔡順、字君仲、汝南人、少孤、事母至孝、遭王莽亂、歲荒不給、拾桑椹以異器盛之、赤眉賊見而問之曰、何異哉乎、順曰、赤者自奉、黒者奉母、賊憫其孝、以白米三斗、牛蹄一隻贈之。〔注者黒者甜、赤者酸〕[15]。
原本	漢蔡順、字君仲、少孤、事母至孝、遭王莽亂、歲荒不給、拾桑椹以異器盛之、赤眉賊見而問曰、何異乎、順曰、黒者奉母、赤者自食、賊憫其孝、以白米三斗、牛蹄一隻贈之。 　黒椹奉萱幃　　啼飢涙滿衣 　赤眉知孝順　　牛米贈君歸

238

万	拾椹供親 漢蔡順、少孤、事母至孝、遭王莽亂、歲荒不給、拾桑椹以異器盛之、赤眉賊見而問曰、何異乎、順曰、黒者奉母、赤者自食、賊憫其孝、以白米三斗、牛蹄一隻與之。 　詩曰 　　黒椹奉萱闈　　啼饑泪滿衣 　　赤眉知順孝　　牛米贈君歸
寛	拾椹供親 漢蔡順、少孤、事母至孝、遭王莽亂、歲荒不給、拾桑椹以異器盛之、赤眉賊見而問之、順曰、黒者奉母、赤者自食、賊憫其孝、以白米三斗、牛蹄一隻與之。 　詩曰 　　黒椹奉萱闈　　啼飢涙滿衣 　　赤眉知孝順　　牛米贈君歸
原編	拾椹供親 漢蔡順、字君仲、少孤、事母至孝、遭王莽亂、歲荒不給、拾桑椹以異器盛之、赤眉賊見而問曰、何異乎、順曰、黒者奉母、赤者自食、賊憫其孝、以白米三斗、牛踦一隻贈之。 　　黒椹奉萱幃　　啼饑涙滿衣 　　赤眉知孝順　　牛米贈君歸
璧	漢蔡順、少孤、事母至孝、遭王莽亂、歲荒不給、拾桑椹以異器盛之、赤眉賊見而問之、順曰、黒者奉母、黃者自食、賊憫其孝、以白米三斗、牛啼一隻與之。

　『掇』には『原編』、『原本』と同様に「字君仲」とあるが、他の文献にはない。『掇』は「問之曰、何異哉乎」とし、『万』、『原編』、『原本』は「問曰、何異乎」とし、『寛』、『璧』は「問之」とする。『掇』には「汝南人」とあるが、他の文献にはない。「汝南人」は、関西大学総合図書館蔵『百孝図』に引用された『合璧羣類』の「蔡順」の記述、および『蒙求』「蔡順分椹」と共通する。『掇』には「赤者自奉、黒者奉母」とあり、『原編』、『原本』、『万』、『寛』には「黒者奉母、赤者自食」とあり、『璧』のみは「黒者奉母、黃者自食」となっている。『掇』には割注があるが、他の文献にはない。

第二部　李文馥系の「二十四孝」

このように、割注の部分を除けば『掇』は『原本』、『原編』に最も類似している。

第十二　丁蘭

掇	刻木事親 漢丁蘭、幼喪父母、未得奉養、長而思念劬勞之德、刻木爲像、事之如生、其妻久而不敬、以針戲刺其指、血出、木像見蘭、眼中垂涙泪、因問得其情、即將妻棄之。
原本	漢丁蘭、幼喪父母、未得奉養、長而念劬勞之恩、刻木爲像、事之如生、其妻久而不敬、以鍼戲刺其指、血出、木像見蘭、眼中垂涙、因詢得其情、即將妻棄之。 　　刻木爲父母　形容在日身 　　寄言諸子姪[17]　及早孝其親[18]
万	刻木事親 丁蘭、幼喪父母、未得奉養、長而思念劬勞之恩、刻木為像、事之如生、其妻久而不敬、以針戲刺其指、血出、木像見蘭、眼中垂涙、因問得其情、將妻棄之。 　　詩曰 　　刻木爲父母　形容在日時 　　寄言諸子姪　各要孝親幃
寛	刻木事親 漢丁蘭、幼喪父母、未得奉養、而思念劬勞之恩、刻木爲像、事之如生、其妻久而不敬、以針戲刺其指、血出、木像見蘭、眼中垂涙、蘭問得其情、蘭將妻即棄之。 　　詩曰 　　刻木爲父母　形容在日時 　　寄言諸子姪　各要孝親幃
原編	刻木事親 漢丁蘭、幼喪父母、未得奉養、長而念劬勞之恩、刻木爲像、事之如生、其妻久而不敬、以鍼戲刺其指、血出、木像見蘭、眼中垂涙、因詢得其情、即將妻棄之。 　　刻木爲父母　形容在自身 　　寄言諸子姪　及早孝共親

240

第三章　李文馥系の「二十四孝」と『日記故事』系の各文献の比較

| 璧 | 漢丁蘭、幼失父母、未得奉養、而思念劬勞之恩、刻木爲像、事之如生、其妻久而不敬、以鍼戲刺其指、血出、木像見蘭、眼中垂涙、蘭問得其情、蘭將妻即棄之。 |

　『掇』は『原本』、『原編』、『寛』、『璧』と同様に「漢丁蘭」とし、『万』のみは「丁蘭」とする。『掇』は「長而思念劬勞之德」とし、『原本』、『原編』は「長而念劬勞之恩」とし、『寛』、『璧』は「而思念劬勞之恩」とし、『万』は「長而思念劬勞之恩」とする。『掇』には「眼中垂涙泪」とあり、他の文献では「眼中垂涙」となっている。『掇』は『万』と同様に「因問得其情」とし、『寛』、『璧』は「蘭問得其情」とし、『原本』、『原編』は「因詢得其情」とする。『掇』は『原本』、『原編』と同様に「即將妻棄之」とし、『寛』『璧』は「蘭將妻即棄之」とし、『万』は「將妻棄之」とする。

　このように、『掇』は『原本』、『原編』に最も近いといえる。

第十三　陸績

掇	懷橘遺親 後漢陸績、字公紀、吳郡人、年六歲、於九江見袁術、術出橘待之、績懷二枚、及歸拜辭橘墜地、術曰、陸郎作賓客而懷橘乎、績跪答曰、吾母性之所愛、欲歸以遺母、術大奇之。〔注、績父康爲廬江太守、術爲九江太守、相友善、績往拜見〕。[19]
原本	後漢陸績、字公紀、年六歲、於九江見袁術々出橘待績、懷橘二枚[20]、及歸拜辭橘墮地、術曰、陸郎作賓客而懷橘乎、績跪答曰、吾母性之所愛、欲歸以遺母、術大奇之。 　孝弟皆天性[21]　人間六歲兒 　袖中懷綠橘　遺母事堪奇
万	懷橘遺親 陸績、字公紀、年六歲、於九江見袁術、術出橘待之、績懷橘二枚、及歸拜辭墮地、術曰、陸郎作賓客而懷橘乎、績跪答曰、吾母性之所愛、欲歸遺母、術大奇之。 　詩曰 　孝悌皆天性　人間六歲兒 　袖中懷綠橘　遺母報含飴

241

寛	懷橘遺親
	後漢陸績、年六歲、於九江見袁術、術出橘待之、績懷橘二枚、及歸拜辭墮地、術曰、陸郎作賓客而懷橘乎、績跪答曰、吾母性之所愛、欲歸以遺母、術大竒之。 　詩曰 　孝悌皆天性　人間六歲兒 　袖中懷緑橘　遺母報乳哺
原編	懷橘遺親
	後漢陸績、字公紀、年六歲、於九江見袁術、術出橘待績、懷橘二枚、及歸拜辭橘墮地、術曰、陸郎作賓客而懷橘乎、績跪答曰、吾母性之所愛、欲歸以遺母、術大奇之。 　孝弟皆天性　人間六歲兒 　袖中懷緑橘　遺母事堪奇
壁	漢陸績、年六歲、於九江見袁術、術出橘待之、績懷橘二枚、及歸拜辭墮地、術曰、陸郎作賓客而懷橘乎、績跪答曰、吾母性之所愛、歸以遺母、術大奇之。

　『掇』は『原本』、『原編』、『寛』と同様に「後漢陸績」とし、『壁』は「漢陸績」とし、『万』は「陸績」とする。『掇』には「呉郡人」および割注が見られるが、他の文献にはない。「呉郡人」およびこの割注は、関西大学総合図書館蔵『百孝図』に引用された陸績の説話に記されている。[22]『掇』では『原本』、『原編』、『万』と同様に、「字公紀」の字が見られるが、『寛』、『壁』にはない。『掇』には『万』、『寛』、『壁』と同様に「見袁術術出橘待之」とあり、『原本』は「見袁術々出橘待績」とあり、『原編』は「見袁術術出橘待績」となっている。『掇』には「績懷二枚」とあり、『原本』と『原編』には「懷橘二枚」とあり、『万』、『寛』、『壁』は「績懷橘二枚」となっている。『掇』には「橘墜地」とあり、『原本』、『原編』には「橘墮地」とあり、『万』、『寛』、『壁』、は「墮地」となっている。『掇』は『原本』、『原編』、『寛』と同様に「欲歸以遺母」とし、『万』は「欲歸遺母」とし、『壁』は「歸以遺母」とする。

　割注の部分を除けば、『掇』は『原本』、『原編』に最も類似している。

第三章　李文馥系の「二十四孝」と『日記故事』系の各文献の比較

第十四　江革

掇	行傭供母 後漢江革、字次翁、少失父、獨與母居、遭亂、負母逃難、數遇賊、或欲脅將去、革輒泣告有老母在、賊不忍殺、轉客下邳、貧窮踝跣、行傭以供母、母便身之物、莫不畢給。
原本	後漢江革、字次翁、少失父、獨與母居、遭亂、負母逃難、數遇賊、欲劫去、革輒泣告有老母在、賊不忍殺、轉客下邳、貧窮裸跣、行傭以供母、母便身之物、莫不畢給。 　　負母逃危難　　窮途犯賊頻 　　哀求俱獲免　　傭力以供親
万	行傭供母 後漢江革、少失父、獨與母居、遭亂、負母逃難、數遇賊、或欲刼將去、革輒泣告有老母在、賊不忍殺、轉客下邳、貧窮裸跣、行傭以供母、便身之物、莫不畢給。 　　詩曰 　　負母逃危難　　窮途賊犯頻 　　哀求俱獲免　　傭力以供親
寬	行傭供母 後漢江革、少失父、獨與母居、遭亂、負母逃難、數遇賊、或欲刼將去、革輒泣告有老母在、賊不忍殺、轉客下邳、貧究裸跣、行傭以供母、母便身之物、莫不畢給。 　　詩曰 　　負母逊危難　　究途賊犯頻 　　哀告俱獲免　　傭力以供親
原編	行傭供母 後漢江革、字次翁、少失父、獨與母居、遭亂、負母逃難、數遇賊、欲刼去、革輒泣告有老母在、賊不忍殺、轉客下邳、貧窮裸跣、行傭以供母、母便身之物、莫不畢給。 　　負母逃危難　　窮途犯賊頻 　　哀求俱獲免　　傭力以供親
璧	漢江革、少失父、獨與母居、遭亂、負母逃難、數遇賊、或欲刼將去、革輒泣告有老母在、賊不忍殺、轉客下邳、貧窮裸跣、行傭以供母、母便身之物、莫不畢給。

　『掇』は『原本』、『原編』、『万』、『寬』と同様に「後漢江革」とし、『璧』

第二部　李文馥系の「二十四孝」

のみは「漢江革」とする。『掇』には『原本』、『原編』と同様に「字次翁」とあるが、他の三文献にはない。『寛』は「負母迯難」とあり、他の文献には「負母逃難」となっている。『掇』は「貧窮踝跣」とし、他の文献には「貧窮裸跣」とする。『掇』は「或欲脅將去」とし、『万』、『寛』、『壁』は「或欲刼將去」とし、『原本』、『原編』では「欲劫去」とする。

　要するに、『掇』は『原本』、『原編』とほぼ同文である。

第十五　黄香

掇	扇枕温衾 後漢黄香、字文強、年九歳失母、思慕惟切、郷人皆稱其孝、躬執勤苦、事父盡孝、夏天暑熱、扇涼其枕簟、冬天寒冷、以身温其被席、太守劉護表而異之。
原本	後漢黄香、字文疆、年九歳失母、思慕惟切、郷人皆稱其孝、躬執勤苦、事父盡孝、夏天暑熱、扇涼其枕簟、冬天寒冷、以身温其被席、太守劉護表而異之。 　冬月温衾煖　炎天扇枕涼 　兒童知子職　千古一黄香
万	扇枕温衾 後漢黄香、字文強、年九歳失母、思慕惟切、郷人稱其孝、躬執勤苦、事父盡孝、夏天暑熱、扇涼其枕簟、冬天寒冷、以身温其被席、太守劉護表而異之。 　詩曰 　冬月温衾煖　炎天扇枕涼 　兒童知子職　千古一黄香
寛	扇枕温衾 後漢黄香、年九歳失母、思慕惟切、郷人称其孝、躬執勤苦、事父盡孝、夏天暑熱、扇涼其枕簟、冬天寒冷、以身煖其被席、太守劉護表而異之。 　詩曰 　冬月温衾煖　炎天扇枕涼 　兒童知人戝　千古一黄香
原編	扇枕温衾 後漢黄香、字文疆、年九歳失母、思慕惟切、郷人皆稱其孝、躬執勤苦、事父盡孝、夏天暑熱、扇涼其枕簟、冬天寒冷、以身温其被席、太守劉護表而異之。 　冬月温衾煖　炎天扇枕涼 　兒童知子職　千古一黄香
壁	漢黄香、年九歳失母、思慕惟切、郷人稱其孝、躬執勤苦、事父盡孝、夏天暑熱、扇涼其枕簟、冬天寒冷、以身煖其被席、太守劉護表而異之。

第三章　李文馥系の「二十四孝」と『日記故事』系の各文献の比較

　『掇』は『原本』、『原編』、『万』、『寛』と同様に「後漢黄香」とし、『壁』のみは「漢黄香」とする。『掇』には『原編』、『原本』、『万』と同様に「字文強」とあるが、『寛』と『壁』にはない。『掇』には『原編』、『原本』と同じく「郷人皆稱其孝」とあり、他の三文献では「郷人稱其孝」となっている。『掇』は『原編』、『原本』、『万』と同様に「以身温」とし、『寛』、『壁』では「以身煖」と記される。『掇』は『万』、『寛』と同様に「其被席」とあり、『原編』、『原本』、『壁』は「其被蓆」とする。
　このように、『掇』は『原本』、『原編』、『万』とほぼ同文である。

第十六　王裒

掇	聞雷泣墓 魏王裒、字偉元、王儀之子、儀爲司馬昭所殺、後晋篡位、裒終身不西向坐、示不臣晋也、隠居墓側、攀柏涕泣著樹、樹爲之枯、母存日、性畏雷、既卒、塟於山林、每遇風雨、聞阿香響震、即奔至墓、拜泣告曰、裒在此、母勿懼、教授、讀詩至哀哀父母、生我劬勞、遂三復流涕、門人爲廢蓼莪之篇。
原本	魏王裒、字偉元、事親至孝、母存日、性畏雷、既卒、葬於山林、每遇風雨、聞雷、即奔墓所、拜泣告曰、裒在此、母勿懼、隠居教授、讀詩至哀哀父母、生我劬勞、遂三復流涕、後門人至廢蓼莪之篇。 　　慈母怕聞雷　　氷魂宿夜臺 　　阿香時一震　　到墓遶千回
万	聞雷泣墓 魏王裒、字偉元、事親至孝、母存日、性怕雷、既卒、裒殯塟於山林、每遇風雨、聞阿香响震之聲、即奔至墓所、拜跪泣告曰、裒在此、母親勿懼。 　　詩曰 　　慈母怕聞雷　　氷魂宿夜臺 　　阿香時一震　　到墓遶千回
寛	聞雷泣墓 魏王裒、事親至孝、母存日、性怕雷、既卒、殯塟於山林、每遇風雨、聞阿香响震之聲、即奔至墓所、拜跪泣告曰、裒在此、母親勿惧。 　　詩曰 　　慈母怕聞雷　　氷魂宿夜臺 　　阿香時一震　　到墓遶千回

245

第二部　李文馥系の「二十四孝」

原編	聞雷泣墓 魏王裒、字偉元、事親至孝、母存日、性畏雷、既卒、葬於山林、每遇風雨、聞雷、即奔墓所、拜泣告曰、裒在此、母勿懼、<u>隱居教授、讀詩至哀哀父母、生我劬勞、遂三復流涕、後門人至廢蓼莪之篇</u>。 　慈母怕聞雷　氷魂宿夜臺 　阿香時一震　到墓遶千回
璧	魏王裒、事親至孝、母存日、性懼雷、既卒、殯塋於山林、每遇風雨、聞阿香嚮震之聲、即奔至墓所、拜跪泣告曰、裒在此、母親勿懼、<u>嘗讀詩至哀哀父母、生我劬勞、未嘗不三復流涕、門人並廢蓼莪之篇</u>。

　『掇』には『原本』、『原編』、『万』と同様に「字偉元」とあるが、『寛』、『璧』にこの文字はない。『掇』は『原本』、『原編』と同じく「性畏雷」とし、『万』、『寛』では「性怕雷」とし、『璧』のみは「性懼雷」とする。『掇』は『原本』、『原編』と同じく「拜泣告曰」とし、『万』、『寛』、『璧』では、「拜跪泣告曰」とする。『掇』は「聞阿香響震」とし、『原本』、『原編』は「聞雷」とし、『万』、『寛』は「聞阿香响震之聲」とし、『璧』は「聞阿香嚮震之聲」とする。『掇』には「即奔至墓」とし、『原本』、『原編』は「即奔墓所」とし、『万』、『寛』、『璧』では「即奔至墓所」とする。『掇』は『原本』、『原編』と同じく「母勿懼」とあり、『万』、『璧』では「母親勿懼」とあり、『寛』では「母親勿惧」とある。『掇』には『原編』、『原本』、『璧』と同様に詳しい説明（傍線部分）があるが、この部分は『万』と『寛』にはない。

　また『掇』には「王儀之子、儀爲司馬昭所殺、後晉篡位、裒終身不西向坐、示不臣晉也、隱居墓側、攀柏涕泣著樹、樹爲之枯」という長文があるが、他の文献にはない。この文は、関西大学総合図書館蔵『百孝図』に引用された『晋史』孝友伝の「王裒」や『小学』[23]外篇・善行・実明倫の記述によるものである。この文を除けば、『掇』は『日記故事』系の五つの文献のうち、『原本』、『原編』と最も類似しているといえるが、「王儀之子」以下など李文馥が加えた詳しい解説文があることも確認できる。

第十七　呉猛

掇	恣蚊飽血 晉呉猛、年八歲、事親至孝、家貧、榻無幃帳、夏夜、任蚊多攢膚、恣渠膏血之飽、雖多不驅、恐其去已而噬親也、愛親之心至矣。
原本	晉呉猛、年八歲、性至孝、家貧、榻無帷帳、每夏夜、任蚊多攢膚、恣渠膏血之飽、雖多不驅、恐去已而噬親也、愛親之心至矣。 　夏夜無帷帳　　蚊多不敢揮 　恣渠膏血飽　　免使入親幃
万	恣蚊飽血 晉呉猛、年八歲、事親至孝、家貧、榻無帷帳、每夏夜、蚊多嘬膚、恣渠膏血之飽、雖多不驅之、恐其去已而噬其親也、愛親之心至矣。 　詩曰 　夏夜無帷帳　　蚊多不敢揮 　恣渠膏血飽　　免使入親幃
寛	恣蚊飽血 晉呉猛、年八歲、事親至孝、家貧、榻無帷帳、每夏夜、蚊多嘬膚、恣渠膏血之飽、雖多不驅之、恐其去已而噬其親也、愛親之心至矣。 　詩曰 　夏夜無帷帳　　蚊多不敢揮 　恣渠膏血飽　　免使入親幃
原編	恣蚊飽血 晉呉猛、年八歲、性至孝、家貧、榻無幃帳、每夏夜、任蚊多攢膚、恣渠膏血之飽、雖多不驅、恐去已而噬親也、愛親之心至矣。 　夏夜無幃帳　　蚊多不敢揮 　恣渠膏血飽　　免使入親幃
璧	晉呉猛、年八歲、事親至孝、家貧、榻無帷帳、每夏夜、蚊多嘬膚、恣渠膏血之飽、雖多不驅之、恐其去已而噬其親也、愛親之心至矣。

　『掇』には『万』、『寛』、『璧』と同様に「事親至孝」とあり、『原本』、『原編』には「性至孝」とする。『掇』は「恐其去已而噬親也」とし、『原本』、『原編』は「恐去已而噬親也」とし、『万』、『寛』、『璧』は「恐其去已而噬其親也」とする。『掇』には『原本』、『原編』と同様に「幃帳」、「任蚊多攢膚」、「雖多不驅」とあり、『万』、『寛』、『璧』には「帷帳」、「蚊多嘬膚」、「雖多不驅之」とある。

247

第二部　李文馥系の「二十四孝」

　『掇』は『原本』、『原編』に近い。

第十八　王祥

掇	臥氷求鯉 晉王祥、字休徵、瑯琊人、早喪母、繼母朱氏不慈、父前數譖之、由是失愛於父、母嘗欲食生魚、時大寒氷凍、祥解衣臥氷求之、氷忽自裂、雙鯉躍出、持歸以供母。
原本	晉王祥、字休徵、早喪母、繼母朱氏不慈、於父前數譖之、由是失愛於父、母欲食生魚、時值氷凍、祥解衣臥氷求之、氷忽自裂、雙鯉躍出、持歸供母。 　繼母人間有　王祥天下無 　至今河水上　一片臥氷模
万	臥氷求鯉 晋王祥、字休徵、早喪母、繼母朱氏不慈、父前数譖之、由是失愛於父、母嘗欲食生魚、時天寒氷凍、祥解衣臥氷求之、氷忽自解、雙鯉躍出、持歸供母。 　詩曰 　繼母人間有　王祥天下無 　至今河水上　一片臥氷模
寛	臥氷求鯉 晋王祥、字休徵、早喪母、繼母朱氏不慈、父前数譖之、由是失愛於父、母嘗欲食生魚、時天寒氷凍、祥解衣臥氷求之、氷忽自解、双鯉躍出、持歸供母。 　詩曰 　繼母人間有　王祥天下無 　至今河水上　一片臥氷模
原編	臥氷求鯉 晉王祥、字休徵、早喪母、繼母朱氏不慈、於父前數譖之、由是失愛於父、母欲食生魚、時值氷凍、祥解衣臥氷求之、氷忽自裂、雙鯉躍出、持歸供母。 　繼母人間有　王祥天下無 　至今河水上　一片臥氷模
璧	晉王祥、早失母、繼母朱氏不慈、父前數譖之、由是失愛於父、母嘗欲食生魚、時天寒氷凍、祥解衣臥氷求之、氷忽自解、雙鯉躍出、持歸供母、鄉里驚嘆以爲孝感所致。

　『掇』は『万』、『寛』と同様に「晋王祥」とし、他の文献は「晉王祥」とする。『璧』のみは「字休徵」が記されていない。『掇』には「瑯琊人」[24]が見られるが、

第三章　李文馥系の「二十四孝」と『日記故事』系の各文献の比較

他の文献にはない。「瑯琊人」は、『捜神記』に見出せる。『掇』には『万』、『寛』、『璧』と同じく「父前」、「母嘗欲食生魚」とあり、『原本』と『原編』には「於父前」、「母欲食生魚」とある。『掇』は『原本』、『原編』、『璧』と同様に「數譜之」とし、『万』、『寛』は「数譜之」とする。『掇』は『原本』、『原編』、『万』、『寛』と同様に「早喪母」とし、『璧』のみは「早失母」とする。『掇』には「時大寒氷凍」、『原本』、『原編』には「時値氷凍」、『万』、『寛』、『璧』には「時天寒氷凍」とある。『掇』には『原編』、『原本』と同様に「氷忽自裂」とあり、他の文献は「氷忽自解」となっている。『掇』のみは「持歸以供母」とし、他の文献では「持歸供母」となっている。『璧』のみには「郷里驚嘆以爲孝感所致」と記されているが、他の文献には見られない。

　このように、『掇』は『原本』、『原編』に近く、さらに李文馥が加えた部分があることが指摘できる。

第十九　楊香

掇	搤虎救親 晉楊香、年十四歳、嘗隨父豊往田中獲粟、父爲虎曳去、香手無寸鐵、踊躍向前、搤持虎頸、虎亦磨牙而逝。
原本	晉楊香、年十四歳、隨父豊往田中穫粟、父爲虎曳去、時香手無寸鐵、惟知有父、而不知有身、踊躍向前、搤持虎頸、虎磨牙而逝、父因得免於害。 　深山逢白額　努力搏腥風 　父子俱無恙　脱離饞口中
万	搤虎救親 楊香、年十四歳、嘗隨父豊往田穫粟、父爲虎曳去、時香手無寸鐵、惟知有父、而不知有身、踊躍向前、搤持虎頸、虎亦曳去而逝、父因得免於害。 　詩曰 　深山逢白額　努力搏腥風 　父子俱無恙　脱身饞口中

249

寛	搤虎救親 晉楊香、年十四歲、嘗隨父豐往田獲粟、父爲虎曳去、時楊香手無寸鐵、惟知有父、而不知有身、踴躍向前、搤持虎頸、虎亦靡然而逝、父纔得免於害。 詩曰 深山逢白額　努力搏腥風 父子俱無恙　脫離饞口中
原編	搤虎救父 晉楊香、年十四歲、隨父豐往田中獲粟、父爲虎曳去、時香手無寸鐵、惟知有父、而不知有身、踊躍向前、搤持虎頸、虎磨旡而逝、父因得免於害。 深山逢白額　努力搏腥風 父子俱無恙　脫離饞口中
璧	晉楊香、年十四歲、嘗隨父豐往田穫粟、父爲虎曳去、時楊香手無寸鐵、惟知有父、而不知有身、踴躍向前、搤持虎頸、虎亦摩旡而逝、父因得免於害。

　『原編』は「搤虎救父」とし、『掇』、『万』、『寛』は「搤虎救親」とする。『掇』は『原編』、『寛』と同様に「獲粟」とし、『原本』、『万』、『璧』は「穫粟」とする。『掇』は『寛』と同様に「晋楊香」とし、『原本』、『原編』、『璧』は「晉楊香」とし、『万』は「楊香」とする。『原本』、『原編』、『万』、『寛』、『璧』には「惟知有父、而不知有身」の句があるが、『掇』にはない。『掇』は「虎亦磨旡而逝」とし、『原編』、『原本』は「虎磨旡而逝」し、『寛』では「虎亦靡然而逝」、『璧』では「虎亦摩旡而逝」、『万』のみは「虎亦曳去而逝」とする。『原本』、『原編』、『万』、『璧』は「父因得免於害」、『寛』は「父纔得免於害」とするが、『掇』にはこの句がない。

　このように『掇』は、『寛』を参考にしつつ、一部改変を加えていると思われる。

第二十　孟宗

掇	哭竹生笋 吳孟宗、字公武、少喪父、母老疾篤、冬月思笋羹、宗無計可得、乃往竹林、抱竹而哭、須臾地裂、出笋數莖、持歸作羹以奉母、食畢疾愈、蓋其孝感天地也、按當時冬天無笋、今之冬笋自此始有。

第三章　李文馥系の「二十四孝」と『日記故事』系の各文献の比較

原本	呉孟宗、字恭武、少喪父、母老疾篤、冬月思笋煮羹食、宗無計可得、乃往竹林、抱竹而哭、孝感天地、須臾地裂、出筍數莖、持歸作羹奉母、食畢疾愈。 　　涙滴朔風寒　　簫簫竹數竿 　　須臾冬筍出　　天意報平安
万	哭竹生笋 晉孟宗、字恭武、少孤、母老疾篤、冬月思笋羮羹食、宗無計可得、乃往竹林中、抱竹而泣、孝感天地、須臾地裂、出笋數莖。持歸作羹奉母、食畢疾愈。 　　詩曰 　　涙滴朔風寒　　簫々竹數竿 　　須臾冬笋出　　天意報平安
寛	哭竹生笋 晉孟宗、少孤、母老疾篤、冬月思笋煮羹食、宗無計可得、乃往竹林中、抱竹而泣、孝感天地、須臾地裂、出笋數莖、持歸作羹奉母、食畢疾愈。 　　詩曰 　　涙泪朔風寒　　簫簫竹數竿 　　須臾冬笋出　　天意報平安
原編	哭竹生笋 呉孟宗、字恭武、少喪父、母老疾篤、冬月思筍羮羹食、宗無計可得、乃往竹林、抱竹而哭、孝感天地、須臾地裂、出筍數莖、持歸作羹奉母、食畢疾愈。 　　涙滴朔風寒　　簫簫竹數竿 　　須臾冬筍出　　天意報平安
璧	晉孟宗、少失父、母老疾篤、冬日思笋煮羹食、宗無計可得、乃往竹林中、抱竹而泣、孝感天地、須曳地裂、出笋數莖、持歸作羹奉母、食畢疾愈。

　六つの文献のうち、『掇』は『原本』、『原編』と同様に「呉孟宗」とするが、『万』、『寛』、『璧』は「晉孟宗」となっている。『掇』は「字公武」とし、『原本』、『原編』、『万』は「字恭武」とするが、『寛』、『璧』にはこの文字は見えない。『掇』は『原本』、『原編』と同様に「少喪父」とし、『万』、『寛』は「少孤」とし、『璧』のみは「少失父」とする。『掇』は『原本』、『原編』、『万』、『寛』と同様に「冬月」とし、『璧』のみは「冬日」とする。『掇』は『万』、『寛』、『璧』と同じく「笋」とし、『原本』、『原編』は「筍」とする。『掇』は「蓋其孝感天地也」とし、他の五文献は「孝感天地」とする。さらに、『掇』には「按當時冬天

251

第二部　李文馥系の「二十四孝」

無笋、今之冬笋自此始有」の句があるが、他の文献にはない。「按當時冬天無笋、今之冬笋自此始有」の按語は李文馥が加えた文と思われる。この文を除けば、『掇』は『原本』、『原編』と類似しているといえる。

第二十一　庾黔婁

掇	嘗糞憂心 南齊庾黔婁爲孱陵令、到任未旬月、忽心驚汗流、即棄官歸、時父病始二日、醫云、欲知瘥劇、但嘗糞苦則佳、婁嘗之甘甜、心甚憂之、至夕、稽顙北辰、求以身代、父病尋愈、太守以聞、復其原官。
原本	南齊庾黔婁爲孱陵令、到任未旬日、忽心驚汗流、即棄官歸、時父病始二日、醫云、欲知瘥劇、但嘗糞苦則佳、婁嘗之甜、心憂甚、至夕、稽顙北辰、求身代父死。 　　到縣未旬日　椿庭遘疾深 　　願將身代死　北望起憂心
万	嘗糞憂心 南齊庾黔婁爲孱陵令、到縣未旬日、忽心驚流汗、即棄官歸、時父疾始二日、醫云、欲知瘥劇、但嘗糞苦則佳、黔婁嘗之甜、心甚憂之、至夕、稽顙北辰、求以身代父死。 　　詩曰 　　到縣未旬日　椿庭遘疾深 　　願將身代死　北望起憂心
寬	嘗糞憂心 南齊庾黔婁爲孱陵令、到縣未旬日、忽心驚流汗、即棄官歸、時父疾始二日、醫曰、欲知瘥劇、但嘗糞苦則佳、黔婁嘗之甜、心甚憂之、至夕、稽顙北辰、求以身代父死。 　　詩曰 　　到縣未旬日　椿庭遘疾深 　　願將身代死　北望起憂心
原編	嘗糞憂心 南齊庾黔婁爲孱陵令、到任未旬日、忽心驚汗流、即棄官歸、時父病始二日、醫云、欲知瘥劇、但嘗糞苦則佳、婁嘗之甜、心憂甚、至夕、稽顙北辰、求身代父死。 　　到縣未旬日　椿庭遘疾深 　　願將身代死　北望起憂心

第三章　李文馥系の「二十四孝」と『日記故事』系の各文献の比較

| 壁 | 齊庾黔婁爲屛陵令、到縣未旬日、忽心驚汗流、即棄官歸、時父疾始二日、醫者曰、欲知瘥劇、但嘗糞苦則佳、黔婁嘗之甜、心甚憂之、至夕、稽顙北辰、求以身代父死。 |

　『掇』には『原本』、『原編』、『万』、『寛』と同様に「南齊庾黔婁」とあり、『壁』のみは「齊庾黔婁」となっている。『掇』は「到任未旬月」とし、『原編』、『原本』は「到任未旬日」とし、『万』、『寛』、『壁』は「到縣未旬日」となっている。『掇』は『原編』、『原本』、『壁』と同様に「汗流」とし、『万』、『寛』は「流汗」とする。『掇』は『原本』、『原編』、と同様に「時父病」とし、他の文献は「時父疾」とする。『掇』は『原本』、『原編』、『万』と同様に「醫云」、『寛』では「醫曰」、『壁』では「醫者曰」となっている。『掇』は『万』、『寛』、『壁』と同様に「心甚憂之」とし、『原編』、『原本』は「心憂甚」とする。『掇』には「求以身代」とあり、『原本』、『原編』には「求身代父死」とあり、『万』、『寛』、『壁』は「求以身代父死」となっている。『掇』には「父病尋愈、太守以聞、復其原官」と記されているが、他の文献にはない。

　このように、『掇』は『原本』、『原編』に近いが、李文馥が解説文を加えていることがわかる。

第二十二　唐夫人

| 掇 | 乳姑不怠
唐崔山南、曾祖母長孫夫人、年高無齒、祖母唐夫人、毎日櫛洗、升堂乳其姑、姑不粒食、數年而康、一日病篤、長幼咸集、宣言、無以報新婦恩、願汝孫婦、亦如新婦孝敬矣。 |
| 原本 | 唐崔山南、曾祖母長孫夫人、年高無齒、祖母唐夫人、毎日櫛洗、升堂乳其姑、姑不粒食、數年而康、一日病篤、長少咸集、曰、無以報新婦恩、願汝孫婦、亦如新婦之孝敬。
　孝敬崔家婦　乳姑晨盥梳
　此恩無以報　願得子孫如 |

253

万	乳姑不怠 崔山南、曾祖母長孫夫人、年高無歯、祖母唐夫人、毎日櫛洗、升堂乳其姑々不粒食、数年而康、一日病、長幼咸集、宣言、無以報新婦恩、但願子孫婦、亦如新婦孝敬矣。 　　　詩曰 　　孝敬崔家婦　　乳姑晨盥梳 　　此恩無以報　　願得子孫如
寛	乳姑不怠 唐崔山南、曾祖母長孫夫人、年高無歯、祖母唐夫人、毎日櫛洗、升堂乳其姑、姑不粒食、数年而康、一日病、長幼咸集、乃宣言、無以報新婦恩、願子孫婦、如新婦孝敬矣。 　　　詩曰 　　孝敬崔家婦　　乳姑晨盥梳 　　此恩無以報　　願得子孫如
原編	乳姑不怠 唐崔山南、曾祖母長孫夫人、年高無歯、祖母唐夫人、毎日櫛洗、升堂乳其姑、姑不粒食、数年而康、一日病篤、長少咸集、曰、無以報新婦恩、願汝孫婦、亦如新婦之孝敬。 　　孝敬崔家婦　　乳姑晨盥洗 　　此恩無以報　　願得子孫如
璧	唐崔山南、曾祖母長孫夫人、年高無歯、祖母唐夫人、毎日櫛洗、升堂乳其姑、姑不粒食、数年而康、一日病、長幼咸集、乃曰宣言、無以報新婦恩、願子孫婦、孝敬如新婦矣。

　『掇』は『原本』、『原編』、『寛』、『璧』と同様に「唐崔山南」とあり、『万』のみは「崔山南」となっている。『万』には「升堂乳其姑々不粒食」とあり、他の文献には「升堂乳其姑、姑不粒食」となっている。『掇』には『原編』、『原本』と同様に「一日病篤」、「汝孫婦」とあり、他の文献では「一日病」、「子孫婦」となっている。『掇』は『万』、『寛』、『璧』と同様に「長幼」とし、『原編』、『原本』は「長少」とする。『掇』は『万』と同様「宣言」、「亦如新婦孝敬矣」とし、『原編』、『原本』は「曰」、「亦如新婦之孝敬」とし、『寛』は「乃宣言」、「如新婦孝敬矣」とし、『璧』は「乃曰宣言」、「孝敬如新婦矣」とする。

　このように『掇』は『原本』、『原編』、『万』と類似している。

第三章　李文馥系の「二十四孝」と『日記故事』系の各文献の比較

第二十三　朱寿昌

掇	棄官尋母 宋朱壽昌、年七歲、生母劉氏爲嫡母所妒、出嫁、母子不相見者五十年、神宗朝棄官入秦、與家人訣誓、不見母不復還、行次於同州得之、時母七十餘。
原本	宋朱壽昌、年七歲、生母劉氏爲嫡母所妒、出嫁、母子不相見者五十年、神宗朝棄官入秦、與家人訣誓、不見母不復還、行次於同州得之、時母七十餘。 　　七歲生離母　參商五十年 　　一朝相見面　喜氣動皇天
万	棄官尋母 宋朱壽昌、年七歲、生母劉氏爲嫡母所妒、出嫁、母子不相見者五十年、神宗朝棄官入秦、與家人訣誓、不見母不復還、行次同州得之、時母年七十餘矣。 　　詩曰 　　七歲生離母　參商五十年 　　一朝相見面　喜氣動皇天
寛	棄官尋母 宋朱壽昌年七歲、生母劉氏爲嫡母所妒、出嫁、母子不相見者五十年、神宗朝棄官入秦、與家人訣誓、不見母不復還、後行次同州得之、時母年七十餘。 　　詩曰 　　七歲生離母　參商五十年 　　一朝相見面　喜氣動皇天
原編	棄官尋母 宋朱壽昌、年七歲、生母劉氏爲嫡母所妒、出嫁、母子不相見者五十年、神宗朝棄官入秦、與家人訣誓、不見母不復還、行次於同州得之、時母七十餘。 　　七歲生離母　參商五十年 　　一朝相見面　喜氣動皇天
璧	宋朱壽昌、年七歲、生母劉氏爲嫡母所妒、出嫁、母子不相見者五十年、神宗朝棄官入秦、與家人訣誓、不見母不復還、後行次同州得之、時母年七十餘。

255

『掇』は『原本』、『原編』と同様に「爲嫡母所妒」とし、『万』、『寛』、『璧』は「爲嫡母所妬」とする。『掇』は『原本』、『原編』と同様に「行次於同州得之」とし、『万』は「行次同州得之」とし、『寛』、『璧』は「後行次同州得之」とする。『掇』は『原本』、『原編』、『璧』と同じく「時母七十餘」とし、『万』は「時母年七十餘矣」とし、『寛』は「時母年七十餘」とする。

このように、『掇』は『原本』、『原編』と同文である。

第二十四　黃山谷

掇	滌親溺器 宋黃庭堅、字魯直、號山谷、哲宗元佑中爲太史、性至孝、身雖貴顯、奉母盡誠、每夕、爲身滌溺器、未嘗一刻不供子職。
原本	宋黃庭堅、字魯直、號山谷、元祐中爲太史、性至孝、身雖貴顯、奉母盡誠、每夕、爲親滌溺器、無一刻不供子職。 　　貴顯聞天下　平生孝事親 　　親身滌溺器　婢妾豈無人
万	滌親溺器 宋黃庭堅、號山谷、元祐中爲太史、性至孝、身雖貴顯、奉母盡誠、每夕、親自爲母滌溺器、未嘗一刻不供子職。 　　詩曰 　　貴顯聞天下　平生孝事親 　　親自滌溺器　婢妾豈無人
寛	滌親溺器 宋黃廷堅、元祐中爲太史、性至孝、身雖貴顯、奉母盡誠、每夕、親自爲母滌溺器、未嘗一刻不供子戩。 　　詩曰 　　貴顯聞天下　平生孝事親 　　親自滌溺器　不用婢妾人
原編	滌親溺器 宋黃庭堅、字魯直、號山谷、元祐中爲太史、性至孝、身雖貴顯、奉母盡誠、每夕、爲親滌溺器、無一刻不供子職。 　　貴顯聞天下　平生孝事親 　　親身滌溺器　婢妾豈無人

第三章　李文馥系の「二十四孝」と『日記故事』系の各文献の比較

壁	宋黃庭堅、元祐中爲太史、性至孝、身雖貴顯、奉母盡誠、每夕、親自爲母滌溺器、未嘗一刻不供子職。

　『掇』は『原編』、『原本』、『万』、『壁』と同様に「宋黃庭堅」とし、『寬』のみ「宋黃廷堅」とする。『掇』には『原編』、『原本』と同様に「字魯直」とあるが、他の文献にはない。『掇』には『原編』、『原本』、『万』と同様に「號山谷」の語があるが、他の文献にはない。『掇』のみには「哲宗」の語が見えるが他の文献にはない。『掇』は「爲身滌溺器」とし、『原編』、『原本』は「爲親滌溺器」とし、他の文献は「親自爲母滌溺器」とする。『掇』には『万』、『寬』、『壁』と同様に「未嘗一刻不供子職」とあり、『原本』、『原編』は「無一刻不供子職」となっている。

　このように、『掇』は『原本』、『原編』、『万』に従って再編したものと思われる。

おわりに

　『掇』の底本および参考した文献が『日記故事』系の五つの文献のうち、どのテキストであるのかをわかりやすくするため、上記の考察の結果を以下の表に整理してみる。

第二部　李文馥系の「二十四孝」

	『掇』	『原本』	『万』	『寛』	『原編』	『壁』
1	大舜	◯	◯		◯	
2	漢文帝	◯			◯	
3	曽参	◯			◯	◯
4	閔損	◯			◯	
5	仲由	◯				
6	郯子	◯				
7	老萊子	◯			◯	
8	董永	◯				
9	郭巨	◯				
10	姜詩	◯			◯	
11	蔡順	◯			◯	
12	丁蘭	◯			◯	
13	陸績	◯			◯	
14	江革	◯				
15	黃香	◯	◯		◯	
16	王裒	◯			◯	
17	呉猛	◯			◯	
18	王祥	◯			◯	
19	楊香			◯		
20	孟宗	◯			◯	
21	庾黔婁	◯			◯	
22	唐夫人	◯	◯		◯	
23	朱寿昌	◯			◯	
24	黃山谷	◯	◯		◯	
	合計	23	4	1	19	1

第三章　李文馥系の「二十四孝」と『日記故事』系の各文献の比較

　このように、『原本』と類似する説話が多くを占めていることがわかる。しかも、『掇』に記されている 24 人の孝子の順序の配列が『原本』と一致することからすれば、『原本』が『掇』の底本になったことを再確認することができよう。しかし、『掇』には本文の後に題詩（五言詩）が記されておらず、その点は『原本』と異なっている。これは題詩の代わりに、李文馥が著した字喃詩による「双七六八体」、および漢詩による「七言絶句」を掲載しているからである。また、注意したいのは、『掇』には李文馥が加えた文や省略があるため、『掇』は『原本』をそのまま踏襲したわけではないということである。『掇』は『原本』以外に、他の文献も参考したことが指摘できる。

三．李文馥系「二十四孝」と『日記故事』系各文献の比較——図版について

　本節ではベトナム社会科学情報院蔵『二十四孝』（ナム・ディン印刷所、1908 年）を『万』、『寛』、『壁』、『原本』、『原編』の五つの文献の図版と比較してみる。この『二十四孝』は、ベトナムにおける李文馥系「二十四孝」文献の中で唯一、図版を載せる版本であり、このベトナムで描かれた図版が他のどの文献を利用したのかを調べる必要があるからである。
　『二十四孝』は『原本』と同じように、図版に標題が記されている。しかし、『原本』では図の左（版心）に標題を縦書きで載せている。一方、『二十四孝』では、図版の上に、横書きで字喃の標題を載せている。また、他の四文献の図には標題は記されていない。以下に各文献の図版を揚げ、その異同を示したい。
　なお、以下にとり上げる図版の順序は『二十四孝』での順番による。

第二部　李文馥系の「二十四孝」

第一　大舜説話の図版

『二十四孝』

『原本』

『万』

第三章　李文馥系の「二十四孝」と『日記故事』系の各文献の比較

『寛』

『原編』　　　　　　　　　　　　『璧』

　『寛』の図は、舜帝が帝位につく場面を描いているが、他の文献の図は畑を舜帝と象が耕す情景となっている。『二十四孝』の図は、舜帝の姿勢とその立っている位置が『万』と似ているが、情景の方は『原本』に近い。『二十四孝』の図は、『原本』にもとづき『万』を参照したのではなかろうか。

261

第二部　李文馥系の「二十四孝」

第二　漢文帝説話の図版

『二十四孝』

『原本』

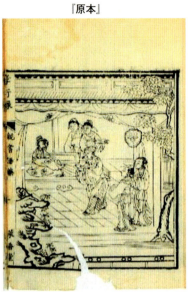

『万』

第三章　李文馥系の「二十四孝」と『日記故事』系の各文献の比較

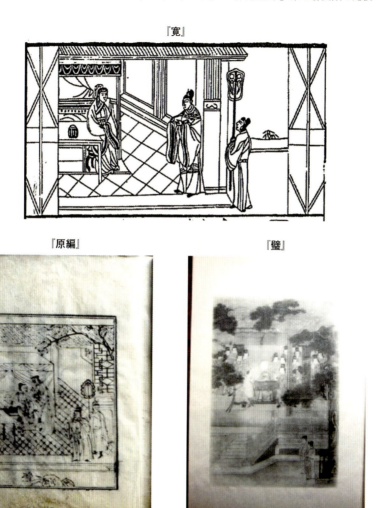

　『万』は『二十四孝』と同じく、漢文帝、薄太后のまわりに女嬬や尚侍が描かれていない。一方、『二十四孝』は薄太后の座る姿勢、両手で一杯の薬の茶碗を奉持する漢文帝の姿が『原本』とよく似ている。『二十四孝』の図版は『原本』と似ているといえよう。

263

第二部　李文馥系の「二十四孝」

第三　曽参説話の図版

『二十四孝』

『原本』

『万』

第三章　李文馥系の「二十四孝」と『日記故事』系の各文献の比較

『寛』

『原編』　　　　　　　　　　　　　　『璧』

　『璧』の図は曽参が跪き、母に事情を聞く場面になっているが、他の文献は曽参が薪を背負って家に帰った光景である。『二十四孝』の図で曽参の母の座る姿勢は『寛』、『原編』と似ている。しかし、『二十四孝』では曽参の母が玄関にいる点、背景および家が絵の右側に配置されている点は『原本』に近い。『二十四孝』の図は『原本』に最も近いといえよう。

265

第二部　李文馥系の「二十四孝」

第四　閔子騫の説話の図版

『二十四孝』

『原本』

『万』

　六つの文献の図のうち、『万』のみは閔子騫が父親の前に跪き、継母との関係を断たないよう願い出た場面である。一方、他の五文献は閔子騫が父親と一緒に車で出かけた場面を描いている。しかし、『原編』は閔子騫と父親が馬車で行く場面、『寛』は二人が人力車で出たところ、『原本』は出発する

266

第三章　李文馥系の「二十四孝」と『日記故事』系の各文献の比較

『寛』

『原編』　　　　　　　　　　　　『璧』

前を描いたもの、『璧』は『二十四孝』と同様、父親が人力車に乗って進む場面を描いている。『二十四孝』を見ると、車の上には父親以外に二人の義母兄弟がいるが、他の文献には描かれていない。『二十四孝』は、車の形、閔子騫が車の後ろから車を押す姿勢が『原本』と似ている。一方、他の文献では閔子騫が車の前から車を引っ張る姿勢の図版となっている。『二十四孝』は『原本』に近いが、創造の部分も加わっているといえる。

267

第二部　李文馥系の「二十四孝」

第五　仲由説話の図版

『二十四孝』

『原本』

『万』

第三章　李文馥系の「二十四孝」と『日記故事』系の各文献の比較

『寛』

『原編』　　　　　　　　　『璧』

　六つの文献の図のうち、『璧』は仲由が米を背負って帰る途中を描いているが、他の文献は仲由が米を背負って玄関に着いた場面となっている。また『万』、『璧』には親の姿が見えないが、『寛』は『原編』、『原本』と同様に、仲由の両親の姿が見える。一方、『二十四孝』には一人の親の姿しか見えず、背景も他の文献の図版との差異が大きい。

第二部　李文馥系の「二十四孝」

第六　郯子説話の図版

『二十四孝』

『原本』

『万』

第三章　李文馥系の「二十四孝」と『日記故事』系の各文献の比較

『寛』

『原編』　　　　　　　　　『璧』

　『寛』の図は『原編』に近いが、『璧』の図は他の五文献と違いが多い。『二十四孝』は図の背景、郯子の跪く姿が『原本』とよく似ているため、『原本』にもとづいて描き直したものといえよう。

第二部　李文馥系の「二十四孝」

第七　老莱子説話の図版

『二十四孝』

『原本』

『万』

第三章　李文馥系の「二十四孝」と『日記故事』系の各文献の比較

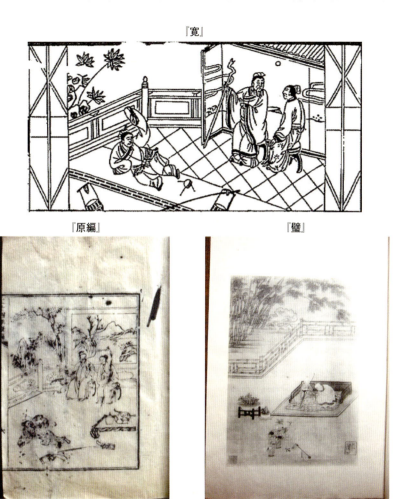

　『万』と『璧』は堂上で老莱子が踊って親を喜ばせる図であるが、他の文献では堂上で老莱子が地面に倒れ、親を喜ばせる場面である。『二十四孝』は『寛』、『原編』と同様に、座る親の姿や水を入れる二つの桶が確認できるが、『原本』の図では親が立ち、二つの桶も描かれていない。『二十四孝』は二つの桶の倒れた形、図の背景が『原編』に近い。『二十四孝』は『原編』と緊密な関係を有すると思われる。

273

第二部　李文馥系の「二十四孝」

第八　董永説話の図版

『二十四孝』

『原本』

『万』

第三章　李文馥系の「二十四孝」と『日記故事』系の各文献の比較

『寛』

『原編』　　　　　　　　　『璧』

　『万』のみが、董永が仙女とともに跪き夫婦の縁を結ぶ図であるが、他の文献の図版は、董永が仙女に出会った時の場面である。『寛』は『原編』と同様に、雲の上に立つ仙女を描く。『二十四孝』は、地面に立つ仙女の姿や背景が『原本』と似ている。『二十四孝』は『原本』に近いといえる。

275

第二部　李文馥系の「二十四孝」

第九　郭巨説話の図版

『二十四孝』

『原本』

『万』

第三章　李文馥系の「二十四孝」と『日記故事』系の各文献の比較

『寛』

『原編』

『璧』

　すべての文献の図は、郭巨夫婦が子供を埋めるために穴を掘った場面である。しかし『万』、『寛』、『璧』、『原編』では郭巨の妻が子供を右側に抱いている姿が、一方、『二十四孝』には『原本』と同様、郭巨の妻が子供を左側に抱いている姿が描かれている。また、『二十四孝』における郭巨夫婦の姿は『原本』と似ている。『二十四孝』は『原本』にもとづいて描き直されたものといえる。

第二部　李文馥系の「二十四孝」

第十　姜詩説話の図版

『二十四孝』

『原本』

『万』

第三章　李文馥系の「二十四孝」と『日記故事』系の各文献の比較

『寛』

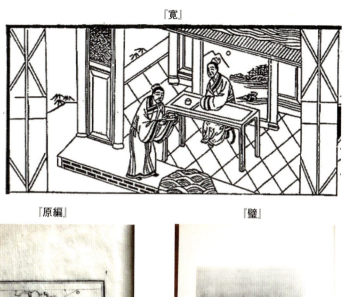

『原編』

『璧』

　『万』、『寛』、『原編』、『璧』は姜詩が母親に魚膾を捧げる場面であるが、『原本』は姜詩が鯉を取る姿を、『二十四孝』は姜詩の妻が姑のために川の水を取りに行った後、帰宅するところを描く。図版に描かれた人数を見ると、『二十四孝』の図版は『原本』と同様に四人を配する。一方、『万』、『寛』は二人、『原編』と『璧』には三人が描かれている。『二十四孝』は他と比べて『原本』に近いといえよう。

第二部　李文馥系の「二十四孝」

第十一　蔡順説話の図版

『二十四孝』

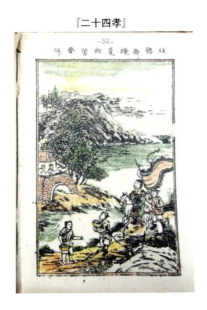

『原本』

『万』

第三章　李文馥系の「二十四孝」と『日記故事』系の各文献の比較

『寛』

『原編』　　　　　　　　　『璧』

　『璧』の図は他の五つと違いが多い。『寛』の図は『原編』と似ている。『万』のみは蔡順と一人の盗賊の姿が描かれるが、『原編』と『寛』では蔡順と二人の盗賊が、『原本』と『二十四孝』の図には蔡順と三人の盗賊が描かれている。『二十四孝』の図は『原本』と異同があるものの、図内の人物像から考えると、『原本』に近いといえる。

281

第二部　李文馥系の「二十四孝」

第十二　丁蘭説話の図版

『二十四孝』

『原本』

『万』

第三章　李文馥系の「二十四孝」と『日記故事』系の各文献の比較

『寛』

『原編』　　　　　　　　　『璧』

　六つの文献のうち、『万』、『寛』、『原編』の図は丁蘭が祭壇の前に立ち、妻に向かって木像のことを問う場面であるが、『璧』、『原本』、『二十四孝』では丁蘭が祭壇の前で礼拝する姿が描かれている。『璧』には丁蘭の妻の姿は見られない。『二十四孝』は妻が立つ位置、その姿勢、丁蘭が手を合わせる姿勢などが『原本』とよく似ている。『二十四孝』は、『原本』にもとづいて描き直したものと思われる。

283

第二部　李文馥系の「二十四孝」

第十三　陸績説話の図版

『二十四孝』

『原本』

『万』

第三章　李文馥系の「二十四孝」と『日記故事』系の各文献の比較

　『寛』の図は、跪いている陸績が橘を袖に隠した事情を説明する場面、橘を地面に一つ描いている点で『万』と似ている。『璧』の図は他の五つと違いが大きい。『原編』は『原本』と同様に、橘が地面に二つある。『二十四孝』のみは陸績が立っており、袁術から許可を得た陸績が橘を家に持って帰る場面を描いている。『二十四孝』は図の背景、建物の形、袁術の姿勢が『原本』に近い。『二十四孝』は『原本』にもとづいて描き直したものと思われる。

285

第二部　李文馥系の「二十四孝」

第十四　江革説話の図版

『二十四孝』

『原本』

『万』

第三章　李文馥系の「二十四孝」と『日記故事』系の各文献の比較

　『万』と『原本』は江革が賊の前に跪く場面であるが、他の四文献は江革が母親を背負って逃げる場面である。『璧』には賊の姿が見えないが、『寛』、『原編』、『二十四孝』には母親を背負う江革の後ろに賊の姿が見える。『二十四孝』は賊の人数と図の背景が『原編』とよく似ているため、『二十四孝』は『原編』と緊密な関係があるといえる。

第二部　李文馥系の「二十四孝」

第十五　黄香説話の図版

『二十四孝』

『原本』

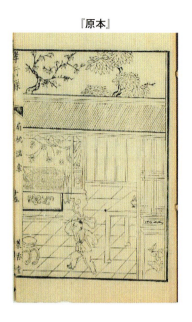

『万』

第三章　李文馥系の「二十四孝」と『日記故事』系の各文献の比較

『寛』

『原編』　　　　　　　　　『璧』

　『寛』と『原編』の図には黄香と父親がいるが、他の図版には黄香しかいない。『万』、『寛』、『原編』、『璧』では黄香が部屋の中で寝台を扇いでいるが、『二十四孝』と『原本』には黄香が部屋の外から扇ぐ姿である。その意味で『二十四孝』は『原本』に近いところがある。

289

第二部　李文馥系の「二十四孝」

第十六　王裒説話の図版

『二十四孝』

『原本』

『万』

第三章　李文馥系の「二十四孝」と『日記故事』系の各文献の比較

　『二十四孝』を除き、すべての文献の図は王裒が母親の墓の前で跪く場面を描いている。『寛』、『原編』、『原本』には雲上に雷の神の姿が見えるが、『万』、『璧』には見えない。『二十四孝』は他の五つの文献の図版と異同が大きい。ここにはベトナムの独自のものがあるといえよう。

291

第二部　李文馥系の「二十四孝」

第十七　呉猛説話の図版

『二十四孝』

『原本』

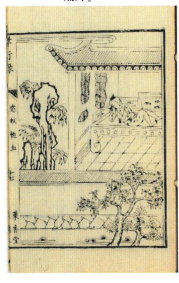

『万』

第三章　李文馥系の「二十四孝」と『日記故事』系の各文献の比較

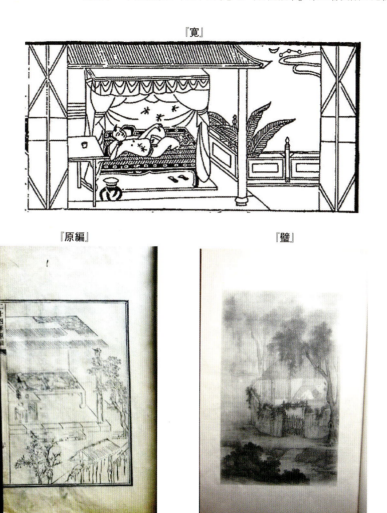

　『二十四孝』のみは二階建ての家で、呉猛以外に親の姿も描いているため、他の図とはかなり違う。ここにはベトナムの独自のものがあるといえよう。

293

第二部　李文馥系の「二十四孝」

第十八　王祥説話の図版

『二十四孝』

『原本』

『万』

第三章　李文馥系の「二十四孝」と『日記故事』系の各文献の比較

『寛』

『原編』

『璧』

　『璧』の図のみ、王祥が氷凍の上で横になり始めたところで、飛びあがる魚は描かれていない。『原本』と『二十四孝』のみは王祥が川の氷凍の上に横になる姿と、川の隣に家の一部を描いているが、他の文献の図に家の姿は見えない。これらの点から、『二十四孝』の図は『原本』に近いといえる。

295

第二部　李文馥系の「二十四孝」

第十九　楊香説話の図版

『二十四孝』

『原本』

『万』

第三章　李文馥系の「二十四孝」と『日記故事』系の各文献の比較

『寛』

『原編』　　　　　　　　　『璧』

　『璧』の図は他の五つと異同が多い。『万』と『寛』は楊香、虎の姿が似ているが、『万』では楊香が右手を、『寛』では左手を挙げている。『原編』のみは楊香が虎の背中に乗り、虎の頭を押さえた場面を描いている。『二十四孝』は楊香が虎を打っている姿、虎の姿、父親が倒れる姿勢が『原本』と似ている。『二十四孝』は『原本』にもとづいて描き直したといえる。

297

第二部　李文馥系の「二十四孝」

第二十　孟宗説話の図版

『二十四孝』

『原本』

『万』

第三章　李文馥系の「二十四孝」と『日記故事』系の各文献の比較

『寛』

『原編』　　　　　　　　　『璧』

　『万』、『寛』、『原編』の図では孟宗は竹のそばに座っているが、『原本』と『二十四孝』では孟宗は竹の前に跪き、『璧』のみは孟宗が竹の側に立っている。『二十四孝』は、孟宗が跪いている姿が『原本』と似ている。『二十四孝』は『原本』にもとづいて描き直したものと思われる。

第二部　李文馥系の「二十四孝」

第二十一　庾黔婁説話の図版

『二十四孝』

『原本』

『万』

第三章　李文馥系の「二十四孝」と『日記故事』系の各文献の比較

　『万』と『璧』の図は、庾黔婁が父親のことを北辰に向かって祈る場面であるが、他の文献の図は、庾黔婁が父親を訪ねた場面となっている。『二十四孝』の図は他の五つの図と違いが多い。

301

第二部　李文馥系の「二十四孝」

第二十二　唐夫人説話の図版

『二十四孝』

『原本』

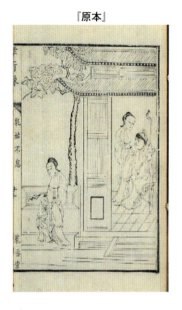

『万』

第三章　李文馥系の「二十四孝」と『日記故事』系の各文献の比較

『寛』

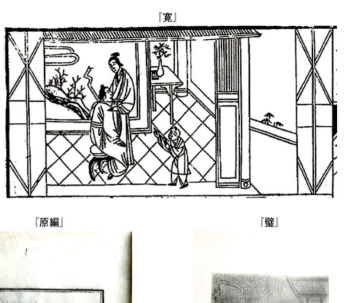

『原編』　　　　　　　　　　『璧』

　『璧』の図は他の五つと異同が多い。『二十四孝』は図の背景、唐夫人と姑の前に立ってる子供が手におもちゃを持っている姿が『原編』に近い。『二十四孝』は『原編』の影響で描き直されたものと思われる。

303

第二部　李文馥系の「二十四孝」

第二十三　朱壽昌説話の図版

『二十四孝』

『原本』

『万』

第三章　李文馥系の「二十四孝」と『日記故事』系の各文献の比較

『寛』

『原編』

『璧』

　『二十四孝』を除き、他の文献の図は建物の玄関のところで朱寿昌が母親に出会う場面を描く。跪く朱寿昌の姿も共通する。また、『万』と『原本』の図版では母親は座っているが、他の文献では立っている。『二十四孝』は他の五つの文献の図と違いが多い。ここにはベトナムの独自のものがあるといえよう。

305

第二部　李文馥系の「二十四孝」

第二十四　黄山谷説話の図版

『二十四孝』

『原本』

『万』

第三章　李文馥系の「二十四孝」と『日記故事』系の各文献の比較

『寛』

『原編』　　　　　　　　　　『璧』

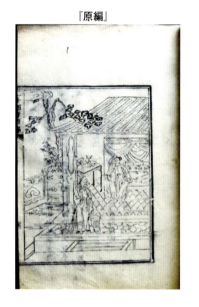

　『万』、『寛』、『原編』、『璧』の図は、部屋の入り口で黄庭堅が母親に仕える場面を描いている。一方、『原本』と『二十四孝』の図では三人が描かれ、黄庭堅が自宅の隣にある川で親の溺器を洗っている。『原本』は『二十四孝』と異同があるものの、全体として見ると『二十四孝』は『原本』に近い。

307

第二部　李文馥系の「二十四孝」

	『二十四孝』	『原本』	『万』	『寛』	『原編』	『壁』	ベトナムの独自のもの
1	大舜	○	○				
2	漢文帝	○					
3	曾參	○					
4	閔損	○					
5	仲由						○
6	郯子	○					
7	老萊子				○		
8	董永	○					
9	郭巨	○					
10	姜詩	○					
11	蔡順	○					
12	丁蘭	○					
13	陸績	○					
14	江革				○		
15	黃香	○					
16	王裒						○
17	吳猛						○
18	王祥	○					
19	楊香	○					
20	孟宗	○					
21	庾黔婁						○
22	唐夫人				○		
23	朱壽昌						○
24	黃山谷	○					
合計		16	1	0	3	0	5

308

第三章　李文馥系の「二十四孝」と『日記故事』系の各文献の比較

おわりに

　ここでは、『二十四孝』の図について具体的に検討してみた。その図が他の関連テキストとどのような関係にあるのかを整理すると、左の表のようになろう。

　このように、『原本』に似ている図が多くを占めているが、ベトナムの独自と思われる図が五つあり、『原編』に近い図も三つある。すなわち、『二十四孝』は『原本』を底本としつつも、他のテキストを参考にしており、総じてベトナム風の特色を描き出そうとしていたといえる。

　要するに、『掇拾雑記』および『二十四孝』に代表される李文馥系の二十四孝文献は、本文、図版とも中国の『二十四孝原本』を底本としていた。しかし、それらは底本をそのまま踏襲したのではなく、他の文献も参照して加筆や省略を行うとともに、一定のベトナム的改変を独自に加えていることがわかるのである。

注

[1]　長沢規矩也編『和刻本類書集成』第三輯（古典研究会、昭和52年）、解題参照。
[2]　筆者は幸いにも、関西大学の吾妻重二教授と復旦大学の呉震教授の協力を得て華東師範大学蔵の『三余堂叢刻』本を複写することができた。お礼を申し上げたい。
[3]　黒田彰『孝子伝の研究』仏教大学鷹陵文化叢書5（思文閣出版、2001年）、400～401頁。
[4]　□は欠字（1字分）を示す。
[5]　漢喃研究院蔵『四十八孝詩画全集』（AC.16）、第1葉表。
[6]　注5前掲、『四十八孝詩画全集』（AC.16）、第3葉裏。
[7]　梁音「『朱子二十四孝事蹟』について」『名古屋短期大学研究紀要』第40号（名古屋短期大学、2002年）、290頁。
[8]　注3前掲、黒田彰『孝子伝の研究』、406～407頁、411頁。
[9]　筆者は中国国家図書館で『趙子固二十四孝書画合璧』を閲覧したが、貴重な資料であるため中国国家図書館の別館に所蔵され、三分の一しか複写許可を得ら

第二部　李文馥系の「二十四孝」

　　　　れなかった。筆者の調査により、『趙子固二十四孝書画合璧』は中国以外にも、アメリカのハーバード大学図書館に所蔵されていることがわかったため、筆者はアメリカに資料調査に出向いた。幸いにもアメリカのコーネル大学のニディ・マハージャン（Nidhi Mahajan）氏の協力を得て、そのハーバード大学図書館蔵『趙子固二十四孝書画合璧』の全文を複写できた。

[10]　『前後孝行録』（東京学芸大学附属図書館の電子版）、「孝行録序」第 2 葉裏、第 3 葉表裏。
[11]　注 10 前掲、『前後孝行録』、「呂晋昭跋」第 1 葉表裏。
[12]　注 10 前掲、『前後孝行録』、「呂泰運書」第 1 葉裏、第 2 葉表。
[13]　本書は関西大学の吾妻重二教授が所蔵する。
[14]　関西大学総合図書館蔵『百孝図』所収の「百孝図説」巻一・元冊（LM2* ホ *23*18-1）、第 29 葉表。
[15]　〔　〕内は双行注である。
[16]　注 14 前掲、『百孝図』所収の「百孝図説」巻一・元冊、第 26 葉表。
[17]　「姪」の字、唐碧編『前後孝行録』（上海文芸出版社、1991 年）に収める「二十四孝原本」は「女」とする。
[18]　「其」の字、注 17 前掲、唐碧編『前後孝行録』に収める「二十四孝原本」は「雙」とする。
[19]　〔　〕内は双行注である。
[20]　「二枚」の字、注 17 前掲、唐碧編『前後孝行録』に収める「二十四孝原本」は「三枚」とする。
[21]　「弟」の字、注 17 前掲、唐碧編『前後孝行録』に収める「二十四孝原本」は「順」とする。
[22]　注 14 前掲、『百孝図』所収の「百孝図説」巻一・元冊、第 10 葉表。
[23]　注 14 前掲、『百孝図』所収の「百孝図説」巻二・亨冊（LM2* ホ *23*18-1）、第 2 葉表。
[24]　関西大学総合図書館『百孝図』に引用された「王祥王覧伝」の「王祥」の記述に「祥沂州人」とある。注 14 前掲、『百孝図』所収の「百孝図説」巻二・亨冊、第 5 葉表。

第三部　　李文馥系以外の「二十四孝」

第一章　綿寯皇子と「補正二十四孝伝衍義詞」について

　ベトナムにおける李文馥系以外の「二十四孝」は二種類に分けられる。第一は李文馥系の「二十四孝」と同様、『日記故事』系に属する他の文献である。第二はベトナム独自のベトナム人の孝子説話である。第一類には綿寯（ミエン・トゥアン、Miên Tuấn）皇子「補正二十四孝伝衍義詞」および鄧輝㷋（ダン・フイ・チュー、Đặng Huy Trứ）『四十八孝詩画全集』という文献がある。第二類にはベトナム人および西洋・日本の孝子28人の説話を収載するベトナムの独創的な『西南𡷺進𠍤孝演歌』文献がある。

　第三部では三章に分けて考察をおこなう。第一章では、「補正二十四孝伝衍義詞」の作者の経歴および文献を中心に考察する。第二章では『四十八孝詩画全集』の作者の経歴および内容を文献学的に焦点を当てるとともに、中国の「二十四孝原編」「二十四孝別集」と比較し、ベトナムにおける二書の受容、変遷を明らかにする。第三章では『西南𡷺進𠍤孝演歌』の文献学的を検討しつつ、ベトナム人の「孝」思想について論じてみたい。

第一章　綿寯皇子と「補正二十四孝伝衍義詞」について

　第一部第二章で述べたように、ベトナムにおける「二十四孝」に関する文献は29点を挙げることができるが、このうち⑧「補正二十四孝伝衍義詞」のみが皇族の作品である。作者は阮（グエン）朝の綿寯皇子である。諸文献を見ていくと、中国の「二十四孝」説話から李文馥の「二十四孝演歌」「詠二十四孝詩」、阮朝の綿寯皇子の「補正二十四孝伝衍義詞」へという展開の様相がうかがえる。李文馥の「二十四孝演歌」が民間に、「詠二十四孝詩」が知識人層に幅広く流布したことはいうまでもないが、綿寯皇子の「補正二十四孝伝衍義詞」は皇室内で、子孫たちへの教訓書として広く読まれたようである。

313

第三部　李文馥系以外の「二十四孝」

　近年、ベトナムの皇帝、皇族の作品に関する研究はある程度なされている。たとえば「翠雲寺に現存される明命（ミン・マン、Minh Mạng）帝御製の碑文」(Bài văn bia do vua Minh Mệnh ngự chế hiện lưu giữ tại chùa Thúy Vân)[1]、「『庚子詩集』は成泰（タイン・タイ、Thành Thái）帝の著作であろうか」(Canh Tý thi tập của vua Thành Thái?)[2]、「啓定（カイ・ディン、Khải Định）帝が御筆した数十頁の中にある貴重な諸情報」(Những thông tin quý trong mấy chục trang ngự bút của vua Khải Định)[3]、「『蒼山詩話』の文献的価値をめぐって」(Vài nét về văn bản và giá trị của Thương Sơn thi thoại)[4]、「19世紀『孝経』を字喃文で翻案すること—いくつかの文献学的問題と学術的内容—」(Việc diễn Nôm Hiếu kinh thế kỷ 19 : Một số vấn đề văn bản học và nội dung học thuật)[5]などである。しかし、管見の限り、綿寓皇子の「補正二十四孝伝衍義詞」についての研究はこれまでないようである。そこで「補正二十四孝伝衍義詞」をとりあげ、綿寓皇子の生涯、著作、「勧孝」の精神や、本書が王室の子弟の「孝」教育に対してどのような役割を果たしたのかを考察したい。

一．作者の履歴

　綿寓皇子の経歴に関する資料はあまり多いとはいえない。筆者の調査によれば、綿寓皇子の経歴について書かれた文献は現在6点ある。
　『漢喃書目—作者目録』(Thư mục Hán Nôm - mục lục tác giả)には、

　　阮綿寓、字は陽賢、阮明命の子である。著作としては『雅堂詩集』(VHb7)があり、注釈作品としては『孝経立本』(AB266)があり、注釈と字喃詩に翻案した作品としては「孝経国音衍義詞」(VHv60)がある。[6]

と簡潔に述べられるにとどまる。

第一章　綿寯皇子と「補正二十四孝伝衍義謌」について

次に、『ベトナム漢喃の作者の字、号』（*Tên tự tên hiệu các tác gia Hán Nôm Việt Nam*）には、

> 阮綿寯、字は彦叔、号は仲延、雅荘および松園、阮明命の子である。著作としては『孝経立本』『孝経国音演歌』『雅堂詩集』がある[7]。

とある。

また、『皇親公主公子公女冊』（A40）の「皇親藩」には、「盛國公綿寯〔第三十七〕丁亥年五月十八日子刻生[8]」と記されている。

さらに、『大南寔録』正編第三紀、第五紀、第六紀には、

> 癸卯紹治三年、封皇弟綿宁爲從化郡公、綿宋爲河清郡公、綿宮爲山定郡公、綿寮爲葵州郡公、綿家爲廣邊郡公、綿寯爲和盛郡公[9]。
> 乙巳紹治五年、準定其命名皇子皇孫著遵前例永遠辦理、其賜名皇弟之子上一字、著遵帝系詩章、以表天源之毓慶、下一字則分房賜部以辦親藩之嗣胤、……其諸房則照本字部仍分世次、以此而推也、……和盛郡公綿寯之房賜女字部[10]。
> 乙酉年〔咸宜元年〕、晉封輔政親臣懷德郡公綿㝔爲樂國公、和盛郡公綿寯爲盛國公[11]。
> 戊子同慶三年、遵國公綿宁、和盛郡公綿寯、以口過奪爵、辰尊人廷臣片請、晉封堅王妃二公於朝日取片展閱相與私議、綿宁曰、古來未有府妾封爲王妃者、綿寯曰、此款漢宋之禁典也。……交頭私語似此違妄、寔屬有虧行檢、其綿宁綿寯請炤行止有虧、例各革去爵號、勒回開散、以懲違妄而肅朝綱[12]。

とあり、綿寯皇子の封爵、降格などについて記されているが、情報はあまり多くない。

さらに、『大南寔録』正編第六紀附編（*Đại Nam thực lục chính biên đệ lục kỷ phụ biên*）[13]には、

315

第三部　李文馥系以外の「二十四孝」

　　己亥成泰十一年〔西暦一千八百九十九年〕、夏四月以慶年覃恩晉封和盛公綿寯爲郡王。[14]
　　丁未成泰十九年〔西暦一千九百七年〕、和盛王郡綿寯薨、郡王帝室懿親、六朝遺老、耽書好學、淡泊居心、至是年八十一病薨、準追贈爲和盛王並加給銀元〔三百元〕充理襄事。[15][16]

とあり、綿寯皇子の没する前後の情報が記されている。
　一方、『阮福族世譜－始祖譜－王譜－帝譜』（*Nguyễn Phúc Tộc Thế phả-Thủy tổ phả-Vương phả-Đế phả*）（以下、『阮福族世譜』と略称）には、下記の通り彼について詳細に記載されている。原文は現代ベトナム語表記で書かれているが、日本語に訳して引用する。

　　阮福綿寯（グエン・フック・ミエン・トゥアン、Nguyễn Phức Miên Tuấn）、和盛王（ホア・タイン・ヴォン、Hòa Thạnh Vương）
　　彼は字を陽賢（ズオン・ヒエン、Dương Hiền）、彦芝（ガン・チ、Ngạn Chi）、彦叔（ガン・トゥック、Ngạn Thúc）、仲延（チョン・ジエン、Trọng Diên）、または松園（トゥン・ヴィエン、Tùng Viên）と号し、雅堂主人（ニャー・ドゥオン・チュー・ニャン、Nhã Đường Chủ Nhân）、楽善老人（ラク・ティエン・ラオ・ニャン、Lạc Thiện Lão Nhân）と称した。彼は聖祖皇帝（筆者注：明命帝）の37番目の子で、母は安嬪胡氏随（ホー・テイ・トゥイ、Hồ Thị Tùy）であった。彼は丁亥年5月18日（1827年6月12日）に雲錦院（ヴァン・カム・ヴィエン、Vân Cẩm Viện）の裏の邸宅で生まれた。辛卯年（1831）に勅旨を奉じて、広福堂（クアン・フック・ドゥオン、Quảng Phúc Đường）に派遣され、兄弟と共に勉学した。癸卯年（1843）旧暦1月に、彼は王宮の覚皇（ザック・ホアン、Giác hoàng）寺の裏に邸宅設立の許可を受け、「和盛郡公」に抜擢された。己巳年（1869）、彼は萬春社に喜吾巣（ヒー・ガー・サオ、Hi Ngã Sào）という楼と別荘を建てた。建福（キエン・フック、Kiến Phúc）帝の治下である甲申年（1883）、彼は「盛国公」を授けられた。乙酉年（1885）、都に兵乱があったため、彼と家族はルウ・ビエウ（Lưu Biêu）へ逃げた。[17][18][19][20]

第一章　綿寓皇子と「補正二十四孝伝衍義詞」について

府楼は全て略奪され、家財も消失したが、幸いにも主な府邸は残った。丙戌年（1886）、彼は60歳になり、東池邑の庭園に移った。丁亥年（1887）に彼は同慶（ドン・カイン、Đồng Khánh）帝が母親に王妃という爵号を差し上げることを諌めたため、官位を剥奪された。己丑年（1889）に、彼は前の爵位に復職した。癸巳年（1893）、彼は宗人府左宗人の兼職に任命された。三宮の命令に従い浄心湖で精神病にかかっている帝に仕えた。彼は六部の大臣を指示しつつ、交替で帝に仕えた。乙未年（1895）4月、「和盛公」という爵号に抜擢された。翌年旧暦12月、高齢のため、職を退いた。丁未年5月12日（1907年6月22日）、彼は81歳で死去した。諡号は端恭（ドアン・クン、Đoan cung）であり、承天省香水県楊春下社に埋葬され、フエの富美邑に祀られた。死去後、彼は「和盛郡王」「和盛王」を追封された。作品には『雅堂詩集』（10巻）、『雅堂文集』『孝経立本』『国音孝史』がある。彼は34人の男児と27人の女児をもうけた。彼と子孫は第二正系の37番目の房に属し、「女」字部を賜った。[22]

とある。

　なお、彼が「盛国公」を授けられた時期については、『大南寔録』正編第五紀には乙酉年（1885）と書かれているが、『阮福族世譜』には甲申年（1883）とある。そして、彼が「和盛郡王」という爵号を与えられた時期については、『大南寔録』正編第六紀附編には成泰11年（1899）と記されているが『阮福族世譜』には丁未年（1907）とあり、文献によって差異が見られる。

二．「補正二十四孝伝衍義詞」の形態

1. 作品の誕生の背景および創作の動機

　18世紀のベトナムでは儒教は政治、道徳の面で衰退の傾向が見られたが、19世紀、特に阮朝（1802-1945）の時代には、為政者も儒者も儒教を強固にす

第三部　李文馥系以外の「二十四孝」

べく力を尽くした。そのため、儒教がさまざまな分野でそれまで以上に発展を遂げたとされる。ファン・ダイ・ゾアン（Phan Đại Doãn）氏は、19世紀におけるベトナムの儒教について、

> 19世紀に入ると、以前にもまして儒学、儒教が非常に高く掲げられた。明命帝（1820-1840）は儒学、儒教、儒家は国の社会、思想の頼りであると認識した。……そして、明命帝は1834年に儒教の観念に基づく「忠孝」「礼儀」を提唱した『訓迪十條』を村、部落に公布し、その後嗣徳（トゥ・ドゥック、Tự Đức）帝（1848-1883）は、民衆が聞き取りやすく覚えやすいように、同書を「六八体」の字喃詩に翻案した。……阮朝は学説、思想の面では「三教同源」を認めず、信仰の面では仏教、道教を制限し、唯我独尊の儒教を主張した。……更に、18世紀から漢文の経典、作品を字喃文に翻案する傾向を強めたことは、ベトナムの儒家の「儒教経典を現地化する」という意志を表現しており、重要な成果である「ベトナム風の儒学」の誕生に貢献した。[23]

と述べている。

　阮朝の明命帝、紹治（ティエウ・チ、Thiệu Trị）帝、嗣徳帝は儒教に深く傾倒し、社会を安定させつつ王制を強固にするため、「徳治」「孝道」を強調、実施した。このように儒教を重視した王朝のもとで育てられたからこそ、皇子だけではなく、皇女も詩賦の才能をもち、熱心に創作して、価値ある著作を残すことになったのである。[24]たとえば、綿寯皇子の『孝経立本』「孝史略詮」「孝史国音歌」『孝経国語詞』、綿審皇子の『蒼山詩話』『蒼山外集』、綿寊皇子の『綏国公詩集』『葦野合集』、永禎皇女の『続彙大南文怨統編』、貞慎皇女の「妙蓮集」などである。[25]

　これらの兄弟の中で、綿寯皇子は「孝」思想に関する作品や孝史、経典を字喃文に翻案することに熱心にとりくんだ人物である。彼は社会道徳が次第に減耗してきたことを憂い、勧孝の作品を注解しつつ民間に普及させ、「孝道」の意識を高めることに尽力した。その意図は、「孝経国音衍義歌自序」に次

第一章　綿寓皇子と「補正二十四孝伝衍義詞」について

のようにあることからわかる。

> 易坤汰恩丕義坦、論孝本諸遂志、事親兜皀停悉。……坤量天道、核悶溯麻鑪空停。乾嗲、人情、胺雖輪麻霆易搊。忺返馳茄漲摳放當學習經尼、蓮席伴賢曾固唏嘶義意。丕轼狐朔悶⺍慟瞏胞、娘式齓艫鞅瓢、哂憂瞋拱惜分陰、跣冊習添蹟蛞。……群諸通率詩書、拯料性慣、滿憪矨攎。管匂絽庫蹊分觧、定懺情扒酌朱獚……義理油輂塊少乘、敢哏願學隊孔子、達嚉呎茄稚毴、吉據排執整喃那[26]。

（天の恩、地の義に報いることが容易にできず、孝の基本を論ずることも思い通りにならず、親を孝養することもまだ満足にできない。天道をよく推察できず、木は静まろうとするが風が止まらない。さらに、人情がじゃまになり、月は丸いのに雲に覆い隠されやすい。家では子供たちがこの経典を勉強している最中で、宴会では友達にその意を聞かれた。皆を満足させるため、古式に従って瓢箪を書き、古文に蛇足を書き足す。私は『詩経』『書経』にまだ精通せず、凡才で下手であるが、経の字句を分解することに努力し、子孫に対して模範になるように切望する。義理に過不足があっても孔子に従って勉強することを望みたい。それを用いて子孫を教育するため、字喃詩に翻案することにした）。

さらに、「補正二十四孝伝衍義詞」の末尾に付される文には、

> 腿討順埃埃北酌、茄興仁丞渃興仁。孝經學別人倫、德自姸檜呎吢生瓍。⺍馼些沛伽道聖、像太平鬭盛丕南。……慷慷攸管聿修、觥憫念祖鮴求貽孫。……和盛郡王府子女幷孫曾孫同學本[27]。

（誰でも「孝順」のこころを真似し、各々の家に「仁」が興れば、確かに国でも「仁」が盛んになる。「孝経」を学び、人倫を知れば、「德」が次第に生まれる。人は聖賢の「道」に頼らなければならない。そうすることにより、太平の世が開かれ越南の天下が盛んになる。……「聿修」（筆者注：祖先の徳などを述べてこれをおさめる）という言葉を固く維持しよう。

まずは祖先のことを念じ、後に子孫に教訓として伝えることである)。

とあるとおり、綿寓皇子の「勧孝」の精神が再確認できる。

彼は「補正二十四孝伝衍義詞」が祖先のことを念じつつ、「家範」として伝わり、和盛郡王府の子女並びに孫、曽孫が代々学ぶ書物になることを期待したようである。

そのことは、「補正二十四孝伝衍義詞」を含む、綿寓皇子の「勧孝」に関する作品群が誕生した動機でもあった。「補正二十四孝伝衍義詞」の講読対象は、何よりもまず皇室の子孫であった。

2. 著作年代

「補正二十四孝伝衍義詞」は、「二十四孝」説話を漢文によって引用したあと、その意味を「双七六八体」の字喃詩に翻案した作品である。「孝経国音衍義歌」「活世生機孝子光伝」「補正二十四孝伝衍義詞」の三種の文献がともに『孝経国語詞』(VNv60) の名のもとに合冊され、現在、ベトナム・ハノイにある漢喃研究院に所蔵されている。『孝経国語詞』の表紙には「和盛郡王著」「成泰年重印」「雅堂存板」とある(図3-1-1参照)。つまり、綿寓皇子によって書かれた『孝経国語詞』は、成泰年(1889-1907)に雅堂で重版されたことになる。20葉の刊本で、高さ23センチ、幅16センチである。

次に、同書に合冊される「孝経国音衍義歌」の序の末尾には「嗣徳年間」、冒頭には「皇子綿寓著」とある。ここから、「孝経国音衍義歌」は綿寓皇子により嗣徳年間(1848-1883)に書かれたことがわかる。

さらに、「活世生機孝子光伝」の冒頭には「大南和盛郡王仲延衍義詞」「親子洪嬡恭檢寫」「成泰庚子」「王府増印」とある。

上述したように、『大南寔録』正編第六紀附編にもとづくならば、綿寓皇子は1899年に「和盛郡王」を贈られた。ところで、明命帝は1823年に『帝系金冊』を作っている。『帝系金冊』とは明命帝の後の第2世以降、男子の子孫のミドルネーム(輩行字)として順次使用される20の漢字を列挙したものである。

第一章　綿寓皇子と「補正二十四孝伝衍義詞」について

その 20 字は、綿（Miên）、洪（Hồng）、膺（Ưng）、宝（Bửu）、永（Vĩnh）、保（Bảo）、貴（Quí）、定（Định）、隆（Long）、長（Trường）、賢（Hiền）、能（Năng）、堪（Kham）、継（Kế）、述（Thuật）、世（Thế）、瑞（Thụy）、国（Quốc）、嘉（Gia）、昌（Xương）である。

そのことは『大南寔録』正編に、

> 御製　帝系金冊及藩系銀冊成先是正月元旦、帝親定日字部二十……帝系親藩系美字各二十〔帝系曰綿宀部、洪亻部、膺示部、寶宀部、永玉部、保阜部、貴亻部、定言部、隆才部、長禾部、賢貝部、能力部、堪才部、繼言部、述心部、世玉部、瑞石部、國大部、嘉禾部、昌小部……〕[28]

とあることからわかる。

そして、『皇親公主公子公女冊』の「盛國公綿寓之子」には、「洪嫄第十六乙丑年五月十三日子刻生[29]」と記されている。したがって、「活世生機孝子光伝」

図 3-1-1　漢喃研究院蔵『孝経国語詞』
　　　　　（VNv60）の表紙

321

を検写した洪㜺が綿寓皇子の第16子であることは明らかである。

このように、綿寓皇子の履歴や『帝系金冊』をあわせ考えると、「活世生機孝子光伝」は綿寓皇子によって著され、子の洪㜺によって訂正されたあと、成泰庚子年すなわち1900年に増印されたものと推測できる。綿寓皇子が和盛郡王となったのが1899年であり、本書冒頭に「和盛郡王仲延」とあることからすれば、本書の初版は1899年内に刊行されたと考えられる。

「補正二十四孝伝衍義詞」の編纂の年代は明記されていないが、巻首に「和盛郡王仲延親定」「親子洪㜾恭検繕」とある（図3-1-2参照）。また『皇親公主公子公女冊』の「盛國公綿寓之子」には、「洪㜾第十二　庚申年八月二十七日丑刻生」と記されている。上述した「活世生機孝子光伝」と同様に、「補正二十四孝伝衍義詞」は1899年以降、和盛郡王となった綿寓皇子が定め、第12子の洪㜾が訂正、公開したものと推測される。[30]

以上をまとめると、この『孝経国語詞』に合冊される「孝経国音衍義歌」「活世生機孝子光伝」「補正二十四孝伝衍義詞」は成立年代がそれぞれ異なるが、おそらく成泰庚子年（1900年）にまとめて重印され、冒頭に『孝経国語詞』の名が冠せられたものと推測される。

3. 文献の形態

「補正二十四孝伝衍義詞」は全部で308句、2156字からなるが、74字の欠字があるため、判読できるのは2082字である。その308句のうち、最初の8句が「導入部分」であり、次の9句から280句までが六類に分けられた24人の孝子の詩であり、最後の281句から308句までの約28句が「まとめ」に相当する。句の多寡は説話によってさまざまであり、一定していない。

上述した通り、版の印刷が不明瞭であり脱落があるが、この書の版本は漢喃研究院に所蔵される「補正二十四孝伝衍義詞」一部しか所蔵が確認できないため、他文献との対照ができない。なかには判読できない文字もいくつかあり、その文章の意味を理解できない場合もある。

孝子の詩の記載法はまず六類（①帝王部、②孔門部、③老人部、④文夫部、⑤孩童部、⑥婦女部）に分けたうえで、「帝舜一」「王裒十一」「黄廷堅十八」といっ

第一章　綿寓皇子と「補正二十四孝伝衍義詞」について

たように、人名とその順序で標題が示されている。具体的には次のとおりである。

①帝王部
　　帝舜一　　　　漢文二
②孔門部
　　曽子三　　　　閔子四　　　　子路五
③老人部
　　老萊六
④文夫部
　　董永七　　　　郯子八　　　　江革九　　　　郭巨十
　　王裒十一　　　〔寿昌十二〕[31]　黔婁十三　　　〔蔡順十四〕
　　〔丁蘭十五〕　　〔王〕祥十六　　孟尊十七[32]　　黄廷堅十八

図 3-1-2　漢喃研究院蔵「補正二十四孝伝衍義詞」(『孝経国語詞』(VNv60) 所収) の巻首

図 3-1-3　漢喃研究院蔵「補正二十四孝伝衍義詞」(『孝経国語詞』(VNv60) 所収) 第 4 葉表

⑤孩童部
　　〔陸績〕十九　　呉猛二十　　　黄香二十一
　⑥婦女部
　　唐夫人二十二　麗氏二十三　　〔楊香二十四〕

　これは「二十四孝」説話に変更が加えられたためで、ベトナム的特色となっている。このように、記載法や分類法は三系統と異なっているが、とり上げられた24人の人物自体は『日記故事』系の「二十四孝」と共通している。なお、⑥婦女部に記されている麗氏は姜詩の妻であり、内容は三系統の姜詩説話と同じである。そして、十八番目の標題は「黄廷堅十八」と記されているが、『日記故事』系、『全相二十四孝詩選』系の各文献には「黄山谷」と記されている。

　また各葉は本文上部に小欄が設けられ、小欄には標題のほか出典、文字の異同などが記され、下段の本文部分には「双七六八体」の字喃詩で24人の孝子の説話の内容が翻案されている（図3-1-3参照）。

　つまり、「補正二十四孝伝衍義誀」は『日記故事』系の「二十四孝」の内容をふまえ、分類や記載法に少し変更を加えたうえで字喃詩に翻案しているのである。

三.「補正二十四孝伝衍義誀」と字喃文献

　ここでは24首の詩をとり上げ、あわせて日本語訳をつけておきたい。字喃部分については、第二部第一章にある「二十四孝演歌」と同じ方針による。

第一章　綿寓皇子と「補正二十四孝伝衍義諤」について

「補正二十四孝伝衍義諤」　和盛郡王仲延親定　親子洪娙恭検繕

【原文】
1. 臙初定乾坤高濕　　2. 朱性常甄泣覉民　　3. 討羅檜枛彡仁
4. 闍齢聶湮帶巾榕源　5. 職人子法匡潹雑　　6. 道天倫孝悌為先
7. 固台辿罙聖賢　　　8. 蔑章詞底千年嗜群 。

【日本語訳】
　昔から天地は高低を定め、民衆には決まった作法、礼儀を流布する。「孝」は「仁」の根源であり、すべての善行、百行の基であり、事業と名声の起源である。職人の子といえども法規、礼法を怠るべきでない。天倫の道は「孝悌」に始まる。24人の聖賢がいて万世に名を留めている。

①帝王部
　帝舜一
【原文】
9. 虘卢舜羅昆瞽瞍　　　10. 生母亡継母克諧　　11. 討親蔑順掩台亡
12. 蓮和湮與觶移性愚　　13. 蓮嬿歴勤劬棋甖　　14. 腿譲坡埃乃條跷
15. 物歔義体兜吹　　　　16. 固鳨攏靾固獨執棋　17. 感高韗遣牢轼丕
18. 堯嗧名傳衪虺希　　　19. 側微忍耜飺荣　　　20. 與齢拱透拯掷揼恚 。

【日本語訳】
　虞の舜帝は瞽瞍の子である。生母を早くに亡くしたが、継母に対して穏やかに仕えた。舜は親に孝行をしつつ、弟とも仲良くしていた。上は苛烈な性格の継母とも和合し、下は愚かな弟の性格を直してあげた。歴山で舜は一所懸命に田を耕した。誰でもその「孝悌」を見習った。たちまち神聖なことが起り、鳥が草を拾い、象が田を耕すのを手伝った。天が感動し、そうさせたのだろう。堯帝は舜の名を聞き、舜は堯帝から王位を譲り受けた。低い身分の時も善悪

325

漢文二
【原文】
　21. 吏漢代固位文帝　　22. 雖尊嚴敢雊孝恭　　23. 朝薄后病䢈冬
　24. 胐空丙袺輪空許袍　25. 菜佘排甤匜咊唫　　26. 驗別味買敢趈勴
　27. 罙□[33] 嗁唅議唁　　28. 笴融□□扵蓮旡峇。

【日本語訳】
　漢代に文帝がいた。高貴な身分であるが孝を怠らなかった。3年もの間病気の薄后にまじめに仕え、帯を解かず寝なかった。薬をまず自分の口で嘗めて、その味を確かめてから母親に飲ませた。その名声は四方に広がった（第28句には欠字があるため判読できない）。

②孔門部
　曽子三
【原文】
　29. 意<人君悉群志道　　30. 況之虬受教孔門　　31. □□□ 錀ⅾ昆
　32. 勤勞奉養晨昏冬夏　　33. 常助飤蠰泥梗檜　　34. 客扵兜細嗨粤□
　35. □□□ 別燴燋　　　　36. 覾昆壽覧空方䚯排　37. 媤融罰哏廽覬顯
　38. 昆達嬿揩膵郡疘　　　39. □□□ 蠰術趾　　　40. 跪呈 □□ 獻斳吒詳。

【日本語訳】
　普通の人にも孝道の心があるが、孔子の教えを受けた人はなおさらである。曽子は孝の役割をやり遂げた。一年中朝夕母に孝養を尽くし、いつも重い薪の束を担ぎ努力した。客が訪問して尋ねると、□□□すぐにはっきり分かった。曽子がなかなか帰って来ないので、母は門の裏で指を噛んで待ち望んだ。山で曽子は腹がよじれるように痛んだため、早足で薪を運んで帰宅した。跪きつつ母から状況を詳しく教えられた。

第一章　綿寓皇子と「補正二十四孝伝衍義諤」について

　　閔子四
【原文】
　　41. 嚛㐂準埃塘賒恪　　42. 唃飤悲窘罄如印　　43. 討丕台閔子騫
　　44. 臥共父母㛿燕飤剎　　45. 討㛂抗順㐂㛿鬲　　46. 况吒生敢雎歉㝡
　　47. 嘈台抗冷朱芇　　48. 昆輪蒚紁昆臥花莘　　49. 眀直朝吒燸別稢
　　50. 傷孝兒悶䄂妬妻　　51. 撞連旦觙𠹭跪　　52. 㛿群飤冷㛿離㟜 単
　　53. 侈暄千娘卞悔改　　54. 推飤悲重待掣包　　55. 孝仁喈浂朋抛
　　56. 融科德行添高名吨 。

【日本語訳】
　親孝行な閔子騫よ、彼は石に刻みつけられたような強固な孝心を持ち、父母、弟と共に穏やかな生活を過ごした。継母にも孝を尽くし、二人の弟とも仲良くした。まして父親に心から仕えることはなおさらであり、敢えて怠ることはなかった。しかし継母の冷淡さは恐ろしく、自分の子には綿の上衣を着せたが、閔子には芦の上衣を着せた。閔子が父のそばにひかえていた日に、父は子を観察し、状況を知るに至った。父は子のことをいたましく思い、妻と別れたいと思った。閔子は父の前に跪いて申し上げた。「母がいると一人が寒がるだけですが、母が去ると、三人とも寒がることになります」と。継母は、閔子が父を諫める言葉を聞いて心を正し、閔子をひたすら可愛がった。閔子の「孝」「仁」の名声が高まり、道徳において高名がさらに広がった。

　　子路五
【原文】
　　57. 周子路旷群茄茊　　58. 餡羹藜䫺樂免戈　　59. 爲餕歲索親䌅
　　60. 動功隊䊳塘賒奈　　61. 䉽飤㝡嚴慈詠隔　　62. 細他鄉𠫓客楚公
　　63. 逫欺仕宦鄧用　　64. 車麃揀穫闐鐘浩瀾　　65. 官職猒驫䭾當楠
　　66. 埀䅜重咥攅鐩高　　67. 安憻添怓劬勞　　68. 悶初奉養忞市鄧兜 。

327

【日本語訳】
　周の子路の家がまだ貧しかった頃、塩辛くて薄い藜のスープの食事で日を継がなければならなかった。子路は老いた親を孝養するため、米を担いで遠い道も厭わなかった。やがて親が亡くなり、子路は他郷の楚公の客となり、官職に登用された。豪華に飾られた百台の車や、溢れるほど稲の入った一万の大甕を所有した。官位が高く、文字通りの富貴であった。二枚重ねた坐布団に座り、豪華で美味しい料理を食べている時、昔の親の劬勞の恩を思い出し、昔のように親に孝養したいが、親は亡くなって孝養するすべがないと嘆いた。

③老人部
　　老萊六
【原文】
　　69. 旦納䑕佘㕚賢午　　70. 歳索高孝慕㐄埃　　71. 㦰周買計老萊
　　72. 雪印䮾泊糯焊悆丹　　73. 歳㽍迡禊斑甀色　　74. 䎃揳枚假堷稢溂
　　75. 㣺從㧢渃補愩　　76. 親眣筧發嗌唭悆慛　　77. 大人脆如回群䡾
　　78. 錀俭念昆莕空差。

【日本語訳】
　何人かの賢人が後に続いた。親孝行な高齢者はあまりいないが、周時代の老萊子のことに言及しなければならない。彼は雪のように真っ白な髪になったが、丹心を輝かせた。七十歳になっても五色の斑衣を着、幼な児のようなふりをし、躍ったり、水を手に持ち、どっと倒れるふりをした。親はその様子を見て、よろこんで吹き出して笑った。年老いてからも心が幼い頃と変わらず、ひたすら誤りなく赤子の心を全うした。

第一章　綿寓皇子と「補正二十四孝伝衍義詞」について

④文夫部
　董永七
【原文】
　79. 漢朝董永孤哀　　　80. 椿萱鬣皀賖迵方芇　　81. 粤自致別牢朱斐
　82. 沛半輪〻禮送終　　83. 荲耒阳吏還功　　　　84. 艮緣俸祝絲紅問王
　85. 佟僉娘忡塘和返　　86. 願共撞結合侶堆　　　87. 扣牭同旦茄馭
　88. 緋䒲僉腩縱耒吧矗　89. 志篤唎招衝縖嬺　　　90. 娘辞撞吏阻清空
　91. 嚠歐歪固執悉　　　92. 軾吹纖女伴共孝男　。

【日本語訳】
　漢代に、孤独で哀れな董永がいた。父母が早く亡くなったが、埋葬を礼式のとおり行う費用を得るため、身を売らなければならなかった。葬式が終わった後、身を売った家主のところに働きに戻る途中で、一人の女性に出会い、一瞬にして良縁を得た。彼女は彼と夫婦として結ばれることを願った。二人とも家主の家に行き、一か月で三百枚の絹布を織り、借金をすべて払えるよう一所懸命に働いた。そのあと、彼女は彼と別れ、青い空へと戻った。おそらく親孝行の男のつれあいになるように織女を派遣した、天の神様の施しだったのであろう。

　郯子八
【原文】
　93. 周郯子坤〻如訶　　　94. 馳苩馭兜皀屘貼　　　95. 吒籇媄要亷〻壬
　96. 悶清液泊軾噆䰜狋　　97. 撞隱憂餬皀棱肉　　　98. 禩鹿皮論唯獸中
　99. 滿群尋葼西東　　　　100. 哈兜筧儿張弓吏斯　101. 現色身煲排緣據
　102. 拯遙遬塊呂〻戕生　103. 喈朋㭟喈隱名　　　　104. 皀空鄧討吏停托冤 。

【日本語訳】
　周の郯子のような人は見たことがない。父母が年老いて視力が弱った。親は鹿の乳を欲しがった。彼は人知れず悩んだが、山林の中に行き、鹿の皮の

329

衣を着て、鹿の群れの中に身を投じた。あちこち乳を探していると、知らぬ間に自分に向って弓を射ようと人が近づいてきた。気がついて、自分の姿を見せ理由を説明したので、間違えて殺されることは避けられた。もし姿を見せなければ、孝を遂げることが出来ず、むだ死にするところであった。

江革九
【原文】
105. 撞江革返乱芪漢　　106. 扶婊娎另難異郷　　107. □□ 返賊刧昂
108. 撞呈 □□ 眾傷他術　109. 另賖圭下邸彡客　　110. 身落類餙襪管 □
111. □□□ 動功勞　　　112. 免朱餙婊咜蒂旦身。

【日本語訳】
江革は漢代の乱に遭い、老いた母親を助けて異郷へ避難した。途中で賊に遭い捕らえられそうになったが、彼が事情を説明すると、賊は痛ましく思い釈放してくれた。故郷を離れ、下邸に移った。放浪の身となったが、貧乏のどん底にあっても憂慮しなかった。わが身を考慮に入れず、母親が気楽な生活を送ることだけを考えた。

郭巨十
【原文】
113. 遛台閉漢人郭巨　　114. 齓孝心鵬苻忍 □　　115. □□□ 鍾酌斟
116. 蠹坤恩罘拱拎討叱　117. 貼別性婊鼗傷稤　　118. 餡呢咴蒂計餙飯
119. □□□ 燭呌唯　　　120. 鼗求□順齓慮生成　121. 揉深情共爲大義
122. 悶養親歐沛離昆　　123. 蹋跔陶魯斯墫　　　124. 捧義眰覔氾挢鏁蓬。

【日本語訳】
漢代の人、郭巨は特別である。孝心の中に冷たい心が共存していた。彼の孝心は完璧にとは言えないまでも八、九割は遂げられた。老いた母親が孫を可愛がっていることをよく知っていた。母は自分が空腹か満腹かにかかわら

ず、孫のためにいつも節食した。彼は妻に「親の恩に報いるのが先であり、子のことを求めるのは後である」と言いつけた。深い情を断ち切るのは大義のためである。親に孝養したければ、子供を手離さなければならなかった。彼は子を埋める穴を熱心に掘った。すると突然、黄金のいっぱい入った釜が出現した。

王裒十一
【原文】
125. 晉王裒窒铖艮善　　126. 媼生前悖炭靈噤　　127. 欺斷詠楅濕鏉
128. 敢捐哴敿晡常事生　129. 毎肦凭歪樺霎最　　130. 車阿香嗒浹同同
131. 旦墓跪穊顳輕　　　132. 昆低媼潹駭雄〻之　133. 曽讀詩旦勾生我
134. 溚涃珠撫脆悲哀　　135. 孝誠感動馭馭　　　136. 泣融門弟諍排蓼莪。

【日本語訳】
晋代に、極めて善良な王裒がいた。母親は生前、雷を怖がる癖があった。母が亡くなった後、彼は以前母に仕えたことをけっして忘れなかった。空が暗くなったり、雷がゴロゴロ響くごとに、彼は母親のお墓で跪き、拝礼して、「私はここにいるのでお母さん驚かないでください」と言った。『詩経』の「生我」という句を読んだとき、涙が流れ、悲しくなった。孝心と誠心が人々を感動させ、門弟たちは「蓼莪」篇の朗読を避けた。

朱寿昌十二
【原文】
137. 朱壽昌事它慘切　　138. 嫡母習慳怙媼生　139. 媼自他適遠程
140. 舼迍辥卒〈事情栖雯　141. 嫡母杕買賍馭誚　142. 感隊暘倍倍攸傷
143. 眀當荿宋官皽　　　144. 擬料底職決塘尋親　145. 共家人糸誳分付
146. 侐郡州兌妬嗨嘽　　147. 誓痳拯凭慈顔　　　148. 侂停皸浹坤算雁術
149. 細同州丿貆飫姥　　150. 浪昆些朱壽昌喂　　151. 舼迍辥隔液盃
152. 侂坤易別尋尼低侐　153. 撞跪穊哀號稽額　　154. 奉安輿迎養挊批。

331

第三部　李文馥系以外の「二十四孝」

【日本語訳】
　朱寿昌の身の上はたいへん悲痛であった。朱寿昌の父親の正妻は妾の朱寿昌の生母に嫉妬し、生母を遠くへ追いやって、五十年間ずっとその事実を隠した。正妻が亡くなった後、朱寿昌は人々に生母のことを聞き、はじめて事実を知った。彼は宋の官僚であったが、日々何度も生母を懐かしみ、とうとう官職を辞め、家人に家事を任せて、親を探しに行くことにした。郡州に入り聞き回ったが、浮かんで流れる水草、飛んでいく雁のように母に会えることはなかった。同州に着いた時、一人の老婆に会い、「我が朱寿昌よ。五十年間離れていて、ここまで探しに尋ねて来るのは容易ではなかっただろう」と言われた。彼は頭を下げながら大きな声で泣いた。その後、彼は母親を家に迎え、豊かな生活の中で十分に孝養をつくした。

　庾黔婁十三
【原文】
155. 庾黔婁扵南齊　　156. 扐埊官職攸皮晨昏　　157. 急術㐁道昆定省
158. 覔嚴堂染病㘹嗃　　159. 皽詳盤論誦柴　　160. 浪味糞蓉買呭病齡
161. 動深情拯奈澿穢　　162. 唫䏾味懬炭隊番　　163. 晧㗻褆禱皇天
164. 願料輪托篤㘫台吒　　165. 㚔高賒悉誠感動　　166. 吒病齡拱如常
167. 金𧶘固冊⺄麹　　168. 英婎初姤況塘吒昆。

【日本語訳】
　南齊の時、庾黔婁がいた。官吏として働いていたが、親への孝養のことが気になっていた。ある日、急いで故郷へ帰り、子供としての道を遂げようと父親に朝夕孝養した。父親が二、三日病気にかかったことに気がつくと、医師の説明を詳しく聞いた。医師は糞の味が苦ければ病が治ると言った。庾黔婁は父親に対して深い愛情を持っていたため、汚いのを恐れず、糞を嘗めた。糞の味は甘かったため、心配して何回も涙を流し、日夜天の神様に拝礼しつつ父の病気が治るよう嘆願した。父親の身代わりに自分が亡くなることを自ら願った。神は遠く高い空からでも彼の真心に感動し、その願いを聞き入れ

第一章　綿寓皇子と「補正二十四孝伝衍義誥」について

た。その結果父の病は治り、子も元気であった。『書経』金縢篇に見るように、兄弟（筆者注：武王と周公）でもそれができたのだから、まして親子はなおさらである。

　蔡順十四
【原文】
　　169. 漢蔡順初屯拱遷　　170. 眠返乱飢餓掣兜　　171. 边岼搊扐鞁槐
　　172. 江㘃捱忿阻頭㯫箕　　173. 融圖擲色妢顛䫂　　174. 賊赤眉矊眸嗨哼
　　175. 撞浪㲋娭㲋昆　　176. □荣拖呬䀹啨養㹷　　177. 埃拱玾鱳悉傷討
　　178. 物暫用䘑粩迻朱。

〔日本語訳〕
　漢代の蔡順には変わった噂があった。当時は戦乱で飢饉に苦しんでいたが、蔡順は森で桑を摘み取っていた。入れ物の中に、桑を赤いのと黒いのとの種類に分けて入れた。赤眉の賊はそのことを見て理由を尋ねた。彼は「私には一人の母親と一人の子しかいない、甘くておいしいものを別にとりわけて老いた母親に食べさせるのだ」と言った。誰もが彼の親孝行に感動し、賊は肉や米など当座の食べ物を差し出した。

　丁蘭十五
【原文】
　　179. 漢丁蘭感幼孤　　180. 事親㝉鄧㯱謨斐願　　181. 悶祝坥耽楼刻像
　　182. 替旹初奉養獻鬛　　183. 固奲饇物拯䁔　　184. 憽㐷梏像空夷像霊
　　185. 吹撞術如形嘎保　　186. 罕㸋情即報父讐　　187. □□□連帝都
　　188. 霊墓□□画圖榮台

【日本語訳】
　漢代の丁蘭は幼い時から孤児であった。親に仕えるのに少しも満足出来なかった。親の死後、親の恩に少しでも報いたいという気持ちから、木を使い、

333

木像を刻んで、生前のように朝晩仕えた。木像を訪ねて来た人がいたが、像はその人の問いに答えられなかった。彼は木像に怒った。木像は神聖なものになっていたため、丁蘭が帰った際、木像は怒られたことを伝えた。丁蘭は状況をはっきり知った後、父のあだを討った。(第187句および第188句には欠字があるため判読できない)。

王祥十六
【原文】
189. 晉王祥登𦨞槩計　　190. 歲群疎貂制媄□　　191. □□□抗拯齢
192. 鬃詷悋恬彪情讒□　193. □問賖彪晗強辣　　194. 精誠專僉跳敢□
195. □□□悶魟鮮　　　196. 边滝待稼竍歪□□　197. 想攎稼皮散垞稼
198. 覓捛撞固魟鰠蓮　　199. □□□使豋喕　　　200. 固埃□□討賢許空

【日本語訳】
　晋代の王祥は苦難の人生を過ごした。幼い時に母親の喪があった。継母は善良な人ではなかった。彼女は嫉妬深く、彼の悪口をよく言った。日増しに父からの情が薄くなったが、王祥の真心は少しも変わらなかった。□□が新鮮な魚を欲しがったが、□□季節で、彼は凍結していた川のところで氷が溶けるまで待っていた。氷が溶けたところに鯉が体をくねらせて出現した。王祥は□□□に献じた。このような親孝行な人がいるだろうか。

孟尊十七
【原文】
201. 吏孟尊篤悉孝養　　202. 媄抗欺噡想咹桩　　203. 撞哷謨嗨賖斯
204. 旦務冬冷蓄曽固兜　205. 尋笳箔麻求桩此　　206. 揞層核嘆呷淚沙
207. 呇回眐覓舡𢂪　　　208. 木蓮脙犧生𦨞召蠅　209. 否歪拯朝悉敬愛
210. 易遣朱冬改𠔖春。

334

第一章　綿寓皇子と「補正二十四孝伝衍義詞」について

【日本語訳】
　孟尊は孝養に尽力した。継母が筍を食べたがった時、彼は至る所で筍が生えていないか探し回った。寒い冬に筍など見たことはない。竹藪をたずね、筍を求めた。一本一本の竹を抱き、嘆息しつつ、涙を流した。すると、次から次へと二、三本の筍の芽が出てきた。もし天が敬愛の心に応えなければ、冬を春に換えることなどできなかっただろう。

　黄廷堅十八
【原文】
　211. 宋廷堅倅賢臣　　　212. 啨吨黃氏官斯朱門　213. 翰雖㐌挭櫨預紫
　214. 粤討空安底個砕　　215. 寝門纍睞最䠒　　　216. 羆揟沼潐潊灰拯奈。

【日本語訳】
　宋の黄廷堅は賢臣であった。朱門に黄という官吏がいるという名声が広まっていた。身分は高くなったが、孝養はあえて下僕にも任せなかった。朝も晩も親の寝室を訪ね、自分で親の汚れたものを洗うことも拒まなかった。

⑤孩童部
　陸績十九
【原文】
　217. 猷坤意鍾㐌㐌正　　218. 孩童㐌挭性良知　　219. 漢朝陸績小兒
　220. 當薜艿歳別誼迊恩　221. 旦袁術眀惆接待　　222. 覔橘啠揟吏㐌㞢
　223. 肋欺相府阻羆　　　224. 謝辞椆玉落沙㪍鏾　225. 袁覔撞晚哄嚘嗨
　226. 撞寔情拯吋呈浪[34]　227. 舳茄性媄愡咬　　　228. 㐌朱翰樨之朋旦親

【日本語訳】
　成長は天の道理のとおりである。子供にも良知の性質がある。漢に陸績という小児がいた。彼は六歳なのに「十恩」をよく理解していた。袁術の家に行った際、厚く接待してもらったが、陸績は美味しい橘を二、三個隠した。屋敷

335

から出た際、あいさつしたところで橘が落ちた。袁術は笑みをもらしつつ、彼に心の内を問いただした。彼は嘘をつかず、ありのままに説明した。家にいる母親が橘が好きで、私だけが橘をもらうよりは母親にあげたいのだと。

呉猛二十

【原文】
　229. 晉吳猛青春䶌剢𠛎　　230. 浽蜌親強感強傷　　231. 單疎拯固幪幔
　232. 絖房罵黑边床旺睍　　233. 睴節夏晧毊蛨蛛　　234. 蹺唊撞　黙　飭空摳
　235. 別類物㽞貪飯　　236. 裛賖綸稛乤咆身䇥

【日本語訳】
　晋の呉猛は八歳になったばかりで、親への孝養の気持ちが募れば募るほど心を痛めた。家は貧乏で、蚊帳がなかった。静かな部屋でベッドの傍らに寝ていたが夏の夜は蚊が多かった。彼は蚊に好き勝手に噛まれるにまかせ追い払わなかった。蚊が貪欲だと知っていたから、もし自分の体から蚊を追い払ったら、蚊が親の体に集まり止まってしまうと考えたのである。

黄香二十一

【原文】
　237. 薢尨歲悉它別計　　238. 漢黃香燦道人倫　　239. 䎽慈㦪曼母親
　240. 感功鞠育倍分牧傷　　241. 悉討吒添常敬捻　　242. 奉養㲹鬞㦪敢空
　243. 求朱安穩呧濃　　244. 焠夏㦢檜冷冬邑裇[35]

【日本語訳】
　漢の黄香は、九歳なのに親孝行の心を持ち、人倫の道がはっきりと分かっていた。母親が早く亡くなったため、母の養育の苦労を何度も懐かしんだ。父親に対しては親孝行の心がとても強くなった。朝晩熱心に孝養をしないことは決してなかった。父親が穏やかに熟睡できるように祈求した。暑い夏には枕を涼しくしようと扇ぎ、寒い冬には毛布を暖かくした。

第一章　綿寗皇子と「補正二十四孝伝衍義�」について

⑥婦女部
　唐夫人二十二
【原文】
　245. 男兒㐂可唶羕伬　246. 淑女䏄拱丕恪苐　247. 唐夫人扵唐朝
　248. 跌蓮德罙鯩佡道㫔　249. 覔媒爺歳高皼汅　250. 物言裴拯楝茬唉
　251. 佘觧哺軆勴肰　252. 喔餡押稰䄅身養䒾　253. 妣長孫歳它上壽
　254. 會親唏分付貝饒　255. 䄅之坥鄧恩妣　256. 願朱昆玿納㲉如娘。

【日本語訳】
　男子はかくも誉めるに値することをしたが、淑女も何ら違わなかった。唐夫人は唐代に、四徳も三従も完璧にこなした。義母が年をとって歯が抜け、美味しいものも箸をつけなくなった。唐夫人は義母に何年もの間乳を飲ませて、老いた義母に孝養を尽くした。義母は長寿のお祝いの時、子孫を集め、教訓を伝え、嫁の恩に報いるほどのものがないので子孫は彼女を見習ってほしいと語った。

　龐氏二十三
【原文】
　257. 漢姜詩唶撞別道　258. 添妸龐犕討無雙　259. 媞常悶吁㴜中＜
　260. 滝賒拯奈捷扛䶲耽　261. 䒾拮据哈嚐味鱠　262. 添性悈園會嘉賓
　263. 犕歃擥捒䶲䶲　264. 吏鴉鄰母隊旬迦勴　265. 胣常專事親養志
　266. 歪覔歐固意執功　267. 边□□覔逥逕　268. 擼抾□□捯撞魠鮮。

【日本語訳】
　漢の姜詩は道を知る人だと褒められたが、さらに、無双の親孝行の嫁の龐氏がいる。母親はいつも澄んだ水を飲みたがった。そのため、遠い川をものともせず、水を担ぎ上げてきて母に飲ませた。老いた母親は魚のあえものを食べたがり、さらに、珍しい客を集めることを好む性格があった。夫婦は母が好きなものを準備し、ごちそうした。また、何回も何週間も隣の婦人を招

337

第三部　李文馥系以外の「二十四孝」

待するなど親の孝養に専念する心があった。天の神様は孝心を見て、彼らを助けた。□□辺には突然、不思議なことが起り、水面に漣が起き、鯉が飛び跳ねて浮かんだ。

楊香二十四
【原文】
269. □楊香易埃敢呰　270. 姤嬋娟麻志英□　271. □□□索幼冲
272. 朱哈粤世扵融固□　273. □蹺親細尼瞬割　274. ノ覧捨𪻞扒楊□
275. □□□□汰空　276. 料輪暴虎爲悉□□　277. 救吒塊沛斯猛　獣
278. 輕死生重父子情　279. □□□□詠醒　280. 恩夌□□分輪虯□。

【日本語訳】
　楊香と肩を並べられる人などいなかった。嬋娟たる女性であったが、英雄としての志があった（第271句および第272句には欠字があるため判読できない）。親と一緒に畑に行った時、突然虎が出現し、父親をあっというまに捕まえた（第275句には欠字があるため判読できない）。父親を愛するあまり、命を賭して虎を打ち、猛獣から脱れた父親を救った。自らの生死を軽んじ、父子の情を重んじた。□□□（第279句に欠字があるため、判読できない）。天の神様の恩のおかげで、小さな運命が□□□。

*

281. 包饒馭討賢甋仒　282. 撞豆蘇貧〻覧豆蘇　283. 計□𩲵帝王初
284. 檜𡊲仁孝相承吒民　285. 油悶鄧忠臣〻宝　286. 丞自尼𪛊討麻𪻞
287. 悶仁仁旦貝些　288. 易斯扵姤坤賖求𩵜　289. 層察推馭習匝丕
290. 敢嘞㤅守祕𡨸性常　291. 甋願德猷君王　292. 用悉孝治扲綱御袞
293. 腿討順埃埃北酌　294. 茄興仁丞洛興仁　295. 孝經學別人倫
296. 德　自姤檜吒吝生𪻞　297. 〻馭些沛伽道聖　298. 像太平𪠘盛夌南
299. 福癋返會可〻　300. 册硯包遂禩餂蘇圸　301. 雖篤飭守塵臣子
302. 兠貧〻輪政呰孝忠　303. 隊番𪠘卷燸悉　304. 慌共聖甋憘共賢習

第一章　綿寓皇子と「補正二十四孝伝衍義詞」について

305.㧅唎攎本藹的當　　306.擶册蹺臕様葫蘆　　307.慷慷攸笴聿修
308.觓懾念祖紎求貽孫。

　　　　　　　補正二十四孝傳衍義詞　完　和盛郡王府子女并孫曾孫同學本

【日本語訳】
　どれほど多くの孝行者が昔からいたことだろう。豆や瓜を栽培すれば、必ず豆や瓜を収穫できるものだ。昔の帝王の王位に上る者もまず「仁」「孝」によって、民衆を教化した。忠臣を得て宝としようと思えば、必ず「孝道」の門から入る。「仁」を求めれば「仁」が私たちのところにやって来て、遠い所に求める必要はない。かつての聖賢を推察すればすぐにわかる。今も五常をしっかり保つようあえて勧告する。まずは仁徳の大きい君王が「孝心」の綱紀を用いて、天下を統治することを願う。誰でも「孝順」の心を真似て、それぞれの家に「仁」が興れば、確かに国も「仁」が盛んになる。『孝経』を学び、人倫を知れば、「徳」がその源から次第に生じる。人は聖賢の「道」に頼らなければならない。そうすることにより、太平の世が開き越南の天下が盛んになる。「補正二十四孝」を編纂する機会に思いがけなく恵まれたのは、幸福だった。学習、事業はやり遂げたが、親の恩に報うことがまだできていない。臣下と子弟の徳を維持することに尽力したが、自分が孝忠の人間であるとはあえていえない。何度も書物を開き、心を深く観察し、昔の聖賢に対して恥ずかしく思った。下手な言葉はまだ的を射ていないが、書物に基づいて瓢箪を描き、「聿修」（筆者注：祖先の徳などを述べてこれをおさめる）という言葉を固く守った。まずは祖先のことを念じ、後の子孫に伝えることにする。
　補正二十四孝伝衍義詞　完　和盛郡王府の子女ならびに孫・曾孫の同学の本

339

第三部　李文馥系以外の「二十四孝」

おわりに

　本章ではベトナムに伝わる「補正二十四孝伝衍義謌」の特徴とその内容、および作者の綿宁皇子の履歴、その「孝道」の意図を明らかにした。本書は字喃詩で翻案された文献ではあるものの、漢字を使用する割合はかなり多い。漢字は人命、地名、方向、季節のほか、「道」「仁」「養親」「事親」「奉親」「徳」「礼」「天倫」「孝」「悌」「忠」「孔門」などの儒教用語、「晨昏」「定省」などの儀礼用語、『詩経』にある「劬労」「生我」「蓼莪」「聿修」など儒教の経典に見える語が多い。これは当時のベトナム皇族階層において、これらの用語が熟知されていたこと、さらには儒教思想がベトナムの文化、社会に浸透しつつあったことを物語るものといえよう。

　本書のように、中国の散文作品をベトナムの代表的な「双七六八体」および「六八体」という詩体を用いて字喃詩に翻案する場合、メリットもデメリットもある。このことについてグエン・テイ・キエウ・ミン氏は、

> 中国の漢文の作品を字喃詩の「双七六八体」および「六八体」という詩体に変えると、漢文原文の理論性、哲理性をある程度失うことは避けられない。しかし一方、字喃詩に翻案するということは、民族の言語、文字を使用することを通して文献に対して新しい雰囲気、色彩をもたらし、民衆に儒教の「孝道」思想の伝達の効果や速度を高めることも否定できない。それは受けとめる人々の思想、地域性を明瞭に反映し、ベトナムの魂を色濃く染めることである[36]。

と述べた。

　中国の作品から字喃詩に翻案された「補正二十四孝伝衍義謌」にもグエン・テイ・キエウ・ミン氏が述べたような長所と短所があるが、それはベトナムにおける中国文化の受容と変容を物語るものであるに違いない。不十分なが

第一章　綿寓皇子と「補正二十四孝伝衍義詞」について

ら字喃文の原文をすべて日本語訳したもの、字喃文の翻案のもつ通俗性や伝承性を少しでも伝えたかったからである。

「二十四孝」説話がベトナムの王族階層に行きわたっていたこと、そして、「昔の帝王の王位に上る者もまず、「仁」「孝」によって、民衆を教化した。忠臣を得て宝としようと思えば、必ず「孝道」の門から入る」（本文283句〜286句）とあるように、民衆の教化において「仁」「孝」が重要な役割を担っていたことも再確認できるであろう。

なお、本書は皇室の子弟の「孝」教育に重要な役割を果しただけでなく、文献学・言語学といった19世紀の字喃研究においても有益なテキストであるように思われる。

注

[1] Trần Thị Thanh「翠雲寺に現存される明命帝御製の碑文」(Bài văn bia do vua Minh Mệnh ngự chế hiện lưu giữ tại chùa Thúy Vân)、『漢喃雑誌』第2号 (47)、漢喃研究院、2001年、70〜74頁を参照。

[2] Phan Thuận An「『庚子詩集』は成泰帝の著作であろうか」(Canh Tý thi tập của vua Thành Thái?)、『漢喃雑誌』第1号 (18)、漢喃研究院、1994年、51〜56頁を参照。

[3] Nguyễn Đắc Xuân, Ngô Văn Lại「啓定帝が御筆した数十頁の中にある貴重な諸情報」(Những thông tin quý trong mấy chục trang ngự bút của vua Khải Định)、『フエ漢喃遺産』、フエ古都遺跡保存センター、2003年、119〜123頁を参照。

[4] Nguyễn Thanh Tùng「『蒼山詩話』の文献的価値をめぐって」(Vài nét về văn bản và giá trị của Thương Sơn thi thoại)、『漢喃雑誌』第3号 (83)、漢喃研究院、2007年、33〜40頁を参照。

[5] Nguyễn Thị Kiều Minh「19世紀『孝経』を字喃文で翻案すること―いくつかの文献学的問題と学術的内容―」(Việc diễn Nôm Hiếu kinh thế kỷ 19:Một số vấn đề văn bản học và nội dung học thuật)、ハノイ社会人文科学大学修士論文、2007年、1〜163頁を参照。

[6] Ban Hán Nôm thư viện khoa học xã hội、『漢喃書目―作者目録』(Thư mục Hán Nôm - mục lục tác giả)、Ủy ban khoa học xã hội Việt Nam、謄写印刷、1977年、234頁。

[7] Trịnh Khắc Mạnh『ベトナム漢喃作者の字、号』(Tên tự tên hiệu các tác gia Hán

第三部　李文馥系以外の「二十四孝」

　　　 Nôm Việt Nam）、Khoa học xã hội 出版社、Hà Nội、2002 年、307 頁。
[8]　漢喃研究院所蔵『皇親公主公子公女冊』（A40）、第 24 葉表。〔　〕内は双行注である。
[9]　阮朝国史館『大南寔録』正編第三紀巻二十七「大南寔録十三」（慶應義塾大学言語文化研究所、1977 年）、370 頁、377 頁。
[10]　阮朝国史館『大南寔録』正編三紀巻四十九「大南寔録十四」（慶應義塾大学言語文化研究所、1977 年）、180 〜 181 頁。
[11]　阮朝国史館『大南寔録』正編第五紀巻七「大南寔録十九」（慶應義塾大学言語文化研究所、1980 年）、95 頁、97 頁。〔　〕内は双行注である。
[12]　注 11 前掲、『大南寔録』正編第六紀巻九「大南寔録十九」、304 頁、306 頁。
[13]　『大南寔録』正編第六紀附編（Đại Nam thực lục chính biên đệ lục kỷ phụ biên）の序文によると、「『大南寔録』正編第六紀附編の漢文版はパリの L'Ecole Francaise d' Extrême Orient-EFEO（筆者注：フランス・パリ極東学院）に所蔵されている唯一の写本（Viet/A/Hist/9）である」とある。そのため、ベトナムでは国語字（現代ベトナム語正書法）文に Cao Tự Thanh 氏が翻字された『大南寔録』正編第六紀附編があるのみである。幸いにして筆者は、2015 年 4 月から科研費研究課題「ベトナムの「家訓」文献と伝統倫理の研究」（基盤研究（C）課題番号：JP15K02092）の研究代表者となっており、フランス・パリ極東学院にて『大南寔録』正編第六紀附編の漢文版（写本）を複写することができた。
[14]　フランス・パリ極東学院蔵『大南寔録』正編第六紀附編（Viet/A/Hist/9）（写本）、巻之十一弟一葉表、第六葉表。〔　〕内は双行注である。
[15]　原文では「王郡」の右側に上下を入れ替える記号の「ン」がついており、「郡王」が正しいと思われる。
[16]　注 14 前掲、『大南寔録』正編第六紀附編（Viet/A/Hist/9）（写本）、巻之十九第一葉表、第十一葉表。〔　〕内は双行注である。
[17]　漢字名は推測である。筆者は阮朝国史館『大南寔録』正編、『皇朝一統地輿誌』R.1684・NLVNPF-0601（ベトナム国家図書館の電子版）を調べたが、その漢字名は載っていない。広島大学の八尾隆生教授からも「『大南一統志』や『同慶御覧地輿誌』にも載っていない。やはり本人が正史『大南列伝』に列伝されていないため、情報が足りない」と教示していただいた。そして、グエン・テイ・キエウ・ミン（Nguyễn Thị Kiều Minh）氏は「『大南列伝』に列伝されていないのは、同書が完成した時、綿寯皇子はまだ在世していたからである」と述べている。注 5 前掲、グエン・テイ・キエウ・ミン論文を参照。
[18]　注 17 に同じ。
[19]　注 17 に同じ。
[20]　この地名の漢字名は推測できないため、カタカナで表示する。注 17 を参照。

第一章　綿寓皇子と「補正二十四孝伝衍義詞」について

[21] 漢字名は推測である。注17を参照。
[22] Hội đồng trị sự Nguyễn Phúc Tộc、『阮福族世譜－始祖譜－王譜－帝譜』(*Nguyễn Phúc Tộc thế phả-thủy tổ phả-vương phả-đế phả*)、Thuận Hóa 出版社、Huế、1995年、304頁。
[23] Phan Đại Doãn、『ベトナム儒教の諸問題』(*Một số vấn đề về nho giáo Việt Nam*)、Chính trị quốc gia 出版社、Hà Nội、1998年、56～57頁、72頁。
[24] 注5前掲、Nguyễn Thị Kiều Minh 論文、6頁。
[25] 注6前掲、『漢喃書目―作者目録』(*Thư mục Hán Nôm - mục lục tác giả*) および Viện Nghiên cứu Hán Nôm và Học viện Viễn Đông Bắc Cổ Pháp、『ベトナム漢喃遺産―書目提要』第1、2、3冊 (*Di sản Hán Nôm Việt Nam - thư mục đề yếu* tập 1, 2, 3)、Khoa học Xã hội 出版社、Hà Nội、1993年を参照。
[26] 漢喃研究院蔵『孝経国語詞』(VNv60)、「孝経国音衍義歌自序」第1葉裏、第2葉表。引用にあたっては双行注を省いた。
[27] 注25前掲、『孝経国語詞』(VNv60)、「補正二十四孝伝衍義詞」第4葉裏。
[28] 阮朝国史館『大南寔録』正編第二紀巻二十「大南寔録五」(慶應義塾大学言語文化研究所、1972年)、270頁。〔　〕内は双行注である。
[29] 注8前掲、『皇親公主公子公女冊』(A40)、第37葉裏。
[30] 注8前掲、『皇親公主公子公女冊』(A40)、第37葉表。
[31] 原文では文字を欠くが、下段に記された説話の内容により題名を推測できるため〔　〕の中に補った。
[32] 本来は「孟宗」であるが、本書では紹治帝の字である「綿宗」の「宗」を避けるために、「尊」に改めている。この字の避諱は、第二部第一章の注426で説明したので参照されたい。
[33] □は欠字、判読できない字（1字分）を示す。
[34] 紹治帝の母親の名である「實」の諱を避けるために、「寔」に改めている。この字の避諱については、第二部第一章の注332で説明したので参照されたい。
[35] ここでは紹治帝の字である「綿宗」の「綿」と偏旁の「帛」を避けるため、欠筆して「䌢」としている。このことについては「……御雙名上一字左從糸右從帛嗣凡臨讀請讀作緜、臨文各隨文義改用、人名地名均不得冒用、惟皇弟請應免其改用仍遜帛旁一畫爲䌢字、其從前冊籍有單用這字者請應加以黄黏。……四年議準尊諱……偏旁請應改用該三十一字、〔……一字左從目中從糸右從帛字、一字左從女中從糸右從帛字、一字左從亻中從糸右從帛字〕」とある。『欽定大南会典事例』(天理大学図書館所蔵)巻百二十一、第9葉表以下を参照。
[36] 注5前掲、Nguyễn Thị Kiều Minh 論文、81～85頁。

第二章　『四十八孝詩画全集』と中国の「二十四孝原編」、「二十四孝別集」の比較

　『四十八孝詩画全集』（以下、『全集』と略称）は、鄧輝熠（ダン・フイ・チュー、Đặng Huy Trứ）が中国の朱文公「二十四孝原編」、高月槎「二十四孝別集」を収録したもので、1867年に刊行された。いわば、『全集』は中国の「二十四孝原編」「二十四孝別集」をベトナムに伝えたわけであるが、内容はまったく同一ではなく、一部改変が加えられており、ベトナム独自の避諱改字も見られるようである。そこで、『全集』所収の「二十四孝原編」「二十四孝別集」を中国の「二十四孝原編」「二十四孝別集」と比較することによって、ベトナムにおける二書の受容、変遷を確認できると思われる。

　ただ、現存する中国の「二十四孝原編」「二十四孝別集」は、『三余堂叢刻』（以下、『叢刻』と略称）所収本のみであり、『叢刻』所収本よりも古い「二十四孝原編」「二十四孝別集」は見あたらないと指摘されている[1]。

　『全集』についての研究は管見の限り、許端容「河内漢喃研究院蔵《四十八孝詩画全集》考弁」（『華岡文科学報』第22期、中国文化大学文学院、1998年）がある。しかし、許氏の論文は『全集』の創作時期、作者の経歴を紹介してはいるが、作者については序文に記される情報に従い、簡単に言及するにとどまっている。また、許氏は『全集』と中国の「二十四孝原編」「二十四孝別集」を比較し、「時」「宗」「洪」「華」という四つの避諱改字があることを指摘しているが[2]、筆者の調査によれば、これ以外にも避諱改字があるようである。このほか、許氏の論文では鄧輝熠の七言絶句を紹介せず、図版に関しても特に論じていない。

　そこで、本章では、許端容氏の研究を踏まえつつも、『全集』所収の「二十四孝原編」「二十四孝別集」を『叢刻』所収の「二十四孝原編」「二十四孝別集」と文献学的に比較し、ベトナムにおける「二十四孝原編」と「二十四孝別集」の受容、変遷を明らかにしたい。

345

第三部　李文馥系以外の「二十四孝」

一．作者の履歴

　鄧輝燭の経歴について書かれた資料としては、『漢喃書目―作者目録』（*Thư mục Hán Nôm - mục lục tác giả*）[3]、『ベトナム作者たちの略伝』（*Lược truyện các tác gia Việt Nam*）[4]、『ベトナム漢喃の作者の字、号』（*Tên tự tên hiệu các tác gia Hán Nôm Việt Nam*）[5]、『文学事典』新版（*Từ điển văn học bộ mới*）[6]、『ベトナムの歴史の著名人』第 2 冊（*Danh nhân lịch sử Việt Nam - Tập 2*）[7]、『ハノイの著名人』（*Danh nhân Hà Nội*）[8]、『大南寔録』、『大南正編列伝』二集、『大南一統志』の 9 点が確認される。このうち『大南寔録』および『大南正編列伝』二集、『大南一統志』のみが漢文で書かれ、他の 6 点は現代ベトナム語による文献である。以下、最も基本的な資料である『大南寔録』、および『大南正編列伝』二集、『大南一統志』の関連記述を引用しておく。
　まず『大南寔録』には、

　　癸卯紹治三年、……是科取中舉人承天場三十九人〔……鄧輝燭、陳宜東、阮永貞……〕[9]。
　　丁未紹治七年春三月、……會試命署禮部尚書潘清簡充主考……是科中格、阮文顯、鄭履亨、潘叔直、武文儁、鄭春賞、黄善長、鄧輝燭、阮德滋、八人。……燭總督鄧文添之姪也、第一場兼治五經文理可觀、二三場用字欠雅爲場官黜落、帝命將原卷進覽不忍以瑕疵見棄、特準預中入殿試以盡其能[10]。
　　同年夏四月、殿試命羽林左翊統制阮仲併充監試、……帝再三披覽謂諸大臣曰、……惟鄧輝燭言辭放肆行文又犯場規〔今文有莠害嘉苗之句、嘉苗貴郷名地〕、帝以示大臣張登桂奏曰、燭於會試既當黜、殿試復如此、文衡公器豈宜泛濫遂落、燭第再革去舉人名籍、遂回學習、殿試被黜自燭始〔次科燭復中解元〕[11]。
　　同年秋七月、……是科承天場取中四十六名〔鄧輝燭、黎有棣、潘顯道

第二章　『四十八孝詩画全集』と中国の「二十四孝原編」、「二十四孝別集」の比較

……〕[12]。

甲子嗣德十七年冬十月、廣南布政使鄧輝𤏸、請立業戶收產稅、令織戶領錢織項輸納、帝曰、用土作貢禹貢良法。……本國但以錢、粟充稅居多、產物之稅少、常需多欠不免和買、公私皆不便、茲當如何便民而公用常充、聽問地方商覆交廷臣議行之、準京外及社民建立義塚。……亦從廣南布政鄧輝𤏸之請也。……兵部右參知協理水師阮論、初以冗擾兵丁〔差發私役索賄錢財〕為原掌印鄧輝𤏸指參。……輝𤏸指參得寔賞加一級[13]。

丙寅嗣德十九年、帝然之至是冊上諭謂、……賞阮知方以下四十餘人陞授開復加級有差〔……鴻臚寺卿原領廣南布政鄧輝𤏸……均屬勤幹……〕。……辦理戶部鄧輝𤏸奏請設平準使司、且言經商末技而益國裕民、乃是朝廷大政、其間節目繁多必須諳熟諸地方行情、及一切去來要路、乃能建議可底于行、乃令前往察辦因、以輝𤏸充領平準使司[14]。

甲戌嗣德二十七年秋七月、寧太挈辦鄧輝𤏸卒于河內高㟫社遺言權葬其地。……帝曰、鄧輝𤏸稍有學問、亦非無用之徒。……加恩給錢一百緡給諸其家、準省送歸葬〔廣田縣〕……[15]。

とある。

次に、『大南正編列伝』二集には、

輝𤏸、字黃中、文添之姪也、父文僩以五科秀才終焉、輝𤏸少穎異有神童名。紹治三年、領鄉薦連會中格、以殿試用字欠謹被黜、七年、再拔解。嗣德初歷、知縣府有政聲、入為監察御史遷掌印、辰有協理水師參知阮論、同籍人也、冗擾兵丁、私取材木、輝𤏸聲參得寔拔鴻臚寺卿領廣南布政使、在職三年、疏請立業戶收產稅、又請京外社民設立義塚竝、準議行。十九年、改回辦理戶部、請設平準使司、且言商賈末技而益國裕民乃是朝廷大政、其間節目繁多必須諳熟諸地方情形、及一切去來要路、乃能建議可底于行、帝從之、命領其職前往諸海外籌辦嗣以耗欠公本錢降著作、充寧太挈辦責以充賠。二十七年、卒于河寓、輝𤏸慷慨有大志、未卒所圖齎志以沒、識者惜之、卒之日、囑以權塟于其地、既而河內省臣以聞。帝曰、輝

第三部　李文馥系以外の「二十四孝」

　　　燿稍有學問亦非無用、加恩給錢一百緡、又準省臣送回原貫安厝。平生著
　　　述有黃中文抄、四十八孝紀事新編、康熙耕織圖、越史聖訓演音、五戒演
　　　歌、又鐫刻從政遺規、二昧集等部其藏板今雷在河內省舖……。[16]

とある。
　さらに、『大南一統志』には、

　　　鄧輝燿〔文添之姪、少穎異有神童名。紹治七年、領鄉薦。嗣德初、授知
　　　縣有政聲、歷官南定布政使、改回辦理戶部、奏請設平準使司、許之、命
　　　領其職、因獲咎降著作、充寧太擘辦尋卒、輝燿慷慨有大志、未卒所圖齋
　　　志以沒、識者惜之、平生著述有黃中詩文抄、四十八孝紀事新編、康熙耕
　　　織圖、越史聖訓演義、五戒演歌、又鐫刻從政遺規、二昧集等部〕。[17]

とある。
　これらと現代ベトナム語による資料6点の記述をあわせて鄧輝燿の経歴と
作品について整理すれば、以下のようになる。
　鄧輝燿は、字を黃中（ホアン・チュン、Hoàng Trung）、号を望津（ヴォン・タン、
Vọng Tân）もしくは靜齋（ティン・チャイ、Tĩnh Trai）という。承天省広田県博
望社の人であり、明命6年（1825）に生まれた。総督鄧文添の甥である。幼
い時、神童として有名であったという。紹治3年（1843）、挙人（科挙試験の
一つである郷試合格者の称号）となり、同7年（1847）に会試に合格する。その後、
殿試で文字の使用が適切でなかったため落第し、挙人の資格も失ったが、同
年7月、丁未科解元となる。嗣徳9年（1856）広昌知県、そして春長知府に
補せられた。嗣徳14年（1861）、都の監察御使に抜擢され、嗣徳17年（1864）、
広南布政使となった。嗣徳19年（1866）、鴻臚寺卿の爵号を授与され、弁理
戸部、平準使司という職も授けられた。嗣徳18年（1865）および嗣徳20年（1867）
に広東、澳門、香港に派遣され、フランス軍の状況を探索しフランスと戦う
ための武器を購入した。一方、ベトナムに写真撮影の技術を採り入れた先駆
者でもあり、教育、文化、政治、経済、外交、軍事などの様々な分野におい

348

第二章 『四十八孝詩画全集』と中国の「二十四孝原編」、「二十四孝別集」の比較

て大きく貢献している。彼は朝廷内における主戦派であり、フランスと戦う責務を最後まで全うした。そして黄佐炎（ホアン・ター・ヴィエム、Hoàng Tá Viêm）とともにフランスと戦い、嗣徳27年（1874）河内高橙社で亡くなった。嗣徳（トウ・ドゥック、Tự Đức）帝は「輝燸は学問があり、無用の人ではない」と褒め、恩賞として銭一百緡を与え、彼を故郷で葬るように命じた。

　その作品としては、『鄧黄中五戒法帖』（Đặng Hoàng Trung ngũ giới pháp thiếp）、『鄧黄中詩抄』（Đặng Hoàng Trung thi sao）、『鄧黄中文抄』（Đặng Hoàng Trung văn sao）、『策学門津』（Sách học vấn tân）、『四戒詩』（Tứ giới thi）、『四十八孝詩画全集』（Tứ thập bát hiếu thi họa toàn tập）、『自治煙賭方書』（Tự trị yên đổ phương thư）、『百悦集』（Bách duyệt tập）、『珥潢遺愛録』（Nhĩ Hoàng di ái lục）、『四書文選』（Tứ thư văn tuyển）、「辞受要規」（Từ thụ yếu quy）などの著作や編著があった。このほか、『陽亭賦略』（Dương Đình phú lược）、『二味集』（Nhị vị tập）、『清康熙御題耕織図副本』（Thanh Khang Hy ngự đề canh chức đồ phó bản）、『張広渓詩文』（Trương Quảng Khê thi văn）に詩文、序文あるいは跋文が収められている。

　このように、鄧輝燸は国家・民衆のために活躍した官僚、教養人であり、文才に富む愛国者であった。

二．『四十八孝詩画全集』の形態

1. 作品の誕生の背景および創作の動機

　本作品の誕生の背景および創作の動機は、「四十八孝詩画全集序」に明記されている。そこに、

　　夫孝者天之經也、地之義也、民之行也、一孝立而萬善從矣、歷觀前古上自天子下達庶人、以孝德顯者、播在丹青非一筆□□□[18]也。丁巳春余試和榮得李文禎□□前後二十四孝詩畫、心甚悅焉、取而題以詩將使童習者、因事以得詩、且因詩以得畫也、後其詩登草、畫遂不傳、夫感動人心固莫

349

第三部　李文馥系以外の「二十四孝」

　　　善乎詩而啓發童蒙尤莫善乎畫、蓋童性多好畫、因其好而導之以趨於善是
　　　亦教兒婴孩之一術也、然則四十八孝有詩矣、可無畫乎歳之夏復如東得善
　　　畫者、圖其事跡於詩之左、因別為集、顏曰四十八孝詩畫、廼壽之梨棗、
　　　以示不朽、他日兒孫傳習、畫以養其目、詩以養其心、而秉彝好德之良、
　　　偶於嬉戯間、油然以生孩提而愛、五十而慕、且能立身揚名以顯其父母、
　　　是集亦小補云。嗣德萬萬年之二十歳丁卯冬十月既望欽　派如東公幹　誥
　　　授中順大夫鴻臚寺卿辦理戶部事務、丁未科解元望津醒齋黃中子鄧氏輝燏
　　　書於廣東河南長庚寓舍之東窗。[19]

とある。

　ここに記されているとおり、鄧輝燏は嗣徳丁巳年（1857）に李文馥から「前後二十四孝詩画」を得て、心から悦んだ。「前後二十四孝詩画」には詩と画を載せており、詩は心を、画は目を養う。児童は画を好むから、児童に人としての道を守り行うよう教育すべく本書を撰述したという。これまで述べたように、阮（グエン）朝は「孝」教育の実施や「孝」の勧奨を重視していたため、鄧輝燏が本書を編纂したのは自然な流れであった。

2.　著作年代

　『全集』の扉の右側には「嗣徳丁卯冬新鐫」とあり、中央には「四十八孝詩畫全集」という書名が大字で記され、左側には「鄧黄中家草」とある（図3-2-1参照）。

　また、冒頭の「四十八孝詩画全集序」には「嗣德萬萬年之二十歳丁卯冬十月既望欽　派如東公幹　誥授中順大夫鴻臚寺卿辦理戶部事務、丁未科解元望津醒齋黃中子鄧氏輝燏書於廣東河南長庚寓舍之東窗」とあり、巻頭右側には「望津醒齋黃中子鄧輝燏家草」、「門屬　龍編阮廷諒履忠校字」とある（図3-2-2参照）。

　ここから、『全集』は鄧輝燏、字黄中、号望津、醒斎によって中国の広東省河南長庚寓舎で序が書かれ、阮廷諒によって校正されたのち、嗣徳二十年丁卯冬十月、すなわち1867年旧暦10月に刊行されたことがわかる。

350

第二章　『四十八孝詩画全集』と中国の「二十四孝原編」、「二十四孝別集」の比較

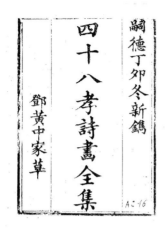

図 3-2-1　漢喃研究院蔵
　　　　　『四十八孝詩画全集』
　　　　　（AC.16）扉

図 3-2-2　漢喃研究院蔵
　　　　　『四十八孝詩画全集』
　　　　　（AC.16）第 1 葉表

図 3-2-3　漢喃研究院蔵
　　　　　『四十八孝詩画全集』
　　　　　（AC.16）第 25 葉裏

図 3-2-4　漢喃研究院蔵
　　　　　『四十八孝詩画全集』
　　　　　（AC.16）第 26 葉表

351

3. 文献の形態

　本書は全55葉の刊本で、高さ28センチ、幅19センチ。内容は、二つの序（「四十八孝詩画全集序」「詠前後二十四孝原序」）、「二十四孝原編」、「二十四孝別集」の順序で構成されている。また、各説話には「孝感動天」などの四文字の標題がつき、説話の本文が続く。また各説話の終わりでは、原本の「五言絶句」を鄧輝燇の自作の「七言絶句」の詩に代えている。標題の下には双行注があり、上平聲〔一東韻〕から〔十二文韻〕まで、下平聲〔一先韻〕から〔十二侵韻〕までが記されている。また「二十四孝原編」の第一説話（大舜）、および「二十四孝別集」の第一説話（文王）の場合のみは他の説話と異なり、標題下の双行注に「以下朱文公前二十四孝原編」、「以下高月槎先生後二十四孝別集」と加えられている。全体の構成としては、見開きの右側に本文、左側に画がある。版心には縦書きで「孝感動天」「寝門三朝」などの標題が記されている（前頁図3-2-3、図3-2-4参照）。

三．『四十八孝詩画全集』所収の「二十四孝原編」と中国の「二十四孝原編」の比較

　第二部第三章で既に述べたとおり、現存する中国の「二十四孝原編」は、『叢刻』所収本のみである。そのため本章では、『全集』所収の「二十四孝原編」は『叢刻』所収の「二十四孝原編」を参考にして再編されたのか、またベトナムにおいてどのように改変されたのかを明らかにするため、両文献の本文と図版を比較してみる。『叢刻』所収の「二十四孝原編」の創作年代などについては第二部第三章を参考されたい。

第二章　『四十八孝詩画全集』と中国の「二十四孝原編」、「二十四孝別集」の比較

1. 孝子の順序の考察

まず、『全集』本の「二十四孝原編」の順序を『叢刻』本と比較して考察してみる。

文献 順序	『全集』	『叢刻』
1	1）孝感動天（大舜）[20]	1）孝感動天（大舜）
2	2）親嘗湯薬（漢文帝）	2）親嘗湯薬（漢文帝）
3	3）齧指心痛（曽参）	3）齧指心痛（曽参）
4	4）単衣順母（閔損）	4）単衣順母（閔損）
5	5）為親負米（仲由）	5）為親負米（仲由）
6	6）戯綵娯親（老萊子）	6）戯綵娯親（老萊子）
7	7）鹿乳奉親（郯子）	7）鹿乳奉親（郯子）
8	8）売身葬父（董永）	8）売身葬父（董永）
9	9）行傭供母（江革）	9）行傭供母（江革）
10	10）扇枕温衾（黄香）	10）扇枕温衾（黄香）
11	11）湧泉躍鯉（姜詩）	11）湧泉躍鯉（姜詩）
12	12）刻木事親（丁蘭）	12）刻木事親（丁蘭）
13	13）為母埋児（郭巨）	13）為母売児（郭巨）
14	14）搤虎救父（楊香）	14）搤虎救父（楊香）
15	15）拾椹供親（蔡順）	15）拾椹供親（蔡順）
16	16）懐橘遺親（陸績）	16）懐橘遺親（陸績）
17	17）聞雷泣墓（王裒）	17）聞雷泣墓（王裒）
18	18）哭竹生笋（孟宗）	18）哭竹生笋（孟宗）
19	19）臥氷求鯉（王祥）	19）臥氷求鯉（王祥）
20	20）恣蚊飽血（呉猛）	20）恣蚊飽血（呉猛）
21	21）嘗糞憂心（庾黔婁）	21）嘗糞憂心（庾黔婁）
22	22）乳姑不怠（唐夫人）	22）乳姑不怠（唐夫人）
23	23）滌親溺器（黄山谷）	23）滌親溺器（黄山谷）
24	24）棄官尋母（朱寿昌）	24）棄官尋母（朱寿昌）

この表からわかるように、二つの文献には孝子の順序に相違は見られない。

2. 本文の考察

内容の構成については、『叢刻』所収の「二十四孝原編」は図版が先に掲げられ、裏葉に本文が記されているが、『全集』所収の「二十四孝原編」は本文が先に置かれ、見開きの左葉に図版を入れている。また『全集』には標題の下に「一東韻」などの双行注があるが、『叢刻』にはない。そして、『全集』では原本の五言絶句を鄧輝燨自作の七言絶句の詩に代えるほか、避諱のため文字の省略、文字の改変、欠筆という三つの書法を用いている。避諱の文字は以下の表のとおりである。

『叢刻』	『全集』	避諱の書法
棉	「棉」[21]	欠筆（第四閔損の説話）
宗	「尊」[22]、「孟」	別の文字に改変。（第十八孟宗の説話）
	「尊」	別の文字に改変。（第二十四朱寿昌の説話）
時	「節」[23]	別の文字に改変。（第十九王祥の説話）
	「時」を省略する。	諱の文字を省略する（第十四楊香の説話、第二十一庾黔婁の説話、第二十四朱寿昌の説話）
任	「聽」[24]	別の文字に改変。（第二十呉猛の説話）
	「荏」	別の文字に改変。（第二十一庾黔婁の説話）

要するに、『全集』本が『叢刻』本を参考にして再編していることは明白である。しかし、細かく考察するとさまざまな違いがあるため、以下、説話ごとにとりあげて比較検証してみたい。

第二章　『四十八孝詩画全集』と中国の「二十四孝原編」、「二十四孝別集」の比較

1. 大舜

全集	孝感動天〔一東韻　以下朱文公前二十四孝原編〕[25] 虞舜、瞽瞍之子、性至孝、父頑母嚚、弟象傲、舜耕於歴山、象爲之耕、鳥爲之耘、其孝感如此、堯聞之、妻以二女、事以九男、使總百揆、二十有八載、遂讓位。 　象是毛蟲鳥羽蟲　　都君一孝動蒼穹 　先教微物來相助　　曆數當年已在躬
叢刻	孝感動天 虞舜、<u>姓姚名重華、</u>瞽瞍之子、性至孝、父頑母嚚、弟象傲、舜耕於歴山、象爲之耕、鳥爲之耘、其孝感如此、<u>陶於河濱、器不苦窳、漁於雷澤、烈風雷雨、弗迷、雖竭力盡瘁而無怨懟之心、</u>堯聞之、使總百揆、事以九男、妻以二女、相堯二十有八載、帝遂讓以位焉。 　隊隊耕田象　　紛紛耘草禽 　嗣堯登寶位　　孝感動天心

『叢刻』本では説話の内容を詳細に記している（下線部）が、『全集』本では省略されている箇所がある。そして、『全集』本には「二十有八載」「遂讓位」とあるが、『叢刻』本では「相堯二十有八載」「帝遂讓以位焉」となっている。

2. 漢文帝

全集	親嘗湯藥〔二冬韻〕 西漢文帝、高祖第三子、初封代王、生母薄太后病三年、帝目不交睫、衣不解帶、湯藥非□□□□進、賢孝聞天下。 　深閨一夜夢蒼龍　　赤帝山河屬代封 　母病三年嘗藥進　　扇爐不辨夏和冬
叢刻	親嘗湯藥 前漢文帝、名恒、高祖第三子、初封代王、生母薄太后、帝奉養無怠、母病三年、帝爲之目不交睫、衣不解帶、湯藥非口親嘗弗進、仁孝聞於天下。 　仁孝臨天下　　巍巍冠百王 　漢庭事賢母　　湯藥必親嘗

『全集』本では「文帝」の前に「西漢」とあるが、『叢刻』本では「前漢」とする。また、『全集』本には「帝目不交睫」「賢孝聞天下」とあるが、『叢刻』

355

本には「帝爲之目不交睫」「仁孝聞於天下」とある。『叢刻』本には「名恒」「帝奉養無怠」の句があるが、『全集』本にはない。

3. 曽参

全集	嚙指心痛〔三江韻〕 周曾參、事母至孝、嘗採薪山中、有客至、母無措、望參不還、乃嚙其指、參忽心痛、負薪歸、跪問故、母曰、客至、吾嚙指以悟汝爾。 　倚門乍聽吠村尨　　投杼如何慰客腔 　欲動子心先嚙指　　負薪歸去母心降
叢刻	嚙指心痛 周曾參、字子輿、孔子弟子、事母至孝、參嘗採薪山中、家有客至、母無措、望參不還、乃嚙其指、參忽心痛、負薪以歸、跪問其故、母曰、有急客至、吾嚙指以悟汝爾。 　母指纔方嚙　　兒心痛不禁 　負薪歸未晚　　骨月至情深

『全集』本には「嘗採薪山中」「有客至」「負薪歸」「跪問故」「客至」とあり、『叢刻』本では、「參嘗採薪山中」「家有客至」「負薪以歸」「跪問其故」「有急客至」となっている。『叢刻』本には「字子輿」「孔子弟子」とあるが、『全集』本にはない。

4. 閔損

全集	單衣順母〔四支韻〕 周閔損、早喪母、父娶後母、生二子、衣以棉絮、妬損、衣以蘆花、父令損御車、體寒失靷、父察知故、欲出後母、損曰、母在一子寒、母去三子單、母聞改悔。 　棉絮蘆花兩樣兒　　寒單一語發良知 　孝哉閔子人無間　　千百年前舜有之

356

第二章 『四十八孝詩画全集』と中国の「二十四孝原編」、「二十四孝別集」の比較

| 叢刻 | 單衣順母
周閔損、字子騫、孔子弟子、早喪母、父娶後母、生二子、衣以棉絮、妒損、衣以蘆花、父令損御車、體寒失靷、父察知故、欲出後母、損曰、母在一子寒、母去三子單、母聞改悔。
　閔氏有賢郎　　何曾怨晚孃
　父前留母在　　三子免風霜 |

　『全集』本には「棉」（欠筆）とあるが、『叢刻』では「棉」となっている。『全集』本には「妬損」「父令損御車」とあり、『叢刻』本には「妒損」「父令損御車」となっている。『叢刻』本には「字子騫」「孔子弟子」とあるが、『全集』本にはそれがない。

5．仲由

| 全集 | 爲親負米〔五微韻〕
周仲由、家貧、食藜藿、爲親負米百里之外、親没、南遊楚、從車百乘、積粟萬鐘、累裀而坐、列鼎而食、嘆曰、欲食藜藿、爲親負米、不可得也。
　百里匆匆負米歸　　食甘藜藿奉庭幃
　累裀列鼎南遊日　　風樹淒心每涕欷 |
| 叢刻 | 爲親負米
周仲由、字子路、孔子弟子、家貧、食藜藿之食、爲親負米百里之外、親没、南遊於楚、從車百乘、積粟萬鐘、累裀而坐、列鼎而食、乃歎曰、雖欲食藜藿之食、爲親負米、不可得也。
　負米供甘旨　　甯忘百里遙
　身榮親巳没　　猶念舊劬勞 |

　『全集』本には「食藜藿」「南遊楚」「嘆曰」「欲食藜藿」とあるが、『叢刻』本には「食藜藿之食」「南遊於楚」「乃歎曰」「雖欲食藜藿之食」とある。『叢刻』本には「字子路」「孔子弟子」とあるが、『全集』本にはそれがない。

357

6. 老莱子

全集	戯綵娯親〔六魚韻〕 周老莱子、楚人、至孝、奉二親極其甘脆、行年七十、言不稱老、著五綵斑爛之衣、爲嬰兒戯舞親側、又取水上堂、詐跌臥地、作小兒戯以娯親。 　堂前詐跌舞斑餘　　學作孩兒慰起居 　七十老翁猶道少　　雙親喜氣溢門閭
叢刻	戯綵娯親 周老莱子、楚人、至孝、奉二親極其甘脆、行年七十、言不稱老、著五綵斑爛之衣、爲嬰兒戯舞於親側、又取水上堂、詐跌臥地、作小兒戯、以娯親喜。 　戯舞學嬌癡　　春風動綵衣 　雙親開口笑　　喜氣滿庭闈

『全集』本には「戯舞親側」「以娯親」とあるが、『叢刻』本では「戯舞於親側」「以娯親喜」となっている。

7. 郯子

全集	□□奉親〔七虞韻〕 周郯子、性至孝、父母年老、倶患雙眼、思食鹿乳、郯子乃衣鹿皮、去深山、入鹿羣中、取乳娯親、獵者欲射之、以情告、乃免。 　順意謀求鹿乳娯　　鹿衣山裏隻身孤 　偶逢獵者彎弓射　　一語纔能保髪膚
叢刻	鹿乳奉親 周郯子、性至孝、父母年老、倶患雙眼、思食鹿乳、郯子順承親意、乃衣鹿皮、去深山、入鹿羣中、取鹿乳以娯親、獵者見而欲射之、郯子具以情告、乃免。 　老親思鹿乳　　身掛鹿毛衣 　若不高聲語　　山中帶箭歸

『全集』本には「取乳娯親」「獵者欲射之」「以情告」とあり、『叢刻』本では「取鹿乳以娯親」「獵者見而欲射之」「郯子具以情告」となっている。『叢刻』本には「順承親意」とあるが、『全集』本にはそれがない。

第二章　『四十八孝詩画全集』と中国の「二十四孝原編」、「二十四孝別集」の比較

8. 董永

全集	賣身葬父〔八齊韻〕 漢董永家貧、父死、賣身貸錢而葬、及去償工、路遇一婦求爲妻、俱至主家、織縑三百疋一月完成、乃歸至槐陰、會所遂辭去。 　　貸葬朝朝歎父兮　　天教僊女降爲妻 　　償工一月縑三百　　別去方知俗眼迷
叢刻	賣身葬父 漢董永家貧、父死、賣身貸錢而葬、及去償工、路遇一婦求爲永妻、俱至主家、令織縑三百疋乃回一月完成、歸至槐陰、會所遂辭而去。 　　葬父將身賣　　仙姬陌上迎 　　織縑償債主　　孝感動天庭

『全集』本には「一婦求爲妻」「織縑三百疋一月完成」「乃歸至槐陰」「會所遂辭去」とあるが、『叢刻』本では「一婦求爲永妻」「令織縑三百疋乃回一月完成」「歸至槐陰」「會所遂辭而去」となっている。

9. 江革

全集	行傭供母〔九佳韻〕 後漢江革、少失父、獨與母居、遭亂、負母逃難、數遇賊、欲刧去、革輒泣告有老母在、賊不忍殺、轉客下邳、貧窮裸跣、行傭以供母。 　　負母逃危子命乘[26]　　窮途遇賊一言諧 　　下邳轉作行傭客　　爲報三年鞠育懷
叢刻	行傭供母 後漢江革、字次翁、少失父、獨與母居、遭亂、負母逃難、數遇賊、欲刧去、革輒泣告有老母在、賊不忍殺、轉客下邳、貧窮裸跣、行傭以供母、母便身之物、莫不畢給。 　　負母逃危難　　窮途犯賊頻 　　哀求俱獲免　　傭力以供親

『叢刻』本には「字次翁」「母便身之物、莫不畢給」とあるが、『全集』本にはそれがない。

359

第三部　李文馥系以外の「二十四孝」

10. 黄香

全集	扇枕温衾〔十灰韻〕 後漢黄香、年九歳失母、躬執勤苦、事父盡孝、夏暑、扇凉其枕簟、冬寒、以身温其被席、太守劉護異而表之。 　孝父深懐鞠子哀　　冬温夏凊一嬰孩 　何哉九歳兒無母　　却似三千讀過來
叢刻	扇枕温衾 後漢黄香、字文彊、年九歳失母、思慕惟切、郷人皆稱其孝、躬執勤苦、事父盡孝、夏天暑熱、扇凉其枕簟、冬天寒冷、以身温其被蓆、太守劉護表而異之。 　冬月温衾煖　　炎天扇枕凉 　兒童知子職　　千古一黄香

『全集』本には「夏暑」「冬寒」「其被席」「太守劉護異而表之」とあるが、『叢刻』本では「夏天暑熱」「冬天寒冷」「其被蓆」「太守劉護表而異之」となっている。『叢刻』本には「字文彊」「思慕惟切」「郷人皆稱其孝」とあるが、『全集』本にはそれがない。

11. 姜詩

全集	湧泉躍鯉〔十一眞韻〕 漢姜詩、事母至孝、妻龐氏奉姑尤謹、母性好飲江水、妻汲而奉之、母更嗜魚膾、夫婦作而進之、召鄰母共食、舍側忽有湧泉、味如江水、日躍雙鯉、詩取以供母。 　汲江進膾備甘珍　　養志心誠且召鄰 　孝母敬姑天不負　　湧泉躍鯉足娛親
叢刻	湧泉躍鯉 漢姜詩、事母至孝、妻龐氏奉姑尤謹、母性好飲江水、妻汲而奉之、母更嗜魚膾、夫婦作而進之、召鄰母共食、舍側忽有湧泉味如江水、日躍雙鯉、詩取以供母。 　舍側甘泉出　　一朝雙鯉魚 　子能知事母　　婦更孝於姑

『全集』本には「龐氏」とあり、『叢刻』本では「龎氏」とするが、龐と龎は異体字にすぎない。『全集』本の散文部分は『叢刻』本とほぼ同文である。

第二章　『四十八孝詩画全集』と中国の「二十四孝原編」、「二十四孝別集」の比較

12. 丁蘭

全集	刻木事親〔十二文韻〕 逸人傅丁蘭者、河内人、少喪、考妣乃刻木爲人髣髴親形、事之如生、其後、鄰人張叔妻從蘭妻有所借蘭妻跪拝木人不悦、不以借、叔醉疾來詬罵木人、以杖敲其頭、蘭還見木人色不悦、問之、妻具以告、帛奮劍殺張叔吏捕蘭、蘭辭木人、木人爲垂涙、郡縣嘉其至孝通神、圖其形於雲臺。 　　木像筵前禮意勤　　儼然堂上奉嚴君 　　狡童惹出風波事　　一像雲臺萬古聞
叢刻	刻木事親 漢丁蘭、幼喪父母、未得奉養、長而念劬勞之恩、刻木爲像、事之如生、其妻久而不敬、以鍼戲刺其指、血出、木像見蘭、眼中垂涙、因詢得其情、即將妻棄之。 　　刻木爲父母　　形容在自身 　　寄言諸子姪　　及早孝共親

『全集』本は、『叢刻』本とかなり異なる記述となっている。

13. 郭巨

全集	爲母埋兒〔一先韻〕 漢郭巨、家貧、有子三歳、母減食與之、巨謂妻曰、貧乏不能供母、子又分之、蓋埋此子、子可再有、母不可復得、妻不敢違、一日巨掘坑三尺餘、忽見黃金一釜、上有字云、天賜黃金、郭巨孝子、官不得奪、民不得取〔此一事諸書皆曰埋、原編獨曰賣、與下文子可再有掘坑三尺、二句文理不蒙、應改從埋〕。 　　□家供母爲兒牽　　愛母埋兒甚可憐 　　地下黃金天上□　　翻教骨肉兩周全
叢刻	爲母賣兒 漢郭巨、字文擧、家貧、有子三歳、母減食與之、巨謂妻曰、貧乏不能供母、子又分母之食、蓋賣此子、子可再有、母不可復得、妻不敢違、忽一日巨掘坑三尺餘、忽見黃金一釜、釜上有字云、天賜黃金、郭巨孝子、官不得奪、民不得取。 　　郭巨思供給　　賣兒願母存 　　黃金天所賜　　光彩耀寒門

『全集』本には「爲母埋兒」「子又分之」「蓋埋此子」「一日」「上有字云」

361

とあるが、『叢刻』本では「爲母賣兒」「子又分母之食」「蓋賣此子」「忽一日」「釜上有字云」としている。『叢刻』本には「字文舉」とあるが、『全集』本にはそれがない。また『全集』本では「賣」を「埋」に改めており、それを説明する双行注（「此一事」以下）がある。

14．楊香

全集	搤虎救父〔二蕭韻〕 晉楊香、年十四歲、隨父豐往田中獲粟、父爲虎曳去、香手無寸鐵、惟知有父、不知有身、踴躍向前、搤持虎頸、虎磨旡而逝、父因得免。 　兒年十四尚天嬌　　一躍能令虎患消 　孝子眼中惟有父　　山君何物敢相撩
叢刻	搤虎救父 晉楊香、年十四歲、隨父豐往田中獲粟、父爲虎曳去、時香手無寸鐵、惟知有父、而不知有身、踊躍向前、搤持虎頸、虎磨旡而逝、父因得免於害。 　深山逢白額　　努力搏腥風 　父子俱無恙　　脱離饞口中

『全集』本には「香手無寸鐵」「不知有身」「父因得免」とあるが、『叢刻』本では「時香手無寸鐵」「而不知有身」「父因得免於害」となっている。『全集』本で「時」が省略されているのはベトナムの避諱による。

15．蔡順

全集	拾椹供親〔三肴韻〕 漢蔡順、少孤、事母至孝、遭王莽亂、歲荒不給、拾桑椹以異器盛之、赤眉賊見而問曰、何異乎、順曰、黒者奉母、赤者自食、賊憫其孝、以白米三斗、牛蹄一隻贈之。 　桑子凶年一大庖　　黒將奉母當嘉殽 　赤眉尚有天良者　　米肉相貽似故交

第二章 『四十八孝詩画全集』と中国の「二十四孝原編」、「二十四孝別集」の比較

叢刻	拾椹供親 漢蔡順、字君仲、少孤、事母至孝、遭王莽亂、歲荒不給、拾桑椹以異器盛之、赤眉賊見而問曰、何異乎、順曰、黒者奉母、赤者自食、賊憫其孝、以白米三斗、牛蹏一隻贈之。 　黒椹奉萱幃　　啼饑涙滿衣 　赤眉知孝順　　牛米贈君歸

『叢刻』本には「字君仲」とあるが、『全集』本にはそれがない。『全集』本には「牛蹄」とあるが、『叢刻』本では「牛蹏」となっている。

16. 陸績

全集	懐橘遺親〔四豪韻〕 後漢陸績、年六歳、於九江見袁術、術出橘待績懐橘二枚、及歸拜辭、橘墮地、術曰、陸郎作賓客而懐橘乎、績跪答曰、吾母性所愛、欲以遺母、術大奇之。 　客中懐橘報劬勞　　童子知能異老饕 　莫是背萱多義訓　　六年前已誦我蒿
叢刻	懐橘遺親 後漢陸績、字公紀、年六歳、於九江見袁術、術出橘待績懐橘二枚、及歸拜辭橘墮地、術曰、陸郎作賓客而懐橘乎、績跪答曰、吾母性之所愛、欲歸以遺母、術大奇之。 　孝弟皆天性　　人間六歳兒 　袖中懐緑橘　　遺母事堪奇

『全集』本には「吾母性所愛」「欲以遺母」とあるが、『叢刻』本では「吾母性之所愛」「欲歸以遺母」となっている。『叢刻』本には「字公紀」とあるが、『全集』本にはそれがない。

17. 王裒

全集	聞雷泣墓〔五歌韻〕 魏王裒、事親至孝、母存日、性畏雷、既卒、葬於山林、毎遇風雨、聞雷、即奔墓所、拜泣告曰、裒在此、母勿懼。 　墓上奔來哭甚麼　　生前母性畏雷多 　試觀一節知純孝　　未論哀哀涕蓼莪

363

叢刻	聞雷泣墓
	魏王裒、字偉元、事親至孝、母存日、性畏雷、既卒、葬於山林、每遇風雨、聞雷、即奔墓所、拜泣告曰、裒在此、母勿懼、<u>隱居教授、讀詩至哀哀父母、生我劬勞、遂三復流涕、後門人至廢蓼莪之篇</u>。
	慈母怕聞雷　　氷魂宿夜臺
	阿香時一震　　到墓遶千回

　『叢刻』本には「字偉元」「隱居教授、讀詩至哀哀父母、生我劬勞、遂三復流涕、後門人至廢蓼莪之篇」（下線部）とあるが、『全集』本にはそれらがない。

18. 孟宗

全集	哭竹生笋〔六麻韻〕
	呉孟尊、少喪父、母老疾篤、冬月思笋羹、孟乃徃竹林、抱竹而哭、須臾地裂、出笋數莖、持歸作羹奉母、食畢疾愈。
	冬笋無羹母病加　　竹林抱泣地抽芽
	數莖歸作一杯食　　堂北重開萱草花
叢刻	哭竹生笋
	呉孟宗、字恭武、少喪父、母老疾篤、冬月思筍羹食、宗無計可得、乃徃竹林、抱竹而哭、孝感天地、須臾地裂、出筍數莖、持歸作羹奉母、食畢疾愈。
	淚滴朔風寒　　簫簫竹數竿
	須臾冬筍出　　天意報平安

　『全集』本には「孟尊」「冬月思笋羹」「孟乃徃竹林」「出笋數莖」とあるが、『叢刻』本では「孟宗」「冬月思筍羹食」「乃徃竹林」「出筍數莖」となっている。『叢刻』本には「字恭武」「宗無計可得」「孝感天地」とあるが、『全集』本にはそれがない。『全集』本ではベトナムの避諱により、「宗」が「尊」および「孟」に改められている。

第二章　『四十八孝詩画全集』と中国の「二十四孝原編」、「二十四孝別集」の比較

19．王祥

全集	臥氷求鯉〔七陽韻〕 □王祥、早喪母、繼母朱氏不慈、於父前數譖之、由□□愛於父、母欲食生魚、節值氷凍、祥解衣臥氷□□、氷忽自裂、雙鯉躍出、持歸供母。 　　□□□氷體未凉　　水中雙鯉自洋□ 　　大心□□□如此　　□是謀他繼母嘗
叢刻	臥氷求鯉 晉王祥、字休徵、早喪母、繼母朱氏不慈、於父前數譖之、由是失愛於父、母欲食生魚、時值氷凍、祥解衣臥氷求之、氷忽自裂、雙鯉躍出、持歸供母。 　　繼母人間有　　王祥天下無 　　至今河水上　　一片臥氷模

『叢刻』本には「字休徵」とあるが、『全集』本にはそれがない。『全集』本には「節值氷凍」「祥解衣」とあるが、『叢刻』本では「時值氷凍」「祥解衣」となっている。また『全集』本では避諱により、「時」を「節」に改めている。

20．呉猛

全集	恣蚊飽血〔八庚韻〕 晉呉猛、年八歲、性至孝、家貧、榻無幛帳、每夏夜、聽蚊攢膚、恣渠膏血之飽、雖多不驅、恐去已噬親也。 　　夏不驅蚊一念誠　　愛親情至髪膚輕 　　竒哉八歲能如此　　不愧當年剖血生
叢刻	恣蚊飽血 晉呉猛、年八歲、性至孝、家貧、榻無幛帳、每夏夜、任蚊多攢膚、恣渠膏血之飽、雖多不驅、恐去已而噬親也、愛親之心至矣。 　　夏夜無幛帳　　蚊多不敢揮 　　恣渠膏血飽　　免使入親幃

『全集』本では「聽蚊攢膚」「恐去已噬親也」とあるが、『叢刻』本では「任蚊多攢膚」「恐去已而噬親也」となっており、『全集』本では避諱により「任」の代わりに「聽」が用いられている。また『叢刻』本には「愛親之心至矣」とあるが、『全集』本にはそれがない。

365

第三部　李文馥系以外の「二十四孝」

21. 庾黔婁

全集	嘗糞憂心〔九青韻〕 南齊庾黔婁爲孱陵令、到茊未旬日、忽心驚汗流、即棄官歸、父病始二日、醫云、欲知瘥劇、但嘗糞苦則佳、婁嘗之甜、心憂甚、至夕、稽顙北辰、求身代父死。 　　琴堂聞病急披星　　甜苦寧辭糞味經 　　向北更求身代父　　堂前一祝動天庭
叢刻	嘗糞憂心 南齊庾黔婁爲孱陵令、到任未旬日、忽心驚汗流、即棄官歸、時父病始二日、醫云、欲知瘥劇、但嘗糞苦則佳、婁嘗之甜、心憂甚、至夕、稽顙北辰、求身代父死。 　　到縣未旬日　　椿庭遘疾深 　　願將身代死　　北望起憂心

『全集』本では「到茊未旬日」「父病始二日」とあるが、『叢刻』本では「到任未旬日」「時父病始二日」となっている。『全集』本では『叢刻』本に記される「到任未旬日」の「任」を「茊」に改め、「時父病始二日」の「時」が省略されている。これらはいずれも避諱による。

22. 唐夫人

全集	乳姑不怠〔十蒸韻〕 唐崔山南、曾祖母長孫夫人、年高無齒、祖母唐夫人、每日櫛洗、升堂乳其姑、姑不粒食、數年而康、一日病篤、長少咸集、曰、無以報新婦恩、願汝孫婦、亦如新婦之孝敬。 　　堂上朝朝櫛洗升　　乳姑不粒嘉年增 　　慰懃勸囑彌留際　　孫婦當如祖奉曾
叢刻	乳姑不怠 唐崔山南、曾祖母長孫夫人、年高無齒、祖母唐夫人、每日櫛洗、升堂乳其姑、姑不粒食、數年而康、一日病篤、長少咸集、曰、無以報新婦恩、願汝孫婦、亦如新婦之孝敬。 　　孝敬崔家婦　　乳姑晨盥洗 　　此恩無以報　　願得子孫如

『全集』本の散文部分は『叢刻』本と全く同文である。

23. 黄山谷

全集	滌親溺器〔十一尤韻〕 宋黃廷堅、元祐中爲太史、性至孝、身雖貴顯、奉母盡誠、每夕、爲滌溺器、無一刻不供子職。 　溺器非無婢妾流　　貴能身滌更殊尤 　若言穢賤難當得　　兒溺當年母避不
叢刻	滌親溺器 宋黃庭堅、字魯直、號山谷、元祐中爲太史、性至孝、身雖貴顯、奉母盡誠、每夕、爲親滌溺器、無一刻不供子職。 　貴顯聞天下　　平生孝事親 　親身滌溺器　　婢妾豈無人

『全集』本には「黃廷堅」「爲滌溺器」とあるが、『叢刻』本では「黃庭堅」「爲親滌溺器」となっている。『叢刻』本には「字魯直、號山谷」とあるが、『全集』本にはそれがない。

24. 朱寿昌

全集	棄官尋母〔十二侵韻〕 宋朱壽昌、年七歲、生母劉氏爲嫡母所妬、出嫁、母子不相見者五十年、神尊朝棄官入秦、與家人訣誓不見母、不復還、行次於同州得之、母已七十餘。 　五十年來孺慕深　　急辭榮祿誓相尋 　同州一見歡無極　　吹棘風清慰母心
叢刻	棄官尋母 宋朱壽昌、年七歲、生母劉氏爲嫡母所妒、出嫁、母子不相見者五十年、神宗朝棄官入秦、與家人訣誓不見母、不復還、行次於同州得之、時母七十餘。 　七歲生離母　　參商五十年 　一朝相見面　　喜氣動皇天

『全集』本には「神尊朝」「母已七十餘」とあるが、『叢刻』本では「神宗朝」「時母七十餘」となっている。『全集』本では避諱により「宗」を「尊」に改め、「時」を省略して表現を変えている。

3. 図版の考察

『全集』本の版心には縦書きで「孝感動天」などの標題が記してあるが、『叢刻』の版心には標題がない。また、『全集』本は、『叢刻』本に比べて図版の上部、および下部が広くなっており、空白部分があったり広域に描かれていたりする。これは、本書の図版全体に指摘できることがある。全体として、『全集』本の図版は『叢刻』本によく類似していることは明白である。しかし、細かく考察すると、ところどころ違いがあるため、本節では異なっている図版のみをとりあげて比較検証してみる。

1. 大舜

『全集』 　　　　　　　『叢刻』

『全集』本は『叢刻』本と比べると、山頂の形、飛んでいる一羽の鳥の姿などに相違点がある。鳥は「耘」すなわち雑草を刈りとる動物としてこの説話に登場するため、『全集』本が新たに加筆したのであろう。

第二章　『四十八孝詩画全集』と中国の「二十四孝原編」、「二十四孝別集」の比較

4．閔損

　　　　　『全集』　　　　　　　　　　『叢刻』

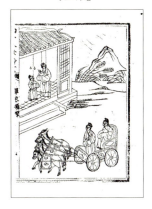

　『全集』本を『叢刻』本と比較すると、屋根の形、閔損が左手で鞭を持っていない点が異なっている。

7．郯子

　　　　　『全集』　　　　　　　　　　『叢刻』

　『全集』本を『叢刻』本と比較すると、郯子の前に籠があることなどが違っている。籠は鹿の乳を入れるものとして新たに描かれたのであろう。

369

10. 黄香

　　　　『全集』　　　　　　　　　『叢刻』

　『全集』本は、屋根の装飾、柵の形や、黄香の父親の後ろに机がある点で、『叢刻』本と異なっている。

11. 姜詩

　　　　『全集』　　　　　　　　　『叢刻』

　『全集』本は木の形、庭にある石の形が『叢刻』本とやや異なっている。

第二章　『四十八孝詩画全集』と中国の「二十四孝原編」、「二十四孝別集」の比較

17．王裒

　　　　『全集』　　　　　　　　　『叢刻』

『全集』本は戸、床、墓の表現が『叢刻』本とやや異なっている。

21．庾黔婁

　　　　『全集』　　　　　　　　　『叢刻』

『全集』本は雲、柵、玄関の装飾の意匠が『叢刻』本とやや異なっている。

おわりに

　上記のことから、『全集』本「二十四孝原編」は本文の後に鄧輝燨自作の「七言絶句」の詩を挿入していることや省略があること、いくらか語釈をつけ加

371

えていること、避諱改字が見られることが『叢刻』本との大きな相違であるといえよう。説話の内容（ストーリー）についていえば、「丁蘭」説話だけが全く違っているのを除けば、残る二十三人の説話は『叢刻』本所収の「二十四孝原編」とおおむね一致している。

一方、図版の場合、『全集』本所収の「二十四孝原編」の図は、『叢刻』本所収の「二十四孝原編」と比較すると、一部改変を加えているところがあるが、全体的に見ればよく類似しており、かなり忠実な表現になっているといえる。

四．『四十八孝詩画全集』所収の「二十四孝別集」と中国の「二十四孝別集」の比較

筆者は高月槎「二十四孝」に関する文献を二冊確認している。『叢刻』本に収められている「二十四孝別集」、および『前後孝行録』本（以下、『前後』と略称）所収の「二十四孝別録」である。これらは書名が異なっているが、それぞれは『日記故事』系「二十四孝」説話とは別の二十四の孝行譚を収めたもので、孝子名、および孝子の順序は互いに一致する。第二部第三章で言及したように、『叢刻』は、黒田彰氏によれば、浙江省鄞県の古書肆であった林仕荷（彬甫）の蒐集にかかる旧書、十二種十七巻を叢刻し、民国16年（1927）に刊行したものであるという。現存する「二十四孝別集」は、『叢刻』所収本のみで、『叢刻』所収本よりも古い「二十四孝別集」は見あたらないのである。また『前後』本所収の「二十四孝別録」は、道光2年（1822）のものの影印本と推測できる。

本章では、『全集』本所収の「二十四孝別集」が『叢刻』本所収の「二十四孝別集」および『前後』の「二十四孝別録」のうち、どの文献を参考にして再編されたのか、そこにはどのような改変が認められるのかを明らかにするため、三文献の本文と図版を比較してみたい。

第二章 『四十八孝詩画全集』と中国の「二十四孝原編」、「二十四孝別集」の比較

1. 孝子の順序の考察

文献 順序	「二十四孝別集」 (『全集』所収)	「二十四孝別集」 (『叢刻』所収)	「二十四孝別録」 (『前後』所収)
1	寝門三朝（文王）[27]	寝門三朝（文王）	寝門三朝（文王）
2	投江覓父（曹娥）	投江覓父（曹娥）	投江覓父（曹娥）
3	鳥助成墳（顔烏）	鳥助成墳（顔烏）	鳥助成墳（顔烏）
4	血刃仇人（趙娥）	血刃仇人（趙娥）	血刃仇人（趙娥）
5	鶏不供客（茅容）	雞不供客（茅容）	雞不供客（茅容）
6	図像公庭（李余）	図像公廷（李余）	図像公廷（李余）
7	鄰里罷社（王脩）	鄰里罷社（王脩）	鄰里罷社（王脩）
8	護兄感母（王覧）	護兄感母（王覧）	護兄感母（王覧）
9	不違酒約（陶侃）	不違酒約（陶侃）	不違酒約（陶侃）
10	聞耕輟誦（趙景真）	聞耕輟誦（趙景真）	聞耕輟誦（趙景真）
11	使客敬母（裴秀）	使客敬母（裴秀）	使客敬母（裴秀）
12	受杖感親（韓伯俞）	受杖感親（韓伯俞）	受杖感親（韓伯俞）
13	夢遇慈親（宣都王鏗）	夢遇慈親（宣都王鏗）	夢遇慈親（宣都王鏗）
14	代父従征（花木蘭）	代父従征（花木蘭）	代父従征（花木蘭）
15	母病不乳（許法積）	母病不乳（許法積）	母病不乳（許法積）
16	滴血認骸（王少元）	滴血認骸（王少元）	滴血認骸（王少元）
17	登第不仕（包拯）	登第不仕（包拯）	登第不仕（包拯）
18	幼通孝経（朱文公）	幼通孝経（朱文公）	幼通孝経（朱文公）
19	朝服侍立（王溥）	朝服侍立（王溥）	朝服侍立（王溥）
20	叱木成馬（崔人勇）	叱木成馬（崔人勇）	叱木成馬（崔人勇）
21	天賜奇銭（呉氏）	天賜奇銭（呉氏）	天賜奇銭（呉氏）
22	踐地避石（徐積）	踐地避石（徐積）	踐地避石（徐積）
23	伏柩滅火（祝公栄）	伏柩滅火（祝公栄）	伏柩滅火（祝公栄）
24	私祭木主（楊士奇）	私祭木主（楊士奇）	私祭木主（楊士奇）

　このように、三つの文献とも孝子の順序は一致している。しかしこれは、「二十四孝」説話の三系統とはまったく違うものである。つまり、「二十四孝

別集」その他は三系統には属さないもう一つの二十四孝説話なのである。

2. 本文の考察

　文献の構成については、『全集』本所収の「二十四孝別集」は本文を先に置き、見開きの左葉に図版を入れる。『全集』本では、「寝門三朝」などの四文字の標題があり、その後に、「一東韻　以下高月槎先生後二十四孝別集」「二冬韻」などの双行注があるが、『叢刻』本には双行注がない。一方、『前後』本には標題および双行注がない。そして、上述した通り、「二十四孝原編」と同様、『全集』本所収の「二十四孝別集」では原本の「五言絶句」を鄧輝燇自作の「七言絶句」の詩に代えていること、および避諱のため、文字の省略、文字の改変、欠筆という三つの書法を用いている。避諱の文字は、具体的には以下の表のとおりである。

『叢刻』	『前後』	『全集』	避諱の書法
時	時	「時」[28]を省略する。	諱の文字を省略する。（第一文王の説話）
		「世」	別の文字に改変。（第七王脩の説話）
		「名」	別の文字に改変。（第八王覧の説話）
		「辰」	別の文字に改変。（第九陶侃の説話、第十趙景真の説話、第十三宣都王鏗の説話、第十四花木蘭の説話、第十五許法積の説話、第十六王少元の説話、第二十四楊士奇の説話）
		「人」	別の文字に改変。（第十五許法積の説話）
宗	宗	「尊」[29]	別の文字に改変。（第五茅容の説話、第十七包拯の説話）
洪	洪	「洪」[30]	欠筆。（第九陶侃の説話）
華	華	「荳」[31]	欠筆。（第二十四楊士奇の説話）

　全体として、『全集』本では『叢刻』本と類似している説話が『前後』本より多いため、『全集』本は『叢刻』本を参考にして再編されているといえる。

第二章 『四十八孝詩画全集』と中国の「二十四孝原編」、「二十四孝別集」の比較

しかし、細かく考察すると、語釈、省略、避諱などの差異があるため、以下、説話ごとにとりあげて比較検証してみたい。

1. 文王

全集	寢門三朝〔一東韻　以下高月槎先生後二十四孝別集〕[32] 周文王姬昌、爲世子朝於王李、日三、鷄初鳴衣服、至寢門外、問內豎之御者曰、今日安否何如、內豎曰安、乃喜、日中又至、如之、及暮又至、亦如之、有不安、內豎以告、文王色憂、行不能正履、王李復膳、然後復初、食上必視寒煖之節、食下問所以膳、然後退。 　　問安視膳寢門中　　一日三朝愼始終 　　孝順果然生孝順　　追王上祀禮彌隆
叢刻	寢門三朝 周文王姬昌、爲世子時朝於王李、日三、鷄初鳴而衣服、至於寢門外、問內豎之御者曰、今日安否何如、內豎曰安、文王乃喜、及日中又至、亦如之、及暮又至、亦如之、其有不安節、則內豎以告、文王色憂、行不能正履、王李復膳、然後亦復初、食上必視寒煖之節、食下問所以膳、命膳宰曰、末有原應曰諾、然後退。 　　自聽雞鳴起　　三番到寢門 　　問安兼視膳　　竭力奉晨昏
前後	周文王姬昌、爲世子時朝於王李、日三、鷄初鳴而衣服、至於寢門外、問內豎之御者曰、今日安否何如、內豎曰安、文王乃喜、及日中又至、亦如之、及暮又至、亦如之、其有不安節、則內豎以告、文王色憂、行不能正履、王李復膳、然後亦復初、食上必視寒煖之節、食下問所以膳、命膳宰曰、末有原應曰諾、然後退。 　　自聽雞鳴起　　三番到寢門 　　問安兼視膳　　竭力奉晨昏

『全集』本には「爲世子朝於王李」「鷄初鳴衣服、至寢門外」「乃喜、日中又至、如之」「有不安、內豎以告」「然後復初」とあるが、『叢刻』本と『前後』本では、「爲世子時朝於王李」「鷄初鳴而衣服、至於寢門外」「文王乃喜、及日中又至、亦如之」「其有不安節則內豎以告」「然後亦復初」としている。『全集』本では避諱により、『叢刻』本、『前後』本に記される「爲世子時」の「時」が省略されている。また『叢刻』本、『前後』本には「命膳宰曰、末有原應曰諾」

375

第三部　李文馥系以外の「二十四孝」

とあるが、『全書』本にはそれがない。

2. 曹娥

全集	投江覓父〔二冬韻〕 漢曹娥、上虞人、曹旰之女、旰爲巫祝、能撫節按歌、以悦神、五月五日、逆流而上爲水所淹、娥年十四歲、沿江號泣、投瓜於江、祝曰、父屍所在、瓜當沈、旬有七日至一處、瓜沈、遂投水、經五日、負父屍出、顏色如生、邑人爲立曹娥孝女廟。 　　投瓜赴水自從容　　得父屍來色尚濃 　　邑廟千秋傳孝女　　長江滾滾月溶溶
叢刻	投江覓父 漢曹娥、上虞人、曹旰之女、旰爲巫祝、能撫節按歌、以悦神、五月五日、逆流而上爲水所淹、屍不能得、娥年十四歲、沿江號泣、既而投瓜於江、祝曰、父屍所在、瓜當沈、旬有七日至一處、瓜沈、遂投水、經五日、負父屍出、顏色如生、邑人爲立曹娥孝女廟。 　　父溺屍難覓　　投瓜赴急流 　　巍巍江上廟　　千載孝名留
前後	漢曹娥、上虞人、曹旰之女、旰爲巫祝、能撫節按歌、以悦神、五月五日、逆流而上爲水所淹、屍不能得、娥年十四、沿江號泣、既而投瓜於江、祝曰、父屍所在、瓜當沈、旬有七日至一處、瓜沈、遂投水、經五日、負父屍出、顏色如生、邑人爲立曹娥孝女廟。 　　父溺屍難覓　　投瓜赴急流 　　巍巍江上廟　　千載孝名畱

『全集』本には「投瓜於江」とあるが、『叢刻』本と『前後』本では「既而投瓜於江」とする。『叢刻』本、『前後』本には「屍不能得」とあるが、『全書』本にはそれがない。『全集』本と『叢刻』本には「娥年十四歲」とあるが、『前後』本では「娥年十四」とする。『全集』本は『前後』本より『叢刻』本の方に近い。

第二章 『四十八孝詩画全集』と中国の「二十四孝原編」、「二十四孝別集」の比較

3. 顔烏

全集	烏助成墳〔三江韻〕 漢顔烏、會稽人、業漁樵、毎忍饑以養父、父亡、無力營葬、乃負土築墳、羣烏銜土助之、其吻皆傷、遂名其縣曰義烏。 　日日樵柯又釣矼　　忍饑養父世無雙 　築墳乍見烏相助　　孝感當年衆共腔 〔許江切目視也古句傾城傾市衆所腔〕
叢刻	烏助成墳 漢顔烏、會稽人、業漁樵、毎忍饑以養父、父亡、無力營葬、乃負土築墳、羣烏銜土助之、其吻皆傷、遂名其縣曰義烏。 　無力營窀穸　　孤身負土勤 　義烏能感召　　千百助成墳
前後	漢顔烏、會稽人、業漁樵、毎忍饑以養父、父亡、無力營葬、乃負土築墳、羣烏銜土助之、其吻皆傷、遂名其縣曰義烏。 　無力營窀穸　　孤身負土勤 　義烏能感召　　千百助成墳

『全集』本の散文部分は『叢刻』本、『前後』本と全く同文である。

4. 趙娥

全集	血刃仇人〔四支韻〕 漢趙娥、父安爲同縣人李壽所殺、娥兄弟三人倶病死、讐喜、以爲莫已報也、娥潛備刃伺之、積十餘年、遇於都亭、刺殺之刃其頭、詣縣曰、父讐報矣、請受戮縣義之、欲釋、娥不肯曰、何敢苟生、以枉公法、自入獄遇赦免。 　父仇鬱結十餘朞　　血刃都亭屬女兒 　就獄欣然無枉法　　一朝解雨沛恩施
叢刻	血刃仇人 漢趙娥、父安爲同縣人李壽所殺、娥兄弟三人倶病死、讎喜、以爲莫已報也、娥潛備刃伺之、積十餘年、遇於都亭、刺殺之刃其頭、詣縣曰、父讎報矣、請受戮縣義之、欲釋、娥不肯曰、何敢苟生、以枉公法、自入獄遇赦免。 　父殺諸昆死　　閨中媵女兒 　狂讎且莫喜　　備刃正相隨

377

第三部　李文馥系以外の「二十四孝」

| 前後 | 漢趙娥、父安爲同縣人李壽所殺、娥兄弟三人俱病死、讎喜、以爲莫已報也、娥潛備刃伺之、積十餘年、遇於都亭、刺殺之刃其頭、詣縣曰、父讎報矣、請受戮縣義之、欲釋、娥不肯曰、何敢苟生、以枉公法、自入獄遇赦免。
　　父殺諸昆死　　閨中賸女兒
　　狂讐且莫喜　　備刃正相隨 |

『全集』本と『叢刻』本には「刃」とあるが、『前後』本では「刃」とする。『全集』本では「讐」とあるが、『叢刻』本と『前後』本では「讎」とする。『全集』本は『前後』本より『叢刻』本の方に近い。『全集』本の散文部分は『叢刻』本、『前後』本とほぼ一致する。

5．茅容

全集	鶏不供客〔五微韻〕 漢茅容、與郭林尊交最篤、□□過訪寓宿、旦日殺鶏爲饌、□□□爲爲已設也、少頃容進而供母、自携□□□□□、林尊喜曰、得友如此、足以教孝足以成德。 　　烹鶏專爲奉慈幃　　對客懽然飽蕨薇 　　益友斯人堪勸孝　　勉將寸草報春暉
叢刻	雞不供客 漢茅容、字李偉、與郭林宗交最篤、林宗過訪寓宿、旦日殺雞爲饌、林宗以爲爲已設也、少頃容進而供母、自携野蔬與客飯、林宗喜曰、得友如此、足以教孝足以成德。 　　甘旨貧家薄　　烹雞勸母餐 　　園蔬同客飽　　麤糲有餘歡
前後	漢茅容、字李偉、與郭林宗交最篤、林宗過訪寓宿、旦日殺雞為饌、林宗以為為已設也、少頃容進而供母、自携野蔬與客飯、林宗喜曰、得友如此、足以教孝足以成德。 　　甘旨貧家薄　　烹雞勸母餐 　　園蔬同客飽　　麤糲有餘歡

『全集』本には「鶏」とあるが、『叢刻』本と『前後』本には「雞」とある（鶏と雞は異体字）。『全集』本の本文には「林尊」とあるが、『叢刻』本、『前後』

第二章 『四十八孝詩画全集』と中国の「二十四孝原編」、「二十四孝別集」の比較

本では「林宗」となっている。『全集』本は避諱により、「宗」を「尊」に改めている。

6. 李余

全集	圖像公庭〔六魚韻〕 蜀漢李餘、涪城人、年十三父殺人出亡、母下吏餘乞代死、官以爲人所使也、不許遂自殺、事聞、詔圖像、懸郡縣廷、以勵風俗。 　　母爲夫逃下吏餘　　緹縈故事壅宸居 　　殺身年僅十三歲　　圖像懇懇下詔書
叢刻	圖像公廷 蜀漢李餘、涪城人、年十三父殺人出亡、母下吏餘乞代死、官以爲人所使也、不許遂自殺、事聞、詔圖像、懸羣縣廷、以勵風俗。 　　代親終不許　　難訴九重天 　　慈母如遭戮　　兒先赴冥泉
前後	蜀漢李餘、涪城人、年十三父殺人出亡、母下吏餘乞代死、官以爲人所使也、不許遂自殺、事聞、詔圖像、懸郡縣廷、以勵風俗。 　　代親終不許　　難訴九重天 　　慈母如遭戮　　兒先赴冥泉

『全集』本の散文部分は『叢刻』本、『前後』本と同文である。

7. 王脩

全集	鄰里罷社〔七虞韻〕 三國世、魏王脩、年七歲喪母、母於社日亡、新年鄰人舉社、烹羊酤酒、歡笑之聲、徹戶外、脩感念母亡、悲號悽惋、鄰人爲之罷社。 　　羊酒歡聲滿市衢　　慕萱情切獨號呼 　　悲聲竦動人同慨　　從此鄉鄰罷祭楡
叢刻	鄰里罷社 三國時、魏王脩、年七歲喪母、母於社日亡、明年鄰人舉社、烹羊酤酒、歡笑之聲、徹戶外、脩感念母亡、悲啼悽惋、鄰人聞之、為之罷社。 　　哀意感鄰里　　紛紛罷社歸 　　遙看桑柘影　　不覺淚交揮

379

前後	三國時、魏王脩、年七歲喪母、母於社日亡、明年鄰人擧社、烹羊酌酒、歡笑之聲、徹戸外、脩感念母亡、悲啼悽惋、隣人聞之、爲之罷社。 　　哀意感鄰里　　紛紛罷社歸 　　遙看桑柘影　　不覺淚交揮

　『全集』本には「三國世」「新年」「悲號」「鄰人爲之罷社」とあるが、『叢刻』本、『前後』本では「三國時」「明年」「悲啼」「隣人聞之、爲之罷社」となっている。また『全集』本では、避諱により「時」を「世」に改めている。

8. 王覽

全集	護兄感母〔八齊韻〕 晉王祥弟覽、字元通、母朱氏遇祥不慈、覽年四歲、見祥被撻、輒流涕抱護、及長、朱虐使祥妻、覽妻亦徃、祥漸有名譽、朱益惡之乃酖祥、覽知取飲、祥固爭之、不與、朱恐覽飲、急傾去、自後每食、覽必先嘗、坐臥必同處、朱感而悔、愛祥如覽。 　　兄將被撻弟先啼　　母使兄妻弟使妻 　　酖酒欣然親去飲　　母心從此醒昏迷
叢刻	護兄感母 晉王祥弟覽、字元通、母朱氏遇祥不慈、覽年四歲、見祥被撻、輒流涕抱護、及長、朱虐使祥妻、覽妻亦徃、祥漸有時譽、朱益惡之乃酖祥、覽知取飲、祥固爭之、不與、朱恐覽飲、急傾去、自後每食、覽必先嘗、坐臥必同處、朱感而悔、愛祥如愛覽。 　　豈獨全兄孝　　兼能感母慈 　　乘舟空泛泛　　堪嘆衞風詩
前後	晉王祥弟覽、字元通、母朱氏遇祥不慈、覽年四歲、見祥被撻、輒流涕抱護、及長、朱虐使祥妻、覽妻亦徃、祥漸有時譽、朱益惡之乃酖祥、覽知取飲、祥固爭之、不與、朱恐覽飲、急傾去、自後每食、覽必先嘗、坐臥必同處、朱感而悔、愛祥如愛覽。 　　豈獨全兄孝　　兼能感母慈 　　乘舟空泛泛　　堪嘆衞風詩

　『全集』本には「祥漸有名譽」「愛祥如覽」とあるが、『叢刻』本、『前後』本では「祥漸有時譽」「愛祥如愛覽」となっている。『全集』本では避諱により「時」を「名」に改めている。

9. 陶侃

全集	不違酒約〔九佳韻〕 晉陶侃、毎飲酒、有定限、嘗歡有餘、而限已竭、殷洪源勸再少進、侃曰、年少辰、曾有酒失、亡親見約、故不敢違、踰限是忘親矣、終不寬飲、按侃、官太尉、封長沙公、諡曰桓。 　　酒杯有量興無涯　　義訓當前敢自乖 　　踰限忘親纔數語　　醉郷不覺醒同儕
叢刻	不違酒約 晉陶侃、毎飲酒、有定限、嘗歡有餘、而限已竭、殷洪源勸再少進、侃曰、年少時、曾有酒失、亡親見約、故不敢違、踰限是忘親矣、終不寬飲、按侃、官太尉、封長沙公、諡曰桓。 　　毎飲懷難釋　　從前事甚非 　　友朋休苦勸　　親約不能違
前後	晉陶侃、毎飲酒、有定限、常歡有餘、而限已竭、殷洪源勸再少進、侃曰、年少時、曾有酒失、亡親見約、故不敢違、踰限是忘親矣、終不寬飲、按侃、官太尉、封長沙公、諡曰桓。 　　毎飲懷難釋　　從前事甚非 　　友朋休苦勸　　親約不能違

　『全集』本には「殷洪源」「年少辰」とあるが、『叢刻』本、『前後』本には「殷洪源」「年少時」とある。『全集』本で「時」を「辰」に改め、「洪」を「洪」に欠筆しているのはいずれも避諱による。

10. 趙景眞

全集	聞耕輟誦〔十灰韻〕 晉趙景眞、名至、少辰詣鄉師受業、聞父耕叱牛聲、投書而泣、師怪問之、眞曰、我未能養、使老父勞苦、是以泣耳、師竒之、後從稽中散學、成名儒。 　　鄉塾驚聞叱犢催　　父勞子逸泣聲哀 　　名儒事業從何起　　起自當年輟讀來

第三部　李文馥系以外の「二十四孝」

叢刻	聞耕輟誦 晉趙景眞、名至、少時詣鄉師受業、聞父耕叱牛聲、投書而泣、師怪問之、眞曰、我未能養、使老父勞苦、是以泣耳、師奇之、後從嵇中散學、成名儒。 　未克供滫瀡　　猶教老父耕 　驚心因輟誦　　忍聽叱牛聲
前後	晉趙景眞、名至、少時詣鄉師受業、聞父耕叱牛聲、投書而泣、師怪問之、眞曰、我未能養、使老父勞苦、是以泣耳、師奇之、後從稽中散學、成名儒。 　未克供滫瀡　　猶教老父耕 　驚心因輟誦　　忍聽叱牛聲

　『全集』本には「少辰」とあるが、『叢刻』本、『前後』本は「少時」としている。『全集』本では避諱により、「時」を「辰」に改めている。『全集』本と『叢刻』本には「後從嵇中散學」とあるが、『前後』本では「後從稽中散學」となっている。『全集』本は『前後』本より『叢刻』本の方に近い。

11．裴秀

全集	使客敬母〔十一眞韻〕 晉裴秀、母婢妾也、秀年八歲、善詩文、有神童之目、嫡母許、虐待其母、一日宴客、令進饌、座客皆爲之起、三揖止之、許於屛後見之、歎曰、微賤如此、而客加禮、殆因秀兒故也、遂優遇焉。 　八歲能文共道神　　母因嫡虐饌供賓 　偸窺座客皆三揖　　知有佳兒便轉瞋
叢刻	使客敬母 晉裴秀、母婢妾也、秀年八歲、善詩文、有神童之目、嫡母許、虐待其母、一日宴客、令進饌、座客皆爲之起、三揖止之、許於屛後見之、歎曰、微賤如此、而客加禮、殆因秀兒故也、遂優遇焉。 　膝下佳兒在　　賓朋不敢輕 　堂前方肅揖　　屛後有人驚
前後	晉裴秀、母婢妾也、秀年八歲、善詩文、有神童之目、嫡母許、虐待其母、一日宴客、令進饌、座客皆爲之起、三揖止之、許於屛後見之、歎曰、微賤如此、而客加禮、殆因秀兒故也、遂優遇焉。 　膝下佳兒在　　賓朋不敢輕 　堂前方肅揖　　屛後有人驚

第二章　『四十八孝詩画全集』と中国の「二十四孝原編」、「二十四孝別集」の比較

『全集』本の散文部分は『叢刻』本、『前後』本と全く同文である。

12. 韓伯兪

全集	受杖感親〔十二文韻〕 梁韓伯兪、事親能順、每有小過、母怒、跪而進杖、苔之亦不泣、一日母苔之、涙下、母曰、他日未嘗泣、今泣何也、對曰、他日苔痛、今母力不能使痛、衰矣、故泣耳、母泫然投杖。 　　夏楚年年驗骨筋　　涙隨苔下雨紛紛 　　初來不泣今何泣　　母力從今減數分
叢刻	受杖感親 梁韓伯兪、事親能順、每有小過、母怒、跪而進杖、苔之亦不泣、一日母苔之、涙下、母曰、他日未嘗泣、今泣何也、對曰、他日苔痛、今母力不能使痛、衰矣、故泣耳、母泫然投杖。 　　跪受慈親杖　　中情不覺傷 　　施刑無力處　　兩鬢感蒼蒼
前後	梁韓伯兪、事親能順、每有小過、母怒、跪而進杖、苔之亦不泣、一日母苔之、涙下、母曰、他日未嘗泣、今泣何也、對曰、他日苔痛、今母力不能使痛、衰矣、故泣耳、母泫然投杖。 　　跪受慈親杖　　中情不覺傷 　　施刑無力處[33]　　兩鬢感蒼蒼

『全集』本の散文部分は『叢刻』本、『前後』本と全く同文である。

13. 宣都王鏗

全集	夢遇慈親〔一先韻〕 齊宣都王鏗、三歲失恃、悲不自勝、及長祈請幽冥、求一夢見、誠心三年、夢一婦人、云是其母、鏗大哭、而覺急問舊辰侍疾諸人、容貌衣服、果如平生。 　　三歲劬勞忽百年　　一心求夢透黃泉 　　婦人何處來稱母　　醒問容儀覺果然

383

叢刻	夢遇慈親 齊宜都王鏗、三歲失恃、悲不自勝、及長祈請幽冥、求一夢見、誠心三年、夢一婦人、云是其母、鏗大哭、而覺急問舊時侍疾諸人、容貌衣服、果如平生。 　　三歲當衰經　　慈顔記得無 　　誠心求一見　　夢裏不模糊
前後	齊宜都王鏗、三歲失恃、悲不自勝、及長祈請幽冥、求一夢見、誠心三年、夢一婦人、云是其母、鏗大哭、而覺急問舊時侍疾諸人、容貌衣服、果如平生。 　　三歲當衰經　　慈顔記得無 　　誠心求一見　　夢裏不模糊

『全集』本には「舊辰」とあるが、『叢刻』本、『前後』本では「舊時」となっている。『全集』本では避諱により、「時」を「辰」に改めている。

14．花木蘭

全集	代父從征〔二簫韻〕 隋花木蘭、父弧商邱人、辰若征役父老且病、不□從行、爲有司所逼、蘭乃束裝出門、代父戍邊、一□二年、人不知爲女子也、有功、封孝烈將軍。 　　偶因代父若征徭　　十載澶城聽夜刀 　　孝烈將軍留姓字　　閨中安得霍嫖姚 〔按漢以票姚名兵官取勁疾之義、前漢霍去病、爲票姚校尉、史記作剽姚荀悦、漢紀作票鷂、皆仄聲、唐人詩用票姚率作平聲且改票作嫖、今姑從之、非自我作古也〕
叢刻	代父從征 隋花木蘭、父弧商邱人、時若征役父老且病、不能從行、爲有司所逼、蘭乃束裝出門、代父戍邊、一十二年、人不知爲女子也、有功、封孝烈將軍。 　　鐵甲換羅裙　　從征早立勲 　　名垂隋史上　　孝烈記將軍

第二章　『四十八孝詩畫全集』と中國の「二十四孝原編」、「二十四孝別集」の比較

| 前後 | 隋花木蘭、父弧商邱人、時若征役父老且病、不能從行、爲有司所逼、蘭乃束裝出門、代父戍邊、一十二年、人不知爲女子也、有功、封孝烈將軍。
　　鐵甲換羅裙　　　從征早立勳
　　名垂隋史上　　　孝烈記將軍 |

　『全集』本には「辰若」とあるが、『叢刻』本、『前後』本では「時若」としている。『全集』本では避諱により、「時」を「辰」に改めている。『全集』本には題詩の後に「嫖姚」の話を解釋する雙行注がある。

15. 許法積

全集	母病不乳〔□□□〕 唐天寶辰滄州、許法積生未及歲、母病不肯飲乳、慘然有憂色、人咸奇之、會甘露降、旌其門、人呼爲半齡孝子。 　　飲乳如何肯暫抛　　適因母病子心恜〔恜女交切心亂也〕 　　半齡孝感乖甘露　　帝爲旌門煥草茅
叢刻	母病不乳 唐天寶時滄州、許法積生未及歲、母病不肯飲乳、慘然有憂色、人咸奇之、會甘露降、旌其門、時呼爲半齡孝子。 　　至性從天賦　　　人生孝早知 　　萱幃方寢疾　　　兒不敢啼饑
前後	唐天寶時滄州、許法積生未及歲、母病不肯飲乳、慘然若有憂色、人咸奇之、會甘露降、旌其門、時呼爲半齡孝子。 　　至性從天賦　　　人生孝早知 　　萱幃方寢疾　　　兒不敢啼飢

　『全集』本には「天寶辰」「人呼爲半齡孝子」とあるが、『叢刻』本、『前後』本では「天寶時」「時呼爲半齡孝子」となっている。『全集』本では避諱により、「時」を「辰」「人」に改めている。『全集』本、『叢刻』本には「慘然有憂色」とあるが、『前後』本では「慘然若有憂色」となっている。『全集』本は『前後』本より『叢刻』本の方に近い。

16. 王少元

全集	滴血認骸〔四豪韻〕 唐王少元、父廷宰、隋末、死於亂兵、遺腹生元、甫十歲、問父所在、母告以故、大慟、遂向有司、求屍、辰野中白骨覆壓、或曰、以子血漬而滲者父齒也、元鑱膚滴血閱幾旬、竟獲、爲衣衾棺槨葬之。 　戰場白骨亂蓬蒿　　滴血兒心切裏毛 　十載孩童如此好　　蓼莪曾否詠劬勞
叢刻	滴血認骸 唐王少元、父廷宰、隋末、死於亂兵、遺腹生元、甫十歲、問父所在、母告以故、大慟、遂向有司、求屍、時野中白骨覆壓、或曰、以子血漬而滲者父齒也、元鑱膚滴血閱幾旬、竟獲、爲衣衾棺槨葬之。 　白骨慘成堆　　風生戰野衣 　親骸何處覓　　漬血遍莓苔
前後	唐王少元、父廷宰、隋末、死於亂兵、遺腹生元、甫十歲、問父所在、母告以故、大慟、遂向有司、求屍、時野中白骨覆壓、或曰、以子血漬而滲者父齒也、元鑱膚滴血閱數旬、竟獲、爲衣衾棺槨葬之。 　白骨慘成堆　　風生戰野哀 　親骸何處覓　　漬血遍莓苔

『全集』本には「辰野中白骨覆壓」とあるが、『叢刻』本、『前後』本では「時野中白骨覆壓」となっている。『全集』本では避諱により、「時」を「辰」に改めている。『全集』本、『叢刻』本には「幾旬」とあるが、『前後』本では「數旬」となっている。『全集』本は『前後』本より『叢刻』本の方に近い。

17. 包拯

全集	登第不仕〔五歌韻〕 宋包拯、年少登第、朝廷授以外官、辭曰、臣雙親在堂、願侍養而不仕、上以爲無吏才也、許歸里、十年後、親没、始仕、決獄如神、仁尊朝、累官至樞密使、卒贈禮部尚書、諡孝肅。 　龍圖當日少登科　　報國雙親奈老何 　一日三公容易得　　錦衣侍養十年多

叢刻	登第不仕 宋包拯、年少登第、朝廷授以外官、辭曰、臣雙親在堂、願侍養而不仕、上以爲無吏才也、許歸里、十年後、親歿、始仕、決獄如神、仁宗朝、累官至樞密使、卒贈禮部尚書、謚孝肅。 　　年少説龍圖　　　辭官登籍初 　　錦衣歸故里　　　侍養十年餘
前後	宋包拯、年少登第、朝廷授以外官、辭曰、臣雙親在堂、願侍養而不仕、上以爲無吏才也、許歸里、十年後、親歿、始仕、決獄如神、仁宗朝、累官至樞密使、卒贈禮部尚書、謚孝肅。 　　年少説龍圖　　　辭官登籍初 　　錦衣歸故里　　　侍養十年餘

　『全集』本には「仁尊朝」とあるが、『叢刻』本、『前後』本では「仁宗朝」となっている。『全集』本では避諱により、「宗」を「尊」に改めていることになる。また『全集』本には「親没」「諡孝肅」とあるが、『叢刻』本、『前後』本では「親歿」「謚孝肅」となっている。

18. 朱文公

全集	幼通孝經〔六麻韻〕 宋朱文公、八歳、讀孝經即知大義、戲爲註解、書八字、於其後云、若不知此、便不成人。 　　孝經註解一無差　　　小學能知大義耶 　　書後試看標八字　　　眞儒事業此萌芽
叢刻	幼通孝經 宋朱文公、熹字晦菴、八歳、讀孝經即知大義、戲爲註解、書八字、於其後云、若不知此、便不成人。 　　自幼明倫理　　　千秋説晦菴 　　試看標八字　　　那個可無慙

387

| 前後 | 宋朱文公、熹字晦菴、八歳、讀孝經即知大義、戯爲註解、書八字、於其後云、若不知此、便不成人。
　　自幼明倫理　　千秋説晦菴
　　試看標八字　　那箇可無慙 |

『叢刻』本、『前後』本には「熹字晦菴」とあるが、『全集』本にはそれがない。

19. 王溥

全集	朝服侍立〔七陽韻〕 宋王溥、年三十二、拜相、父祚累遷防禦使、朝臣趨走、若於應酬、溥乃朝服侍側、客不安求去、由是車馬漸少、父遂得逸。 　　門無虛轍應酬忙　　簪笏朝立父傍 　　客去馬車從此少　　高廷頤養覺康彊
叢刻	朝服侍立 宋王溥、年三十二、拜相、父祚累遷防禦使、朝臣趨走、若於應酬、溥乃朝服侍側、客不安求去、由是車馬漸少、父遂得逸。 　　趨勢多門客　　高堂宴息難 　　傍無朝服者　　白髮被摧殘
前後	宋王溥、年三十二、拜相、父祚累遷防禦使、朝臣趨走、若於應酬、溥乃朝服侍側、客不安求去、由是車馬漸少、父遂得逸。 　　趨勢多門客　　高堂晏息難 　　傍無朝服者　　白髮被摧殘

『全集』本の散文部分は『叢刻』本、『前後』本と全く同文である。

20. 崔人勇

| 全集 | 叱木成馬〔八庚韻〕
宋崔人勇陝西人、戍廣西、聞母病危、大哭失聲、思歸甚急、入一古廟求筶、遇乞食道人、勇問之、道人曰、借汝神馬、三日可到、母聞子歸、病亦頓愈。
　　邉城聞病哭無聲　　如箭歸心萬里程
　　古廟道人貽木馬　　三朝可到母神清 |

第二章 『四十八孝詩画全集』と中国の「二十四孝原編」、「二十四孝別集」の比較

叢刻	叱木成馬 宋崔人勇、陝西人、戍廣西、聞母病危、大哭失聲、思歸甚急、入一古廟求筶、遇丐食道人、勇問之、道人曰、借汝神馬、三日可到、遂叱木成馬、勇乘之、覺行甚速、果三日到、母聞子歸、病亦頓愈。 　　母病思歸急　　長塗千里睽 　　疾行乘木馬　　南渡事同奇
前後	宋崔人勇、陝西人、戍廣西、聞母病危、大哭失聲、思歸甚急、入一古廟求筶、遇丐食道人、勇問之、道人曰、借汝神馬、三日可到、遂叱木成馬、勇乘之、覺行甚速、果三日到、母聞子歸、病亦頓愈。 　　母病思歸急　　長塗千里睽 　　疾行乘木馬　　南渡事同奇

　『全集』本には「遇乞食道人」とあるが、『叢刻』本、『前後』本では「遇丐食道人」となっている。『叢刻』本、『前後』本には「遂叱木成馬」「勇乘之」「覺行甚速」「果三日到」とあるが、『全集』本にはその部分がない。

21．呉氏

全集	天賜奇錢　〔九青韻〕 宋孀婦呉氏、事姑孝、冬夜、必温衾、不得火以身温、姑老且盲、欲招義兒、婦勸止、績麻飼蠶、獲錢悉奉姑、嘗炊飯出、姑恐過熟、取置盆中、誤傾穢桶、婦見之、借鄰飯饋姑、汚者、滌蕩蒸食、又盡典所有、置備後事、忽夢白衣婦云、汝事姑勤苦、天與汝一錢、蚤起、果得錢、用盡復有、後無疾終、異香經旬、錢忽失。 　　衾火温姑婦暫停　　蠶忙飯穢對夫靈 　　白衣仙女床頭夢　　果得天錢萬選青

第三部　李文馥系以外の「二十四孝」

叢刻	天賜奇錢 宋都昌嬬婦呉氏、無子、事姑孝、冬夜、恐姑寒、必温衾、或不得火輒以身温之、姑老且盲、念呉孤單、欲招一義兒、婦勸止、緝麻飼蠶、獲錢悉奉姑、嘗炊飯鄰婦呼之出、姑恐過熟、取置盆中、而誤傾穢桶、呉見之、亟往鄰家借飯饋姑、姑亦不知、自抯所汚者、汲水滌蕩蒸食、又念姑老設不諱、無由得棺、盡典所有、託鄰人置備後事、一夕忽夢白衣婦人云、汝村婦耳事姑勤苦如此、天與汝一錢、蚤起、牀頭果得錢、越宿得千錢、用盡復有、蓋子母錢也、後婦無疾而終、異香經旬、錢忽失所在。 　　事姑孀婦苦　　　紡績養終年 　　嘗飯都忘穢　　　天憐賜異錢
前後	宋都昌孀婦呉氏、無子、事姑孝、冬夜、恐姑寒、必温衾、或不得火輒以身温之、姑老且盲、念呉孤單、欲招一義兒、婦勸止、緝蔴飼蠶、獲錢悉奉姑、嘗炊飯鄰婦呼之出、姑恐過熟、取置盆中、而誤傾穢桶、呉見之、亟往鄰家借飯饋姑、姑亦不知、自抯所汚者、汲水滌蕩蒸食、又念姑老設不諱、無由得棺、盡典所有、托鄰人置備後事、一夕忽夢白衣婦人云、汝村婦耳事姑勤苦如此、天與汝一錢、蚤起、床頭果得錢、越宿得千錢、用盡復有、蓋子母錢也、後婦無疾而終、異香經旬、錢忽失所在。 　　事姑孀婦苦　　　紡績養終年 　　嘗飯都忘穢　　　天憐賜異錢

　『全集』本には「不得火以身温」「義兒」「嘗炊飯出」「誤傾穢桶」「婦見之」「借鄰飯饋姑」「汚者」「滌蕩蒸食」「忽夢白衣婦云」「汝事姑勤苦」「後無疾終」「錢忽失」とあるが、『叢刻』本、『前後』本では「或不得火輒以身温之」「一義兒」「嘗炊飯鄰婦呼之出」「而誤傾穢桶」「呉見之」「亟往鄰家借飯饋姑」「自抯所汚者」「汲水滌蕩蒸食」「一夕忽夢白衣婦人云」「汝村婦耳事姑勤苦如此」「後婦無疾而終」「錢忽失所在」となっている。『全集』本には「置備後事」「果得錢」とあるが、『叢刻』本には「託鄰人置備後事」「牀頭果得錢」とあり、『前後』本では「托鄰人置備後事」「床頭果得錢」となっている。また『叢刻』本、『前後』本には「都昌」「無子」「恐姑寒」「念呉孤單」「姑亦不知」「念姑老設不諱、無由得棺」「越宿得千錢」「蓋子母錢也」とあるが、『全集』本にはその部分がない。『全集』本と『叢刻』本では「緝麻飼蠶」とあるが、『前後』本では「緝蔴飼蠶」

第二章　『四十八孝詩画全集』と中国の「二十四孝原編」、「二十四孝別集」の比較

となっている。

22. 徐積

全集	踐地避石〔十蒸韻〕 宋徐積、事親甚敬、嘗客外、父書至必跪讀、人笑之、曰吾學顧愷耳、君命至且跪、奈何父不如君耶、及父没、以父諱石、終身不用石器、遇石路、亦避而不踐云。 　　父書跪讀敬彌増　　戲笑誰知顧愷曾 　　遇石更因親諱避　　始終一節幾人能
叢刻	踐地避石 宋徐積、事親甚敬、嘗客外、父書至必跪讀、人笑之、曰吾學顧愷耳、君命至且跪、奈何父不如君耶、及父歿、以父諱石、終身不用石器、遇石路、亦避而不踐云。 　　遇石如親在　　悽然悲感増 　　莫將愚孝看　　終古幾人能
前後	宋徐積、事親甚敬、嘗客外、父書至必跪讀、人笑之、曰吾學顧愷耳、君命至且跪、奈何父不如君耶、及父歿、以父諱石、終身不用石器、遇石路、亦避而不踐云。 　　遇石如親在　　悽然悲感増 　　莫將愚孝看　　終古幾人能

『全集』本の散文部分は『叢刻』本、『前後』本と同文である。

23. 祝公栄

全集	伏柩滅火〔十一尤韻〕 元麗水祝公榮、字大昌、隱居養親、及母故、柩在堂、鄰家失火、榮力不能救、大慟伏柩呼曰、老母奈何、願與倶焚、忽大雨如注、火滅、至元十五年八月二十一日事也。 　　城火池魚不自由　　母棺在殯子無謀 　　倶焚數語篤天聽　　一雨滂沱寫我憂

391

叢刻	伏柩滅火 元麗水祝公榮、字大昌、隱居養親、及母故、柩在堂、鄰家失火、榮力不能救、大慟伏柩呼曰、老母奈何、願與俱焚、忽大雨如注、火滅、至元十五年八月二十一日事也。 　　烈火鄰家逼　　移棺勢大難 　　伏號身願幷　　一雨賜平安
前後	元麗水祝公榮、字大昌、隱居養親、及母故、柩在堂、鄰家失火、榮力不能救、大慟伏柩呼曰、老母奈何、願與俱焚、忽大雨如注、火滅、至元十五年八月二十一日事也。 　　烈火鄰家逼　　移棺勢大難 　　伏號身願幷　　一雨賜平安

『全集』本の散文部分は『叢刻』本、『前後』本と全く同文である。

24. 楊士奇

全集	私祭木主〔十二侵韻〕 明楊士奇、微辰、父亡母改適、士奇隨往、母祭先、不令士奇拜、奇怪而問母、母告以故、奇方六歲、悽□不已、乃私置木主、祀於臥室、早晚焚香拜跪、遇有新物必薦、後官至少師、拜莘蓋殿大學士、諡文貞。 　　醮母供先不許臨　　偶聞慈誨動兒心 　　私藏木主□□六　　早晚焚香禮意深
叢刻	私祭木主 明楊士奇、微時、父亡母改適、士奇隨往、母祭先、不令士奇拜、奇怪而問母、母告以故、奇方六歲、悽悽不已、乃私置木主、祀於臥室、早晚焚香拜跪、遇時物必薦、後官至少師、拜華蓋殿大學士、諡曰文貞。 　　早晚暗焚香　　斯人本不忘 　　異時迎木主　　大袷共烝嘗
前後	明楊士奇、微時、父亡母改適、士奇隨往、母祭先、不令士奇拜、奇怪而問母、母告以故、奇方六歲、悽悽不已、乃私置木主、祀於臥室、早晚焚香拜跪、遇時物必薦、後官至少師、拜華蓋殿大學士、諡曰文貞。 　　早晚暗焚香　　斯人本不忘 　　異時迎木主　　大袷共烝嘗

『全集』本には「微辰」「遇有新物必薦」「諡文貞」とあるが、『叢刻』本、『前後』本では「微時」「遇時物必薦」「諡曰文貞」となっている。『全集』本

第二章　『四十八孝詩画全集』と中国の「二十四孝原編」、「二十四孝別集」の比較

には「拜莳盖殿大學士」とあるが、『叢刻』本には「拜華蓋殿大學士」とあり、『前後』本では「拜華蓋殿大學士」となっている。『全集』本では避諱により、「時」を「辰」に改め、「華」を「莳」に欠筆している。

3. 図版の考察

次に、図版について見てみよう。『全集』本は『前後』本と同様に、版心に「寝門三朝」などの標題が記されているが、『叢刻』本にはそれがない。見比べればわかるように、全体として『全集』本の図版が『叢刻』本を参考にして描かれたことは間違いない。しかし、『全集』本および『叢刻』本を細かく考察すると、ところどころに違いがある。一方、『前後』本は、両文献のそれとは異なる図版を収載している。本節では『全集』本と『叢刻』本と異なっている図版のみをとり上げて比較検証してみる。

3. 顔烏

　　　　　『全集』　　　　　　『叢刻』　　　　　　『前後』

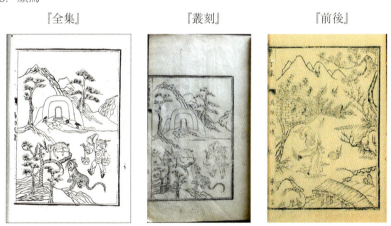

『全集』本では、墓の前にいる三匹の鳥の姿、地面の部分が『叢刻』本とやや異なっている。鳥は「銜土助之」、すなわち土を運んでお墓を築くことを手伝った動物としてこの説話に登場するため、新たに加筆したのであろう。

18. 朱文公

　　　『全集』　　　　『叢刻』　　　　『前後』

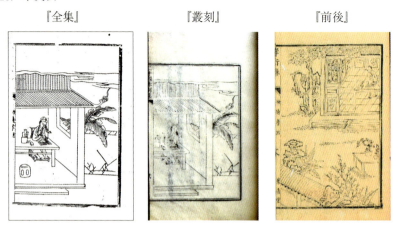

　『全集』本の図では朱文公の机の手前に腰掛けを描いているが、『叢刻』本には見られない。

19. 王溥

　　　『全集』　　　　『叢刻』　　　　『前後』

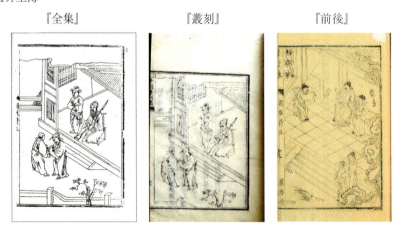

　『全集』本を『叢刻』と比較すると、玄関の模様、手前の木や柱のところにやや相違がある。

第二章　『四十八孝詩画全集』と中国の「二十四孝原編」、「二十四孝別集」の比較

おわりに

　以上のように、『全集』本所収の「二十四孝別集」の孝子の順序は『叢刻』本所収の「二十四孝別集」、および『前後』本所収の「二十四孝別録」と一致するが、本文を比較すると、『全集』本の「二十四孝別集」は『前後』本よりも『叢刻』本と一致する点が多い。そして、『全集』本所収の「二十四孝別集」は説話のあらすじを守りつつ、孝子の字、「孔子弟子」などの語といった細かい部分を省略する傾向がある。換言すれば、『全集』本は『叢刻』本に比べて記述がやや簡略化されているのである。

　一方、図版の場合、『全集』本所収の「二十四孝別集」の図は、『前後』本とはまったく異なっている。しかし、『全集』本所収の「二十四孝別集」を『叢刻』本所収の「二十四孝別集」と比較すると、一部改変を加えているところもあるが、全体的に見れば類似した図版となっている。

　このように、『全集』本所収の「二十四孝原編」「二十四孝別集」は、『叢刻』本所収の「二十四孝原編」「二十四孝別集」と記述がやや簡略になっているほかは、全体によく類似しており、『叢刻』本が、『全集』本「二十四孝原編」「二十四孝別集」の底本になったことは明らかである。

　このほか、『全集』本はベトナムの避諱、改字を行ない、鄧輝𤏸自作の七言絶句を書き入れているのは大きな特徴であり、ベトナムの特色を強く持っている文献であるということができよう。鄧輝𤏸が中国の原本の「二十四孝原編」「二十四孝別集」の題詩を使用しなかった理由は、『全集』の序文である「詠前後二十四孝原序」に「……一是朱文公原編一是高月槎先生別集皆一詩一畫、余披閱之、詩無佳句、畫有可采者……」[34]と明瞭に記されている。中国の「二十四孝原編」および「二十四孝別集」所載の詩にはすぐれた句がないため、新たに書き起こしたというのである。

　さらに、「二十四孝別集」はいわゆる「二十四孝」説話の所載の孝子とは別の人物をとり上げたものであるから、当然ながら「二十四孝別集」は「二十四孝」の三系統には属さない。換言すれば、ベトナムでは『日記故事』系統の「二十四孝」説話以外に、「二十四孝別集」が伝播したことが知られるのである。

　一方、図版の場合、『全集』本所収の「二十四孝原編」「二十四孝別集」の

395

第三部　李文馥系以外の「二十四孝」

図は『叢刻』本所収の「二十四孝原編」「二十四孝別集」と比較すると、一部改変を加えているところがあるが、全体的に見ればよく似ており、かなり忠実な翻刻になっているといえる。また、「二十四孝原編」の1「大舜」および7「郯子」などでは鳥と籠が、「二十四孝別集」の3「顏烏」および18「朱文公」では新たに鳥や椅子が描き加えられているが、それらは当該説話のストーリーをより明確にするためになされたものであった。中国の底本にもとづきつつ、よりすぐれたテキストを作ろうとする鄧輝㷞の意図をうかがうことができよう。

注

[1] 黒田彰『孝子伝の研究』仏教大学鷹陵文化叢書5（思文閣出版、2001年）、400～401頁。
[2] 許端容「河内漢喃研究院蔵『四十八孝詩画全集』考弁」（『華岡文科学報』第22期、中国文化大学文学院、民国87年3月）、105～122頁を参照。
[3] Ban Hán Nôm thư viện khoa học xã hội『漢喃書目—作者目録』（*Thư mục Hán Nôm - mục lục tác giả*）、Ủy ban khoa học xã hội Việt Nam、謄写印刷、Hà Nội、1977年、45頁。
[4] Trần Văn Giáp『ベトナム作者たちの略伝』（*Lược truyện các tác gia Việt Nam*）、Văn học 出版社、2000年、403～404頁。
[5] Trịnh Khắc Mạnh『ベトナム漢喃の作者の字、号』（*Tên tự tên hiệu các tác gia Hán Nôm Việt Nam*）、Khoa học xã hội 出版社、Hà Nội、2002年、441～442頁。
[6] Đỗ Đức Hiểu 他『文学事典』新版（*Từ điển văn học bộ mới*）、Thế Giới 出版社、Hà Nội、2004年、390～391頁。
[7] Đinh Xuân Lâm&Chương Thâu『ベトナム史における偉人たち』第2冊（*Danh nhân lịch sử Việt Nam - Tập 2*）、Giáo dục 出版社、1988年、81～82頁。
[8] Vũ Khiêu『ハノイの著名人』（*Danh nhân Hà Nội*）、Hà Nội 出版社、2004年、625～632頁。
[9] 阮朝国史館『大南寔録』正編第三紀巻三十二「大南寔録十三」（慶應義塾大学言語文化研究所、1977年）、433頁。〔　〕内は双行注。
[10] 阮朝国史館『大南寔録』正編第三紀巻六十六「大南寔録十四」（慶應義塾大学言語文化研究所、1977年）、377頁、389頁。
[11] 注10前掲、『大南寔録』正編第三紀巻六十七「大南寔録十四」、392頁、400～401頁。
[12] 注10前掲、『大南寔録』正編第三紀巻七十「大南寔録十四」、427頁、430頁。
[13] 阮朝国史館『大南寔録』正編第四紀巻三十「大南寔録十六」（慶應義塾大学言語

第二章 『四十八孝詩画全集』と中国の「二十四孝原編」、「二十四孝別集」の比較

文化研究所、1979 年)、254 頁、256 〜 257 頁。
[14] 注 13 前掲、『大南寔録』正編第四紀巻三十四「大南寔録十六」、326 頁、329 〜 330 頁、339 〜 340 頁。
[15] 阮朝国史館『大南寔録』正編第四紀巻五十一「大南寔録十七」(慶應義塾大学言語文化研究所、1980 年)、340 頁、349 頁。
[16] 阮朝国史館『大南正編列伝』二集、巻二十「大南寔録二十」(慶應義塾大学言語文化研究所、1981 年)、225 頁。
[17] 劉徳称等『大南一統志』第一輯巻之三承天府(印度支那研究会、1941 年)、378 〜 379 頁。〔　〕内は双行注。
[18] □は欠字(1 字分)で示す。
[19] 漢喃研究院蔵『四十八孝詩画全集』(AC.16)、「四十八孝詩画全集序」第 1 葉表裏、第 2 葉表裏。
[20] (　)内は筆者が補ったものである。
[21] 紹治帝の字である「綿宗」の「綿」と同音の「棉」を避けるため、欠筆して「棉」としている。このことは第三部第一章の注 35 を参照されたい。
[22] 紹治の字である「綿宗」の「宗」を避けるため、「尊」「孟」に改めている。このことについては、第二部第一章の注 426 を参照されたい。
[23] これは嗣徳帝の名である阮福時の「時」の諱の同音の「時」を避けるためである。このことについては、第二部第一章の注 135 を参照されたい。
[24] これは嗣徳帝の字である「洪任」の「任」を避けるためである。このことは、『欽定大南会典事例』に「……其朕小字〔左従氵右従共　左従亻右従壬〕與偏旁諸字臨文均準其行用、仍不得連用〔左従氵右従共　左従亻右従壬〕二字再各遜一畫足昭敬重、毋須改用別字、但臨讀避音與人名地名不得昌用、以合禮意……」とある。〔　〕内は双行注。『欽定大南会典事例』(天理大学図書館所蔵)巻百二十一、第 16 葉裏を参照。
[25] 〔　〕内は双行注。
[26] この「乘」は、字形は「乘」に近いが、この七言絶句の押韻、意味から考えると、「乖」であろう。
[27] (　)内は筆者が補ったものである。
[28] 既述したようにこれは避諱のためである。このことについては、第二部第一章の注 135 を参照されたい。
[29] これは諱を避けるためである。このことについては、第二部第一章の注 426 を参照されたい。
[30] 「洪」は、嗣徳帝の字である「洪任」の「洪」を避けるため、欠筆となっている。このことについては本章の注 24 を参照されたい。

第三部　李文馥系以外の「二十四孝」

［31］「荲」は紹治帝の母親の名である「華」の諱を避けるため、欠筆となっている。このことについては、第二部第二章の注330を参照されたい。
［32］〔　〕内は双行注。
［33］「施」の字、原文は欠字であるが、唐碧編『前後孝行録』（上海文芸出版社、1991年）に収められている「二十四孝別録」により補った。
［34］漢喃研究院蔵『四十八孝詩画全集』（AC.16）、「四十八孝詩画全集序」第3葉裏。

第三章 「二十四孝」説話からベトナム独自の 『西南台=進收孝演歌』へ

　第二部第一章、第二章および第三部第一章、第二章では、「二十四孝演歌」「詠二十四孝詩」「補正二十四孝伝衍義誀」「四十八孝詩画全集」の「二十四孝」説話に関する文献を順番に考察した。これにより、「二十四孝」説話が中国からベトナムに伝わった後の受容と変遷の跡が明瞭に見られ、ベトナムに定着していく様相を確認できたが、これらはいずれも中国の「二十四孝」説話を注釈、漢詩、字喃詩に書き改めたものである。ここで注目したいのは、ベトナムが中国の孝子説話を受容するにとどまらず、みずからの孝子説話集である『西南台=進收孝演歌』を生み出したことである。この文献は、ベトナム人および西洋・日本の孝子28人の説話を収載するという独特の内容を持っている。
　「二十四孝演歌」は民衆に広く流布し、「補正二十四孝伝衍義誀」は皇室内でよく読まれたことはすでに明らかにしたとおりである。一方、『西南台=進收孝演歌』は「二十四孝演歌」ほど広くは流布しなかったかもしれないが、『西南台=進收孝演歌』に記されている20人のベトナム人の孝子の説話の原本は黄高啓（ホアン・カオ・カイ、Hoàng Cao Khải）が編纂した「子は親孝行をしなければならない」という名の作品であり、もともとフランス植民地時代の『東洋雑誌』[1]に掲載された。さらに、『西南台=進收孝演歌』は現代ベトナム語表記に翻字、出版されたため、一定程度民衆レベルにまで流布し、ベトナム人の「孝道」観念に影響を与えたことは間違いないであろう。「二十四孝演歌」「補正二十四孝伝衍義誀」『西南台=進收孝演歌』の三者は押韻・平仄律をもつ詩歌形式である「双七六八体」で字喃詩により書かれた作品であるため、覚えやすく、民衆性が高いのである。
　本章では漢喃研究院所蔵『西南台=進收孝演歌』（VNv.62）を検討し、ベトナムにおける「孝」思想の展開の一端を明らかにしたい。

第三部　李文馥系以外の「二十四孝」

一．作者の履歴

　黄高啓はベトナムの孝子の説話を字喃文によって編纂し、「子は親孝行をしなければならない」という題名で『東洋雑誌』に掲載した。張甘榴（チュオン・カム・ルウ、Trương Cam Lưu）は『東洋雑誌』を読み、黄高啓が編纂した20人のベトナム人の孝子の説話に、さらに8人の西洋・日本人の孝子の説話を加えて28人の孝子の説話とした。さらに、張甘榴はこれを28首の字喃の「双七六八体」の詩体で翻案したのである。したがって、本書の作者は黄高啓と張甘榴ということになる。

1. 黄高啓の履歴

　黄高啓の経歴に関する資料は、筆者の調査によれば、『漢喃書目—作者目録』(Thư mục Hán Nôm - mục lục tác giả)[2]、『ベトナム文学史要』(Việt Nam văn học sử yếu)[3]、『ベトナム作者たちの略伝』(Lược truyện các tác gia Việt Nam)[4]、『ベトナム漢喃の作者の字、号』(Tên tự tên hiệu các tác gia Hán Nôm Việt Nam)[5]、『文学字典』新版(Từ điển văn học bộ mới)[6]、『我が国の歴史上の問題人物』(Người có vấn đề trong sử nước ta)[7]、『ベトナム史略』(Việt Nam sử lược)[8]、『ベトナム文学史起草—字喃文学』(Khởi thảo văn học sử Việt Nam - văn chương chữ Nôm)[9]、『大南寔録』正編第六紀附編、『大南寔録』第五紀・第六紀がある。このうち『大南寔録』、『大南寔録』正編第六紀附編だけが漢文で書かれ、他の8点は国語字（現代ベトナム語正書法）の文献である。

　現代ベトナム語による文献には、黄高啓の氏名、字、号、著作の紹介のほか、フランス植民地政権の協力者であったという彼への批判的意見が多く、重複する記述もかなりあるため、ここでは最も基本的な資料である『大南寔録』、『大南寔録』正編第六紀附編の関連記述のみを引用する。

　『大南寔録』には、

第三章　「二十四孝」説話からベトナム独自の『西南𧗱進奴孝演歌』へ

　建福元年（1884）、以河内按察遺缺春育前葩應和府、情勢已諳復、準以新陞銜改領該省按察使、協同侍講充幫辦黄高啓〔原壽昌縣知縣、該員節次商同法官勦捕諸匪、最爲得力、陞是銜〕督飭捕弁勦拏諸渠目、要得一律到案、以絶惡荄而寧地面。[10]

　咸宜元年（1885）、準署河内布政使黎梃陞授侍郎權領河寧總督侍講充河内幫辦黄高啓、陞授光祿寺少卿、領布政使、權充興安巡撫。[11]

　同慶元年（1886）、準光祿寺少卿領興安巡撫黄高啓、太僕寺少卿權領太原巡撫阮合光均陞光祿寺卿仍領。興安撫臣黄高啓、册將去年九十十一等月、該撫臣節將員兵並隸派募勇人等、協同法官勦辦蘆匪均獲勝伐。……準督遣得力之該撫臣、賞金磬一面。[12][13]

　同慶二年（1887）、準署興安巡撫黄高啓、寔授加署理總督銜仍領巡撫、兼東北興三省勦撫使。興安撫臣黄高啓、將勦匪現情咨院言去臈前往、有匪各轄、勦辨、節次勝伐、凡七陣、生獲匪渠目數多〔渠十目十二〕。興安撫臣黄高啓、册將去年十一月、來勦辦東北興三省在行員兵節次功狀分項擬賞、準賞陞賞授凡八十三員人……。[14][15][16]

　同慶三年（1888）、以署理總督銜領興安巡撫黄高啓、陞授海安省總督。[17]

とある。
　また、『大南寔録』正編第六紀附編には、

　己丑年〔即西暦一千八百八十九年〕、準海安總督黄高啓充欽命大臣。……賞北次欽差大臣黄高啓太子少保銜。……晋封北圻欽差大臣黄高啓爲延茂子並賞二項龍佩星一面、高啓奉命董戍進勦調度均得適宜匪黨就帖全圻以寧特、準封賞以酬勞績。[18][19][20]

　庚寅成泰二年〔西暦一千八百九十年〕、秋七月準太子少保總督充欽差大臣延茂子黄高啓改授兵部尚書充北圻經畧使。[21]

　辛卯成泰三年〔西暦一千八百九十一年〕、十一月準北圻經畧使黄高啓加輔政大臣陞署武顯殿大學士仍充欽差北圻經畧大使。[22]

　壬辰成泰四年〔西暦一千八百九十二年〕、以推崇大禮慶成、準中外文

第三部　李文馥系以外の「二十四孝」

　　武臣工陞賞有差〔署武顯殿大學士欽差北圻經畧大使黃高啓寔授武顯殿大學士……〕。[23]

　　丙申成泰八年〔西曆一千八百九十六年〕、冬十月晉封輔政大臣武殿顯[24]大學士差欽北圻經畧大使延茂子黃高啓爲延茂伯以表勲勞而彰異貺。[25][26]

　　丁酉成泰九年〔西曆一千八百九十七年〕、準輔政大臣太子少保武顯殿大學士黃高啓改加太子少傅銜充皇弟管教。[27]

　　己亥成泰十一年〔西曆一千八百九十九年〕、夏四月以慶年覃恩晉封和盛公綿寯爲郡王、文明殿大學士管領吏部延祿伯阮紳、武顯殿大學士管領兵部延茂伯黃啓高、各晉郡公爵。[28][29]……冬十月準武顯殿大學士管領兵部尚書黃高啓兼掌工部。[30]

　　辛丑成泰十三年〔西曆一千九百一年〕、十一月準文明殿大學士管領吏部兼欽天監事務充機密院大臣肅烈將延祿郡公阮紳陞授勤政殿大學士、武顯殿大學士管領兵部兼掌工部事務黃高啓陞授文明殿大學士。[31]

　　壬寅成泰十四年〔西曆一千九百二年〕、十二月準輔政大臣充機密院大臣勤政殿大學士管領吏部延祿郡公阮紳、文明殿大學士管領兵工二部延茂郡公黃高啓、各囘休。[32]

　　辛亥維新五年〔西曆一千九百十一年〕、欽使大臣赤伿書言西是年〔一千九百十一年〕全權大臣陸初議定遴擧東洋上議院會員〔南圻總督銜杜有芳、北圻文明大臣黃高啓……〕幷錄將議定由輔政府片奉洞悉。[33]

と見える。

　これに現代ベトナム語による資料8点の記述をあわせて黃高啓の経歴と作品について整理すれば、以下のようになる。

　黃高啓、別名は黃文啓（ホアン・ヴァン・カイ、Hoàng Văn Khải）、字は東明（ドン・ミン、Đông Minh）、泰川（タイ・スエン、Thái Xuyên）と号した。河静省羅山県東泰社の人で、嗣德3年（1850）に生まれた。嗣德21年（1868）、擧人（科擧試験の一つである郷試合格者の称号）となり、王宮の各部や懷德府の教授に任命された。当時、フランス植民地政権はベトナム全国に保護領としての政治を強制したが、民衆の反乱が連続して起きていた。黃高啓はこれらの鎮圧に

402

第三章 「二十四孝」説話からベトナム独自の『西南台進歎孝演歌』へ

派遣され、勝利を勝ち取ったため、朝廷およびフランス植民地政権から高い官職と爵号を授与されたのであった。

　建福元年（1884）、侍講充挈辦となった彼は（元寿昌県知県の時にフランスの官吏と反乱の撃滅についてよく相談し、有能さを示したため、この官位に昇格した）、河内按察に昇格した春育と協同して全力で反乱を撃滅し、地域の治安を安定させた。咸宜元年（1885）、光禄寺少卿にのぼり、布政使および興安巡撫という職務に補された。彼は同年9月、10月、11月にフランスの官員と協同して蘆の賊（khởi nghĩa Bãi Sậy〔擺芷一揆〕とも呼ばれる）を撃滅し、勝利したことを報告する疏を帝に奉り、金磐を授与された。同慶元年（1886）、光禄寺卿になり、以前の職務をそのまま担当した。彼は同慶元年（1886）11月に海陽、北寧、興安の三省で賊を平定した官員・兵士の功績を帝に報告し、賞を与えるよう願う疏を奉った。同慶2年（1887）、帝は83人に賞を与える命令を出した。彼は7回戦いに勝ち、反乱の指導者（10人の渠魁、12人の頭目）の多くを捕えたことを報告した。

　同慶3年（1888）、彼は海陽、興安の二省の総督となった。成泰元年（1889）、太子少保となり、「延茂子」という爵号を授かった。成泰2年（1890）、兵部尚書に抜擢され、北圻経略使となった。成泰3年（1891）、署武顕殿大学士に補せられたが、以前と同様、欽差北圻経略大使という職も担当している。成泰4年（1892）、武顕殿大学士を授けられた。成泰8年（1896）、「延茂伯」を授与された。成泰9年（1897）、フランス植民地政権は北圻経略局を解体したため、都のフエに派遣され、成泰（タイン・タイ、Thành Thái）帝の輔政大臣となった。同年、成泰帝の皇弟に教えるため太子少傅という爵号も授かった。成泰11年（1899）、「延茂郡公」を授与され、兵部、工部の事務も担当した。成泰13年（1901）、文明殿大学士に補せられた。成泰14年（1902）、彼は帝に致仕の希望を許された。維新5年（1911）、ルーチェ全権大臣は東洋上議院の会員の選択を議定した際、黄高啓を選定した。保大8年（1933）、83歳で死去した。彼の二人の子息も総督の職に就き、勢力、名望が高かった。政治以外でも、彼は歴史の遺跡を修復すること、詩の評論会を行なうなど文化的活動にも気を配っていた。

第三部　李文馥系以外の「二十四孝」

彼は、『越史要』(Việt Sử yếu)、『越南史要補遺』(Việt Nam sử yếu bổ di)、『越史鏡』(Việt sử kinh)、『南史演音』(Nam sử diễn âm)、『南史国音』(Nam sử quốc âm)、『忠孝神仙』(Trung hiếu thần tiên)、「子は親孝行をしなければならない」(Làm con phải hiếu)、『南国史鑑』(Gương sử nước Nam)、「ベトナムの婦女」(Đàn bà nước Nam)など多くの書物を著した。このほか、『国朝郷科録』(Quốc triều hương khoa lục)、『西南𦊚迡𠄩八孝演歌』(Tây Nam hai mươi tám hiếu diễn ca)、『排外謬見列伝』(Bài ngoại mậu kiến liệt truyện)、『筆華随録』(Bút hoa tùy lục)、『錦語』(Cẩm ngữ)、『諸是黙』(Chư đề mặc)、『大家宝文雑編』(Đại gia bảo văn tạp biên)、『佳文集記』(Giai văn tập ký)、『皇朝翰林院実録』(Hoàng triều hàn lâm viện thực lục)、『竜選試策』(Long tuyển thí sách)、『夢海文集』(Mộng hải văn tập)、『撫蛮雑録』(Phủ man tạp lục)、『雑録』(Tạp lục)、『詩文対聯雑録』(Thi văn đối liên tạp lục)、『省臣祝嘏歌文』(Tỉnh thần chúc hỗ ca văn)、『海杏黎公文集』(Hải Hạnh Lê Công văn tập)に収められている詩文などがある。

彼は知識人であるが、フランス植民地政権と協力し、民族の権利を抑圧したため、当時の学識者にはあまり尊敬されなかったという。

2. 張甘榴の履歴

黄高啓と違い、張甘榴についての資料はほとんどない。それは張甘榴が官僚ではなく、著作も多くないためであろう。『漢喃書目─作者目録』(Thư mục Hán Nôm - mục lục tác giả)のみに、「張甘榴、河東省常信県上亭社の人である。編著としては『西南𦊚迡𠄩八孝演歌』(VNv. 62)がある」[34]と簡単に述べられているにすぎない。

二.『西南𦊚迡𠄩八孝演歌』の形態

第一部第二章で述べたとおり、現在、漢喃研究院、ホーチミン市総合科学図書館およびベトナム国家図書館には、字喃文および現代ベトナム語表記に

第三章　「二十四孝」説話からベトナム独自の『西南𠫅進𤤰孝演歌』へ

翻字された三つの『西南𠫅進𤤰孝演歌』関係文献が所蔵されている（⑨、㉒、㉙）。この三つの文献のうち、㉒『西南二十八孝演歌』（Tây Nam nhị thập bát hiếu diễn ca）と㉙『ベトナム二十の親孝行の鑑』（Hai mươi gương hiếu Việt Nam）は、いずれも⑨『西南𠫅進𤤰孝演歌』にもとづいて現代ベトナム語表記に翻字したものである。すなわち、⑨が原本であり、これらのうち唯一の字喃文献ということになる。したがって本章では、三者のうち漢喃研究院蔵の⑨『西南𠫅進𤤰孝演歌』を中心に考察したい。

なお、これらの文献の書名にある「西南」の語について、「南」（ナム、Nam）はベトナムの意味であり、「西」（タイ、Tây）は西洋のことである。ベトナム人は、かつて自国を南および南国（ナム・クオック、Nam quốc）と呼びならわしており、例えば、李（リー）朝の名将である李常傑（リー・トゥオン・キエット、Lý Thường Kiệt）の「南国山河」（Nam quốc sơn hà）[35]という詩に、「南」および「南国」の語が見える。「演歌」については第二部第一章ですでに説明した。

1. 作品の誕生の背景および創作の動機

かつて李文馥（リー・ヴァン・フック、Lý Văn Phức）は、中国の「二十四孝」説話を引用しつつこれを字喃詩で翻案した「二十四孝演歌」を著わし、民衆に広く流布した。しかし、その説話は外国人（中国人）の孝子の説話であったため、地名や氏名を詳細に記載したベトナム人の孝子の説話を集めることができるならば、ベトナム人は親密な気持ちが湧いて心引かれ、「孝」の教育の効果をいちだんと高めることができるようと考えるのは自然な成り行きである。こうして『西南𠫅進𤤰孝演歌』が誕生した。この作品の誕生の背景および創作の動機は、黄高啓および張甘榴の序文の中に明記されている。

『西南𠫅進𤤰孝演歌』の黄高啓序文には次のようにある。

……翟翁李文馥共固祧汖𠀧孝子渃體撰祧𠫅進罙𠀧𡀔俳歌国語底朱彈妣𢧚𥆁易讀、共𡛤祧孝麻勸朱𠀧、仍讀伴𠀧渃恪、𢧚感動朱悉𠊚群㨋、麻讀伴𠀧渃翰、𢧚感動駤悉翰罕共懃、轼之些歌力尋劍各册渃些、共扽奇矢吧

第三部　李文馥系以外の「二十四孝」

迻俳底麻聘貝渃軆、連朝剖伴、别朝觧釋舡陛匈、𣃣𤶸播新事朱馭㐌過、𣃣𤶸撩鐄燆朱馭現在……。[36]

（以前、李文馥氏は中国の二十四人の孝子を選択し、婦女・子供に分かりやすくするために、「孝」の実践を勧める国語字 (現代ベトナム語正書法)[37]の詩歌を作った。しかし、他の国の人の説話にはそれほど感動しなくても、わが国の人の説話を読めば、確かに感動の程度がより高まるのは間違いない。そこで私はわが国の書物を探すことに尽力し、中国の孝子の説話と比較するため、数十の説話を拾い出し編集した。上には説話の本文を置き、下には文章の解釈の部分を置いてある。まずは新しい事柄を伝え、次に現在の人々の手本にするためである。）

また張甘榴の序文には次のように見える。

倅課翹常常吟詠傳二十四孝演歌貼具李文馥、號隣芝。……閉唋共色穐擬、牢空演渃些馭苔奇。擬劳雇吏倘然如空丕。極倘然麻悶揥出祧舡陛傳、共羅有恒心無恒産麻催。麻沛、徐觧嗣德術翹、渃些課宐些跙册軆、樺役科蓁術分豂鉑頭空双、群呍苔暇及册恪。吏傳渃輸、哂固仍科蓁𣃣用、馭貼共喻、化𦖑傳翹昧麻共空別。誠之具李只演傳軆𨢟𣹓扒斫。唋遣悶演馭渃些共𧵑麻𢜝特吧迻傳。𣃣欲、秩同輩固呐各傳孝行馭渃些貼具郡黄高啓、東明泰川相公、登扵報東洋雜誌。……庫珠宝無盡貼造物悲唋買固國老扣𡫨特。……仍吏擬、孝軆孝些包悑鐄卒、屁天下風潮舡洲史傳、據册麻演余傳孝西、底燆荢此理此心。……遍哛命家嚴演孝些孝西奇矢㐌迻欷傳、傳孝中華時包具李演翹崔、空沛呐女……。[38][39]

（私は以前、いつも李文馥、号は隣芝の「二十四孝演歌」を吟詠していた。その時、なぜ、わが国の人の説話を編集しなかったのだろうと考えたが、何もできなかった。多数の説話を編集したい気持ちはあったが、力が不足していた。嗣德時代（筆者注：1847-1883）以降、科挙の受験のため、わが国の子供は小さい頃から中国の本を読まされた。科挙の受験の書物を学習することばかりで白髪になっても全ての書物、知識を学ぶ

第三章 「二十四孝」説話からベトナム独自の『西南𡳐進擬孝演歌』へ

ことができないから、他の書物を学ぶ時間はない。わが国には歴史的説話があるのに、科挙試験にまれにでも使用されることはなかった。この類の書物を読む人が少ないため、自分の目の前にこのような説話が存在していることに気づかなかったのだ。そこで李文馥は、みなが鑑として見習うように、中国の孝子の説話のみを字喃によって演音した。わが国の孝子の説話を編集したいところだが、数十の説話ができあがるのは容易なことではない。ある日、同輩から黄高啓・東明泰川相公が編集されたわが国の孝子の説話が『東洋雑誌』という新聞に記載されたことを知った。……無限の宝庫は今や、相公によって拾い出された。……しかしまた、中国の孝子の説話もわが国の孝子の説話もよい鑑であるが、現在は世界に広く目を向ける傾向があり、「此理此心」という語が示すように、そして家父の命令に従い、いくつかの西洋の孝子の説話とわが国の孝子のすべて 28 説話を字喃詩で翻案した。李文馥がすでに中国の孝子の説話を字喃詩にしているため、これらには言及しないこととした。）

という。

創作の動機はここに記されたとおりである。これは、ベトナム人が「孝」の説話、思想の流布とともに、みずからの民族性を重視するようになったことを示すものといえよう。

2. 著作年代

『西南𡳐進擬孝演歌』の扉の右側には「龍飛啓定壬戌冬十二月立春日」[41]「常信／上亭」「石庵張甘榴撰」とあり、中央には「西南𡳐進擬孝演歌」という書名が大字で記され、左側には「𣃣嘲𦀛腦𡳐觧改𠿯尼羣𡳐進𡳵」「行荄庸／数𦀛改」「福安堂蔵板」とある（図 3-3-1 参照）。

ここから、『西南𡳐進擬孝演歌』は張甘榴、字石庵によって字喃詩で翻案され、啓定帝時代の壬戌冬 12 月立春日（1923 年 2 月 5 日）にハノイ 51 号 Hàng Khay 道の福安堂で刊行されたことがわかる。

407

第三部　李文馥系以外の「二十四孝」

図 3-3-1　漢喃研究院蔵
　　　　『西南𡿨迻𠳺孝演歌』
　　　　（VNv.62）扉

図 3-3-2　漢喃研究院蔵
　　　　『西南𡿨迻𠳺孝演歌』
　　　　（VNv.62）第 3 葉表

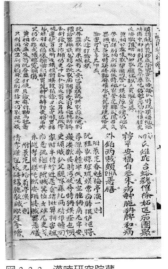

図 3-3-3　漢喃研究院蔵
　　　　『西南𡿨迻𠳺孝演歌』
　　　　（VNv.62）第 7 葉裏

408

第三章　「二十四孝」説話からベトナム独自の『西南﨤進獸孝演歌』へ

3. 文献の形態

　本書は全22葉の刊本で、高さ28センチ、幅11センチ。内容は、総歌（「六八体」の詩体で書かれている）、二つの序（黄泰川相公原序、張甘榴序）、散文で編纂された28人の孝子の説話の原文（字喃）、張甘榴がその意味を字喃の「双七六八体」の詩体で翻案した28首の詩、附録として范春魁(梅亭)と范元蛤(菊亭)の詩、張甘榴の跋、漢文の文昌帝君「勧孝文」の順序で構成されている。

　総歌の部分を除き、各頁は上下二つの部分に均等に分かれている。上部には28人の孝子の説話の字喃の散文を載せ、各説話には標題がつき、説話の末尾にはそれぞれ黄高啓あるいは張甘榴の跋、文字の解釈が記されている。各標題は「次㕳㕵妣孝」といったように、順序と題目が示されている（図3-3-2上段の傍線部分を参照）。

　一方、下段部分には28首の詩が連続して載せられているが、詩に標題がつけられていないために、切れ目がわかりにくい。しかし、各詩の最後の文字の横に「◎」がつけられ、次の詩との区切れ目が明示されている（図3-3-2下段参照）。また、第8首および第20首の詩の後に、附録として范春魁（梅亭）と范元蛤(菊亭)の詩をつけ加えている（図3-3-3下段の傍線部分を参照）。さらに、張甘榴の跋、文昌帝君勧孝文が記されている。

　本書にはベトナム人が20人、フランス人が4人、イギリス人が1人、アメリカ人が1人、日本人が1人、イタリア人が1人の、内外28人の孝子説話が収録されている。

　28人の説話の順序はベトナムの皇帝、皇女、官吏、民衆、および外国人であり、次のように配列されている。（　　）内は筆者が補った孝子の氏名および標題の日本語訳である。

1. 次㕳㕵嚴𡥵孝（英宗帝、第1　厳しい父、孝行の子）
2. 次㕳孝情礒弝（明命帝、第2　孝と情の軽重）
3. 次㕳㕵蚗妣孝（紹治帝、第3　孫がこの上ない孝心をもって祖母を奉ずる）
4. 次罚認悎在躬（嗣德帝、第4　自分の過失を認める）
5. 次舭衪忠𠄩孝（興道大王、第5　忠を孝にする）
6. 次𡥵主挮蹺㕳（韶陽公主、第6　父が亡くなったあと、子も亡くなる）

409

第三部　李文馥系以外の「二十四孝」

7. 次黜推孝器忠（阮廌、第7　孝から忠になる）
8. 次𠋣狛鉑歇悉（阮文程、第8　母の治療のため、針鼠を捕えるよう尽力する）
9. 次𠋣帖虎祭吒（阮文名、第9　虎の肉を父に祭る）
10. 次進打㹥救媄（阮春盎、第10　虎を打ち、母を救う）
11. 次進𠬃𡥵𡗶𡛤媄（阮九逢、第11　子を見捨て、母を背負う）
12. 次進台𡛔妯節孝（氏名不明、第12　節孝の嫁）
13. 次進吧吒賢𡥵孝（阮文就、第13　優しい父、孝行の子）
14. 次進媒媄貞𡥵孝（阮文璙、第14　貞婦の母、孝行の子）
15. 次進𧡊覧物忆親（黄金燦、第15　物を見て親を思い出す）
16. 次進𠰺𦖑罪朱吒（阮居仕、第16　父の代わりに罪を受ける）
17. 次黜抵粘餞親（阮弘、第17　米を搗き、親を孝養する）
18. 次進𠏩窖處家庭（阮庭済、第18　巧みに家政を処理する）
19. 次進𠂎孝友論院（潘三省、第19　孝悌を完璧に実行する）
20. 次台進強緑強孝（裴輝賛、第20　年をとればとるほど親孝行をする）
　＊以上、ベトナム人
21. 次台進𠬃南麻忠孝（鰯昂膠、第21　幼いが忠孝である）
22. 次台進台粮餞吒媄（氏名不明、第22　給料で親を孝養する）
23. 次台進吧供㙮敬誠（刊、第23　命日に誠心こめて供養する）
24. 次台進媒吻特覧吒（咽蘇瓯、第24　父にいつでも会える）
　＊以上、フランス人
25. 次台進䑁馱布趨賊（阿悲厥、第25　賊から逃げるために父を背負う）
　＊イタリア人
26. 次台進𠰺扁鼎忆親（各能、第26　高貴になったとき、親を思い出す）
　＊アメリカ人
27. 次台進黜針魷救吒（拚𡥵壁泥、第27　魚を刺し、父を救う）
　＊イギリス人
28. 次台進𠊛𠊛扵餞媄（伊那阿、第28　母を孝養するため、召使いとなる）
　＊日本人

第三章 「二十四孝」説話からベトナム独自の『西南䑓=迊獸孝演歌』へ

　『西南䑓=迊獸孝演歌』は、上述したとおり、総歌、二つの序、黄高啓が編纂した20人のベトナム人の孝子の説話の散文、張甘榴による8人の西洋・日本人の孝子の説話の散文および28首の詩、張甘榴の跋などで構成されているが、このうち張甘榴の28首の詩は496句で3472字あり、范春魁（梅亭）氏の3首の詩は36句で252字あり、范元蛤（菊亭）氏の1首の詩は20句で140字ある。

　張甘榴の28首の詩のうち、20首はベトナム人の孝子をうたうのに対し、8首は西洋・日本の孝子をうたうという形で二部に分かれている。このうち第一部分は、最初の12句がベトナム人の孝子の「導入部」で、次の13句から320句までが20人のベトナム人の孝子についての詩である。そして第二部分は、321句から328句までが西洋・日本人の孝子の「導入部」で、329句から492句までが西洋・日本人の孝子についての詩であり、最後の493句から496句までが「まとめ」となっている。

　なお韻文の部分では、特別な読み方がある難解な字喃の後に、その読みを示す現代ベトナム語表記を付す（110字分。図3-3-4下段の傍線部分を参照）。

　『西南䑓=迊獸孝演歌』はベトナムがフランス植民地になった時期に著わされたが、編著者はベトナム人の孝子の説話をフランス人の孝子の説話よりもはるかに多く載せ、順序も優先させている。また、外国人の孝子としてフランス人以外に、イタリア人、アメリカ人、イギリス人、日本人を入れたこと、そして中国人を載せていないことは、ベトナムの民族性の自覚とともに、ヨーロッパやアジアに広く目を向けようとする20世紀初頭の潮流を反映しているといえよう。

第三部　李文馥系以外の「二十四孝」

図 3-3-4　漢喃研究院蔵
　　　　　『西南𣈜進𠄩十四孝演歌』
　　　　　（VNv.62）第 14 葉裏

図 3-3-5　ベトナム国家図書館所蔵
　　　　　『二十四孝演音』
　　　　　（Ngô Từ Hạ 印刷所、第二版、
　　　　　1928 年、1 頁）

三．国語字（現代ベトナム語正書法）を交えた意義

　『西南𣈜進𠄩十四孝演歌』は 20 世紀初頭に誕生したため、「補正二十四孝伝演義詞」「二十四孝演歌」など 19 世紀に刊行された文献とは異なり、字喃の行中に国語字（現代ベトナム語正書法）を交えているが、それは独自の意義を持っている。国語字を交える理由を考察するにあたり、『西南𣈜進𠄩十四孝演歌』など出版当時、すなわち 20 世紀初頭の文字使用状況について、岩月純一氏「近代ベトナムにおける「漢字」の問題」、および拙稿「『国風詩集合採』――阮朝ベトナムにおける漢字・字喃・国語字表記の詩集」にもとづいて簡単にまとめておこう。

　20 世紀初めに誕生した多くの文献には、漢字・字喃の行中に国語字を交えているもの（図 3-3-4 参照）、国語字併記（字喃本文の下段に国語字の転写文を

記す）のもの（図3-3-5参照）という二種類がある。ベトナム式ローマ字正書法は、19世紀末から20世紀初頭に活躍した南部出身の知識人チュオン・ビン・キー（Trương Vĩnh Ký）により、"chữ Quốc Ngữ"（国語字）と名づけられたとされている。19世紀末のフランス植民地期当初、国語字を積極的に使用したのはカトリック教徒など、親仏的なベトナム人に限られた。伝統的な知識人層にとっては、漢文・字喃文が学ぶべき書き言葉であり、国語字はその範疇外にあったという指摘がある。ところが、20世紀初めに植民地体制が安定してくると、まず直接支配下に置かれたコーチシナでフランス語と国語字を操る新たな知識人層が形成され、その後トンキン及びアンナンにおいても同様の知識人層を養成するために、1906年、植民地政庁により「仏越学校」が創設された。これと同時に科挙試験においてもフランス語と国語字が課されたという。このように20世紀初頭、北・中部ベトナムにおいて国語字の地位の変化が起こり、科挙との関係からそれが積極的に学ばれたものと指摘される。

　上記のような文献の形式は、おそらくこうした状況を反映しており、それまで書き言葉として漢文と字喃文を習得することで事足りていた北部出身の知識人たちが国語字を知り、フランス語の音訳の必要性が生じてきたために、漢字と字喃に加えて国語字を交えた体裁が生まれてきたものと推測されるという。

　ちなみに、『ベトナム文学史要』にも「1906年5月31日の勅諭にもとづき、郷試および会試のプログラムの一部分が変わることになった。それは国語字およびフランス語の項目を加えたことである」とある。[44]

　このような状態は、国語字が次第に重要な位置を占め、国語字が推進されていく傾向を反映している。『西南𡧲進𤤰孝演歌』に国語字が交じっているのには、このような歴史的背景があるのである。ただし、同書では、漢字と字喃文献に交じる国語字はまだ多くはない（110字のみ）。これは、ベトナムにおける20世紀初頭の文献の特徴の一つといえよう。

第三部　李文馥系以外の「二十四孝」

四．『西南𡨸迻𠄩十四孝演歌』と字喃文献

　上述したように、本書はさまざまな内容を含んでいるが、ここでは28人の孝子の説話の散文のみをとり上げ、日本語訳をつけておきたい。それは散文の内容が韻文よりも詳細だからである。なお、各説話の末尾に記されている黄高啓あるいは張甘榴の跋、文字の解釈は省いた。

　字喃部分については、第二部第一章の「二十四孝演歌」、第三部第一章の「補正二十四孝伝衍義謌」の訳出とおなじ方針による。

『西南𡨸迻𠄩十四孝演歌』
　　龍飛啓定壬戌冬十二月立春日　　常信上亭　石庵張甘榴撰
　　旦陽字喃𡨸解𠄩諸𡨸於南𡨸迻𠄩　行荄庸　数𡨸𠄩　福安堂蔵板

　　第一話
　　【原文】次𠄩吒嚴𤵺孝
　　陳仁宗𧗱魁朱𤳇𠳺希英宗、称𤳇上皇、出家修扵崙安子庵臥雲、仍共堆欺術逍京師、𠲖喠字喃字、得徐府天長術、𤳇准閨郷茹陳姤、希𠰘醹醋空噐侯特、譶𠱊蠢柑午、得𤾓吏空覕希、祖𠄩𠴍、𠬠左右白唉希因時節卒醋醹空敢噐侯、悕失倍、得祖𠄩恨㥉、佮各官即刻蹺得術府睚諭、過𠲌、希買醒、悕駭過、蹟跦𣳷坦噐闌宮、覕𠊚孝徒燋𤳇段汝諧、喥唉、些得罪負𠬛上皇悶𠄩表謝、麻各官蹺得竉府奇、𠰺固𠄩特空、𠰺汝諧扲筆曰双蹞、希拱汝諧㧅船掉昳、到旦、差汝諧抉表𠯤跪麻希謝直外、徐旦到斯朝盃干湄鬝蘇共空敢動躴、乃上皇買差抉表貼覕啀窒𤳇懇切、買𠹾希𠯤責咕窒𤳇绳墨、希裭吒詔愃、昹依買𤳇他朱、希術朝朱汝諧𠄩御史中贊、徐姤希共賖醹、事仅剳扵越南欽定。

414

第三章　「二十四孝」説話からベトナム独自の『西南神進獣孝演歌』へ

【日本語訳】第1　厳しい父、孝行の子

　陳の仁宗帝は子の英宗に皇位を譲り、みずからは上皇と称し、安子山の臥雲という庵で出家したが、たまに京師に帰ることがあった。旧暦5月5日、上皇が陳家の故郷であった天長府から京師に帰った際、帝は酒に酔ったために上皇に奉仕することができなかった。昼に、正午の食事を差し上げた際、上皇は帝が面会に来なかったため不思議に思い、左右の官員に聞くと、「帝は節日なのでうっかり酒に酔ってしまったため、あえて奉ぜず、失礼を心配して顔を出さないのです」と答えた。上皇はたいへん立腹し、勅旨を聞かせるため、官員たちに命じて一緒に府へ帰ってしまった。昼過ぎ、帝は起きてその情報を知り、恐れて裸足で外へ走った。帝は王宮の門で段汝諧という学徒に出会い、「朕は上皇に過失を犯し、謝罪の表を作りたいが、すべての官員たちは上皇と一緒に府に行ってしまった。お前はその表を書くことができるか」と聞いた。汝諧は速やかに書き終えた。帝は汝諧と一緒に、船で夜を徹して天長府に行き、朝になって汝諧に、跪いて表を上皇に提出するよう命じた。一方、帝は外で待ち続けた。朝から夕方まで激しい風雨に遭ったが、帝はそのまま同じところにいて動かなかった。その時、上皇は表を見せるよう言いつけ、表に書いてある懇切な言葉を読んだ後、帝に上皇の前に伺候することを許可した。上皇は帝をたいへん厳しく叱った。帝は礼拝しつつ、誤りを認めた。こうして上皇は帝の過失を許した。帝は朝廷に帰り、汝諧を御史中賛に補した。これ以後、帝は酒を断った。このことはベトナムの『欽定』[46]に書かれている。

　なお、張甘榴の韻文はここでは紹介しなかったが、帝が酒に酔った時期は黄高啓の散文と張甘榴の韻文とでは異なっている。黄高啓の散文には旧暦5月5日とあり（図3-3-6上段の傍線部分を参照）、張甘榴の韻文には「重陽」（すなわち五節句の一つ、旧暦9月9日）とあって（図3-3-7下段の傍線部分を参照）、互いに差異が見られる。いま『欽定越史通鑑綱目』『大越史記全書』を調べると、両者とも5月に英宗帝が酒に酔ったと記しているため、5月5日が正確な日付であると確認できる。[47]

415

第三部　李文馥系以外の「二十四孝」

図 3-3-6　漢喃研究院蔵
　　　　　『西南䑓=辿𡽫八孝演歌』
　　　　　（VNv.62）第 1 葉裏

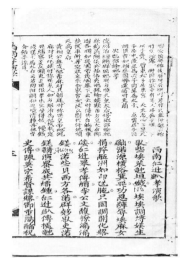

図 3-3-7　漢喃研究院蔵
　　　　　『西南䑓=辿𡽫八孝演歌』
　　　　　（VNv.62）第 3 葉表

第二話
次䑓孝情礦弱

朝茄阮些𠯒明命𠰘㩴、𡥵糊長俸罤翁明宗、媄佚媰、妣罤𠰘順天太后、餒於中宮、俸吏固𡥵次罤翁明弘、生母罤吳賢妃、固資質聰明、意俸悶朱翁明弘𥙩伲綾𡛔、伴鐄印封妣吳妃𠰘皇后、役仕尡豪施行、𠓨太后嗔特、召唉俸唠、些嗔立嗣沛𡥵奇𢚸𡗶長立次、𥙩伲英俺爭奪、俸裨㖫唠、𡥵吁哪蹺哴媄包吽、即時伴銷丐印衣扨、𥙩欺俸儜歪、𠓨太后常群俸底詞詔伴魋朱翁明宗、即罤𠰘紹治、役仕齓翁紹化郡公述吏。

【日本語訳】第 2　孝と情の軽重

阮朝の明命帝の時代、帝の長男は明宗[50]であった。明宗の母は早くに亡く

第三章　「二十四孝」説話からベトナム独自の『西南𣈜進獸孝演歌』へ

なった。明宗の祖母は順天太后であり、宮廷の中で明宗を育てた。明命帝にはまた明弘という次男がいた。明弘の生母は呉賢妃であり、明弘は賢かった。明命帝は将来、明弘に皇位を譲るつもりでいたため、呉妃を皇后に封じる印を鋳造するよう命じた。このことがまだ実施されないうちに、順天太后はこのことを聞き、明命帝を呼んで、「皇位を譲ることには長男を選択しなければならないと聞いたことがあるが、今、帝が長男を棄て次男に皇位を譲るのは将来、兄弟が王位を奪い合う紛争が生じる恐れがある」と言った。明命帝は太后に平伏しつつ「母の教えに従います」と答えた。そのあと、明命帝は問題のその印を廃するよう命じた。明命帝が亡くなった時、太后はまだ生きていた。明命帝は明宗に王位を譲る遺書を残した。明宗、すなわち紹治帝である。この話は紹化郡公が述べておられる。

ここにいう紹化（ティエウ・ホア、Thiệu Hóa）郡公は、紹化郡王の長男である善圭のことである。紹化郡王は嘉隆（ザー・ロン、Gia Long）帝の第九子であり、紹化郡王の子である善圭、善址は、それぞれ「公」、「侯」という爵を授与された。このことについては、『大喃寔録』に「甲申明命五年秋九月、紹化公昤薨。……朕欲加公以王爵、諸公子亦使之貴顯用慰皇太后慈愛之懷、少舒朕友于之念乃晉封爲紹化郡王、謚恭良。……其子善圭善址尚幼、令倍加俸例俟長成襲封〔善圭襲公爵、善址封侯〕」、また、「乙未明命十六年、襲封紹化郡王長子善圭爲紹化郡公」とある。

第三話
【原文】次𠄩孫𡛔妣孝
　德紹治綏繼、群固妣𡛔𠄩順天皇太后、待秘孫𡛔妣欺𩱯翥、懃侯共極恪夷秘𨃴孫媄、欺帝𠓨皇太后御𠫾各塘如𨄹塘常茂、塘基下云云、時待共自躬扶車𢫝、𢫝車術、著空敢交朱𠉞𢤝宮女、役代劄扵侍妣順天高皇后。

【日本語訳】第3　孫がこの上ない孝心をもって祖母を奉ずる
　紹治帝が王位を継いだあとも、祖母である順天皇太后はまだ生きていた。

紹治帝は子が母を奉じるのと同様に、朝晩祖母に仕えた。皇太后が「常茂」、「基下」などの庭に遊びに行った時、紹治帝はあえて宮女に任せず、自ら車を押して皇太后をお連れし、帰りも同じように車に載せて帰った。このことは「順天高皇后伝」に記されている。

第四話
【原文】次罰認悔在躬
　希嗣竻綏魋、群固媄𢝙竻慈裕太后、侢奉蛛室孝敬、固宮茄壽底奉事、仍欺返節慈寿舡迊、耄迊、各慶礼氏、侢祧及渃蛛媄、吏強光栄㦖、性侢能㦖㩗𦨢、固及獻、侢倍㦖、𠺙馭宮女㖡㷲、仍倣捐空㖇、欺術包儞、竻太后哭麻責㖇、㦖兜空𧡊呐底媄扵茄咹空唁、髍空旿、芳旹昆包沛諸、侢祧麻認悔、空敢分白及嗟苐竒、竻太后強哭旹吏強穊、穊𣦾侢催恨買敢催穊、役氏劄扵冊慈后録。

【日本語訳】第4　自分の過失を認める
　嗣徳帝が王位を継いだ時、母である慈裕太后はまだ生きていた。帝は母に孝行を尽くし、茄寿宮で母に仕えた。五十歳、六十歳の寿を祝う吉事には、帝は母に孝養を尽し、母は光栄だと語った。帝はよく狩猟に行った。ある日、帝があわただしく狩猟に行ったとき、宮女に太后に行く先を伝えるよう言いつけたが、宮女は忘れて伝えなかった。帝が宮に帰り、太后の前に伺候した時、太后は泣きながら、「どこに行ったのかを言わなかったので、宮殿にいた私は食事も美味しく食べられず、横になっても寝られなかった。あなたがそうするのは、良いことなのだろうか」と叱責した。帝は礼拝しつつ、誤りを認め、一切言い訳をしなかった。太后が泣けば泣くほど帝はさらに平伏し、太后が怒りを納めるまでずっと平伏していた。このことは「慈后録」という書籍に記されている。

第三章 「二十四孝」説話からベトナム独自の『西南柱進獸孝演歌』へ

第五話
【原文】次舡秕忠㐌孝
節制統領諸軍興道大王陳国峻罡官宗室茹陳、吒得罡安生王、注得罡希太宗、英俺翹吻嫌隙、欺吒得斯佚、扲秕秙得𠳐唭、術𨢇空能為些刧特浩報答、些哂挮空旺眛、得哂哪唭、仍吻空秕㐌沛、叮麻疸唭衣時旷苐刧颱拱特、罡黜文武兵權扲𦀚秙奇、勞麻每荐宰賢才、共嗖希、隨才校戥、著空摸恩自躺、蜍希苧歇道㐌倖、欺竝僾常能擙榲固鑐鏅、𠶚些固脖兮、得沛𣼾丐鑐鏅𣃣、撨希太宗、仁宗、英宗、㙮各打特軍茹元、㩡械功業𧆄、世䏾得推忠㐌孝、底喢卒朱吒、羣孝苐平女、得佚崔、𠶚些立墥扲廊刧泊蜍、奇諾慗茹立殿稹奉事、得降邪伏鬼共如丂聖関帝、麻秕尸宗室撨希時極恪翁姫旦茹周。

【日本語訳】第5　忠を孝にする

　兵士を統領する総司令官の興道大王・陳国峻は陳の宗室に属する官吏であった。その父親は安生王であり、叔父は太宗帝であった。父親と叔父の兄弟は以前から仲が悪かった。興道大王の父親は、亡くなる時に興道大王の手を握って、「私のために、国を奪い、復讐してほしい。そうしなければ、私は死んでも瞑目できない」と言いつけた。興道大王は父親の言葉を聞いたが、それを正しいこととは思わなかった。もし興道大王が父親の言葉を聞くなら、いつでも王位を奪うことができる。全ての文武の権、兵権を手中に握っていたからである。しかし、興道大王は賢人や才能ある人材を選択する際、帝にすべてのことを報告し、才能によって職を託し、自ら勝手に決めなかった。ひたすら臣下としての道を守り、帝に仕えた。帝の前に伺候する際、興道大王は先の尖った棒を使用したため、みんなは大王に何か意図があるのかと疑った。そのため、興道大王は棒からその先端を外さなければならなかった。太宗帝、仁宗帝、英宗帝の時代に興道大王は二度元軍をうち破り、大きな功業を成し遂げたが、「忠」を「孝」にし、父親に良い名声を残した。この「孝」より立派なものはない。

　興道大王は亡くなったあと、刧泊（Kiếp Bạc）社に廟を立てて祀られた。

第三部　李文馥系以外の「二十四孝」

全国の多くの民衆は祭壇を立て祭祀した。興道大王は関帝のように鬼、悪魔除けとなり、周の姫旦と同様、帝の宗室の姓を給って帝に仕えた。

興道大王・陳国峻（チャン・クオック・トゥアン、Trần Quốc Tuấn）について、『大南一統志』には「陳國峻〔太尊兄安生王柳之子、初生有相者見之曰、他日可經邦濟世、及長聰過人材兼文武、兩破元兵拎其將烏馬兒等爲一代元臣、有萬秘刧書、檄將士文傳世、没後、贈興道大王、本朝明命四年從祀歷代帝王廟、十六年、從祀武廟」とある。

第六話
【原文】次㘵主挴蹺吒
婆韶陽公主罪罷嫪次𠒦陳太宗、妃氏室罪𠓇孝行、恒欺侯下准庭間、共捄能如各翁皇、䟺欺出嫁、挸文興侯仈駙馬、術茄𩛂吻筲道仈妯、常々迴寧乙固咥貝吒媄𩛂吧𩛂、著空悋𩢉尊貴麻挓去挓回包㕸、秩𠒦太宗沛疜、吋主吏㪣䟺膈臨盆、黜丕沛差親近訛躺㗂唅、埃共吶得包寅塊、秩𠒦主𥢃唅鐘皇城貝各厨共堵回奇、失驚唛、催易吒術西方跌罹、𧵆左右空体酉特買沛吶䆳、主哭蘇𠒦唒、崔我竉𦬑齣抄、糱芾共空回特女、役氏剳扵陳史。

【日本語訳】第6　父が亡くなったあと、子も亡くなる
韶陽公主は陳の太宗帝の次女である。韶陽公主は親孝行の人であった。親を奉じる際には、皇子と同様、熱心に親に仕えた。嫁いだ時には文興侯という人を婿にし、嫁としての道を守った。毎回、韶陽公主が宮廷に帰る時には、高貴な身分でありながら、勝手に出かけずに常に夫の両親および夫に必ず報告した。突然、太宗帝が病気になり、同時に、韶陽公主は出産の臨月になった。そのため、韶陽公主は自分の代わりに側近に仕える者に太宗帝の病状を尋ねに行くように頼んだ。皆から太宗帝の病状が次第に良くなったと言われた。ある日、突然、王宮の鐘と各寺の鐘が同時に鳴り響くのが聞こえたとき、驚いて「父親は西方浄土に帰ったのであろう」と言った。左右の人たちは隠すことができずに事実を話した。韶陽公主は大きな

声で泣き出し、倒れて失神し、どんな薬も回復に役立たなかった。このことは「陳史」という書物に記されている。

韶陽公主のことについては、『大南一統志』には「陳韶陽公主〔史記陳太尊公主性至孝、太尊不豫、公主既稼文興侯、數造人問起居、左右皆以平復無事對及太尊崩、主方生蓐、忍聞鐘聲連響曰、得不非諱乎、左右紿之、不咱乃痛哭長號而逝、國人傷之〕」[58]とある。

第七話
【原文】次尠推孝罨忠
省河東、府常信、總古賢社蘦渓、翁阮鷹號抑齊、詩杜進士、吒翁氏罕翁飛卿、杜太孝生、融家庭講習詩礼、文章、外奇到兵卡、天文、太乙調精曉、翁氻鄉𛀁官返眼季勞茄陳佚渃、軍明扒棟櫃解術坦金陵、翁鷹跂到閣南閟、術坦省諒罕魯些貝體交界、傷哭窒慘切、翁氻卿保唉、役䍦空沛哭麻塞責特、術怤料起兵報詧朱奇渃、翁氏袓麻阻吏、覧雲氣、星象術清化旺影、買伬藍山叻希黎太祖起兵、迯觧買除泹特軍吳、酸栻基業茄黎、希太祖封朱冠冕侯、罕功臣次一、朱户罕户黎、唅罕黎鷹、朱魗食邑唅罕魗功臣。

【日本語訳】第7　孝から忠になる
河東省・常信府・古賢総・蘦渓社にいた阮鷹は号を抑齊といい、進士に合格した。阮鷹の父親は飛卿という人であり、太学生に合格していた。阮鷹の家ではいつも『詩経』と『礼記』が講読され、文学、兵書、天文、太乙に精通していた。飛卿は明軍に侵略された陳朝末期に官僚であった。彼は明軍に捕まり、檻に入れられて金陵に護送された。阮鷹は父親の後を追って、我が国が中国と接する境界である諒省の「鎮南関」まで行き、悲痛な気持ちで泣いた。飛卿は阮鷹に「お前はむやみに泣いてはいけない。国のため挙兵し復讐する準備のために戻ってくれ」と言いつけた。阮鷹は父親に拝礼して帰った。清化（筆者注：タイン・ホア、Thanh Hóa）での気運が盛んになったのを見て取り、藍山（筆者注：ラム・ソン、Lam Sơn）に入り、黎の太

421

第三部　李文馥系以外の「二十四孝」

祖帝に協力して挙兵した。十年かかってやっと呉軍を完全に破り、黎朝を立てた。太祖帝は阮廌に「冠冕侯」という高位の官位を与え、第一の開国功臣になった。さらに、帝から姓を賜って黎廌となり、功臣として帝から食邑を賜った。

　ここでは、太祖（タイ・トー、Thái Tổ）帝は阮廌（グエン・チャイ、Nguyễn Trãi）に「冠冕侯」を賜ったと記されているが、『大越史記全書』によれば「冠服侯」を賜ったとある。このことは『大越史記全書』に「大會諸將文武臣僚、定功行賞、視功之高下、定爲等級、以承旨阮廌爲冠服侯」[59]とある。また文中の「呉軍」とは明軍のことである。
　阮廌については、『大南一統志』には「阮廌上福縣人、以文章名世、經史百家及韜畧兵書無不淹貫、胡太學生、從黎太祖參謀帷幄、詞令皆出其手、以功封冠服、賜國姓、逮事太尊以妾阮氏路曖昧事誅、聖尊軫其冤、追贈濟文侯〔聖尊詩有抑齊心上光奎藻之句〕、本朝嘉隆元年列爲黎開國功臣第一、復其後裔一人主祀事、族内二人爲灑夫」[60]とある。

第八話
【原文】次𠀧𠃅狆鈤歇悲
　省乂安縣瓊琉、阮文程、媄沛症疘膵、咡蘸数醛空塊、磋返翁𡛔保唉、病根扲胃、莩册唉、蝟可治胃病、祂丐胺譄伮引蘸蹢𦛌准病、旪強踘㖿、茹斯棱芮仍虍虎豹、翁衣空敢祂𢝙悙、旪苻共挩汆馹抄尋、麻𠬠嵧狆共空覓、融悲怇扲、結𢆥𠳒包、覓固翁保唉、賖旪賖寔、斯旪扲融𠲶𠹾麻催、庙廊边東伮帝、跙𢆥、秩騎式趂、即刻擾添馹放㐌放密祷、斯到旪偝覓唏匿薘、融蓓董覓㭲𤊰、補繃𡤔扒特㐌堆、悃𢠩、挩術祂胣伮煉𡢻貝蘸、媄咡、果塊病、磋欣醛、吒吏沛賊扒、噱鉑𧆄杷刀買朱賖、半歇家產特尶迸月、挩到伮咬㐌、伴𢫘抐、翁衣哭吁紹𦎡、賊嘆吶唉、蛤𦝄胲𣞔麻䐗固𧵑伩、雄𢠩、仍催、傷爲旁固孝他奇朱𦥃布琨。

422

第三章　「二十四孝」説話からベトナム独自の『西南進獣孝演歌』へ

【日本語訳】第8　母の治療のため、針鼠を捕らえようと尽力する
　乂安省瓊瑠県の阮文程の母親が腹痛を起こした。彼女は長い間薬を飲んだが治らなかった。阮文程は漢方医に、「母親の病根は胃にある。書物の中に、蝟（はりねずみ）が胃の病気を治すことができ、薬として蝟の胃を使えば病根に直接に効き、早く病気が治る、とある」と言われた。阮文程の家は山林に近かったが、虎や豹がたくさんいるため、彼はこれらを恐れていた。彼は毎日、何人もの人を連れて蝟を探しに行ったが、蝟の毛一本さえも見つけられなかった。彼が悩んでいる時、夢の中に一人の老人が現われ、「遠いと言えば非常に遠いが、近いと言えばすぐ近くだ。東方の廟の辺に蝟がいるぞ。急げ！　急げ！」と教えてくれた。彼は目が覚めると、すぐに何人かを引き連れて、祈りつつ蝟を探しに行った。近くまで来ると、蝟の匂いがし、繁みの中にガサガサと音が聞こえた。網を張り、一対の蝟を捕まえた。彼は非常に喜び、蝟を持ち帰って、胃をとり、薬と調合した。この薬を母親に飲ませると、果たして母親は病気が治った。さらに一年後、父親が賊に捕まった。賊は身代金として銀150両を要求した。阮文程は全ての財産を売ったが、銀90両にしかならない。彼は賊のところに持って行ったが、賊は足りないと言い、父を殺害するよう命じた。阮文程は泣きながら父の身代わりにならせてくれるよう嘆願した。賊は「老いた者は価値があるが、この金では安すぎる。まあ、よい。お前は親孝行なので親子ともども釈放してやろう」と笑いながら言った。

　この説話の散文の下部には張甘榴の「双七六八体」の詩、范春魁（字梅亭）の「六八体」の詩、范元蛤（字菊亭）の「双七六八体」の詩が載っている。注意したいのは、ここでは「阮文程」と記されており、『大南正編列伝』初集、張甘榴の「双七六八体」の詩、范春魁の「六八体」の詩でも同様であるが、一方、范元蛤の「双七六八体」の詩、『大南寔録』、『大南一統志』では「黎文程」という名で登場することである。すなわち、『大南寔録』には、

　　庚寅明命十一年　帝諭曰、……照部臣原擬平項十人就中孝子黎文程、節

第三部　李文馥系以外の「二十四孝」

婦阮氏客、阮氏芳純行貞風允堪維世勵俗準各升爲優項均賞銀四十兩表裏緞匹各二扁額一官爲建坊用昭特格……〔優項三人、瓊瑠美英人黎文程、爲人醇謹事親有孝行、其母常得腹痛病、歲餘不愈、醫者言、此必誤食孔雀肉、須有蝟胃投之方愈、乃自往山中、尋覓累日、弗獲一夕禱于神祠、夢神人告曰、汝有孝行當許一蝟于祠之東、明日、果得之歸以供藥、母病遂愈、明命初年、其父爲土匪所掠囚于山中、索贖銀一百五十兩、程罄其家得銀九十兩往山中求贖、匪徒以其銀不如數欲斬之、程號泣請代、匪徒感其孝而釋之、及歸遂奉其父避居于府城商賣供養、後父没盧墓一年既終喪復竭產扶殯歸里葬祭如禮、不與兄弟計較、鄉人皆稱之〕[61]……。

とある。

さらに、『大南一統志』には、

黎文程〔瓊瑠縣人醇謹有孝行、其母得腹痛經治弗效、醫曰此乃誤食孔雀肉、須得蝟胃方愈、乃獨往山中、經日尋覓弗獲、夜禱于白衣神、明日、果得一蝟特回供藥、母病愈、明命三年、匪徒掠捉其父索贖銀一百五十兩、程罄家產得銀九十兩、匪徒意不滿將殺之、程號泣以身代、匪徒感其孝乃取銀而釋其父、程乃攜父避居演州府城、父没盧墓周年、明命十一年旌。〕[62]

とある。

このように、『大南寔録』および『大南一統志』に記されている「黎（黎）文程」の孝行に関する内容は、本書に掲載されている「阮文程」の孝行と同様である。しかし、『大南寔録』および『大南一統志』との異同がいくらかある。『大南寔録』には黎文程の父親が賊に捕まったのを「明命初年」とするが、『大南一統志』では「明命三年」とする。また、『大南寔録』および『大南一統志』には「一匹の蝟を捕まえた」とあり、本書では「一対の蝟を捕まえた」となっている。さらに本書には、文程の親孝行のおかげで明命十一年に明命帝から賞品を賜わり称讃されたこと、父親の没後、葬式をとり行ない、傍らに盧を作って一年間見守ったことは記されていない。このように、文献によって差

424

第三章　「二十四孝」説話からベトナム独自の『西南𱥌進𱥌孝演歌』へ

異が見られる。

第九話
【原文】次㐱𪫊虎祭吒
　省廣㐮縣平山、秀才阮文名茹扲斯𡶀、𠦳献吒䏾垌、沛虎扒、翁𠊛挩𡥵尋尸、察蹄虎、覩蹄𥛭𣦧、𥙩續挪底ꜩ范、迻尸𡏦蘿、𣌋旵陶壚打摆、扒特𡗶仍羆帶共𦊚蹄調欕、共𦋦㐌底除塊害𠊛恪、𥛭扒特羆蹄𥛭𣦧、𥙩挪中、即時剖羆虎仌祭墓吒、仍䏾恚吻悁恨、𦜹虎仌咳歇𣎃、喑吶如𠊛癲狂、数々買醒寅噐。

【日本語訳】第9　虎の肉を父に祭る
　広義省平山県の秀才阮文名の家は山の近くにあった。ある日、父親が畑に行って虎に捕まった。阮文名は人を連れて父の死体を探しに行った。虎の足跡を観察し、虎の後ろ足が前足より小さいとわかったため、紐でサイズを測った。父の死体を埋葬した後、彼は毎日穴を掘り、虎を罠で仕留め、多くの虎を捕まえたが、これらの虎は足が四本とも大きさが同じだった。しかし、これらの虎が他の人を殺害できないように阮文名は捕まえた虎をすべて殺した。そのあと、後ろ足が小さい一匹の虎を捕まえた。彼がこの虎の足を紐で計ったところ、ぴったりであった。すぐにこの虎を屠殺し、父親の墓に祀ったが、恨みはまだ抑えられなかった。虎の肉を食べつくしたあと、気が狂ったようにどなり散らし、しばらく経ってから、やっとのことで冷静さをとりもどした。

この説話は『大南寔録』『大南一統志』に記されており、阮文名（グエン・ヴァン・ザイン、Nguyễn Văn Danh）の孝行が賞賛されている。『大南寔録』には、

　戊申嗣德元年　旌賞孝子〔廣義省秀才阮文名、以父爲虎斃、躡度虎跡設檻懸機、殺虎以復父讐、炤例賞色紗區額再加賞銀三十兩用彰殊格。〕[63]

第三部　李文馥系以外の「二十四孝」

とあり、『大南一統志』には、

> 孝子阮文名〔平山縣人、試中秀才、事親至孝、家近山痛其父死於虎蹯虎跡設機獲之剖、其肝祭於父墓盡咽之、因得心疾人或訪及父事輒咆哮如虎良、久乃醒垂涙無語、嗣德初蒙賜孝義可風扁額[64]。〕

とある。

第十話
【原文】次迾打𤞻救媄

阮春盎𠊚縣東城、省乂安、𣈜欺媄𦋦拱貝廊𤤰禾割稬、𤞻𠖳蹯媄、包𨀈余趒、𠊚廊調悖奇、翁氏祉杶朔鱗𤤰針𤞻々沛捕、仍吏冲𤤰扒翁氏、翁氏𠰚㫋𣃣趒、挥杶蓮、护努碮斯边媄、𦋦荷媄、𦋦扱𤞻々空牢特買貿挍、媄旹被傷礦、𤁕湯欣觧買挶、融䏾觧苧喪、旹苔共哭、仍𠊚踄戈塘瑄𥊛調傷。

【日本語訳】第10　虎を打ち、母を救う

　阮春盎は乂安省東城県の人であった。ある日、親子二人で村の人たちと畑に稲を刈りに行った。虎が出てきて母親をすばやく捕まえ、いくつもの畝を走った。村の人たちはみな怖がったが、阮春盎は天秤棒を持ち、虎の方に突入し、虎を刺した。虎は母親を離したが、阮春盎の方に突き進み、阮春盎を捕まえようした。阮春盎はこれを避けて、天秤棒を振りかざしながら、母の近くに移動し、母を守りつつ虎を追いかけた。虎は何もできずに去って行った。母親は重傷を負い、一年以上治療をしたあと、亡くなった。阮春盎は三年間喪に服した後も毎日泣いていたため、往来の人々は彼をかわいそうに思った。

　阮春盎（グエン・スアン・アン、Nguyễn Xuân Áng）の親孝行については、『大南寔録』には、

426

第三章 「二十四孝」説話からベトナム独自の『西南㘇進孝演歌』へ

丁酉明命十八年、餘孝子節婦預旌賞者四人〔孝子阮春盎、乂安東城人、父没年尚幼、事母待弟皆能恭順、一日、母子刈麥暮還過裴山有虎、突出倒傷其母、眾皆驚走、盎獨執杖向前衛母與虎抗虎乃舍去、及母病、終日往其墓、哀哭三年不弛人共聞知〕[65]……。

とあり、『大南一統志』には、

阮春盎〔東城縣人、父早没、事母待弟恭順無聞、一日與母及家人刈禾、暮回卒遇虎、其母驚倒、盎獨持木杖向前衛母與虎相拒頃之、虎乃舍去、扶母以歸、及母卒、三年之喪、日常往其墓哀泣、明命十八年旌[66]。

と見える。

第十一話
【原文】次迍𠓨𡠶𡟏獸𡛔
阮九逢𠊝縣東城、省乂安、茄扲斯渃、𩄲濺核渃𡗶蓮、茄閣人物㵋奇、吒時𨅸𨀈核特、𡞕買𡠶群峅踍𣻒逢渃、翁㐌倍獸𡛔北楊蓮𡊚茄、算吏救𡠶時空及女。

【日本語訳】第11 子を見捨て、母を背負う
　阮九逢は乂安省東城県の人である。彼の家は海の近くだった。台風があり、水が押し寄せ、家と人が流された。父親は木の上に登ることができたが、母親と子供は水の中にいた。阮九逢はあわてて屋根に梯子をかけて母親を背負ったあと、子供を救おうと思ったが、もう子の姿は見えなかった。

　阮久縫（阮九逢とも表記する、グエン・クー・フン、Nguyễn Cửu Phùng）の親孝行については、『大南正編列伝』初集には、「阮久縫乂安東城人黎末其父揀爲兵縫頂替行役俄以軍功徙千戸僉事總知後以父母老乞終養未幾地方海水漲溢人畜多墊歿、縫父緣樌之、母方病縫恾遽負之上屋、其少女溺于水不暇顧也、父

427

第三部　李文馥系以外の「二十四孝」

歿縫喪葬盡禮哀毀號泣以終三年後其母得癰瘡縫親視湯藥年餘不離側及母歿居喪哀毀一如父喪服除月三次省墓哀至則哭、郷人稱之、明命八年旌」とある。[67]

　　第十二話
　　【原文】次進㐌娘妯節孝
　　省清化縣香山边東小溪𣳔及𣖕彈妣化、𠅜固召仍性傑能容納、極𣎀昿空固𠇍蹦墻搭閣、𡥵常々干垠空特、遍買只故防奸、覽𠇍奸𣊾、時拎柅器嚆唛濫、傑恨𢚸謀貝𠇍奸假格𦯳動、係似器時隱哦麻針、果然𠇍奸𣱆特𠊚𡥵仒、傑呼喚唛、娘妯迻糊術𣱆𣩂、𣊾官告首、官𠺒𠳺𣱆娘妯認奇、官𠳺𠇍奸夫𠮾埃、時唛倅固逴共𠇍俚俸賒奸掃、𣱆倅别、沛㭲𣱆伕、空別䏾似𦝄㖡、吧似踊扵兜共空別、官𠳺𣊾傑、傑強繞絨特慦調女、案懸欣觧、㖩只及默𠃣、罪捛獦拵、𣱆行刑、𠺒媒𣊾底宣案娘妯、傑吏搢奇召𨍦女、𣊾眛束獦𣳔、時似𢫝𩴱擪牙齗坦空敢𦯳、树獦愘、吏強波吼波蹢、官覽𠃣倛唛、能咠母子情深、駭朱媄似捧𠇍罳及刻𦒹據法、傑波校召跙器、時及獦擴喧祂傑仒擕蓮、及獦踃碨頭𢯰拵器、管象他乎補鉓共空遏特、強鉓吏強拵器、准法場計氽縣𣱆調悖奇、官徔且諭娘𠇍世帝沛吶寔、𠲖傑㖦佋𣱆𢯰、群酉之女、娘遍嘆哭計歇頭𩠲、指的名𠇍𣱆、官㖩牢閉敦空𨊒吶、餗唛、本空悶計醜茹𣩂、咄牢時𣱆共𣱆伕𢯰、𠲖倅共悶𣱆踉朱汕騎、官扒𠇍奸𣊾、時似首認奇、空沛查攺夷女、𠇍奸罪決麻娘時省疏朱筣鑲節孝可風、傳仒𦯳曠年号同慶、剖扵册返性囚說、惜唛𣱆吶倛仒空別燀𣱆娘妯仒尵戶罪夷。

　【日本語訳】第12　節孝の嫁
　清化省香山県の小泉の東に寡婦がいた。寡婦は孫がいるのに性格は端正ではなく、毎晩、塀を登って家に入ってくる男がいた。寡婦の息子は母親を諫めて止めさせようとしたが、無駄だったので、仕方なく見守るしかなかった。息子は奸人が来たとき、棒を持ち、「泥棒だ」と大きな声で叫んだ。寡婦は腹を立て、奸人と「家に入るふりをして、息子が現われたら刺し殺す」ことを謀略した。果たして、奸人は息子を殺害してしまった。そのとき、寡婦は「嫁が男を家に連れこみ、主人を殺害した」と大声で叫んだ。姑（筆

第三章　「二十四孝」説話からベトナム独自の『西南൦=㐂孝演歌』へ

者注：寡婦のこと）は、衙門に嫁が自分の息子を殺害したと訴えた。官吏に査問された時、嫁は全ての罪を認めた。官吏は嫁に「奸人は誰だ」と聞いたが、嫁は「私はうっかり遠い地方の行商人とつき合ってしまった。このことが夫にばれ、夫が死んだ。私はこの行商人の氏名も、彼が今どこに逃げたのかも知らない」と答えた。官吏が姑に質問したところ、彼女はいろんなことを捏造して話し、すべての罪を嫁に転嫁した。この事件は判決まで一年以上かかったが、査問したとき、嫁は一言も違わず同じことを答えた。象裂きの刑の判決が出された。官吏は嫁に判決を宣告したとき、姑に処刑の日に出席するよう要求した。姑は当日、孫を抱いて出席した。処刑の時間に処刑場に象がつき出されたが、この象は牙を土地に打ち込み、入ろうとしなかった。他の一匹の象を連れて来たが、この象はたいへんな大声でわめきながら後退した。官吏はこれを見て、「恐らく母子の情けが深いためであろう。では、母親に子供を一瞬抱かせてみよ。そのあと、処刑を実施するよう」と命じた。姑が嫁に子供を渡したとたんに、一匹の象がすぐに姑を捕まえてほうり投げた。他の一匹の象は姑の頭を踏み、身体を裂いた。象使いは何度も象に斧を打ったが、鎮圧できなかった。打てば打つほど象は姑を裂いた。処刑場にいた数百人はみな怖がった。官吏は嫁を連れて行き、これは一体どういうことなのかと尋ね、姑は亡くなったから隠さずに事実を話すよう命じた。嫁はいきさつを泣きながら話し、夫を殺害した人が誰なのかをうちあけた。官吏は「どうして、今までこのことを言わなかったのか」と聞いた。嫁は「私はもともと姑のことを悪く言いたくなかった。それに夫も亡くなったから、私も夫とともに死んだ方が楽だと思った」と答えた。官吏は奸人を捕えると、何も査問しないうちに彼はすべての罪を認めた。奸人は罪の判決を言い渡された。省の官吏は上奏文をたてまつり、嫁は「節孝可風」という金字をもらった。この説話は『返性囚説』という書籍に、同慶年間に掲載されていた。残念ながら、この説話を語った人はこの嫁の氏名を正確には知らなかった。

筆者はこの説話に記されている嫁の氏名を調べてみたが、『大南寔録』に

も、『大南一統志』の清化省の人物、孝子、列女の箇所にも記されていなかった。しかし、黄高啓が「この説話は『返性囚説』という書籍に掲載されていた。残念ながら、この説話を語った人はこの嫁の氏名を正確には知らなかった」と書いた通り、黄高啓は『返性囚説』によりこの説話を編纂したが、原文ではこの嫁の氏名はもともと記されていなかった可能性が高い。『返性囚説』という書物はベトナム国家図書館、漢喃研究院に所蔵されていないため考証できず、今の段階ではこの嫁の氏名は不明のままである。

　　第十三話
【原文】次迍𤳆吒賢𡥵孝

　省富安廊同春、阮文就𤤰吒媄𡨹孝、媢𡥵扲茄積麻騎時髞剝常扲貝吒媄侯下、欺吒媄佚、时㐌茄扲边墦探咏、𡥵罪紹共孝行如吒、欺吒疷要、𣌅時欝湯針止、𣌅𣋾吒空咹特、时紹共空咹、官省疏奏丐明命頒朱罪荸扁鎮唭克紹孝風。

【日本語訳】第13　優しい父、孝行の子
　富安省同春村にいた阮文就は父母に孝養を尽くした。父母に仕えるため、妻子とは別居し、自分は父母と暮らした。父母が亡くなったあとは、墓の隣に小屋を立て、お墓を守った。阮文就の子は紹といい、父と同様親孝行の人であった。父が病気になった時、紹は毎日、熱心に父を看病した。父が食事できなかった日には紹も食べなかった。富安省の長官が、帝に文就と紹の親子が孝行をしたことを報告したため、明命帝は「克紹孝風」という四文字を刻んだ金の扁額を与えてこれを賞した。

阮文就（グエン・ヴァン・トゥ、Nguyễn Văn Tựu）、阮文紹（グエン・ヴァン・ティエウ、Nguyễn Văn Thiệu）親子の二代とも孝行によって帝に賞賛されたことについて、『大南寔録』には、

　丁酉明命十八年、諸地方遵諭訪察所轄孝子節婦其狀入奏間、有富安孝子

第三章 「二十四孝」説話からベトナム独自の『西南進猷孝演歌』へ

阮文就之子阮文紹、年四十順事父母未曾少忤、其父有疾不能食、紹亦不食、有悦口者多求之、以供養、鄉里少長皆稱其爲孝、禮部議請酌給銀二十兩、表裏緞各一匹至如扁額其父旣蒙旌賞尚在同居擬應停給、帝曰、阮文就前以孝行蒙旌賞、其子阮文紹又克繼其孝、爲州里所共推洵爲熙朝一至美事、夫國家教孝作忠原爲風俗人心、計儻紹之子又有孝行是則一門三代濟美其美爲何如、朕必從優旌表今日之賞、豈可靳乎其併給之〔扁額刻、紹述孝風、四字〕。[68]

とある。

また、『大南一統志』には、「阮文就〔同春人䣙、性至孝、父母没、居喪盧墓三年負土成墳、事聞明命年間、給孝順可風扁額並銀緞、子紹亦以孝聞紹治年間、賜克紹孝風扁額〕」と見える。[69]

第十四話
【原文】次迻罕媄貞罣孝
 省平順縣福安、阮文璙、𣩂𫤣劌、媄莩志餒罣𢷣長成、翁𧘇蛛媄窒孝、欺唉𪿍式夷、翁𧘇跪麻𧋻、欺疹要空昕𢂞永魯床病、仍欺徭且扶伴册齟盤吶底朱懶妾、𢷣欺媄𫤣、時𣴓茄边瑪麻莩喪、吥觝𣎃個雝罣讀経礼、醅㕵空動𢷣。

【日本語訳】第 14 貞婦の母、孝行の子
 平順省福安県の阮文璙は父親を早く亡くした。母親は頑固なまでに夫をあがめ、子供を大きくなるまで育てた。阮文璙はこの上ない孝心をもって母親に仕えた。母親が食事をする時、彼は跪いて食べ物を持ち、差し出した。母親が病気になると、いつも母の横たわるベッドの隣に彼の姿が見えた。余裕のある時、母親の愁いや煩悶を解消するために、彼は書籍から得た知識を母親に話した。母親が没した後、お墓の傍らに廬を作って礼を尽くして見守った。そして、彼は数人の子供に『礼経』を教え、その後、肉と酒を断った。

431

第三部　李文馥系以外の「二十四孝」

　この説話は『大南寔録』に記され、阮文璙（グエン・ヴァン・リエウ、Nguyễn Văn Liêu）の孝行を賞賛している。『大南寔録』には、

　　丁亥明命八年　平順安福人阮文柳、少失怙、事母盡禮、飲食必跪以進、母没廬墓三年、隣里皆稱其孝鎮臣據寔以奏、帝準禮部議賞銀三十兩表裏緞各二匹給孝順可風扁額以旌之。[70]

とある。

　ここで注目したいのは、『大南寔録』に記されている孝子の氏名、地名が本書の場合と異なっていることである。『大南寔録』には孝子の氏名が「阮文柳」、地名が「平順安福」とあるが、本書では「阮文璙」、「平順省、福安県」となっている。

　第十五話
　【原文】次進䏾覩物忟親
　省福安縣同春、黃金燦𥹰器扵術省廣平縣東祿、吒甲黃金煥固啫能𫥨𠁀官苙主阮、𧗱返乱西山、扵茹𡂰孝、旧燦甲𫥨次台、字行𢧚呼進細、埃共唭旧蔭台時𥹰仒諴欣其𡥵、欺𠚢嘉隆𦊚特城富春、各官搩知旧仕、徐欺補知縣隷水到欺𣈜総督南定、翹𥹰欣𦜼進辝、處准家庭室𡨹孝行、吒娒適哆式夷、旹懞所預倫、空固欺苦嗨到麻少寸奇、欺吒娒包𡨸嵗、旹式仕論芾空哆、𦊚瞳𧡊吏忟到吒娒、化空忍哆、𢀭𠶢術𥹰𢝙貝顯達𥹰。

　【日本語訳】第15　物を見て親を思い出す
　福安省同春県の黄金燦はのちに、広平省東禄県で暮らしていた。父親は黄金煥であり、博学の人として知られ、阮氏の官吏になったが、のちに西山の乱に遭い、家で文字を教えた。燦は二番目の子であり、日増しに学習が進んだため、誰もが「二番目の公子は将来、父親より出世するだろう」と言った。嘉隆帝が富春城を占領した後、官吏たちは黄金燦を推挙した。隷水県知事になった時から南定総督に任ぜられるまで、前後三十年以上、

第三章　「二十四孝」説話からベトナム独自の『西南𤤰進𠌨孝演歌』へ

彼は常に家族に孝行を尽くした。父母が好きなものはなるべくたくさん購入し、父母が食べたいものを尋ねると、いつもあらかじめ用意していた。父母が没した後、彼は一生その食べ物を口にしなかった。それを見ると親を思い出すため、食べられなかったのである。彼の子孫はその後、高位高官の地位に就く者がたくさん出た。

　黄金燦（ホアン・キム・サン、Hoàng Kim Xán）の氏名は『大南寔録』に見え、「辛卯明命十二年　刑部尚書黄金燦、改授兵部尚書定安總督、領南定巡撫」とある。[71]
　また、『大南一統志』には、「黄金燦〔豐祿人、嘉隆初、考覈中格、授麗水知縣累官刑部尚書充南定經略大使、改授定安總督、卒于官、贈協辦大學士、燦爲人孝友、操履清潔、居官著有政績、吏民皆愛之、嗣德十一年列祀賢良祠、子爓廕授員外郎、次子炎尚公主授父安總督、孫煒協辦大學士、均同朝回休〕。」[72]とある。
　ここで注意したいのは『大南寔録』『大南一統志』に記されている黄金燦の職名が本書の場合と異なっていることである。『大南寔録』『大南一統志』では黄金燦の職名を「定安総督」とするのに対し、本書では「南定総督」としている。そして、故郷の地名も違っており、『大南一統志』には「豊禄」とあるが、本書では「東禄」となっている。
　なお、黄金燦が亡くなった時、明命帝は彼の死をたいへん惜しんだ。そのことは『大南寔録』に「壬辰明命十三年、定安總督黄金燦卒、帝謂吏部曰、黄金燦中外歷敷勤勞日久、今聞溘逝心動淚落軫惜殊深、其加贈協辦大學士、賞給白金一百兩、宋錦三枝、布帛各十匹、賜祭一壇、其子司務黄金爌加恩廕授員外郎」とある。[73]
　これにより、黄金燦は朝廷では有能な忠臣であり、家族では孝行の子であったことがわかる。彼が忠孝の双方を遂げたことは、『後漢書』韋彪伝に「求忠臣必於孝子之門」とあるのに当てはまるであろう。

433

第三部　李文馥系以外の「二十四孝」

第十六話
【原文】次𠸜阮居仕罪𠊛
翁阮居仕𠊛縣香茶属術府承天、𤳆翁祖𠲶阮居楨、本𠲶功臣諸茹阮些開国、年号明命次𠀧、居仕買𠫾𨑮罪歲、𠸜𠲶阮居詢之□該簿扵省廣治、得罪沛発配、居仕𧡊𠲶病要麻沛𢫑𠊚、吁𦋦翰𠸜、官省一面奏疏、一面暫朱𠊛、欺押解、𪯍𢶢杠、𨀈撩鉢麻梙吻恺𠲖、𢫑特牧塘𧡊詔頒呟佣𡥵氏固孝、即𣅶特[74]
他、嫩𠸜沛疠欣觧麻糱湯空雄悙、瘔特𠇮荏茹国子監、特補之官到職布政省嘉定。

【日本語訳】第16　父の代わりに、罪を受ける
　阮居仕は、承天府に属する香茶県の人であった。祖父は阮居楨であり、もと阮朝開国の功臣であった。明命三年、居仕が十四歳になった時、父の阮居詢は広治省に該簿の職を得たが、罪を犯して流罪に処せられた。居仕は父が病気になったため、自分が父の代わりに罪を受けることを願った。県の長官は一方では帝に上奏文をたてまつり、他方ではしばらく父と交替することを許可した。護送される際、居仕は首に枷を付けられ、足は鎖で縛られたが笑顔であった。途中で「この子は親孝行の人だ」と称讃する詔を受け取ったため、即時に釈放された。そのあと父は一年以上病気だったが、彼は怠けずに看病した。その後彼は国子監に入り、嘉定省の布政を勤めるまでに至った。

　阮居仕（グエン・クー・シー、Nguyễn Cư Sĩ）の孝行の心について、『大南寔録』にも「壬午明命三年、阮居俊、初爲廣治該簿、因事索賄贓至九百餘緡、至是案成當得死罪、帝以犯在赦前加恩、減死擬流準徒六年半、追贓還民、居俊之子居仕、年方十四、乞代父役、帝疑其有教之者、令背誦其狀、無一差謬、乃許之、己而遣人細察者數次、居仕身帶鐐鎖無悔恨色、帝嘉之諭曰、居俊乃功臣阮居貞之子、居俊雖有墜家聲、而居貞誠有孫焉、朕念功臣而憫孝子其赦之」とある。[75]

434

第三章 「二十四孝」説話からベトナム独自の『西南𤳆進𢯰孝演歌』へ

第十七話
【原文】次𢯰𦰟粩餴親

翁阮弘𠊛省乂安縣宜祿、茄饉性憫學、認功𦰟粩、𣺾𦰟𣺾學、残功伱底餴吒媄、嗣𢵰元年、詩杜一羋、𥞃些咍唤𦓡翁拳粩. 包麻𧍋罪𦢳醉吒媄拱供奇、喪礼歇齋、翁伱保昆唭、「官骨為餴吒媄、㐌翁妣低昳奇、「官底餴埃、徐妒决志扲茄吒學、斯喋墓瑪、𢙱景閭村、廊扵坭坦吉、習㐌吻空棋㮤特、民饉稅少𥾽𧝞偯鋸麻唭、翁伱玢分坦朱民扒沛陶吉堵抛、𧍋𥉩𦢳罪醉成器坦卒朱城祿舘塘舍調使扛特奇、固撰集士農耕讀平国音、輔帝到脑𠄩共会民吏麻講說仍排伱、𨔈𥋳廊伱化器风俗卒、文㝵盛、官総督省咍翁武仲平、𥄮啥到逥茄勸器𣈜官共空訒器。

【日本語訳】第17　米を搗き、親を孝養する

　阮弘は乂安省宜祿県の人であり、家は貧しかったが勉強が大好きな性格であった。彼は賃金をもらって米を搗く仕事をした。彼は米を搗きつつ勉強し、もらった賃金で親を養った。嗣徳元年、彼は郷試に合格したため、皆に「米の挙人」と呼ばれた。四、五年の間に、父母共に亡くなった。葬儀が終わったあと、彼は子に「官吏になったのはもともと父母のため、官職にあっても、今、父母は亡くなっている。誰を養うために官職に就いているのか」と言った。その後、彼は家で文字を教えることに決め、お墓を見守り、田舎の雰囲気を楽しんでいた。彼の村は砂地に位置していたため、昔から耕すことはできなかった。村人は貧乏で税が足りなかった。彼らは鋸職人の仕事で生活した。彼は村人に土地を分け、砂を掘って棄てるように指導した。三、四年後、土地は良くなり、道路、橋、店がすべて修繕された。彼は『士農耕読平国音』という書物を編集した。毎年2月に彼は村人を集め、この書物の内容を解説した。おかげでこの村には良い習慣が生まれ、文学が盛んになった。省の総督である武仲平は、阮弘の名声を聞いたので、彼の家を訪ね、官吏になることを勧めたが、阮弘は同意しなかった。

435

第三部　李文馥系以外の「二十四孝」

第十八話
【原文】次迻𠯒窖處家庭

　阮庭済𠊚縣白鶴省山西、俺𧣲阮季平、吒𧣲阮廷玖、吏䋦𠊚媌󠄀𧵑生噐時撰、吒悁媌󠄀麻恡媌󠄀奇、家産一一交朱𠊛妾該管、𠊛妾倚券吏強自專自主、唭呸唭鐄空体扵忒、英俺沛拱媄扵坭恪、𠖈冣迻吏㖖咏吒貝媄、悙悅俺撰共如俺平、欺吒媄𧵋昳奇薩、英俺衛扵中貝媄、吻悉敬順魋磯如𠸍、徐帝𠊛媄共化噐賢薯、待共如崑𡥵。

【日本語訳】第18　巧みに家政を処理する
　阮庭済は山西省白鶴県の人である。弟は阮季平といった。父は阮廷玖であり、妾を娶り、撰を生んだ。父は妾を可愛がり、本妻を嫌った。すべての財産を妾に管理させた。妾は権勢を恃み、日増しに越権行為をし、文句を言いつつわめきたてたため、阮庭済は弟や母と一緒に家を出て他所で暮らした。しかし、阮庭済は朝晩、父と継母を尋ねに行き、季平と同じぐらい撰を可愛がった。父と実の母が亡くなったあと、阮庭済と弟は実家に帰り、継母と同居した。継母に対する阮庭済の尊敬、孝順の心はいつも変わらなかった。それ以後、継母は優しくなり、彼に実の子のように接した。

　阮庭済（グエン・ディン・テー、Nguyễn Đình Tế）の孝行については、『大南一統志』山西省の孝子の項目に記されている。そこには「阮廷祭〔白鶴縣人、父有妾生性多嫉妬、父惑之使專管家業、廷祭及弟□貴丁從母別居、各勤子耿與庶弟毫無爭競、母回没、再回與子父同居、順事庶回一如所生、其叔苦貧、以自己田産分之、外祖乏嗣爲之擇所當立、給之以田使之承祀、郷里咸稱爰孝、明命八年旌賞銀幣區額〕[76]」とある。
　ここで注意したいのは、『大南一統志』に記されている孝子の氏名、実の弟、および義母の弟の氏名が本書と異なっていることである。『大南一統志』では孝子の氏名が「阮廷祭」、実の弟の氏名が「貴丁」、義母の弟の氏名が「毫」と記されるが、本書には「阮庭済」「季平」「撰」となっている。

第三章 「二十四孝」説話からベトナム独自の『西南𦤾進獸孝演歌』へ

第十九話
【原文】次进尬孝友論院
　省河静縣罣山潘三省、杜進士、𠄻官始終融𡬷进解、徐知府𬧐総督海陽、吒𠫾剗、蛛媄窒孝、或官俸乘噐或貼希頒朱、一切壹術朱媄、空積西停朱燸掍、台俺饡竒共空積朱、保唉饡旹術吀媄、磙欺疠礦告術茄、媄唒役均分産業、唪唉禄諾堆溣、共𠦳伽媄勤俭、量數消𣳮噐固限、朱𫳘買乘特、吀劫調各㖇貝台俺、空份帝欣劍夷竒。

【日本語訳】第19　孝悌を完璧に実施する
　河静省羅山県にいた潘三省は進士に合格した。彼は三十年間官僚として仕事をし、府知事から海陽の総督まで勤めた。彼の父親は早くに亡くなったが、母親に孝養を尽した。余った俸給や帝から恩賞としてくだされたものをすべて母親に渡し、妻子には渡さなかった。二人の弟は貧しかったが、直接には与えず、彼らに「余裕がなければ母に金のことを聞いてくれ」と言った。潘三省は重病になり、官職を退いた。母は潘三省に財産分与について聞いたが、彼は「収入に制限があったのに、禄が豊富に余ったのはお母さんが倹約したおかげです。二人の弟と甥、姪たちに平等に分けてください」と答えた。

潘三省（ファン・タム・ティン、Phan Tam Tinh）の孝行については、『大南一統志』には記されていないが、その功績については記述がある。すなわち「潘三省、〔安全人、紹治六年春試會元進士、初爲御史議論多持風節、遷按察使有政聲、辰　帝好儒學、廷舉文學二十人召試欽文殿、三省對策、帝稱其博文彊記擢首選、遷國子監、在職施教有方、成就者衆出、爲海陽布政、召回除兵部侍郎、會東北有冦警廷舉充代專閫七年、凝重縝密有循聲、後以事左遷鴻臚寺卿、以病歸、卒于家、追授布政使、子仲謀、姪輝潤同科進士俱爲顯官〕[77]」とある。

第三部　李文馥系以外の「二十四孝」

第二十話
【原文】次曰:càng强餘强孝
翁裴輝賛駄縣甲山属省河静、吒㐌跌、伽媄餪朱㧅掌、年号嘉隆杜郷貢爫知縣、閉賒翁氏㐌欣甑進歳、媄時外尷進、扐景桒揄空特包数、辞官術餪媄、侯下敬謹、噐保術呈、道爫昆空敢祀騎㐌菆麻噐意懈仍、固及欪因役廊、翁氏吒貝媄桬廹諸时術、㐌聶麻廊買入席、翁氏告辞術酌、廊固意悶畱吏、翁氏吶唉、俸㐌卒吒貝媄俸帿膝时術、吁麻差限旿媄俸悖空安悉、駄廊共空畱吏女。

【日本語訳】第20　年をとればとるほど親孝行をする
　裴輝賛は河静省に属する羅山県の人であった。父親は亡くなったが、母親は彼を学校に行かせた。嘉隆年間、裴輝賛は郷貢に合格し、県知事になった。その時、彼は七十歳であり、母親は九十歳を越えていた。これ以上出世しようという意欲はあまりなかったため、官職を退き、母に孝養を尽した。裴輝賛は尊敬の念をもって母に仕え、出かけるときも帰ったときも謹んで母に報告した。自分が年取っていることを言い訳にするようでは、子としての道を怠けたことになるとあえて考えなかったからである。ある日、裴輝賛は村の用事で出かけると母に告げ、昼には帰ると約束した。昼になった時、村の宴会が始まったばかりであった。裴輝賛は先に失礼すると言ったが、村の人たちは彼が残るのを期待していた。裴輝賛は「母に昼までには帰ると約束したから、もし、約束を破ったら母が心配するかもしれない」と言った。村の人々はあえて彼を引きとめようとはしなかった。

第二十一話
【原文】次曰:càng及南麻忠孝
觧及辭甄聶尷進台、渃大法外强界固沛各渃廹撰緽、閉賒唅睇奇雍昆、鱸啦朒買進台歳、吒跌剔、茄饞蜍媄窒孝、歃伙喋媄唉、昆感恩生養貼吒媄、諸報答特、於茄唅昆噐襆賊、昆吁噐従征朱論孝忠堆塘、媄昆曛饒哭麻㧅、噐行伍、膈帯共哎歇粮俸朱媄、𣈜陳打賊、㧅毼行軍、栖打敵雄

第三章 「二十四孝」説話からベトナム独自の『西南台︎進獻孝演歌』へ

勇、𠀧歆軍法㧸輪、每馹踷𠀧我、巴朋𠀧翰踷磥罪固意截後朱仍馼箕、賊扠特、扠沛嗃蘇唉、渃法甋慣扵罻旹他朱、巴朋慷慨打䫻麻嗃蘇唉、大法長寿俞買氽唭、賊恨朋、折踖立即。

【日本語訳】第21　幼いが忠孝である
　1792年、フランスの国境に他国が侵入して混乱を煽った。その時、子供までもが徴兵された。鱨𠀧朋[78]は12歳になっていたが、父親は早くに亡くなった。家は貧しかったが、彼は母親に孝養をつくした。ある日、彼は母に「私は父母の恩に感謝しているが、まだこの恩に報いることができていない。今、国は敵を平定するために私に呼びかけている。私は「忠孝」を全うするために従軍したい」と言った。母子二人は涙を流しつつ別れた。鱨𠀧朋は軍隊に入ってから、毎月、母に給料の全てを送った。戦場で鱨𠀧朋は、太鼓を勇猛果敢に打ちつつ先鋒となって進んだ。ある日、フランス軍は敗れ、兵士たちは各人がばらばらに逃走したが、鱨𠀧朋は他の人を守るために一人で後退した。敵は鱨𠀧朋を捕え、鱨𠀧朋に「フランスはすぐに滅びる下品な国だ」と大きい声で叫ぶよう強制し、そうすれば釈放してやると言った。鱨𠀧朋は太鼓を打ちながら気概に満ちた態度で「フランスはいつまでも栄える大国だ」と大きな声で数回叫んだ。敵は非常に怒り、すぐに鱨𠀧朋を殺害した。

第二十二話
【原文】次台︎進台︎粮餕吒媄　　摘彔原文
悉孝討扵兜極貴、唒扵渃苔方苐共丕、空埃罪空重馼固孝、唉貼傳磥尼、摘扵册西噐旹寔極劍夷伩仍馼扵䏾二十四孝、𠀧歆官大佐罪官舩𠁁席待各官佐、尉属下舩衙、当仲席、得挾噐誇丐盒擲檓帯朋鐄貼得買謨、埃共唭唉糱、斷䇂吶傳恪、𠀧祝大佐悶祂櫒怣、挒仳襖空𥏍女、愕然買唒唉、盒櫒貼倅兜、各官固翁苔恩忂補仳襖空、各官調踷趆角奇襖噐麻空𥏍、舩旸代固𠀧員少尉罪官𠀧、據蛒恬然麻瞵部噐情陏綏、員氏吶唉、倅空勤沛角襖仍倅誓唉倅空祂丐盒氏、席双、各官踷趆術、埃共勒頭調𠮩朱員少尉箕咹俿。鼎歆磥官大佐朱唅員

第三部　李文馥系以外の「二十四孝」

少尉𬨂麻保唉、倅包尋覽丐盒糵雔、丐襫倅組織朱𫇰似律㐌𬖉層神、丕著麻在𢖖牢欸戈各官調𨀈赴角襫奇麻傑吏蚪安、員少尉𫆡唉、悲𣋽固㐌躺官𬧂倅吁吶宦、吒婐倅茄鑚、腦帯倅共底𣃣牧粮朱吒婐倅、為劳朱𫇰倅沛奏便空包𣋽敢𬨂茄行柑唉、猷戈欺官𬧂朱𠰻預席時倅包卒摸餙吧𨢛産㐌襫雔、價昑閉𣋽麻倅角襫器、丐餕枯吶離必泳𥪝奇、餙唉貼倅只固𡍲㐌、時倅醜虎𬨂䠓催、官大佐䏾吶感傷二窮保唉、傑罪罵欵室固孝。徐𠮾阴㧣底朱報觔特布媄時晴帯傑共據𬨂咹貝倅、大佐吏悶每欺忊埃圩員少尉罪欺奸、猷𥗹吏撻大席𠰺各官𬨂、罹吶唉、員𡖵沛峥寃吧挮丐盒鐄贈朱員少尉底燶悉怵悗貼輪。

【日本語訳】第22　給料で親を孝養する

　孝行の心はどの国でも、どの地域でも貴いものとされ、誰でも親孝行の人を尊敬しない人はいない。「二十四孝」に負けず、西洋の書物から抜き出した以下の説話を見るがよい。

　ある日、大佐（すなわちクアン・ナム（Quan năm））は、衛所にいる部下の佐官、尉官たちを接待する宴会を行なった。宴会の中で、大佐は買ったばかりの金のタバコ入れを皆に自慢した。誰もがきれいだと褒めた。別の話題に移り、大佐はタバコを吸いたくなって、ポケットを触ったが、タバコ入れは見つからなかった。大佐はびっくりして、「私のタバコ入れはどこにある。誰か自分のポケットに入れたのか」と尋ねた。皆は立ってポケットをひっくり返したが見つからない。その時、一人の少尉（すなわち、クアン・モット（Quan một））は座ったままであったが、おろおろしているように見えた。少尉は「私はポケットをひっくり返す必要がありませんが、私がタバコ入れを盗んだのではないと誓います」と言った。宴会が終わって、将校たちは帰ったが、誰もがあの少尉がそのタバコ入れを盗んだのだと疑った。翌朝、大佐は少尉を呼び、「私はタバコ入れを見つけた。ポケットの糸が切れていて、裏地のところに落ちていた。昨日、皆がポケットをひっくり返したが、お前はどうしてそのまま座っていたのか」と尋ねた。少尉は「今ここに大佐が一人でおられるので、本当のことを申します。私の父母は貧しいため、毎月、自分の給料の半分を父母に送っているのです。

第三章 「二十四孝」説話からベトナム独自の『西南𣷾進獸孝演歌』へ

そのため、私は倹約しなければならず、決してレストラン、店などでは食事をしません。昨日、大佐が私どもを宴会に招待なさった時、私はパンと肉を買い、ポケットに入れていたのです。もしあの時、私がポケットをひっくり返したら、乾いて固くなったパンと一片の肉が落ちたはずです。私の夕食はパンと肉しかなかったため、恥ずかしかったのです」と言った。大佐は少尉の言葉を聞いて非常に感動し、「君は親孝行な人だ。これから自分の給料で父母に孝養できるように毎日、私のところに来て、一緒に食事をしよう」と言った。さらに、大佐は皆が少尉を悪い人間だと疑わないようにしたいと思い、翌日、また宴会を行なって将校たちを招待し、皆に「少尉は無実の疑いをこうむった」と言って、自分の敬愛の心を表すため、少尉に金のタバコ入れを贈った。

第二十三話
【原文】次𣈜進𦥃供眛敬誠
　具秀才阮文亨固𠊚𧘇次𦥃𠉞甲悅、本𦖑𠊚固学行、特補遘助教場学𡨸儒扵城巴夷、乂歆倖𧗱週貝抖奇秩綖術、問安、固呐伴扵邊貴国風景慷歷充暢𣌉、吏呐扵准他鄕特惆別𧵑翁官些吻呍𠳒翁刊、得𣇞𠓨統使扵南圻、𢖵術休祖国、固𧵑積𧆄所茹蘘、𧵑邊𢣱家先、𧵑邊𦗳聖孔子、融茹招横、扁、對聯、或𠲿貼得自製、或貼各官些惘、邊床𢣱家先時共排龜台盞、香案、神主、三事、五事如茹𢣱大家渃些、倖仍欺徉且吏侯、麌昒惰𣼽想𧁷扵渃茹、秩𧵑歆倖𨖅、覧蓮床𢣱家先𤋈蠟香沉宜𤈜、具盆灵亭、得撵幙跨邊床𢣱、固意吟愧、倖覧𠡚諸敢唐突、數々得噐覧倖。嘲惝呐唉、㪅𢖵眛親父倖低、倖𣵆礼、得𧡊抱拜、雀噐共艇𦤾得客本国𧕳遹哩醋、買噐術。

【日本語訳】第23　命日に誠心こめて供養する
　秀才である阮文亨には、悦という三番目の子がいた。悦は学問の人であり、パリにある漢字を学習する学校の助教として派遣された。ある日、私（悦）が短期で帰国した時、一番上の伯父さんを尋ねてフランスの状況、きわめて余裕のある生活のことなどを語った。そして、「刊さん」と呼ば

441

第三部　李文馥系以外の「二十四孝」

れている一人の役人とフランスで知り合ったことも話した。刊さんは以前、コーチシナ理事長官であったが、現在は退職しフランスに帰っていた。刊さんは広い家を建て、一辺は祖先を祀るところ、一辺は孔子を祀るところになっていた。家の中には、刊さんが自分で作ったり、わが国の官吏たちから献上された衝立、対聯を置いていた。祖先の祭壇にはわが国の大家の祭壇と同様、龕、盆、香机、「神主」、「三事」、「五事」を置いていた。余裕のある時、私は刊さんを尋ねて行き、これらを見て時々、フランスにいることを忘れてしまい、自分の家に座っているような気がした。ある日、私が刊さんのところに行くと、祖先の祭壇には蠟燭、立ち込める沈香のお線香の煙、豪華なご馳走、帽子を持ち祭壇の前に立っている悲しそうな刊さんの姿が見えた。私はこの様子を見て、室内に無遠慮に入らなかった。しばらく経った後、刊さんは祭壇のところから出て、私を見て歓迎しつつ「今日は私の父親の命日なのだ」と教えた。私が礼拝している間に、刊さんはそばに立ち、拝んだ。そして、五、六人の本国の客と一緒にお酒を飲んだ後、私は帰った。

筆者が『1945 年 8 月革命の前のベトナムにおける植民地の政権』(*Chinh quyền thuộc địa ở Việt Nam trước Cách Mạng Tháng Tám năm 1945*) という書物を調べたところ、インドシナ総督の名簿は記されているが、コーチシナ理事長官の名簿は見えない。今のところ、刊さんの情報やこの話の出典は不明である。[83]

　第二十四話
　【原文】次台＝迻罘吻特覔吒
　翁咽蘇𥿺、𠳺渃大法、⿰扌官扵場攷古、斯賖埃共別啫罜𠳺博学普通、媄色佚、蛛吒固孝行、覔吒包藝要、腓自抌唛、吒嘇麻挮挮佚麻挾㧒質时空包脍特覔女、哂侢神蘇像牢朋原体、𠳺些能洴朋水銀、仍麻鈙似湉、共空特曨覔柨、不若洴朋醁、时特曨柨麻形体吻群買、吁法各官首轄、磋塔扵衆肉徵搗敦、抓撇鐱、曠蓮时垠片水晶産床、眛吒色燀气㡳𡲣撇堵醁、抾根謹慎、跨踌蓮塔、蓮寄余旌黚顯、罜意𠷉喪論葚帝、⿰扌茹扵斯塔、欺昭柨吒、欺曨柨

第三章 「二十四孝」説話からベトナム独自の『西南𡎝進擬孝演歌』へ

冊、欺掑迻花𦰟、欺蓮𥪝𦛌嫩、风景室𠲖𨑮雅、計徐觧磋塔蛛吒䏾賒𨩠特罙進觧麻翁蘇羝觧唋𠬠外𢯎進歳誰、麻身体髷眉吒吻全院如𣇞買昧、𠯁吨迻各𡫡、𣇞苔共車馭優列𨑮貼、低氏览扵報中北輔䀡𢚸𦝄𡄎𡎝進𡎝、攸𢌌𤋶𦝄舺。

【日本語訳】第24 父にいつでも会える

咽蘇羝は大国フランスの人、考古学の学校の役人だった。どこでも誰にでも学識者として広く名前が知られていた。母は亡くなっていたが、父に親孝行をした。父が老弱になったのを見て、咽蘇羝は「父が亡くなって土中にかたく埋葬したら、もう決して再び会うことはできない。絵に描いても肖像を作っても現実には及ばない。みなは死体を水銀によく漬けているが、水銀が濃縮するため、父の顔を見ることができず、お酒に漬けるほかはない。そうすると、顔も見えるし身体も完全に保存できる」と考えた。咽蘇羝は地方の役人に対して、徽撝敦という山の下に、亜鉛の棺桶を置く許可を申請した。棺桶の上に一片の水晶をつけた。父が息絶えた時、咽蘇羝は父の死体を棺桶に入れ、お酒を注ぎ、密封して、塔の上に棺桶を縦においた。そして棺桶の上を、一生喪に服す意志を表わす黒い布で覆った。咽蘇羝は塔の近くに家を建て、父の顔を見たり、読書したり、花をいじったり、山に登ったり、降りたりきわめてのんびりとした生活を送った。父を祀る塔を建てた年から現在に至るまで四十年が経ち、咽蘇羝は今年、八十歳を越えたが、父の身体や眉毛や鬚は亡くなった日と同様に完全に保存されていた[84]。噂があちこちに広く伝わったため、毎日、馬車が三三五五と連なって見物に来た。この話は1922年5月ごろに「中北新聞」[85]に記載されていたと記憶している。

第二十五話
【原文】次𡎝進舺獣布超賊

𠄩諾意大利𣼪卛阿悲厥、吒固㦖官諾代、欺城𡓃軍内乱浽䢳折害人民𢠡𢠯、官民埃共沛逋另奇、阿悲厥秩𢭲逋賒、暄特信代、倍術𡄎吒、𢭲塘埃𥊃

第三部　李文馥系以外の「二十四孝」

覩共唉、藩術麻菎、共固趴保唉燸俛氐㤭如獲、趴些遁挀極特、俳吏尋術、吏固趴保唉、吒英易俴折𫞎雈、徐歗戈到肸倅極𫝀兜奇、術旪俳肵卒、阿悲厥共據術朱到茄、旪覓布粋𫝀翰、麻趴茄共㐆遁𫞎奇、連喀吒挀、吒唉、固釒苉些共遁如趴些、朱罷據挀遁、趴罷吏唉、𫝀翰吒粋諸貝俳共無益嚫罷空固体苉肅特吒麻挀、固𧾷空菎奇㕰悲晙、故押赶踤特𫝀僄塘、旪綷賊氐封踥、仍故踤到城外旪㚅㐆最雚、隣羾劔准安身、特㕰胏乱氐㐆平、吒罷共術、埃瞱覓怵吓赶趨欺翹調感動麻唷唉、趴罷氐室羾孝、調拭殇惆如羾詩杜狀元、如羾趴打賊勝陣阻術。

【日本語訳】第25　賊から逃げるために父を背負う

　イタリア人である阿悲厥には、国の官吏をしていた父がいた。ローマ城では内乱軍が蜂起し、多くの人民を殺した。役人も民衆もみな逃げた。その時、阿悲厥は遠いところに遊びに行っていたが、この情報を聞き、あわてて父を訪ねに帰った。途中、彼がローマに帰るのを見た者は皆、「帰ったら死ぬぞ。帰らないほうがいい」と忠告した。ある人は「あいつは大海亀のような馬鹿だ。皆が逃げたくても逃げられなかったのに、あいつは帰っていく」と言った。また、ある人は「貴方の父は亡くなったのではないか。昨日から今までどこにも姿が見えない。帰ったら、賊に殺されるよ」と伝えた。阿悲厥はそのまま家へ帰った。父が一人で座っているのを見たが、家の人はみな逃げてしまっていた。阿悲厥は父に逃げるよう急き立てた。父は「どんなことがあっても皆のように逃げるものか。お前は逃げるなら逃げろ」と言った。阿悲厥は「お父さん一人で賊に対抗しようとしても座ったままでは何にもならない。私はお父さんを放って逃げることなどできません。早くしてください。そうしないと二人とも死んでしまいますよ」と答えた。阿悲厥は無理やり父を背負い、道中ひたすら走ったが、賊が追いかけてきた。親子二人はお城の外まで頑張って走った。その時、すでに夜だったので、安らかに過ごせるところを探した。数か月が過ぎたところで、内乱は平定された。親子二人は家に一緒に帰った。二人を見た者はみな、以前、阿悲厥が父を背負って走った様子を思い出し、感動して「この子は

第三章 「二十四孝」説話からベトナム独自の『西南㗂進獸孝演歌』へ

親孝行であった」と褒め、まるで状元に合格したかのように、また賊を破って凱旋したかのように、喜んで拍手した。

第二十六話
【原文】次㗂進趂驕鼎牧親
　世界術世紀次進獸在岲東南城紐約渃美、㐌䫗炠甲各能、茄窒鑐、吒劋侏、輔蓮進歲、媄朱扙字乜特㐌輔、各能自拯唭茄時鑚如蔬法、媄咍䒾要、祕夷𣈜㯲脳麻餕些、叮些據擾体卷册、丐筆底媄扵茄沛炉懆、劳牢朱沛、催極学女、術拖媄特役夷能役仪、徐妒扵茄、㖭常役粘渃、桌㶘調㐌柄拖奇、劋最憪睏侯媄、到輔進獸歲、媄佚、㵢□送荎双雇、各能决志立身、㘇辞罪壁涅㘇頭菶、巾祄鳥桸踥蹦、投㐌闍軍𣈜畉、特吧脳、各藝体操調嗲奇、磙固㭲㲰進挙、特𢮿隊長、扒頭抮打賊、奇勝陣、喝阻術、埃共憪唭英侁弨𦗑敵、特升躓蓮官㐌。䧘徐帝打兜特帝、功劳髣彭、𢮿蓮到中尉、奇徐民間共服甲㐌翁將才、常吟抮傷忸咜媄、嘆咱哭唆欺萎藘時固咜媄、悲晗鐘鳴鼎食、時咜媄扙塘苏佚奇、歪。

【日本語訳】第26　高貴になったとき、親を思い出す
　18世紀のアメリカのニューヨーク市東南に、各能という人がいた。彼は貧しく、父親を早くに亡くした。十歳になった時、母は各能を一年間学校に行かせたが、彼は「家は貧しく、母も年を取って衰えたので、一体何を自分を養う糧にしようか。もし自分が勉強を続けても、家にいる母に負担をかけるだけだ。もう勉強はやめよう。家に帰って母の手伝いが何かできたらよいだろう」と考えた。それから、各能は家で毎日、食事などを自分で作り、朝晩、母の面倒を見た。十八歳になった時、母は亡くなったが、各能はきちんとした埋葬ができなかった。葬儀が終わった後、各能は立身を決意した。ボロボロの四方の壁、台所と別れ、旅仕度をし、兵隊に志願し、兵士になった。数か月が過ぎ、各能は各種武芸に精通していた。人に推されて隊長となり、敵を攻撃した。各能は戦いに勝ち、凱旋の歌を歌いながら帰ってきた。誰もが各能が少尉に進級した幸運を喜んだ。そのあと

445

も各能はどの戦場でも敵を破って戦勝し、手柄を立てたため、中尉に進級し、民衆も各能に将軍の才能があると感服した。各能は父母のことをいつも懐かしみ、「貧しかった時は父母がいたが、今は豊かで権勢があるのに父母はどこへ行ってしまったのか。天の神様よ」と嘆息しつつ泣いた。

第二十七話
【原文】次㕷㐰豉針魚救吒
𠺥渃英吉利、烶甲拯㕭壁泥、甲𨃴及𠺥朔水、性悁渃、常跢特㐰㘋海里、及𣅶體趍戈閣㴜孚鳥坡涙甲地分㖅卑、𠺥朔水袂沙蹎𥄖㴜、魚茄莖算𧿆、體悖空敢停吏、𠺥𧷺覧倍旁扲鎌跳𥄖針𠶢胅𠰚𨁪豉割、𠶢論吏𨁪、𠺥𧷺㳥賖體底體踤吏、𠺥吒扒絲線蓮特、𠺥𧷺買蹎術體、麻𧷺𠰚仒𦑃噐氅特度剕𦖻共𧿆。

【日本語訳】第27　魚を刺し、父を救う
イギリス人の拯㕭壁泥は漁師の子であり、水に慣れ、二、三海里も泳ぐことができた。ある日、船が㖅卑という地域の孚鳥波涙という入江を通った時、（父親である）漁師が突然、海に転落した。鯨が追いかけきて危険だったため、船はあえて止まらなかった。漁師の子はこれを見て剣を持ち、水に跳びこみ、鯨の腹を六、七箇所つき刺した。鯨は引き返して漁師の子を追いかけてきた。船が止まれるように、子は船から離れたところまで泳ぎ、父親はロープを握って船に登ることができた。その後、子は船まで泳いでもどった。鯨は血が多く流れ出たため、数時間後に死んだ。

第二十八話
【原文】次㕷㐰歐八㧅扵餕婇
島醯夛地分渃日本、固𠺥烶甲伊那阿、茄室饘、常㧅𠄩擾祕侯餕婇、輛迚㽄歲、扵貝茄富商、據膧特侯功时歇迻術朱婇、翁富商覧𠺥𠄩吆謹慎、噉吏固㤨孝敬、朱㧦效冊、曉各役重要融閣行、𦤾輛㘋迚歲、吁術餕婇、耦魑行奔半𥿡𧷺、固𡞕固𡞘、剾最償𠶢侯婇、茄富足、寔甲及𠺥固志、固孝当畣。

第三章 「二十四孝」説話からベトナム独自の『西南㓵进獣孝演歌』へ

【日本語訳】第28　母を孝養するため、召使いとなる
　日本国の醻夠島に伊那阿という人がいた。伊那阿は家が非常に貧しかったため、いつも人に雇われて働き、母に孝養を尽した。十九歳になった時、伊那阿は豪商の家で召使いとなったが、毎月の賃金はすべて母に送った。豪商は伊那阿がまじめで親孝行な人であると認め、帳簿の管理をさせながら、店の重要な仕事を担当させた。伊那阿は三十歳になった時、母親の面倒を見るため、召使いをやめて実家に帰った。伊那阿は小さな店を開いて経営した。伊那阿には妻子がいたが、朝晩、母に一生懸命に仕えた。伊那阿は生活が豊かになった。伊那阿は志のある人であり、親孝行の人であったため、褒めるに価する。

　この孝子の出身は醻夠島の人であると記されているため、筆者は「近世蝦夷人物志」『アイヌ史資料集』『蝦夷志』『本朝孝子伝』『本朝二十四孝』を調べたが、この孝子の名前は見あたらなかった。管見の限り、この話の出典は不明なままである。

五．『西南㓵进獣孝演歌』から見た
ベトナムの「孝」思想

　以上、ベトナム人、外国人を含む28孝子の説話の内容、標題を考察してきたが、ここにベトナムの「孝」思想を窺うことができるように思われる。ベトナム人はどのような孝の型を重視するかを知るため、ひとまず28人の孝子の内容を10類に分けてみる。

	孝の類型	『西南㓵进獣孝演歌』
1	敬親型	次𠰚吒厳罷孝（英宗帝、第1　厳しい父、孝行の子） 次罸認悛在躬（嗣徳帝、第4　自分の過失を認める） 次进𠰡吒賢罷孝（阮文就、第13　優しい父、孝行の子）

第三部　李文馥系以外の「二十四孝」

2	養親型	次迻𠸜地粰餕親（阮弘、第17　米を搗き、親を孝養する）
		次台=迻台=粮餕吒媄（氏名不明、第22　給料で親を孝養する）
		次台=迻𠸜抌扲餕媄（伊那阿、第28　母を孝養するため、召使いとなる）
3	奉親型	次𡞕昭蛛妣孝（紹治帝、第3　孫がこの上ない孝心をもって祖母を奉ずる）
		次迻呆媄貞琨孝（阮文璙、第14　貞婦の母、孝行の子）〔苦孝型でもよい〕
		次迻𠸜窖處家庭（阮庭済、第18　巧みに家庭を処理する）
4	追慕型	次迻𧡊覽物牧親（黄金燦、第15　物を見て親を思い出す）
		次台=迻呆吻特覽吒（咽蘇瓶、第24　父にいつでも会える）
		次台=迻𡞕晁罍牧親（各能、第26　高貴になったとき、親を思い出す）
5	忠孝型	次䏧祕忠𠇍孝（興道大王、第5　忠を孝にする）
		次𡞕推孝罷忠（阮鷹、第7　孝から忠になる）
		次台=迻𢆥南麻忠孝（鱅𠾔脝、第21　幼いが忠孝である）
6	孝悌型	次迻𡞖孝友論院（潘三省、第19　孝悌を完璧に実施する）
7	苦孝型	次𠸜犳䑛歓悲（阮文程、第8　母の治療のため、針鼠を捕らえるよう尽力する）
		次𡞖𢪏虎祭吒（阮文名、第9　虎の肉を父に祭る）
		次迻打猖救媄（阮春盎、第10　虎を打ち、母を救う）
		次迻𢷮捕琨饑媄（阮九逢、第11　子を見捨て、母を背負う）
		次迻台=娘姍節孝（氏名不明、第12　孝節の嫁）
		次迻𡞘䚥罪朱吒（阮居仕、第16　父の代わりに罪を受ける）
		次台=迻䏧獣布趨賊（阿悲厭、第25　賊から逃げるために父を背負う）
		次台=迻𩵜針鈘救吒（拵㕶壁泥、第27　魚を刺し、父を救う）
8	礼孝型	次台=迻強謀強孝（裴輝賛、第20　年をとればとるほど親孝行をする）
		次台=迻𡞕供喋敬誠（刊、第23　命日に誠心こめて供養する）
9	順孝型	次台=孝情礦弱（明命帝、第2　孝と情の軽重）
10	愛親型	次𡮠主𡛔蹺吒（韶陽公主、第6　父が亡くなったあと、子も亡くなる）

　『西南台=迻𠸜孝演歌』に見えるベトナムの「孝」思想には、下記の7つの特徴があるといえよう。
　1．孝は忠と密接な関係がある
　ベトナムは歴史的に戦争、戦乱が多かったため、祖国、民族の問題を父母や家庭より上位に置かなければならない場合もあった。それは、国を失えば

家もないという思考によるものである。第7話の阮鷹が父の教えを聞いた話にも見られるように、親に仕えることより国の存亡の方を優先したことに対して、張甘榴の韻文では「氐𦂀大孝廚秋吻傳」（これは「大孝」であり、代々に伝えられる）と述べている。すなわち、国に対する「忠」を「大孝」として認めるのである。このことについて、孫衍峰氏の「儒家思想在越南的変異」にも、「「孝」については、ベトナムでは「大孝」、および「小孝」に分けられている。「大孝」は国および人民に対する「孝」であり、「小孝」は親に対しての「孝」である」と述べている。ベトナムの「孝」の思想は「大孝」、および「小孝」という二つの孝の型に大きく分けられているわけで、この「大孝」の思想は曽子が述べた「大孝尊親」よりも広いといえよう。

2. 孝の対象は父母だけではなく祖父母や祖先にも広がる

『ベトナムの信仰』にも指摘されるように、「ベトナム民族は「礼」を重視するため、「恩義」が重要なことと考えられた。祖先は祖父母を生み、祖父母は父母を生み、父母は自分を生んだ。孝子は父母の生成の恩を忘れてはいけない。よって、親孝行をする際、自分の根源である祖先および祖父母に対する孝行も行なわなければならない」とされる。

この例としては、第3の説話（紹治帝、孫が祖母をこの上ない孝心をもって奉ずる）が挙げられる。

3. 孝は親を尊敬しつつ、家風、家礼、家庭の教育を維持発展させるものである

たとえば第13の説話では、父子二代が親孝行を維持しつつ実施したという。第1、第4の説話には、父と母が厳しく教育したため、皇帝である子も親を畏怖し、賞罰を自覚的に受けとめた。これは、子は父母の行為を真似るため、父母が鑑にならなければならないということであり、家庭の教育や家風、家礼の役割を重視するものである。

4．孝は礼を離れない

　28の説話の中で、第10、第13、第14、第15、第17、第18、第20、第23、第24の9説話を苦孝型、敬親型、奉親型、追慕型、養親型に分類したが、その内容は夕べに父母の寝床を定め、朝に父母の安否を省みる「昏定而晨省」、墓の傍らに廬を作って三年間見守り、毎日哀しみを尽くす「喪則致其哀」、祖先の命日などをきちんと祭る「祭則致其厳」など、いずれも礼と密接な関係がある。換言すれば、「養親」「奉親」「敬親」という「孝」の心情が、「祖先祭祀」「祖先追慕」「祖先祭礼」といった礼の実践へと展開している。「祖先祭祀」「祖先祭礼」については第一部第二章に言及したとおり、ベトナム人が「礼義」や「恩義」を重視しているというトアン・アイン（Toan Ánh）氏およびファン・ケー・ビン（Phan Kế Bính）氏などの見解もあり、また「万物が魂を持っていて、人は死んでも魂は存在している」という思想があったため、「祖先祭祀」は「孝」を実施する一つの方法になっていたといえる。カオ・ヴァン・カン（Cao Văn Cang）氏は「祖先祭祀は、ベトナム人の特殊かつ最重要の責任、義務である」とも指摘している。[88]

5．孝は親を愛し、従順にして奉侍を尽くす。場合によっては、命や名誉、
　　権利など自己のことを忘れる

　この例としては、第6、第9、第10、第11、第12、第16、第25、第27などの説話が挙げられる。このうち第16の説話は阮居仕が父の代わりに罪を受けたという内容であるが、これは『五孝子伝』に記載されている日本の江戸時代の伊知ら五人の子供たちの孝子説話[89]や、中国の漢代の緹縈の説話と同様である。また、第11の説話において、洪水にあった父親は同時に母と子を救うことができず、まず母を救い、あとで子を救おうと思ったが、子のところに戻ると子の姿が見えなかったという。ここで注意したいのは、この説話が中国の「二十四孝」の「郭巨」説話と似ているように見えることである。しかし注意して見ると、「郭巨」の説話ほど苛酷ではない。さらに、第6の説話では、皇帝である父が亡くなったことを知った娘の王女が、悲哀にたえきれず父の後を追って亡くなったといい、第12の説話では、嫁が自分の子

を殺害した残忍な姑の代わりに罪を受けるという展開になっているが、このような形で親や姑への深い愛情を示す話は『日記故事』系「二十四孝」説話に見えない。

6. 孝は悌を含み、仁を実行する

第19の説話では、孝、悌を実行したため、家族は和睦し、母親は満足したという。すなわち、孝は『論語』学而篇に「孝悌也者、其爲仁之本與」というように、「悌」と関係があり、同時に「仁」を実現する根本となっているのである。

7. 孝は階級、国籍、貴賤、男女、長幼、老若を問わず万人が実行できるもので、人間に不可欠な基本道徳である

28の孝子説話は、帝、王女といった貴族階級、官吏、民衆、男性、女性、幼児、老人、ベトナム人、外国人などさまざまな人々を含む。人間であれば誰でも「孝」を実行できるということになる。つまり『孟子』離婁篇上に「不得乎親、不可以爲人、不順乎親、不可以爲子」とあるとおり、孝は人間としての必要条件とされているのである。

おわりに

以上、28の説話すべてを日本語に訳すとともに、出典などいくらか考証を加えた。また説話の内容に沿って上記の類型に分けてみたが、孝を実施する対象を考えてみると、『西南𡎝進獸孝演歌』には母に対する孝を語る説話が11例、父に対する孝を語るものが10例、両親への孝を語るものが4例、姑に対する孝、祖先に対する孝と祖父母への孝を語る説話がいずれも1例ずつある。

一方、『日記故事』系の「二十四孝」説話には、母への孝を語る説話が13例（漢

第三部　李文馥系以外の「二十四孝」

文帝、曽参、閔損、孟宗、江革、陸績、王祥、郭巨、朱寿昌、蔡順、姜詩、王裒、黄山谷）、父への孝を語るものが4例（董永、楊香、庾黔婁、黄香）、両親への孝を語るものが6例（大舜、仲由、剡子、呉猛、老萊子、丁蘭）、姑への孝を語るものが1例（唐夫人）あるが、祖先と祖父母へ孝を語る説話は見あたらないという違いもある。

　20世紀初めに誕生した黄高啓・張甘榴『西南𡎝進孝演歌』は、それまでのベトナム「二十四孝」関連文献が中国の「二十四孝」説話を踏襲していたのとは違い、ベトナム人および西洋・日本の孝子28人の説話を収めるという独特の内容をもっている。これはベトナムの民族性の自覚とともに、ヨーロッパやアジアに広く目を向けようとする20世紀初頭の潮流を反映したものである。

　なかでも外国人の孝子説話を入れたことは、近代に至って西洋の文化と交流しつつあったベトナム社会を背景とし、「孝」が国籍の別なく万人に実行しうる道徳であることを強調するものとなっている。西洋文化の影響を受け、一方でみずからの独自性を見出すことにより、中国の思想、観念は必ずしも唯一の規範ではなくなったといえる。

　文献学上、同書は創作年代が「二十四孝演歌」「詠二十四孝詩」「補正二十四孝伝衍義謌」より遅かったが、諱を避けることをより厳守するものとなっている。しかし、孝子の姓名、情報などの誤りがいくらかある。また、漢字・字喃とともに国語字（現代ベトナム語正書法）を交えており、これはベトナムにおける20世紀初頭の文献の特徴の一つであるといえよう。

　そもそも、本書に記されている20人のベトナム人の孝子のうち、14人の説話は『陳史』『大越史記全書』『欽定越史通鑑綱目』『大南寔録』『大南一統志』『大南正編列伝』の歴史書に、3人の説話が「順天高皇后伝」「慈后録」『返性因説』の書物に掲載され、1人の説話は阮朝の王族である紹化郡公によって語られたものである。これら20人のベトナム人の孝子のうち、3人が陳朝の人物であり、1人が黎朝の人物であり、残る16人は阮朝の人物である。また、8人の外国人の孝子は18世紀、19世紀の孝子の人物が多くを占めている。つまり、ベトナム人の孝子の説話は出典が明瞭であり、本書に記され

第三章　「二十四孝」説話からベトナム独自の『西南麺進獸孝演歌』へ

ている孝子の人物は「二十四孝」よりも現代的なものである。

　このように、黄高啓はベトナム人の孝子の説話を歴史の書物に基づき、編纂した。張甘榴が編纂した外国の孝子の説話については、孝子の氏名が漢字表記で表されているため、正確的な姓名を判断することは容易ではない。外国人の孝子の出典、および張甘榴がどの書物に従い、彼らの説話を再編したのかは、今のところ未詳である。

　思想面から見ると、本書に記された「孝」は、その最も基本的な条件である「養親」「奉親」「敬親」という「孝」の狭い意味から、国家、民族の権利を優先させ、愛国心や祖先祭祀、祖先祭礼といった広い意味を包括する広いものとなっているが、それは当時の国家状況や家庭環境にもとづくものである。すなわち、「忠」と「孝」が衝突する場合、「忠」は「孝」より高いランクに入り、「大孝」とされる。この「大孝」は国家の運命、民族の情義にかかわるものであり、「小孝」である家族の権利、父母の愛情よりも重要な位置を占めることになる。言い換えれば、本書においてベトナムの「孝」思想は家族道徳、家庭文化から社会的道徳へと転換されつつあるといえよう。

　また、28人の孝子のうち、およそ三分の一の説話が夕べに父母の寝床を定め、朝に父母の安否を省みる「昏定而晨省」、墓の傍らに廬を作って三年間見守り、毎日哀しみを尽くす「喪則致其哀」、祖先の命日などをきちんと祭る「祭則致其嚴」など、いずれも「礼」と密接な関係をもっていることも見逃せない。すなわち、「養親」「奉親」「敬親」という「孝」の心情が「祖先祭祀」「祖先追慕」「祖先祭礼」といった礼の実践へと展開している。本書で語られたベトナムの孝子説話は、『礼記』祭統篇に「是故孝子之事親也、有三道焉、生則養、沒則喪、喪畢則祭」といい、『中庸』第十九章に「踐其位、行其禮、奏其樂、敬其所尊、愛其所親、事死如事生、事亡如事存、孝之至也」といい、『論語』学而篇に「其爲人也孝弟、而好犯上者鮮矣、不好犯上、而好作亂者未之有也」といい、『後漢書』韋彪伝に「求忠臣必於孝子之門」といった語の示す思想を生き生きと表現しているわけであるが、儒教の経典に記される思想より「孝」の範疇が広くなり、また「二十四孝」説話と比較すると、本書における「孝」の型はより豊かなタイプを含むものになっていると指摘

453

第三部　李文馥系以外の「二十四孝」

できる。そして、このような「孝」の精神は、家風、家礼、家訓などを含むベトナムの伝統的で特色ある家庭教育の文化を形成し、家族における孝子と、国における忠臣を誕生させるのに寄与したといえる。

　このほか、本書に記された説話がいずれも伝説ではなく、事実にもとづくものという点も重要である。いわば本書では、人間の「喜怒哀楽」がきわめて現実的に表現されており、第 12 の説話に典型的に見られるように、日常生活に見える現実性や人生の表と裏を反映するものとなっているのである。こうした点も「二十四孝」説話と比較した場合、本書独自のものがあるといえよう。

注

[1] 『西南台=進孝演歌』の張甘榴の序文に、このことが記されている（後述）。『ベトナム文学史要』にも「黄高啓の「子は親孝行をしなければならない」は『東洋雑誌』第 60 号に掲載されている」とある。Dương Quảng Hàm、『ベトナム文学史要』（*Việt Nam văn học sử yếu*）、Bộ giáo dục Trung tâm học liệu 出版、第 10 版、1968 年、400 頁参照。筆者は『東洋雑誌』を調べたが、ベトナム国家図書館の所蔵目録に同誌は載っているものの、60 号は欠けているとのことであった。

[2] Ban Hán Nôm thư viện khoa học xã hội『漢喃書目―作者目録』（*Thư mục Hán Nôm - mục lục tác giả*）、Ủy ban khoa học xã hội Việt Nam、謄写印刷、Hà Nội、1977 年、77 頁。

[3] Dương Quảng Hàm『ベトナム文学史要』（*Việt Nam văn học sử yếu*）、Bộ giáo dục Trung tâm học liệu 出版、第 10 版、1968 年、393 ～ 394 頁。

[4] Trần Văn Giáp『ベトナム作者たちの略伝』（*Lược truyện các tác gia Việt Nam*）、Văn học 出版社、2000 年、486 ～ 488 頁。

[5] Trịnh Khắc Mạnh『ベトナム漢喃の作者の字、号』（*Tên tự tên hiệu các tác gia Hán Nôm Việt Nam*）、Khoa học xã hội 出版社、2002 年、391 ～ 392 頁。

[6] Đỗ Đức Hiểu 他『文学事典』新版（*Từ điển văn học bộ mới*）、Thế Giới 出版社、2004 年、604 ～ 605 頁。

[7] Vũ Ngọc Khánh『我が国の歴史上の問題人物』（*Người có vấn đề trong sử nước ta*）、Văn hóa - Thông tin 出版社、2008 年、254 ～ 264 頁。

[8] Trần Trọng Kim『ベトナム史略』第 2 冊（*Việt Nam sử lược* quyển 2）、Bộ giáo dục Trung tâm học liệu 出版、1971 年、339 ～ 340 頁。

[9] Thanh Lãng『ベトナム文学史起草―字喃文学』（*Khởi thảo văn học sử Việt Nam - văn chương chữ Nôm*）、Phong trào văn hóa 出版、1953 年、56 ～ 57 頁。

第三章 「二十四孝」説話からベトナム独自の『西南進以孝演歌』へ

[10] 阮朝国史館『大南寔録』正編第五紀巻五「大南寔録十九」(慶應義塾大学言語文化研究所、1980年)、72頁、75頁。〔　〕内は双行注。
[11] 注10前掲、『大南寔録』正編第六紀巻一「大南寔録十九」、141頁、143頁。
[12] 注10前掲、『大南寔録』正編第六紀巻三「大南寔録十九」、180頁、184頁。
[13] 注10前掲、『大南寔録』正編第六紀巻五「大南寔録十九」、238頁。
[14] 注10前掲、『大南寔録』正編第六紀巻六「大南寔録十九」、245頁。
[15] 注10前掲、『大南寔録』正編第六紀巻六「大南寔録十九」、249頁。〔　〕内は双行注。
[16] 注10前掲、『大南寔録』正編第六紀巻七「大南寔録十九」、283頁。
[17] 注10前掲、『大南寔録』正編第六紀巻十「大南寔録十九」、323頁、339頁。
[18] フランス・パリ極東学院蔵『大南寔録』正編第六紀附編 (Viet/A/Hist/9)（写本）、巻之一、第一葉裏、第十三葉裏。〔　〕内は双行注。
[19] 注18前掲、『大南寔録』正編第六紀附編 (Viet/A/Hist/9)（写本）、巻之一、第二十四葉表。
[20] 注18前掲、『大南寔録』正編第六紀附編 (Viet/A/Hist/9)（写本）、巻之一、第五十五葉表裏。
[21] 注18前掲、『大南寔録』正編第六紀附編 (Viet/A/Hist/9)（写本）、巻之二、第一葉表、第二十七葉表裏。〔　〕内は双行注。
[22] 注18前掲、『大南寔録』正編第六紀附編 (Viet/A/Hist/9)（写本）、巻之三、第一葉表、第二十三葉表。〔　〕内は双行注。
[23] 注18前掲、『大南寔録』正編第六紀附編 (Viet/A/Hist/9)（写本）、巻之四、第一葉表、第十七葉裏。〔　〕内は双行注。
[24] 原文では「殿顯」の右側に上下を入れ替える記号の「ン」がついており、「顯殿」が正しいと思われる。
[25] 原文では「差欽」の右側に上下を入れ替える記号の「ン」がついており、「欽差」が正しいと思われる。
[26] 注18前掲、『大南寔録』正編第六紀附編 (Viet/A/Hist/9)（写本）、巻之八、第一葉表、第三十二葉裏、第三十三表。〔　〕内は双行注。
[27] 注18前掲、『大南寔録』正編第六紀附編 (Viet/A/Hist/9)（写本）、巻之九、第一葉表、第二十六葉表。〔　〕内は双行注。
[28] 原文では「啓高」の右側に上下を入れ替える記号の「ン」がついており、「高啓」が正しいと思われる。
[29] 注18前掲、『大南寔録』正編第六紀附編 (Viet/A/Hist/9)（写本）、巻十一、第一葉表、第六葉表。〔　〕内は双行注。
[30] 注18前掲、『大南寔録』正編第六紀附編 (Viet/A/Hist/9)（写本）、巻十一、第

[31] 注18 前掲、『大南寔録』正編第六紀附編（Viet/A/Hist/9）（写本）、巻十三、第一葉表、第三十四葉裏、三十五葉表。〔 〕内は双行注。
[32] 注18 前掲、『大南寔録』正編第六紀附編（Viet/A/Hist/9）（写本）、巻十四、第一葉表、第二十七葉裏、二十八葉表。〔 〕内は双行注。
[33] 注18 前掲、『大南寔録』正編第六紀附編（Viet/A/Hist/9）（写本）、巻二十四、第一葉表、第十三葉表裏。〔 〕内は双行注。
[34] 注2 前掲、『漢喃書目―作者目録』（Thư mục Hán Nôm - mục lục tác giả）、391 頁。
[35] 「南国山河」の詩は次のとおり。「南國山河南帝居、截然定分在天書、如何逆虜來侵犯、汝等行看取敗虛」。陳荊和編校『大越史記全書』校合本、本紀全書巻之三（東京大学東洋文化研究所附属東洋学文献センター刊行委員会、1984 年）、249 頁。
[36] 漢喃研究院蔵『西南㕵進孝演歌』（VNv.62）、第1葉表。
[37] 国語字というのはこの場合、字喃の意味である。
[38] 嗣徳帝の名である阮福時の「時」の諱と同音の「時」を避けるため、筆を欠き、「時」となる。このことは第二部第一章の注135 を参照されたい。
[39] 注36 前掲、『西南㕵進孝演歌』（VNv.62）、第1葉表裏〜第2葉表裏。
[40] 「此理此心」とは、共通の道理、共通の心をみな持っているということ。
[41] 「龍飛」は『易』乾卦の「飛龍在天」にもとづく語であり、皇帝が即位しているという意味。
[42] 岩月純一「近代ベトナムにおける「漢字」の問題」『漢字圏の近代 ことばと国家』（東京大学出版会、2005 年）、131 〜 148 頁を参照。
[43] 佐藤トゥイウェン、清水政明、近藤美佳「『国風詩集合採』――阮朝ベトナムにおける漢字・字喃・国語字表記の詩集」『大阪大学世界言語研究センター論集』第 7 号（大阪大学世界言語研究センター、2012 年）、263 〜 283 頁を参照。
[44] 注3 前掲、Dương Quảng Hàm、『ベトナム文学史要』（Việt Nam văn học sử yếu）、91 頁。
[45] 「宗」は紹治帝の字の諱を避けるため、欠筆となっている。このことについては、第二部第一章の注 426 を参照されたい。
[46] ここには『欽定』という書名が記されている。ベトナムの欽定史書には『欽定大南会典事例』『欽定越史通鑑綱目』の二つがあるが、筆者が調べたところでは、陳の英宗帝が酒に酔った話は『欽定越史通鑑綱目』に記されている。ここでの『欽定』は『欽定越史通鑑綱目』と理解できる。
[47] 『欽定越史通鑑綱目』正編巻八（NLVNPF-0174-06、ベトナム国家図書館の電子版）巻八、第二十七葉表、第二十八葉表、および陳荊和編校『大越史記全書』校合本、本紀全書巻之六（東京大学東洋文化研究所附属東洋学文献センター刊行委員会、

第三章　「二十四孝」説話からベトナム独自の『西南𨤔進孝演歌』へ

1984 年)、377 頁を参照。
[48] 紹治帝の字は「綿宗」であるが、ここでは「明宗」と記されている。「宗」は紹治帝の字「宗」を避けるため、欠筆となっている。このことについては、第三部第一章の注 35 および第二部第一章の注 426 を参照されたい。
[49] 嗣德帝の名である阮福時の「時」の諱と同音の「時」を避けるため、欠筆して、「旹」としている。このことについては、第二部第一章の注 135 を参照されたい。
[50] 明命帝の長男は「綿宗」であるが、原文では「明宗」と記されている。
[51] 明命帝の次男の一人は「綿弘」であるが、原文では「明弘」と記されている。
[52] 阮朝国史館『大南寔録』正編第二紀巻二十九「大南寔録五」(慶應義塾大学言語文化研究所、1971 年)、366 〜 367 頁。〔　〕内は双行注。
[53] 阮朝国史館『大南寔録』正編第二紀巻一百五十九「大南寔録十」(慶應義塾大学言語文化研究所、1975 年)、232 頁、243 頁。
[54] 注 48 を参照。
[55] 注 49 を参照。
[56] 「太尊」は、陳朝の初代皇帝である陳太宗(チャン・タイ・トン、Trần Thái Tông)である。ここでは「綿宗」である紹治帝の字の「宗」を避けるため、「太尊」に作っている。このことについては、第二部第一章の注 426 に記されているため、参照をされたい。
[57] 東洋文庫所蔵『大南一統志』巻之三十六南定省、第 24 葉表。〔　〕内は双行注。本書は現大阪大学の桃木至朗教授に提供していただいた。ここに記して、謝意を表する。
[58] 注 57 前掲、『大南一統志』巻之三十六南定省、第 27 葉裏。〔　〕内は双行注。
[59] 陳荊和編校『大越史記全書』校合本、本紀全書巻之十(東京大学東洋文化研究所附属東洋学文献センター刊行委員会、1985 年)、552 頁。
[60] 注 57 前掲、『大南一統志』巻之三十四河内省、第 60 葉裏、第 61 葉表。〔　〕内は双行注。
[61] 阮朝国史館『大南寔録』正編第二紀巻七十「大南寔録七」(慶應義塾大学言語文化研究所、1973 年)、155 頁。〔　〕内は双行注。
[62] 劉德称等纂『大南一統志』第二輯巻十五乂安省下(印度支那研究会、1941 年)、1637 〜 1638 頁。〔　〕内は双行注。
[63] 阮朝国史館『大南寔録』正編第四紀巻二「大南寔録十五」(慶應義塾大学言語文化研究所、1979 年)、42 頁、63 頁。〔　〕内は双行注。
[64] 劉德称等纂『大南一統志』第一輯巻六広義省(印度支那研究会、1941 年)、834 〜 835 頁。〔　〕内は双行注。
[65] 阮朝国史館『大南寔録』正編第二紀巻一百八十五、「大南寔録十一」(慶應義塾

第三部　李文馥系以外の「二十四孝」

- [66] 注62前掲、『大南一統志』第二輯巻十五乂安省下、1637頁。〔　〕内は双行注。
- [67] 阮朝国史館『大南正編列伝』初集、巻二十九、「大南寔録四」（慶應義塾大学言語文化研究所、1962年）、313頁。
- [68] 注65前掲、『大南寔録』正編第二紀巻一百八十五、「大南寔録十一」、230頁、239〜240頁を参照。〔　〕内は双行注。
- [69] 注62前掲、『大南一統志』第二輯巻十富安省、1216頁。〔　〕内は双行注。
- [70] 阮朝国史館『大南寔録』正編第二紀巻四十六「大南寔録六」（慶應義塾大学言語文化研究所、1972年）、187頁、200頁。
- [71] 注61前掲、『大南寔録』正編第二紀巻七十六「大南寔録七」、232頁、245頁。
- [72] 注62前掲『大南一統志』第二輯巻八広平省、1047頁。〔　〕内は双行注。
- [73] 注61前掲、『大南寔録』正編第二紀巻七十八「大南寔録七」、265頁、272頁。
- [74] 「時」は嗣徳帝の名である「阮福時」の「時」の諱と同音の文字である。そのため、「時」諱を避けるため、「辰」に改めている。このことについては、第二部第一章の注135を参照されたい。
- [75] 注52前掲、『大南寔録』正編第二紀巻十四、「大南寔録五」、193頁、200頁を参照。
- [76] 注57前掲、『大南一統志』巻之三十一山西省下、第33葉表。〔　〕内は双行注。
- [77] 注62前掲、『大南一統志』第二輯巻十三河静省、1483頁。〔　〕内は双行注。
- [78] Vũ Văn Kính氏は「鱸𦝢胮、ソ・バ・ザ（Sô-Ba-Da）はジョゼフ、つまりJoseph Baraであるかもしれない。Joseph Baraは1779年にPalaiseau (Seine-et-Oise)で生まれたフランスの少年であり、1793年当時、14歳でCholetの近くのある地域で殺害された。彼はフランス共和国のDesmarres将軍の騎兵隊に募兵した。Joseph Baraは敵の伏撃に捕えられた。敵は彼に降伏することを勧め、「皇帝、万歳」を呼びかけるように強制したが、Joseph Baraは「共和、万歳」と大きい声で叫んだ。そのため、彼は殺害された。(Petit Larousseによる)」と述べた。Vũ Văn Kính注解、『西南二十八孝演歌』(Tây Nam Nhị thập bát hiếu diễn ca)、Ủy ban dịch thuật Phủ quốc vụ khanh đặc trách văn hóa出版、1971年、84頁を参照。
- [79] 紹治帝の母親の名である「實」の諱を避けるため、「寔」に改めている。このことについては、第二部第一章の注332を参照されたい。
- [80] 郷試に合格した者、挙人の下。
- [81] 原文には「倅」（私）と記されているが、ここでは「私」は悦であるかこの文献を編纂した張甘榴であるかは不明である。文脈から判断すると、ここの「私」は恐らく悦であろう。
- [82] 本文に「刊さん」はコーチシナの理事長官であったと記されているが、『大南寔録』正編第六紀巻三に、「河内公使大臣珊」という名前が見える。また、張甘榴の韻

第三章 「二十四孝」説話からベトナム独自の『西南𡎝進擬孝演歌』へ

文では「珊さん」と記されている。

[83] Dương Kính Quốc『1945年8月革命の前のベトナムにおける植民地の政権』(*Chính quyền thuộc địa ở Việt Nam trước Cách Mạng Tháng Tám năm 1945*)、Khoa học xã hội 出版社、1988年、283〜291頁。
[84] 編著者によりこの説話が1922年に「中北新聞」に記載されていると述べられているから、今年というのが1922年であることがわかる。
[85] 「中北新聞」は日刊紙である。筆者はアメリカのコーネル大学蔵の1922年5月刊の「中北新聞」を調査したが、この話は見つけられなかった。コーネル大学蔵5月の「中北新聞」は7日、14日、21日、25日、28日の五つが欠号であるため、この話が欠号に記されていた可能性もある。京都大学蔵の同年5月刊の「中北新聞」も同様に、7日、14日、21日、25日、28日の五つが欠号であった。
[86] Viện nghiên cứu Hán Nôm, viện Harvard-Yenching (America)『越南儒教書目』(*Thư mục Nho giáo Việt Nam*)、Khoa học Xã hội 出版社、2007年、567頁。
[87] Toan Ánh『ベトナムの信仰』上巻 (*Nếp cũ-Tín ngưỡng Việt Nam*, quyển Thượng) Xuân Thu 本屋、再版1966年、22頁。
[88] Cao Văn Cang『昔と今の孝行』(*Hiếu hạnh xưa và nay*)、Văn hóa dân tộc 出版社、2006年、134頁。
[89] 湯浅邦弘『江戸時代の親孝行』(大阪大学出版会、2009年) に詳しい考察がある。

結　　論

　本書は、中国で生まれた「二十四孝」説話がベトナムにどのように流布し、また受容され変容したのかを文化交渉の視点にもとづき明らかにするとともに、ベトナム人の「孝」思想の特徴を考察したものである。

　序論「ベトナムにおける儒教と「二十四孝」」では、ベトナムにおける儒教の受容、儒教の歴史とその特徴、ベトナムの儒教において「二十四孝」がどのような役割を持っていたのかにつき考察した。儒教は、遅くとも第二北属期にはベトナムに伝わっていた。ベトナムの儒者たちが「詞章学」を重視したこと、ベトナムにおいて新しい学派、学統が誕生しなかったこと、「儒学」よりも「儒教」を重視したこと、「孝」、「義」および「社会的教化手段としての儒教」、「倫理道徳としての儒教」としての在り方がベトナム儒教の目立った特徴の一つであることなどが明らかになったと思われる。そして、「孝」はベトナムのすべての階級に浸透し、儒教の「社会的教化」の上で「義」よりも一層強く提唱された。

　また、ベトナムの儒教では「二十四孝」が重要な役割を担っていた。儒教の「孝」思想をうたい上げる「二十四孝」説話が字喃詩に翻案され、民衆に広く普及したのである。筆者の調査によれば、阮（グエン）朝以降の重要な特色として、「二十四孝」説話が「ベトナム化」したことを挙げることができる。ベトナムにおける「二十四孝」説話はすべて阮朝以降に刊行されており、19〜20世紀にベトナムに普及したことになる。「二十四孝」説話は確かに「哲学理論としての儒教」ではないが、むしろそれゆえに社会で広く受容され、ベトナムにおける儒教、特に「孝」思想の普及に大きな役割を果たしたのである。そうであれば、「二十四孝」説話について考察することは、ベトナム儒教の特色の解明につながるであろう。

　第一部では「「二十四孝」とベトナム」と題して、ベトナムにおける「二十四

孝」説話の基本的状況を論じた。

　第一部第一章「中国の「二十四孝」説話とその系統」では、中国の「二十四孝」説話の作者と「二十四孝」説話の三つの系統、すなわち『全相二十四孝詩選』『日記故事』『孝行録』の三系統を考察した。そして、孝子の人物および記載法により、ベトナムにおける「二十四孝」は『日記故事』系に属するものであることを明らかにした。また、中国の「二十四孝」の著者である郭居敬、郭居業についても論及した。

　第一部第二章「ベトナムにおける「二十四孝」」では、黎（レー）朝から現在までのベトナムにおける「孝」思想、さらに阮朝から現在に至る「二十四孝」説話の位置を考察しつつ、ベトナムにおける「二十四孝」説話の流布状況を明らかにした。たとえば、黎朝では「不孝」の場合は「十悪」という罪に問われることが法律化されていた。阮朝の明命（ミン・マン、Minh Mạng）帝は官吏任用の際に孝行者を選び、「孝子」に「孝行可風」「孝順可風」等の扁額を恩賞している。教育面においては、フランス植民地時代、ベトナムの小学校の教科書には「孝道」教育の項目が多い。さらに、現在のベトナム社会主義共和国の刑事法には、親の体を傷つける罪、親を侮辱する罪、親を誣告する罪の条項がある。市・区の委員会は親孝行な人物を宣揚し、賞を授けるイベントをしばしば行い、新聞、テレビなどの報道で喧伝している。このような歴史的伝統の中で、李文馥（リー・ヴァン・フック、Lý Văn Phức）の「二十四孝演歌」をはじめ、綿寯（ミエン・トゥアン、Miên Tuấn）皇子の「補正二十四孝伝衍義謌」、鄧輝燆（ダン・フイ・チュー、Đặng Huy Trứ）の『四十八孝詩画全集』、黄高啓（ホアン・カオ・カイ、Hoàng Cao Khải）・張甘榴（チュオン・カム・ルウ、Trương Cam Lưu）の『西南進猷孝演歌』などの二十四孝関連著作29点が次々に誕生したのは当然の流れといえる。「二十四孝」説話は科挙試験には使用されなかったが、かつてベトナムで漢字・漢文を教えた講師は学生教育の際、これを不可欠な書物とし、特に北部の儒者の家では教育用書物として用いていた。

　また、黎朝の『国朝刑律』「増補香火令」第2条に、子孫は祖先祭祀を行なわなければならず、これを行なわなければ法律に違反し「不孝」の罪にな

ると記されている。さらに、同書「増補参酌校定香火」第9条では、子孫は貧しくても祖先祭祀のための土地を売ってはならず、売ると「不孝」の罪になるという。これら法律にも規定された「孝」の実践が、「祖先追慕」や「祖先祭祀」といった礼の実践へと展開するのである。つまりベトナムにおける「祖先祭祀」は、「孝」の実践と家庭的倫理道徳の教育に不可欠なものであった。「祖先祭祀」を行なう場である祠堂を建てること、家屋に祭壇を置くことは、ベトナム人にとって「孝道」の一つなのである。「祖先祭祀」はベトナム人の心霊文化において重要な位置を占めている。その上、「祖先祭祀」は、子孫に家庭の伝統を教育すること、および親戚の関係をつなぐかけ橋になっているといえる。換言すれば、祠堂の設営や祖先祭祀はベトナム人の家族の絆を強化するのに貢献する伝統的な文化の一つなのであろう。

　「孝」は昔から現在に至るまでベトナムの社会において重要な位置を占め、「親孝行」の思想はベトナム人の血肉として浸透し、今でもはっきりと存在し続けているのである。

　第二部では「ベトナムにおける李文馥系の「二十四孝」」と題して、「二十四孝」説話がベトナム社会でどのような形で展開したのかを関連文献を中心に考察した。

　第二部第一章「李文馥と「二十四孝演歌」について」では、李文馥の経歴、および彼が著した「二十四孝演歌」を文献学的に考察した。「二十四孝演歌」は、李文馥が「二十四孝」説話を漢文によって引用したあと、その意味を字喃の「双七六八体」で演音したもので、明命16年（1835）旧暦10月に著された。李文馥は子孫に家訓として残す目的でこれを書いたが、その後、全国的に流行したことからもわかるように、同書はわかり易い、啓蒙性の高いものであった。本章後半では24首の詩をすべてとり上げ、語釈と日本語訳をつけておいた。また『孝順約語』『勧孝書』『陽節演義』『詩文並雑紙』の四文献はいずれも李文馥の「二十四孝演歌」を収録しているので、それらとの文字の異同も記しておいた。

　ベトナムにおける「二十四孝」説話関係の文献としては、李文馥の作品が圧倒的に多く読まれていた。その意味で、李文馥は「二十四孝」を「ベトナ

ム化」した先駆者であり、「二十四孝演歌」はベトナムで初めて「二十四孝」のすべてを演音するとともに大きな影響力をもった文献として特筆される。

第二部第二章「「詠二十四孝詩」と中越文化交渉」では、「詠二十四孝詩」の作者5人とこの文献の内容につき考察した。「詠二十四孝詩」は、李文馥、陳秀穎（チャン・トウ・ジン、Trần Tú Dĩnh）、杜俊大（ドー・トゥアン・ダイ、Đỗ Tuấn Đại）が中国広東に使臣として派遣されたとき、譚鏡湖、梁釗という中国人の友人と唱和した七言絶句の詠詩であり、明命16年（1835）旧暦11月に書かれた。本章では5人による詠詩123首をとり上げ論じるとともに、他の『孝順約語』『勧孝書』『陽節演義』『驪州風土話』との文字の異同も記した。考察の結果、ベトナム・中国の両国の知識人が「孝」に関して豊かな文学的才能を発揮し、文化交渉に寄与していたことが確認された。本書は民衆に広く流布することはなかったが、当時のベトナムの官吏、知識人階層に影響を与えたものであって、ベトナムにおける中国文化、とりわけ「二十四孝」説話の受容を物語る貴重な文献である。

第二部第三章「李文馥系の「二十四孝」と『日記故事』系の各文献の比較」では、『日記故事』系の代表的な「二十四孝」文献として、万暦三十九年版、寛文九年版、「二十四孝原編」、『趙子固二十四孝書画合璧』、および「二十四孝原本」を紹介した。そして、『掇拾雑記』所収の李文馥「二十四孝演歌」の漢文部分（本文）、および『二十四孝』（Nhị thập tứ hiếu、ナム・ディン（Nam Định）印刷所、1908年）に収められている図版をこれら『日記故事』系の各文献と比較した。これは、李文馥系の「二十四孝演歌」のうち、図版を載せているのが『二十四孝』のみだからである。比較の結果、ベトナムにおける「二十四孝」の変遷を再確認できた。そして、『日記故事』系の「二十四孝原本」が李文馥系の「二十四孝演歌」漢文部分（本文）および『二十四孝』（図版）の底本になったことを明らかにした。

第三部では「ベトナムにおける李文馥以外の「二十四孝」」と題して、李文馥以外の「二十四孝」説話、および「二十四孝」説話を基礎として展開したベトナム独自の孝子説話について論じた。

第三部第一章「綿寓皇子と「補正二十四孝伝衍義詞」について」では、「補

結　論

正二十四孝伝衍義誧」をとりあげ、作者である綿寯皇子の生涯や著作、その「勧孝」の精神が王室の子弟の「孝」教育に対して、どのような役割を果たしたのかを明らかにした。ベトナムにおける「二十四孝」説話関連文献 29 点のうち、「補正二十四孝伝衍義誧」のみは阮朝の王室メンバーの作品である。この書は「二十四孝」説話を漢文によって引用したあと、その意味を字喃の「双七六八体」で翻案している。成泰 11 年（1899）以降、和盛郡王となった綿寯皇子が定め、子の洪墍が訂正、刊行した。本章では 24 首の字喃による詩をとり上げるとともに、日本語訳をつけた。本書は李文馥の「二十四孝演歌」と違い、国語字転写がないようであり、民衆には流布しなかったものの、皇室内で子孫たちへの教訓書として広く読まれたようである。なお、本書では阮朝に普及した避諱の書法が用いられていることも指摘した。

　第三部第二章「『四十八孝詩画全集』と中国の「二十四孝原編」、「二十四孝別集」の比較」では『四十八孝詩画全集』（以下、『全集』と略称）をとりあげた。『全集』は、鄧輝燆によって中国の朱文公「二十四孝原編」、高月槎「二十四孝別集」を参考にして編纂され、嗣徳丁卯年（1867）に出版された漢文の刊本である。『全集』所収の「二十四孝原編」「二十四孝別集」の本文と図版をとりあげつつ、これらの原本になったと思われる中国の「二十四孝原編」「二十四孝別集」と比較した。本書にはベトナムの避諱があり、中国とは別の七言絶句を挿入しているため、『全集』は「二十四孝原編」「二十四孝別集」にもとづき編集されたものの、そのまま写したものではないことがわかる。また、図版も一部改変を加えているところがある。『全集』は独自のベトナム的特色を持つ文献であるといえる。また『全集』では阮朝に普及した避諱の三つの書法を用いていることも指摘した。

　第三部第三章「「二十四孝」説話からベトナム独自の『西南㕭進欻孝演歌』へ」では、黄高啓・張甘榴によって編纂された『西南㕭進欻孝演歌』をとり上げた。そこに記されている西洋・日本およびベトナム 28 人の孝子の説話（散文）につき、日本語訳をつけ、「二十四孝」の変遷を明らかにし、ベトナム人の「孝」思想を論じた。この文献には古典的な漢字・字喃文献の特徴とともに、20 世紀初頭の文献の特徴をも看取できる。すなわち、ベトナムの

民族性の自覚とともに、ヨーロッパやアジアに広く目を向けようとする20世紀初頭の潮流を反映したものになっている。なかでも、外国の孝子説話を入れたことは、近代に至って西洋の文化と交流し、グローバルな傾向を強めたベトナム社会を背景とするものである。また思想面から見ると、本書に記された「孝」は「養親」「奉親」「敬親」という「孝」の狭い意味から、国家、民族の権利を優先させ、愛国心や祖先祭祀、祖先祭礼といった「孝」の広い意味を包括するものとなっている。すなわち、本書においてベトナムの「孝」思想は、家族道徳から社会的道徳へと転換されつつあるといえよう。

以上、本書では、ベトナムに伝わる「二十四孝」説話について、そのテキストを網羅的に調査、紹介し、その作者、成立年代について考察するとともに、中国や日本伝存のテキストと比較し、文献の伝来と変遷、文献学上・思想上の特色などについて解明した。多くの「二十四孝」説話関連文献が字喃による演音をともなっている点も大きな特色であり、阮朝末期になると国語字転写による解説も現われる。ここではそれらを可能な限り現代語訳して提示しておいた。

これらの文献は、おおむね「二十四孝」説話の三系統のうち『日記故事』系に属するものであり、「二十四孝原本」がベトナムにおける「二十四孝」の底本となった。また、もう一つの二十四孝説話である「二十四孝原編」「二十四孝別集」も『四十八孝詩画全集』の底本として用いられ、二十四孝のベトナムにおける受容と変遷を物語る興味深い文献となっている。このほか、李文馥、綿寓皇子、黄高啓、張甘榴らによる「二十四孝」各文献が、ベトナムの近世・近代の文学史に重要な位置を占める字喃文学として貴重であることも再確認できた。

もちろん、「二十四孝」説話は現代の目から見れば、荒唐無稽な色彩や消極的な面も見受けられる。中国の胡適や魯迅、ベトナムのファム・コン・ソン（Phạm Côn Sơn）、カオ・ヴァン・カン（Cao Văn Cang）らは「二十四孝」をさまざまに批判しているが、この説話が「孝」教育の役割を果たし、「家範」や「家訓」として受け入れられていたことを否定することはできない。さらに、「二十四孝」は古くからベトナム人に親しく熟知され、現在でも形を変

えながらも書籍が出版されている。この文献はけっして時代遅れのものではなく、現代ベトナムにおいて今なお一定の価値があるといえる。

　漢字・字喃・国語字の三種類の文字を用いて記されている、これらの多様多彩な「二十四孝」文献の存在は、ベトナムにおいて「孝」の思想が王族から庶民レベルまで広く普及し、ベトナム文化の重要な伝統を形成した証拠といってよいであろう。これまでベトナムにおける「二十四孝」がほとんど研究されてこなかったこと、また現代のベトナム社会において個人主義がもてはやされ、「孝」や「孝悌」への意識が変化する状況にあることを考えれば、本書はベトナムの重要な文化・思想の一端を究明するとともに、また将来への展望を示すという意味をもちうるのではないかと思われる。

注

[1]　胡適は「曾子説的三種孝、後人只記得那最下等的一項、只在一個「養」字上做工夫。甚至於一個母親發了癡心冬天要吃鮮魚、他兒子便去睡在冰上、冰裏面便跳出活鯉魚來了。〔晉書王祥傳〕。這種鬼話、竟有人信以爲眞、以爲孝子應該如此！可見孝的眞義久已埋没了」と述べている。（胡適『中国哲学史大綱』巻上、商務印書館、1919 年、127 〜 128 頁。〔　〕内は双行注）。魯迅は「老莱子」と「郭巨」について、「我至今还记得、一个躺在父母跟前的老头子、一个抱在母亲手上的小孩子、是怎样地使我发生不同的感想呵。……然而这东西是不该拿在老莱子手里的、他应该扶一枝拐杖。现在这模样、简直是装佯、侮辱了孩子。我没有再看第二回、一到这一叶、便急速地翻过去了。…… 而招我反感的便是"诈跌"。无论忤逆、无论孝顺、小孩子多不愿意"诈"作、听故事也不喜欢是谣言。这是凡有稍稍留心儿童心理的都知道的。……我最初实在替这孩子捏一把汗、待到掘出黄金一釜、这才觉得輕松。然而我已经不但自己不敢再想做孝子、并且怕我父亲去做孝子了。家景正在坏下去、常听到父母愁柴米、祖母又老了、倘使我的父亲竟学了郭巨、那么、该埋的不正是我么？……」と厳しく批判した（魯迅『魯迅全集』第二巻、人民文学出版社、1961 年、236 〜 237 頁）。ファム・コン・ソンは「説話の内容には非科学的な部分があるので、現在の実際の社会および現代の人の鋭い理解力に適切ではない」と述べている（Phạm Côn Sơn『子としての道』(Đạo làm con)、Văn hóa dân tộc 出版社、Hà Nội、2004 年、23 頁）。また、カオ・ヴァン・カンは「フランス植民地時代の教育プログラムに属する道徳・倫理の科目では、舜帝、閔

子騫、親を孝養するため米を背負う子路の「孝」の鑑を用いて60年間子供に「孝道」を教えた。現代の時代において、いくつかの説話には価値を見出せるが、その他の説話は神秘的非科学的なことをもたらしている。現代の人は誰でも「胎教」を実施し、母親の腹にいる時から子供は賢く鋭い固有の本質を持っている。そのため、非科学的なものは現代の子供には合わず、非科学的な説話を排除すべきである。六歳の陸績がみかんを盗む説話、糞を嘗める説話、姑に母乳を飲ませる説話は現代の人の認識に合わない」と評論している（Cao Văn Cang、『昔と今の孝行』(Hiếu hạnh xưa và nay)、Văn hóa dân tộc 出版社、2006年、59〜60頁）。

あとがき

　本書は、2014年3月に関西大学大学院東アジア文化研究科に提出し学位を得た博士論文『ベトナムにおける「二十四孝」の研究』を加筆修正したものである。

　本書を執筆する際、関西大学文化交渉学教育研究拠点「グローバルCOEプログラム」のプロジェクト、文部科学省「卓越した大学院拠点形成支援事業」のおかげで、筆者は何度もベトナム、中国、台湾、アメリカの国々に資料調査に赴き、貴重な「二十四孝」文献、貴重な資料を閲覧、複写できた。さらに、平成27年度科学研究費助成事業（学術研究助成基金助成金）「基盤研究（C）」（課題番号 JP15K02092、平成27年度～30年度、佐藤トゥイウェン研究代表）の研究費の助成を得たことにより、フランス・パリに資料調査に赴き、パリ極東学院でベトナムに所蔵されていない貴重な資料を複写することもできた。

　本書は、ベトナムに伝わる「二十四孝」説話のテキスト29点を網羅的に調査、紹介するとともに、文化交渉学の視点から中国や日本伝存のテキストと比較し、文献の伝来と変遷、文献学上・思想上の特色などを解明するという点で従来の研究にはない独自の特色を有するかと思われる。このように、本書はベトナムの重要な文化・思想の一端を究明するとともに、また将来への展望を示すという意味をもちうるのではないかと思っている。つまり、日本、韓国、台湾における「二十四孝」説話の受容、流布、変遷および「孝」思想の相違点などを比較するための参考資料となるであろうし、東アジアにおける「二十四孝」説話、「孝」思想の総括的な研究の一助になると信じているところである。

　博士論文執筆の際には、指導教授の吾妻重二先生には大変お世話になった。そもそも「二十四孝」というテーマは先生から示唆されたものであり、その他蔵書・資料の調査方法、執筆上の注意、論旨展開の仕方、原稿の校正などいろいろとお手をわずらわせた。ベトナム出身であるわがままな筆者は、いつ

も先生にご迷惑やご負担をおかけしたため、先生は泣きそうな気分であったかもしれない。しかし、先生はいつも丁寧に細かいところまで指導し、筆者の論文の一つ一つの文章を添削してくださった。心から感謝を申し上げたい。

また、この間、関西大学総合図書館、大阪大学図書館、天理大学図書館、東京学芸大学附属図書館、アメリカのコーネル大学図書館、ハーバード大学図書館、フランス・パリ極東学院図書館、中国の華東師範大学図書館、ベトナム国家図書館、漢喃研究院、ベトナム社会科学情報院、ホーチミン市総合科学図書館からは貴重な資料を提供していただいた。コーネル大学、漢喃研究院、ベトナム国立・ホーチミン市人文社会科学大学、中国の復旦大学、広島大学、慶應義塾大学、大阪大学の外国語学部および文学部、そして関西大学の東アジア文化研究科および国文学研究科の先生方からは貴重なご意見や資料を頂戴した。ここに記して、お礼を申し上げたい。

さらに、本書の出版を担当してくださった東方書店コンテンツ事業部の川崎道雄氏から組版などにつき貴重なご意見をいただいた。このほかにも多くの日本、ベトナムの知人からさまざまな応援を受けた。いちいちお名前は挙げないが、ここに感謝の意を表したい。

本書でとりあげたベトナムにおける「二十四孝」というテーマは、従来、日本でも、中国でも、ベトナムでも研究されていないようである。この課題は新しいテーマなのである。逆に言えば、それは先行研究がほとんどないということを意味する。そのため、博士論文および本書執筆の際、資料や参考文献などの面で様々な困難にあい、やめようかと何度も考えたものである。しかし、両親はいつも筆者を励まし、応援してくれた。その応援のおかげで、筆者は本書を完成させることができたと思う。最後になったが、筆者をいつも応援し励ましてくれた両親にも心から感謝を申し上げたい。

　　　　　　　　2016 年 11 月　　　　　　　　　佐藤トゥイウェン

＊本書の刊行には独立行政法人日本学術振興会から平成 28 年度科学研究費助成事業（科学研究費補助金）（研究成果公開促進費）「学術図書」（課題番号 JP16HP5006）の助成を受けた。感謝の意を表したい。

参考文献

● 漢文・字喃文書籍（二十四孝関係）（出版年順）

『孝行録』（関西大学総合図書館内藤文庫蔵、L21*4*739）（元順帝 6 年（1346））

詹応竹校、黄正甫刊『新鐫徽郡原板校正絵像註釈便覧興賢日記故事』四巻（明万暦 39 年（1611））国立公文書館内閣文庫蔵

人見卜幽軒『東見記』下巻（関西大学総合図書館内藤文庫蔵、L21**3*687-2)（貞享 3 年（1686））

伊蒿子『本朝孝子伝』（勝村治右衛門、1686 年）

鳥井清信画『本朝二十四孝』巻上・中・下（松倉宇兵衛、1697 年）

張瑞図校、鎌田環斎再校『新鍥類觧官様日記故事大全』七巻（文海堂文樵堂、天保 4 年（1833））

『掇拾雑記』（漢喃研究院蔵、AB132）（写本）

山崎美成『世事百談』全四冊（青雲堂英蔵、天保 14 年（1843））

『前後孝行録』道光甲辰年春敬募重鐫（京江柳書諌堂、1844 年）（T1A0/22/138、東京学芸大学図書館の電子化資料・画像）

『孝順約語』（漢喃研究院蔵、A433）（写本）

『四十八孝詩画全集』（漢喃研究院蔵、AC16）（刊本）（1867 年）

『勧孝書』（漢喃研究院蔵、AB13）（刊本）（1870 年）

『陽節演義』（漢喃研究院蔵、VHv1259）（刊本）（1890 年）

『百孝図』四巻（関西大学総合図書館蔵、同治 10 年（1871 年））

『詩文並雑紙』（漢喃研究院蔵、A.2303）（写本）

『驩州風土話』（漢喃研究院蔵、VHv1718）（写本）

『孝経国語詞』（漢喃研究院蔵、VNv60）（刊本）（1900 年）

山崎美成『海録』（国書刊行会、1915 年）

郭居業輯、陳鏡如音註『二十四孝図説』上海寿世草堂、民国 7 年（1918）

『西南台=進入孝演歌』（漢喃研究院蔵、VNv.62）（刊本）（1923 年）

林仕荷『三余堂叢刻』第一冊（民国 16 年（1927））華東師範大学図書館蔵

日本随筆大成編輯部『日本随筆大成』（吉川弘文館、昭和 3 年（1928））

『趙子固二十四孝書画合璧』（1933 年）アメリカハーバード大学図書館蔵

郭居敬撰、禿氏祐祥解説『二十四孝詩選』乙本、甲本（全国書房、1946 年）

唐碧編『前後孝行録』民俗、民間文学影印資料 89（上海文芸出版社、1991 年）

● 単行本、マイクロフィルム（現代ベトナム語、二十四孝関係）（出版年順）

Quang Thanh「二十四孝」(*Nhị thập tứ hiếu*)、Nam Định 印刷所、1908 年

Đặng Lễ Nghi『二十四孝』(*Nhị thập tứ hiếu*)、Phát Toán 印刷所、Saigon、1910 年

Áng Hiên『二十四孝詩歌』(*Nhị thập tứ hiếu thi ca*)、Mạc Đình Tứ 印刷所、Hà Nội、1911 年

Nguyễn Đại Hữu『二十四孝演音』(*Nhị thập tứ hiếu diễn âm*)、Ngô Tử Hạ 印刷所、Hà Nội、第二版、1928 年

Đặng Lễ Nghi『二十四孝』(*Nhị thập tứ hiếu*)、Xưa nay 印刷所、Saigon、1929 年

『二十四孝』(*Nhị thập tứ hiếu*)、Đông Tây 印刷所、Hà Nội、1933 年

Nguyễn Trọng Thật『二十四孝』(*Nhị thập tứ hiếu*)、Xưa nay 印刷所、Saigon、1933 年

Nguyễn Bá Thời『二十四孝』(*Nhị thập tứ hiếu*)、Đức Lưu Phương 印刷所、Saigon、1933 年

『二十四孝――懐古形式の歌』(*Vọng cổ Bạc Liêu Nhị thập tứ hiếu*)、Phạm Đình Khương 印刷所、chợ lớn、1935 年

『二十四孝』(*Nhị thập tứ hiếu*)、Bình dân thư quán 出版社、Hà Nội、1950 年

Chu lang Cao Huy Giu 注解『二十四孝』(*Nhị thập tứ hiếu*)、Tân Việt 出版社、1952 年

『二十四孝』(*Nhị thập tứ hiếu*)、Hương Quê 印刷所、Hưng Yên、1957 年

Đoàn Trung Còn『二十四孝』(*Nhị thập tứ hiếu*)、Trí Đức Tòng Thơ 出版社、第二版、1962 年

Hoàng Phủ Ngọc Phan『二十四孝、二十四の孝行の鑑』(*Nhị thập tứ hiếu : Hai mươi bốn tấm gương hiếu thảo*)、Trẻ 出版社、Thành phố Hồ Chí Minh、1990 年

Vũ Văn Kính『ベトナム二十の孝行の鑑』(*Hai mươi gương hiếu Việt Nam*)、Trẻ 出版社、Thành phố Hồ Chí Minh、1994 年

Nguyễn Quốc Thủ 他『二十四孝』(*Nhị thập tứ hiếu*)、Văn nghệ 出版社、Thành phố Hồ Chí Minh、1996 年

Nguyễn Bá Hân『二十四孝』(*Nhị thập tứ hiếu*)、Thế giới 出版社、Hà Nội、1998 年

Phan My『二十四孝』第 1 冊、2 冊（*Nhị thập tứ hiếu tập*）Đồng Nai 出版社、2000 年

Huy Tiến『二十四孝全集』(*Nhị thập tứ hiếu toàn*) tập 1, 2、Mỹ Thuật 出版社、2010 年

『二十四孝』(*Nhị thập tứ hiếu*)、Phúc Chi 印刷所、出版年不明）

『二十四孝』(*Nhị thập tứ hiếu*)、Ngày mai 出版社、出版年不明）

● 漢文書籍（出版年順）

『欽定越史通鑑綱目』正編（NLVNPF-0174-06）（ベトナム国家図書館の電子版）

『皇朝一統地輿誌』（R.1684・NLVNPF-0601）（ベトナム国家図書館の電子版）

『国朝刑律』（漢喃研究院蔵、A341）（刊本）

『皇親公主公子公女冊』（漢喃研究院蔵、A40）（写本）
『欽定大南会典事例』（刊本）天理大学図書館所蔵
『大南寔録』正編第六紀附編（Viet/A/Hist/9）（写本）フランス・パリ極東学院蔵
『大南一統志』（写本）東洋文庫所蔵
王圻『続文献通考』巻七十一・節義考
『仙城侶話』（漢喃研究院蔵、A301）（写本）
『上諭訓條抄本解音』（漢喃研究院蔵、AB555）（刊本）（1835年）
『国風詩集合採』（VNv.148）（刊本）（1910年）
胡適『中国哲学史大綱』巻上　北京大学叢書之一、商務印書館、1919年
劉徳称等纂『大南一統志』第一輯、第二輯、印度支那研究会、1941年
杜連喆・房兆楹編『三十三種清代伝記綜合引得（Index to Thirty-three Collections of Ch'ing Dynasty Biographies）』、東方学研究日本委員会、1960年
（清）鄭夢玉等修、（清）梁紹献等纂『広東省南海県志』（同治十一年）、成文出版社、1967年
『大南寔録』正編「大南寔録一」から「大南寔録二十」、慶應義塾大学言語文化研究所、1961年～1981年
蔡冠洛編『清代七百名人伝』、文海出版社、1971年
桂坫他編纂『広東省南海県志』（清宣統二年）、成文出版社影印、1974年
（民国）陳朝宗修、王光張纂『福建省大田県志』第2冊巻6、孝友伝、成文出版社影印、民国64年（1975）
長沢規矩也編『和刻本類書集成』第三輯、汲古書院、昭和52年（1977）
陳荊和編校『大越史記全書』校合本、東京大学東洋文化研究所附属東洋学文献センター刊行委員会、1984年
新井白石『蝦夷志』、教育出版センター、1985年
四庫全書存目叢書編纂委員会編『四庫全書存目叢書』子部第一七四冊、荘厳文化事業、1995年
潘文閣・Claudine Salmon主編『越南漢喃銘文匯編第一集』北属時代期至李朝、École Francaise d'Extrême-Orient、1998年
十三経注疏整理委員会『十三経注疏整理本』第2冊、第3冊『尚書正義』、北京大学出版社、1999年
十三経注疏整理委員会『十三経注疏整理本』第12～第15冊『礼記正義』、北京大学出版社、2000年
十三経注疏整理委員会『十三経注疏整理本』第26冊『孝経注疏』、北京大学出版社、2000年
十三経注疏整理委員会『十三経注疏整理本』第25冊『孟子注疏』、北京大学出版社、2000年

十三経注疏整理委員会『十三経注疏整理本』第23冊『論語注疏』、北京大学出版社、2000年

十三経注疏整理委員会『十三経注疏整理本』第24冊『爾雅注疏』、北京大学出版社、2000年

劉春銀・王小盾・陳義・林慶彰『越南漢喃文献目録提要』、中央研究院中国文哲研究所、2002年

中国復旦大学、越南漢喃研究院合編『越南漢文燕行文献集成』第十三冊、復旦大学出版社、2010年

● 単行本（日本語、中国語）（五十音順）

吾妻重二・小田淑子編『東アジアの宗教と思想』関西大学文学部、2010年

吾妻重二・二階堂善弘編『東アジアの儀礼と宗教』雄松堂出版、2008年

吾妻重二編著『文化交渉学のパースペクティブ―ICIS国際シンポジウム論文集―』関西大学東西学術研究所研究叢刊52、関西大学出版部、2016年

宇野精一『小学』新釈漢文大系第3巻、明治書院、1965年

栗原圭介『大戴礼記』新釈漢文大系第113巻、明治書院、1991年

黒田彰『孝子伝の研究』仏教大学鷹陵文化叢書5、思文閣出版、2001年

河野本道選『アイヌ史資料集』、北海道出版企画センター、1980年

呉震編『全球化視野下的中国儒学研究』孔学堂書局、2015年

桜井由躬雄・桃木至朗編『ベトナムの事典』東南アジアを知るシリーズ、同朋舎、1999年

小学館国語辞典編集部編『日本国語大辞典』、小学館、2006年

竹内与之助編『越日小辞典』、大学書林、1986年

禿氏祐祥『二十四孝詩選解説』、全国書房、1946年

徳田進『孝子説話集の研究―二十四孝を中心に―』、井上書房、1963年

中野幸一編『本朝孝子伝』、早稲田大学出版部、1988年

溝口雄三他編『漢字文化圏の歴史と未来』、大修館書店、1992年

村田雄二郎・C・ラマール編『漢字圏の近代――ことばと国家』、東京大学出版会、2005年

桃木至朗『中世大越国家の成立と変容』、大阪大学出版会、2011年

湯浅邦弘『江戸時代の親孝行』、大阪大学出版会、2009年

幼学の会編『孝子伝注解』、汲古書院、第二版2006年

魯迅『魯迅全集』第二巻、人民文学出版社、1961年

● 単行本（現代ベトナム語）（アルファベット順）

Ban Hán Nôm thư viện khoa học xã hội『漢喃書目―作者目録』（*Thư mục Hán Nôm - mục lục tác giả*）Ủy ban khoa học xã hội Việt Nam、謄写印刷、1977 年

Cao Tự Thanh 訳『大南寔録』正編第六紀附編（*Đại Nam thực lục chính biên đệ lục kỷ phụ biên*）Văn hóa văn nghệ 出版社、2011 年

Cao Văn Cang『昔と今の孝行』（*Hiếu hạnh xưa và nay*）Văn hóa dân tộc 出版社、2006 年

Dương Quảng Hàm『ベトナム文学史要』（*Việt Nam văn học sử yếu*）Bộ giáo dục Trung tâm học liệu、第 10 版、1968 年

Dương Quảng Hàm 注解『李文馥、経歴―作品』（*Lý Văn Phức Tiểu sử-Văn chương*）Nam Sơn 出版社、出版年不明

Đào Duy Anh『字喃――由来、構造、変遷』（*Chữ Nôm: nguồn gốc, cấu tạo, diễn biến*）Khoa học xã hội 出版社、1973 年

Đào Duy Anh『ベトナム文化史綱』（*Việt Nam văn hóa sử cương*）Thành phố Hồ Chí Minh 出版社、1992 年

Đinh Khắc Thuân『ベトナムにおける黎朝の儒学科挙および教育―漢喃文献による―』（*Giáo dục và khoa cử Nho học thời Lê ở Việt Nam qua tài liệu Hán Nôm*）Khoa học Xã hội 出版社、2009 年

Đinh Xuân Lâm & Chương Thâu『ベトナム史における偉人たち』第二冊（*Danh nhân lịch sử Việt Nam - Tập 2*）Giáo dục 出版社、1988 年

Đỗ Đức Hiểu 他『文学事典』新版（*Từ điển văn học bộ mới*）Thế Giới 出版社、2004 年

Hoa Bằng『李文馥、19 世紀の作者』（*Lý Văn Phức, tác gia thế kỷ 19*）Thăng Long 出版、1953 年

Hội đồng trị sự Nguyễn Phúc Tộc『阮福族世譜－始祖譜－王譜－帝譜』（*Nguyễn Phúc Tộc thế phả-thủy tổ phả-vương phả-đế phả*）Thuận Hóa 出版社、Huế、1995 年

Lê Quý Đôn 著、Lê Mạnh Liêu 訳『大越通史』（*Đại Việt thông sử*）、Bộ văn hóa giáo dục và Thanh Niên 出版、1973 年

Lê Sơn 訳『中国文化における孝』（*Chữ hiếu trong nền văn hóa Trung Hoa*）Từ điển Bách Khoa 出版社、2006 年

Lm. Anthony Trần Văn Kiệm『字喃および漢越語の読み方の指南』（*Giúp đọc Nôm và Hán Việt*）Thuận Hóa 出版社、1999 年

Lý Việt Dũng 訳『嘉定城通志』巻四風俗志（*Gia định thành thông chí*）Tổng hợp Đồng Nai 出版社、2004 年

Mã Giang『ベトナム人の孝行の鑑』（*Gương hiếu thảo của người Việt*）Lao Động 出版社、2005 年

Ngô Đức Thịnh『ベトナムにおける信仰およびその文化』(*Tín ngưỡng và văn hóa tín ngưỡng ở Việt Nam*) Trẻ 出版社、2012 年

Ngô Đức Thọ『ベトナム各王朝の避諱文字の研究』(*Nghiên cứu chữ húy Việt Nam qua các triều đại*) Publication du Centre de l'Ecole Francaise d'Extreme-Orient au Vietnam、1997 年

Ngô Đức Thọ, Trịnh Khắc Mạnh『漢喃文献学の基礎』(*Cơ sở văn bản học Hán Nôm*) Khoa học xã hội 出版社、2006 年

Nguyễn Quang Hồng『字喃文字学概論』(*Khái luận văn tự học chữ Nôm*) Giáo dục 出版社、2008 年

Nguyễn Tài Thư『儒学およびベトナムにおける儒学――実践と理論についての諸問題』(*Nho học và Nho học ở Việt Nam -một số vấn đề lý luận và thực tiễn*) Khoa học Xã hội 出版社、1997 年

Nguyễn Thạch Giang『ベトナムの古典籍のなかのベトナム語』第 1 冊 (*Tiếng Việt trong thư tịch cổ Việt Nam quyển 1*) Khoa học xã hội 出版社、2003 年

Nguyễn Trường『タンロンの人々の忠孝・節義の鑑』(*Gương trung hiếu tiết nghĩa của người Thăng Long*) Văn hóa thông tin 出版社、2010 年

Phạm Côn Sơn『子としての道』(*Đạo làm con*) Văn hóa dân tộc 出版社、2004 年

Phan Đại Doãn『ベトナム儒教の諸問題』(*Một số vấn đề về nho giáo Việt Nam*) Chính trị quốc gia 出版社、Hà Nội、1998 年

Phan Huy Chú (潘輝注) 著、Nguyễn Thọ Dực 訳『歴朝憲章類誌』第九冊―文籍誌巻之四十二 (*Lịch triều hiến chương loại chí tập* IX-Văn tịch chí quyển 42) Ủy ban dịch thuật Bộ văn hóa giáo dục và thanh niên 出版、1974 年

Phan Kế Bính『ベトナムの風俗』(*Việt Nam phong tục*) Thành phố Hồ Chí Minh 出版社、1990 年

Thanh Lãng『ベトナム文学史起草――字喃文学』(*Khởi thảo văn học sử Việt Nam-văn chương chữ Nôm*) Phong trào văn hóa 出版、1953 年

Toan Ánh『ベトナムの信仰』上巻 (*Nếp cũ-Tín ngưỡng Việt Nam*, quyển Thượng) Xuân Thu 本屋、再版 1966 年

Trần Bá Chí『昔の孝行の鑑』(*Những tấm gương hiếu thảo thời xưa*) Văn hóa dân tộc 出版社、2000 年

Trần Trọng Kim『儒教』(*Nho giáo*) Bộ giáo dục trung tâm học liệu 出版、1930 年

Trần Trọng Kim『ベトナム史略』第一冊、第二冊 (*Việt Nam sử lược* quyển 1, quyển 2) Bộ giáo dục trung tâm học liệu 出版、1971 年

Trần Trọng Kim『国文教科書選集』(*Quốc văn giáo khoa thư tuyển tập*) Trẻ 出版社、第一冊 1994 年、第二冊 1995 年

Trần Văn Giáp、『漢喃書庫の考察』第一冊（*Tìm hiểu kho sách Hán Nôm tập1*）Khoa học Xã hội 出版社、1984 年

Trần Văn Giáp『漢喃書庫の考察』第二冊（*Tìm hiểu kho sách Hán Nôm tập 2*）Khoa học Xã hội 出版社、1990 年

Trần Văn Giáp『ベトナム作者たちの略伝』（*Lược truyện các tác gia Việt Nam*）Văn học 出版社、2000 年

Trịnh Khắc Mạnh『ベトナム漢喃の作者の字、号』（*Tên tự tên hiệu các tác gia Hán Nôm Việt Nam*）Khoa học xã hội 出版社、2002 年

Trung tâm bảo tồn di tích cố đô Huế『フエ漢喃遺産』（*Di sản Hán Nôm Huế*）Trung tâm bảo tồn di tích cố đô Huế 出版、2003 年

Trương Đình Tín, Lê Quý Ngưu『字喃大字典』（*Đại tự điển chữ Nôm*）Thuận Hóa 出版社、2007 年

Trương Hữu Quýnh, Phan Đại Doãn『ベトナム史における偉人たち』第一冊（*Danh nhân lịch sử Việt Nam* -Tập 1）Giáo dục 出版社、1987 年

Viện Nghiên cứu Hán Nôm và Học viện Viễn Đông Bắc Cổ Pháp『ベトナム漢喃遺産—書目提要』第 1、2、3 冊（*Di sản Hán NômViệt Nam – thư mục đề yếu* tập1, 2, 3）Khoa học Xã hội 出版社、1993 年

Viện Nghiên cứu Hán Nôm Việt Nam - Hội bảo tồn di sản chữ Nôm Hoa Kỳ『字喃研究』（*Nghiên cứu chữ Nôm*）Khoa học xã hội 出版社、2006 年

Viện Nghiên cứu Hán Nôm Việt Nam,Viện Harvard-Yenching Hoa Kỳ『ベトナムにおける儒教』（*Nho giáo ở Việt Nam*）Khoa học xã hội 出版社、2006 年

Viện nghiên cứu Hán Nôm, viện Harvard-Yenching（America）『越南儒教書目』（*Thư mục Nho giáo Việt Nam*）Khoa học Xã hội 出版社、2007 年

Viện nghiên cứu Hán Nôm, viện Harvard-Yenching（America）『学際的アプローチから見るベトナム儒家思想の研究』（*Nghiên cứu tư tưởng nho gia Việt Nam từ hướng tiếp cận liên ngành*）Thế Giới 出版社、2009 年

Võ Thanh Bằng『ホーチミン市における民間信仰』（*Tín ngưỡng dân gian ở thành phố Hồ Chí Minh*）ホーチミン市国家大学出版社、2008 年

Vũ Khiêu『儒教とベトナムにおけるその発展』（*Nho giáo và phát triển ở Việt Nam*）Khoa học xã hội 出版社、1997 年

Vũ Khiêu『ハノイの著名人』（*Danh nhân Hà Nội*）Hà Nội 出版社、2004 年

Vũ Ngọc Khánh『我が国の歴史上の問題人物』（*Người có vấn đề trong sử nước ta*）Văn hóa thông tin 出版社、2008 年

Vũ Ngọc Phan 他『西廂伝』（*Truyện Tây Sương*）Văn hóa 出版社、1961 年

Vũ Văn Kính『西南二十八孝演歌』(Tây Nam nhị thập bát hiếu diễn ca) Ủy ban dịch thuật Phủ Quốc vụ khanh đặc trách văn hóa 出版、1971 年

Vũ Văn Kính『17 世紀の字喃一覧表』(Bảng tra chữ Nôm thế kỷ XVII) ホーチミン市出版社、1992 年

Vũ Văn Kính『17 世紀以降の字喃一覧表』(Bảng tra chữ Nôm sau thế kỷ XVII) Hội ngôn ngữ học thành phố Hồ Chí Minh 出版、1994 年

Vũ Văn Kính『字喃大字典』(Đại tự điển chữ Nôm) Văn Nghệ 出版社、Thành phố Hồ Chí Minh、2010 年

● 研究論文（日本語、中国語）（五十音順）

吾妻重二「東アジアの儒教と文化交渉——覚え書き」『現代思想』第 42 巻第 4 号 特集：いまなぜ儒教か、青土社、2014 年

今井昭夫「近年のベトナムにおけるベトナム儒教研究—チャン・ディン・フオウ教授の研究を中心に—」『東京外国語大学論集』第 42 号、東京外国語大学、1991 年

岩月純一「近代ベトナムにおける「漢字」の問題」『漢字圏の近代——ことばと国家』東京大学出版会、2005 年

桂由起「孝子図像と家—民衆版画の二十四孝図を契機として—」『漢字文化研究年報』第二輯、京都大学 21 世紀 COE プログラム東アジア世界の人文情報学研究教育拠点、2009 年

川瀬一馬「二十四孝詩註の研究」『日本書誌学之研究』、大日本雄弁会講談社、1943 年

許端容「河内漢喃研究院蔵『四十八孝詩画全集』考弁」『華岡文科学報』第 22 期、中国文化大学文学院、民国 87 年（1998）

金文京「『孝行録』と「二十四孝」再論」『芸文研究』第 65、慶應義塾大学芸文学会、1994 年

佐世俊久「論説：ベトナム黎朝前期における儒教の受容について」『広島東洋史学報』第 4 号、広島大学文学部東洋史学研究室内、1999 年

佐藤トゥイウェン「ベトナムにおける「二十四孝」と字喃文献」『東アジア文化交渉研究』東アジア文化研究科開設記念号、関西大学大学院東アジア文化研究科、2012 年

佐藤トゥイウェン、清水政明、近藤美佳「『国風詩集合採』——阮朝ベトナムにおける漢字・字喃・国語字表記の詩集」『大阪大学世界言語研究センター論集』第 7 号、大阪大学世界言語研究センター、2012 年

佐藤トゥイウェン「補正二十四孝伝衍義謌」をめぐって」『文化交渉　東アジア文化研究科院生論集』創刊号、関西大学大学院東アジア文化研究科、2013 年

佐藤トゥイウェン「『西南吔＝進劝孝演歌』から見たベトナム人の「孝」思想」『東アジア文化交渉研究』第 6 号、関西大学大学院東アジア文化研究科、2013 年

佐藤トゥイウェン「ベトナムにおける儒教の研究状況──「孝」思想を中心に」『文化交渉　東アジア文化研究科院生論集』第 2 号、関西大学大学院東アジア文化研究科、2013 年

佐藤トゥイウェン「李文馥系の「二十四孝」と『日記故事』」『東アジア文化交渉研究』第 7 号、関西大学大学院東アジア文化研究科、2014 年

佐藤トゥイウェン「ベトナムにおける儒教と「二十四孝」」『東アジア文化交渉研究』第 8 号、関西大学大学院東アジア文化研究科、2015 年

佐藤トゥイウェン「鄧輝𤏸とベトナムにおける「二十四孝原編」」『東西学術研究所紀要』第 48 輯、関西大学東西学術研究所、2015 年

佐藤トゥイウェン「越南儒教的研究状況──以"孝"的思想為中心」『全球化視野下的中国儒学研究』、孔学堂書局、2015 年

佐藤トゥイウェン「ベトナムにおける「二十四孝別集」をめぐって」『東アジア文化交渉研究』第 9 号、関西大学大学院東アジア文化研究科、2016 年

佐藤トゥイウェン「ハノイ漢喃研究院蔵『五倫叙』をめぐって」『東西学術研究所紀要』第 49 輯、関西大学東西学術研究所、2016 年

朱瑶「漢喃《二十四孝演音》考弁」『民族文学研究』2011 年 2 期、中国社会科学院民族文学研究所、2011 年

杉本好伸「日本における二十四孝の享受の一展開─西鶴『本朝二十不孝』の創意をめぐって─」『日本のことばと文化─日本と中国の日本文化の研究の接点─』、渓水社、2009 年

チャン・ヴァン・ザウ（Trần Văn Giàu）著、坪井善明訳注「ヴェトナムにおける儒教──過去と現在」『漢字文化圏の歴史と未来』、大修館書店、1992 年

チャン・ディン・フォウ（Trần Đình Hượu）著、今井昭夫訳「ヴェトナムにおける儒教と儒学──近現代の発展の実情を前にしての、その特徴と役割の問題」『漢字文化圏の歴史と未来』、大修館書店、1992 年

坪井直子「南葵文庫『孝行録』について」『仏教大学大学院紀要』第 30 号、仏教大学学会、2002 年

坪井善明「ヴェトナムにおける儒教」『思想』1990 年 6 月号 No.792 儒教とアジア社会、岩波書店、1990 年

坪井善明「中・日・韓・越のキーワード」『漢字文化圏の歴史と未来』、大修館書店、1992 年

徳田進「孝子説話集の研究　近世篇―二十四孝説話を中心に―」『説話文学研究叢書』、クレス出版、2004 年

冨田健次「ベトナムの民族俗字『字喃』の構造とその淵源」『東南アジア研究』17 巻 1 号、京都大学東南アジア研究センター、1979 年

橋本草子「「全相二十四孝詩選」と郭居敬―二十四孝図研究ノート　その一―」『京都女子大学人文論叢』第 43 号、京都女子大学人文・社会学会、1995 年

橋本草子「「日記故事」の版本について―二十四孝図研究ノート　その三―」『京都女子大学人文論叢』第 46 号、京都女子大学人文・社会学会、1998 年

松浦武四郎「近世蝦夷人物志」『日本庶民生活史料集成』巻四巻　探検・紀行・地誌　北辺篇、三一書房、1969 年

八尾隆生「前近代ヴェトナム法試論」―『国朝刑律』再論―」『歴史評論』759 号、丹波書林、2013 年

梁音「丁蘭考―孝子伝から二十四孝へ―」『和漢比較文学』第 29 号、和漢比較文学会、2001 年

梁音「『朱子二十四孝事蹟』について」『名古屋短期大学研究紀要』第 40 号、名古屋短期大学、2002 年

梁音「二十四孝の孝―老莱子孝行説話の場合―」『日本中国学会報』第 54 集、日本中国学会、2002 年

梁音「二十四孝の孝　その二―黄香・呉猛の孝行説話を中心に―」『名古屋大学中国哲学論集』第 1 号、名古屋大学中国哲学研究会、2002 年

梁音「二十四孝の研究―宋・遼・金の孝子図と『孝行録』―」『名古屋大学人文科学研究』第 31 号、名古屋大学大学院文学研究科人文科学研究編集委員会、2002 年

梁音「台湾国立故宮博物院蔵『全相二十四孝詩選』について―翻刻と解題―」『名古屋短期大学研究紀要』第 43 号、名古屋短期大学、2005 年

梁音「孝子図の思想的背景――武氏祠画像石を中心に」『名古屋大学中国哲学論集』第 5 号、名古屋大学中国哲学研究会、2006 年

梁音「遼代鎏金鏨花銀壺の孝子図―孝子伝図から二十四孝図へ―」『名古屋大学中国哲学論集』第 8 号、名古屋大学中国哲学研究会、2009 年

梁音「正史と二十四孝に見る王魃裒像の変遷」『名古屋大学中国哲学論集』第 9 号、名古屋大学中国哲学研究会、2010 年

和田正彦「ヴェトナム黎朝期の知識人と儒学について―黎貴惇を中心として―」『慶應義塾大学言語文化研究所紀要』第 20 号、慶應義塾大学言語文化研究所、1988 年

Nguyễn Thị Ngân「周遊列国的越南名儒李文馥及其華夷之辨」『学際的アプローチから見るベトナム儒家思想の研究』(Nghiên cứu tư tưởng nho gia Việt Nam từ hướng tiếp cận liên ngành) Thế Giới 出版社、2009 年

● 研究論文（現代ベトナム語）

Đinh Khắc Thuân「15-18 世紀の黎朝碑文の字喃」(Chữ Nôm trên văn bia thời Lê thế kỷ XV-XVIII)『漢喃雑誌』第 6 号、漢喃研究院、2004 年

Hoàng Tăng Cường「儒教の哲理下の個人と社会の関係およびベトナムの社会に与える影響」(Mối quan hệ giữa cá nhân với xã hội trong triết lý Nho giáo và ảnh hưởng của nó đối với xã hội Việt Nam) ベトナム国立・ホーチミン市社会人文科学大学博士論文、2000 年

Nguyễn Đổng Chi「李文馥、阮朝の優れた外交闘争の筆鋒」(Lý Văn Phức ngòi bút đấu tranh ngoại giao xuất sắc đời Nguyễn)、*Ngô Gia Văn Phái, Nguyễn Gia Thiều, Lý Văn Phức, Nguyễn Miên Thẩm, Ngô Thì Nhậm* Văn Nghệ 出版社、thành phố Hồ Chí Minh、1998 年

Nguyễn Sinh Kế「儒教の道徳およびベトナムの社会に与えた影響」(Đạo đức Nho giáo và ảnh hưởng của nó trong xã hội Việt Nam) ベトナム社会科学院哲学博士論文、2005 年

Nguyễn Thanh Tùng「『蒼山詩話』の文献的価値をめぐって」(Vài nét về văn bản và giá trị của Thương Sơn thi thoại)『漢喃雑誌』第 3 号（83）、漢喃研究院、2007 年

Nguyễn Thị Kiều Minh、「19 世紀『孝経』を字喃文で翻案すること—いくつかの文献学的問題と学術的内容—」(Việc diễn Nôm Hiếu kinh thế kỷ 19:Một số vấn đề văn bản học và nội dung học thuật) ハノイ社会人文科学大学修士論文、2007 年

Nguyễn Thị Ngân「李文馥」(Lý Văn Phức)『ハノイの著名人』(Danh nhân Hà Nội) Hà Nội 出版社、2004 年

Phan Thuận An「「庚子詩集」は成泰帝の著作であろうか」(Canh Tý thi tập của vua Thành Thái?)『漢喃雑誌』第 1 号（18）、漢喃研究院、1994 年

Sato Thụy Uyên, *Initial Studies in "Twenty-four Filial Piety Children" in Vietnam*, Proceedings of The International Conference on Boundaries in Literarute、ホーチミン市師範大学出版社、2011 年

Sato Thụy Uyên, *Initial Survey Comparing "Simplication of The Twenty-four Filial Exemplars" and "Revision of The Twenty-four Filial Exemplars" from the Point of View of Philology*, Proceeding of the Second International Conference on Research & Teaching Vietnamese、ベトナム国立ホーチミン市社会人文科学大学、2012 年

Sato Thụy Uyên「漢喃研究院蔵《掇拾雑記》(AB132) 中〈二十四孝〉研究」、Proceedings of The 2nd International Conference on Vietnamese and Taiwanese Studies & The 6th International Conference on Taiwanese Romanization、台湾国立成功大学、2013 年

Sato Thụy Uyên「補正二十四孝伝衍義謌」と字喃文献(Khảo cứu văn bản Bổ chính nhị thập tứ hiếu truyện diễn nghĩa ca và văn bản chữ Nôm)、『第 4 回ベトナム学国際学会論文集——持続可能な開発と統合への途上のベトナム』第 7 冊 (Việt Nam học, Kỷ yếu hội thảo quốc tế lần thứ tư - Việt Nam trên đường hội nhập và phát triển bền vững tập VII)(単行本)、Khoa học xã hội 出版社、2013 年

Sato Thụy Uyên「文献学から見た『西南埤進獻孝演歌』の特徴」(Đặc trưng văn bản Tây Nam hai mươi tám hiếu diễn ca nhìn từ phương diện văn bản học、Proceedings of The International Conference on studies on Vietnamese and Japanese Literature in the globalization context of the 21st century、ベトナム国立ホーチミン市社会人文科学大学、2013 年

Trần Thị Thanh「翠雲寺に現存する明命帝御製の碑文」(Bài văn bia do vua Minh Mệnh ngự chế hiện lưu giữ tại chùa Thúy Vân)『漢喃雑誌』第 2 号 (47)、漢喃研究院、2001 年

● 新聞

中北新聞 (Trung Bắc tân văn) アメリカコーネル大学図書館蔵、1922 年 5 月刊 (マイクロフィルム)

サイゴン解放新聞 (Báo Sài Gòn Giải Phóng) ホーチミン市総合科学図書館蔵、1996 年 10 月、1997 年 10 月、1998 年 10 月、1999 年 9 月、2000 年 11 月

ベトナム社会主義共和国政府の新聞オンライン http://baochinhphu.vn/Tin-khac/TPHCM-tuyen-duong-341-guong-Nguoi con hieu-thao/41379.vgp (最後閲覧日：2015 年 8 月 30 日)

ホーチミン市 6 区のホームページ http://www.quan6.hochiminhcity.gov.vn/TinTuc/tintuc/Lists/Posts/Post.aspx? CategoryId=1&ItemID=4867&PublishedDate=2014-11-18T16:55:00Z (最後閲覧日：2015 年 8 月 30 日)

初出一覧

＊出版にあたり適宜削除、増補を行った。

序論　ベトナムにおける儒教と「二十四孝」
ベトナムにおける儒教と「二十四孝」
　『東アジア文化交渉研究』第 8 号、関西大学大学院東アジア文化研究科、2015 年

第一部第一章　中国の「二十四孝」説話とその系統
書き下ろし

第一部第二章　ベトナムにおける「二十四孝」
越南儒教的研究状況―以"孝"的思想為中心
　呉震主編『全球化視野下的中国儒学研究』、中国・孔学堂書局、2015 年

第二部第一章　李文馥と「二十四孝演歌」について
ベトナムにおける「二十四孝」と字喃文献
　『東アジア文化交渉研究』東アジア文化研究科開設記念号、関西大学大学院東アジア文化研究科、2012 年

第二部第二章　「詠二十四孝詩」と中越文化交渉
ベトナムにおける「詠二十四孝詩」と中越文化交渉
　『東アジア文化交渉研究』第 10 号、関西大学大学院東アジア文化研究科、2017 年

第二部第三章　李文馥系の「二十四孝」と『日記故事』系の各文献の比較
李文馥系の「二十四孝」と『日記故事』
　『東アジア文化交渉研究』第 7 号、関西大学大学院東アジア文化研究科、2014 年

第三部第一章　綿寯皇子と「補正二十四孝伝衍義謌」について
補正二十四孝伝衍義謌」をめぐって
　『文化交渉　東アジア文化研究科院生論集』創刊号、関西大学大学院東アジア文化研究科、2013 年
Khảo cứu văn bản "Bổ chính nhị thập tứ hiếu truyện diễn nghĩa ca" và văn bản chữ Nôm (「補正二十四孝伝衍義謌」と字喃文献)
　Việt Nam học, Kỷ yếu hội thảo quốc tế lần thứ tư - Việt Nam trên đường hội nhập và phát triển bền vững tập VII、Khoa học xã hội 出版社、2013 年

第三部第二章　『四十八孝詩画全集』と中国の「二十四孝原編」、「二十四孝別集」
　ベトナムにおける「二十四孝別集」をめぐって
　　『東アジア文化交渉研究』第 9 号、関西大学大学院東アジア文化研究科、2016 年
　鄧輝熚とベトナムにおける「二十四孝原編」
　　『東西学術研究所紀要』第 48 輯、関西大学東西学術研究所、2015 年
第三部第三章　「二十四孝」説話からベトナム独自の『西南𦥯進𤟭孝演歌』へ
　『西南𦥯進𤟭孝演歌』から見たベトナム人の「孝」思想
　　『東アジア文化交渉研究』第 6 号、関西大学大学院東アジア文化研究科、2013 年

索　引

1. 本書の中から主な人名、書名（雑誌・篇名を含む）を採った。
2. 配列は語句の読みの五十音順とし、同音の漢字の場合は画数順とした。漢字の読みは慣用音によった。

書名索引

あ行

『アイヌ史資料集』　447
「石崎本」（『孝行録』）　35
『葦野合集』　318
「詠二十四孝詩」　68, 71, 79, 91, 99, 175, 177, 180-185, 202, 203, 313, 399, 452, 464
『易経』　106, 109, 206
『易経大全節要演義』　83
『易経膚説』　7
『蝦夷志』　447
『越行吟』　98
『粤行詩草』　96, 98
『越行続吟』　98
『越史鏡』（Việt sử kính）　404
『越史要』（Việt sử yếu）　404
『越南漢喃文献目録提要』　86, 92
『越南漢文燕行文献集成』　181, 205
『越南儒教書目』（Thư mục Nho giáo Việt Nam）　21, 27, 45, 459
『越南史要補遺』（Việt Nam sử yếu bổ di）　404
『越日小辞典』　104
『江戸時代の親孝行』　459
『燕台嬰話演音』　180
『大阪大学世界言語研究センター論集』　24, 456
『御伽草子』　i

か行

『回京日記』　98
『海杏黎公文集』（Hải Hạnh Lê Công văn tập）　404
「槐亭科録」　71
『海録』　40
『学吟存草』　98
『学際的アプローチから見るベトナム儒家思想の研究』（Nghiên cứu tư tưởng nho gia Việt Nam từ hướng tiếp cận liên ngành）　23, 25-27, 156, 159
『華岡文科学報』　345, 396
「活世生機孝子光伝」　72, 320, 321, 322
『家庭の伝統およびベトナム民族の真髄』（Truyền thống gia đình và bản sắc dân tộc Việt Nam）　57
『雅堂詩集』　314, 315, 317
『佳文集記』（Giai văn tập ký）　404
『家礼』　1, 18, 178
『勧孝書』　69, 70, 80, 86, 103-105, 156, 185, 186, 463, 464
「勧孝篇」69, 70, 77
『漢字圏の近代―ことばと国家』　456
「勧子読書」　69
『漢字文化圏の歴史と未来』　24-26
『驩州風土話』　70, 71, 80, 86, 185, 186, 464
『観濤詩集』　178
『広東省南海県志』　180, 181

485

『漢喃雜誌』 341

『漢喃書庫の考察』(Tìm hiểu kho sách Hán Nôm) 24

『漢喃書目—作者目録』(Thư mục Hán Nôm - mục lục tác giả) 71, 87, 92, 157, 176, 178, 203, 204, 314, 341, 343, 346, 396, 400, 404, 454, 456

「寛文九年版」(『日記故事』系「二十四孝」) 33, 91, 216, 223, 464

「九重天図」 71

『鏡海続吟』 98

『京都女子大学人文論叢』 41

『教養、家風』(Nền nếp gia phong) 57

『玉嬌梨新伝』 98

『錦語』(Cẩm ngữ) 404

「近世蝦夷人物志」 447

『欽定越史通鑑綱目』 8, 415, 452, 456

『欽定大南会典事例』 83, 162, 168, 214, 343, 397, 398, 456

『群書攷弁』 7

『訓迪十條』 318

「啓童説約」 71

『慶応義塾大学言語文化研究所紀要』 24

『現代思想』 26

『阮福族世譜－始祖譜－王譜－帝譜』(Nguyễn Phúc Tộc Thế phả-Thủy tổ phả -Vương phả-Đế phả) 316, 317, 343

『孔学灯』 14

『皇華雑詠』 98

『孝経』 17, 18, 21, 22, 54, 63, 105, 146, 314, 339

「孝経国音演歌」 72, 315

「孝経国音衍義詞」 314

『孝経国語詞』 72, 80, 318, 320-323, 343

『孝経訳義』 83

『孝経立本』 314, 315, 317, 318

『孝行録』 31, 32, 35-38, 42, 462

「孝史国音歌」 318

『庚子詩集』 314, 341

『孝子説話集の研究―二十四孝説話を中心に―』 27, 41-43

『孝子伝の研究』 36, 42, 309, 396

『ゴー・ザー・ヴァン・ファイ、グエン・ザー・ティエウ、リー・ヴァン・フック、グエン・ミエン・タム、ゴー・ティー・ニャム』(Ngô Gia Văn Phái, Nguyễn Gia Thiều, Lý Văn Phức, Nguyễn Miên Thẩm, Ngô Thì Nhậm) 159

『孝史略詮』 318

『孝順約語』 68, 69, 80, 103, 104, 156, 180, 185, 186, 205, 463, 464

『皇親公主公子公女冊』 315, 321, 322, 342, 343

『皇朝一統地輿誌』 342

『皇朝翰林院実録』(Hoàng triều hàn lâm viện thật lục) 404

「洪武版」(『全相二十四孝詩選』系「二十四孝」) 32

『故圓鑑大師二十四孝押座文』 31

『後漢書』 154, 208, 433, 453

『五経』 11, 12, 54, 83

『五経節要演義』 83

『国音孝史』 317

『克斎三之粤詩』 98

『国朝郷科録』(Quốc triều hương khoa lục) 404

『国朝刑律』 46-49, 61, 62, 84, 85, 462

『国風詩集合採』 24, 412, 456

『国文教科書』(Quốc văn giáo khoa thư) 17, 55, 65, 85

『国文教科書初等クラス』(Quốc văn giáo khoa thư lớp sơ đẳng) 55, 56, 85

『国文教科書選集』(Quốc văn giáo khoa thư tuyển tập) 56, 58, 60, 85

『国文教科書童幼クラス』(Quốc văn

索　引

『国文教科書予備クラス』（Quốc văn giáo khoa thư lớp dự bị）　55, 58, 85
『五孝子伝』　450
「五皇方位」　71
「五言詩注本」（『全相二十四孝詩選』）　32
『子としての道』（Đạo làm con）　57, 65, 86, 467
「子は親孝行をしなければならない」（Làm con phải hiếu）　399, 400, 404, 454
「古録」　69, 70
「昆陽漫録」　37, 42

さ行

『在京留草』　98
『策学門津』（Sách học vấn tân）　349
『雑録』（Tạp lục）　404
『三之粵雑草』　98
「三字経訓詁」　71
『三十三種清代伝記綜合引得』（Index to Thirty-three Collections of Ch'ing Dynasty Biographies）　180, 181
「三千字解音」　70
「三徹田記」　71
『三余堂叢刻』　217-219, 223, 309, 345
　→『叢刻』も参照
『四戒詩』（Tứ giới thi）　349
『史記』　225
『詩経』　7, 83, 116, 138, 139, 213, 319, 331, 340, 421
「詩経解音」　83
「詩経大全節要演義」　83
『珥潢遺愛録』（Nhĩ Hoàng di ái lục）　349
『自治烟賭方書』（Tự trị yên đổ phương thư）　349
『四十八孝詩画全集』　72, 79, 80, 215, 217, 309, 313, 345, 349-352, 372, 397-399, 462, 465, 466　→『全集』も参照
「自述記」　68, 93, 98, 99, 157
『辞受要規』（Từ thụ yếu quy）　349
『四書』　11, 12, 54, 83
『四書集注』　12
『四書説約』　7, 11, 12, 24
『四書文選』（Tứ thư văn tuyển）　349
『思想』　26
「七言詩注本」（『孝行録』系「二十四孝」）　35
『使程括要編』　98
『使程誌略草』　98
『使程便覧曲』　98
『字喃および漢越語の読み方の指南』（Giúp đọc Nôm và Hán Việt）　104
『字喃大字典』（Đại từ điển chữ Nôm）　104
『字喃文字学概論』（Khái luận văn tự học chữ Nôm）　88
『士農耕読平国音』　435
『詩文対聯雑録』（Thi văn đối liên tạp lục）　404
『詩文並雑紙』　71, 80, 86, 103, 104, 156, 463
「謝庭蘭玉賦」　70, 71
『周易国音解義』　7, 83
「舟回阻風嘆」　68, 98, 99
『周原雑詠草』　98
『19世紀『孝経』を字喃で翻案すること—いくつかの文献学的問題と学術的内容—』（Việc diễn Nôm Hiếu kinh thế kỷ 19: Một số vấn đề văn bản học và nội dung học thuật）　314, 341
『儒学およびベトナムにおける儒学——実践と理論についてのいくつかの問題』（Nho học và Nho học ở Việt Nam -một số vấn đề lý luận và thực tiễn）　27
『儒教』（Nho giáo）　14, 24

487

「儒教の道徳およびベトナムの社会に与えた影響」(Đạo đức Nho giáo và ảnh hưởng của nó trong xã hội Việt Nam) 23
『朱子家礼』 12
「朱子二十四孝事蹟」 219
『春秋管見』 7
『小学』 109, 246
「小学日記十巻」 33
『尚書』 225
『省臣祝嘏歌文』(Tỉnh thần chúc hỗ ca văn) 404
『上諭訓條』 54
『上諭訓條抄本解音』 56, 85
「初学問律書」 71
『書経』 82, 148, 155, 319, 333
『書経衍義』 7
「書経大全節要演義」 83
『諸是黙』(Chư đề mặc) 404
『書目』 21 → 『越南儒教書目』
「新刊四書大全板」 12
『新刊全相二十四孝詩選』 32, 34, 38, 42
『新刊補正少微通鑑節要総論』 71
『新鍥類解官様日記故事大全』 216, 223
『清康熙御題耕織図副本』(Thanh Khang Hy ngự đề canh chức đồ phó bản) 349
『清代七百名人伝』 180, 181
『新鐫徽郡原板校正絵像註釈便覧与賢日記故事』 33, 34, 38, 216, 218
『臣民表録附裴家北使賀文詩集』 98
『綏国公詩集』 318
「西海行舟記」 98
『西廂伝』(Truyện Tây Sương) 96, 98, 159, 178, 203, 204
『西行見聞紀略』 98
『西行見聞録』 98
『西行詩紀』 159
『西湖勝跡』 98

『西南二十八孝演歌』(Tây Nam nhị thập bát hiếu diễn ca) 28, 78, 80, 405, 458
『西南二十八孝演歌』(Tây Nam hai mươi tám hiếu diễn ca) 54, 55, 59, 65-67, 72, 76, 78, 80, 81, 313, 399, 404, 405, 407, 408, 411-414, 416, 447, 448, 451, 452, 454, 456, 458, 462, 465
『西銘』 124
『性理大全』 11, 12
『世事百談』 40, 43
『世説新語』 111
『1945年8月革命の前のベトナムにおける植民地の政権』(Chính quyền thuộc địa ở Việt Nam trước Cách Mạng Tháng Tám năm 1945) 442, 459
『前後』 372-395 → 『前後孝行録』
『前後孝行録』 103, 160, 221-223, 309, 310, 372, 398 → 『前後』も参照
「前後二十四孝」 217
「千字文演音」 98
『仙城侶話』 98, 101, 176, 178, 180, 182, 203-205
『全集』 345, 350, 352-395, 465 → 『四十八孝詩画全集』
『全書』 2, 3, 6, 13, 376 → 『大越史記全書』
『全相二十四孝詩選』 31-33, 35, 37-39, 41, 42, 324, 462
『叢刻』 345, 352-396 → 『三余堂叢刻』
『蒼山外集』 318
『蒼山詩話』 318
『続彙大南文怨統編』 318
『続文献通考』 39, 43

た行
『大越史記全書』 2, 21, 23, 24, 26, 45, 82-84, 88, 415, 422, 452, 456, 457
『大家宝文雑編』(Đại gia bảo văn tạp

索　引

biên）404
「大隋九真郡宝安道場之碑文」87
『大田県志』39
『大南一統志』24, 51, 342, 346, 348, 397, 421, 422, 424-427, 430, 431, 433, 436, 437, 452, 457, 458
『大南寔録』（Đại Nam thực lục）8, 27, 51, 84, 93, 95, 157, 158, 171, 176, 178, 204, 205, 315, 317, 320, 321, 342, 343, 346, 396, 397, 400, 423-426, 429, 430, 432-434, 452, 455-458
『大南寔録』正編第六紀附編（Đại Nam thực lục chính biên đệ lục kỷ phụ biên）315, 317, 320, 342, 400, 401, 455, 456
『大南正編列伝』95, 157, 176, 71, 203, 346, 347, 397, 423, 427, 452, 458
『大南列伝』342
『タン・ロンの人々の忠孝、節義の鑑』（Gương trung hiếu tiết nghĩa của người Thăng Long）57, 92, 157
『中外群英会録』98
『忠孝神仙』（Trung hiếu thần tiên）404
『中国古代版画叢刊』42
『中国叢書綜録』217
『中国哲学史大綱』467
『中庸』61, 131, 209, 453
『中庸演歌』83
『張広渓詩文』（Trương Quảng Khê thi văn）349
『趙子固二十四孝書画合璧』33, 91, 216, 219-223, 309, 310, 464
『陳史』421, 452
『帝系金冊』320-322
『哲学』25
『掇拾雑記』43, 68, 73-78, 80, 93, 98, 99, 101, 102, 104, 156, 157, 159, 175, 177, 180, 181, 184, 186, 203-205, 215, 223, 224, 309, 464

「典籍便覧」41
『登科録』8
『東京外国語大学論集』25
『同慶御覧地輿誌』342
『東見記』40, 43
『東行詩集』98
『東行詩説草』98
『鄧黄中五戒法帖』（Đặng Hoàng Trung ngũ giới pháp thiếp）349
『鄧黄中詩抄』（Đặng Hoàng Trung thi sao）349
『鄧黄中文抄』（Đặng Hoàng Trung văn sao）349
『東南アジア研究』87
『東洋雑誌』399, 400, 407, 454

な行

『名古屋短期大学研究紀要』42, 309
『南関至燕京総歌』98
「南国山河」（Nam quốc sơn hà）405, 456
『南国史鑑』（Gương sử nước Nam）404
『南史演音』（Nam sử diễn âm）404
『南史国音』（Nam sử quốc âm）404
『南葵文庫本』（『孝行録』系「二十四孝」）35, 36, 38, 42
「南葵本、権近注解本」（『孝行録』系「二十四孝」）35
「二氏偶談賦」98
「二氏耦談記」68, 99
「二十四孝」i, iii, 1, 17, 18, 20-22, 26, 31, 33, 37-41, 54, 55, 59, 60, 64-70, 72-84, 86, 87, 91, 92, 99, 100, 103, 155, 156, 175, 180, 203, 215-217, 223, 259, 313, 320, 324, 341, 372, 373, 395, 399, 405, 440, 450-454, 461-467
『二十四孝』（Nhị thập tứ hiếu）ガイ・マイ（Ngày mai）出版社 77, 80

489

スア・ナイ（Xưa nay）印刷所、1929年　72, 80
スア・ナイ（Xưa nay）印刷所、1933年　73, 80
タン・ヴィエト（Tân Việt）出版社　85, 92, 157
チー・ドゥック・トーン・トー（Trí Đức Tòng Thơ）出版社　39, 43
テー・ゾーイ（Thế giới）出版社　75, 80, 92, 157
ドゥック・ルウ・フオン（Đức Lưu Phương）印刷所　74, 80
ドン・タイ（Đông Tây）印刷所　73, 80, 92, 157
ドン・ナイ（Đồng Nai）出版社　76, 80
ナム・ディン（Nam Định）印刷所　77, 80, 215, 259-309, 464
ビン・ザン・トゥー・クアン（Bình dân thư quán）出版社　78, 80
ファット・トアン（Phát Toán）印刷所　77, 80
フオン・クエ（Hương Quê）印刷所　74, 80
フク・チ（Phúc Chi）印刷所　74, 80
ヴァン・ゲー（Văn Nghệ）出版社　75, 80, 92, 157
「二十四孝詠」　68, 69, 71, 79, 80, 175, 180
「二十四孝演音」　65, 69-72, 78-80, 86, 92, 99, 157, 162, 165, 166
『二十四孝演音』（Nhị thập tứ hiếu diễn âm）（ゴー・トゥ・ハ（Ngô Tử Hạ）印刷所）　73, 80, 412
「二十四孝演歌」　ii, 39, 40, 54, 64, 65, 67-69, 71, 73-80, 84, 86, 91, 92, 98-103, 119, 123, 156, 157, 175, 183, 203, 215, 223, 224, 313, 324, 399, 405, 406, 412, 414, 452, 462, 463-465
「二十四孝歌」　78, 86
『二十四孝―懐古形式の歌』（Vọng cổ Bạc Liêu Nhị thập tứ hiếu）　74, 80
「二十四孝原編」　33, 72, 79, 91, 215-217, 219, 223, 313, 345, 352-354, 371, 372, 374, 395, 396, 464-466
「二十四孝原本」　33, 91, 103, 216, 221-223, 310, 464, 466
「二十四孝詩」　181
『二十四孝詩歌』（Nhị thập tứ hiếu thi ca）　77, 80
「二十四孝詩選解説」　42
「二十四孝図」　i, 31, 35
『二十四孝図説』　41, 43
『二十四孝全集』（Nhị thập tứ hiếu toàn tập）　78, 80
『二十四孝、二十四の孝行の鑑』（Nhị thập tứ hiếu : Hai mươi bốn tấm gương hiếu thảo）　75, 80
「二十四孝別集」　72, 79, 103, 215, 217, 313, 345, 352, 372-396, 465, 466
「二十四孝別録」　221, 372, 373, 395, 398
『日記故事』　ii, 31-33, 35, 37, 38, 41, 42, 91, 92, 103, 215-217, 223, 230, 246, 257, 259, 313, 324, 395, 451, 462, 464, 466
「日記故事九巻」　33
『二度梅演歌』　98
『日本国語大辞典』　104
『日本随筆大成』　42
『二味集』（Nhị vị tập）　348, 349

は行

『排外謬見列伝』（Bài ngoại mậu kiến liệt truyện）　404
『ハノイの著名人』（Danh nhân Hà Nội）　96, 158, 159, 396
万暦三十九年版（『日記故事』系「二十四

490

孝」）33, 91, 216, 223, 464
『東アジア文化交渉研究』26
『筆華随録』（Bút hoa tùy lục）404
『百悦集』（Bách duyệt tập）349
『百官謝表』98
『百孝図』238, 239, 242, 246, 310
『百孝図説』310
『百司職制』97
「平松家本」（『孝行録』）35
『広島東洋史学報』26
『閩行雑詠草』98
『閩行詩草』98
『閩行詩話集』98
『フエ漢喃遺産』（Di sản Hán Nôm Huế）341
「附国音雑記」68, 99
「浮沙田記」71
「婦箴便覧」68, 98, 99
「賦則新選」98
『撫蛮雑録』（Phủ man tạp lục）404
「不風流伝」68, 98, 99
『文学字典』新版（Từ điển văn học bộ mới）96, 98, 158, 159, 346, 396, 454
『文化交渉　東アジア文化研究科院生論集』27
「文昌帝君勧孝文」69
「文昌帝君百字銘」71
『屏書遺宝』98
『兵制表疏』98
『ベトナム各王朝の避諱文字の研究』（Nghiên cứu chữ húy Việt Nam qua các triều đại）174
『ベトナム漢喃遺産—書目提要』（Di sản Hán Nôm Việt Nam - thư mục đề yếu）69, 70, 86, 87, 343
『ベトナム漢喃の作家の字、号』（Tên tự tên hiệu các tác gia Hán Nôm Việt Nam）158, 204, 315, 341, 346, 396, 454

『ベトナム作者たちの略伝』（Lược truyện các tác gia Việt Nam）92, 157, 176, 178, 203, 204, 346, 396, 400, 454
『ベトナム社会主義共和国の刑事法』（Bộ luật hình sự của nước Cộng hòa xã hội chủ nghĩa Việt Nam）84
『ベトナム社会主義共和国の婚姻家族法』（Bộ luật Hôn nhân và gia đình của nước Cộng hòa xã hội chủ nghĩa Việt Nam）84
『ベトナム儒教の諸問題』（Một số vấn đề về nho giáo Việt Nam）23, 54, 84, 85, 88
『ベトナム史略』（Việt Nam sử lược）23, 400, 454
『ベトナム人の親孝行の鑑』（Gương hiếu thảo của người Việt）46, 57
『ベトナムにおける儒教』（Nho giáo ở Việt Nam）23, 25-27
『ベトナムにおける信仰およびその文化』（Tín ngưỡng và văn hóa tín ngưỡng ở Việt Nam）85
『ベトナムにおける黎朝の儒学科挙および教育——漢字・字喃文献による』（Giáo dục và khoa cử Nho học thời Lê ở Việt Nam qua tài liệu Hán Nôm）23
『ベトナム二十の親孝行の鑑』（Hai mươi gương hiếu Việt Nam）78, 80, 405
『ベトナム漢喃板刻本』81
『ベトナムの事典』87, 88
『ベトナムの信仰』（Tín ngưỡng Việt Nam, quyển Thượng）59, 85, 449, 459
『ベトナムの風俗』（Việt Nam phong tục）85
『ベトナムの婦女』（Đàn bà nước Nam）54, 404
『ベトナム文学史起草—字喃文学』（Khởi thảo văn học sử Việt Nam - văn chương chữ Nôm）86, 400, 454

491

『ベトナム文学史要』（*Việt Nam văn học sử yếu*） 87, 92, 157, 400, 413, 454, 456
『ベトナム文化史綱』（*Việt Nam văn hóa sử cương*） 85
『ベトナム史における偉人たち』（*Danh nhân lịch sử Việt Nam*） 96, 159, 396
『返性囚説』 428-430, 452
「北斗七星之図」 71
「補正二十四孝伝衍義謌」 ii, 72, 79, 80, 83, 313, 314, 317, 319, 320, 322-324, 329, 340, 343, 399, 412, 414, 452, 462, 464, 465
『本朝孝子伝』 447
『本朝二十四孝』 447

ま行
「澳門誌行詩抄」 181
「身延本」（『全相二十四孝詩選』系「二十四孝」） 32
「妙蓮集」 318
『民族文学研究』 92
『夢海文集』（*Mộng hải văn tập*） 404
『昔と今の孝行』（*Hiếu hạnh xưa và nay*） 57, 66, 86, 157, 459, 468
『昔の親孝行の鑑』（*Những tấm gương hiếu thảo thời xưa*） 27, 57, 66, 86
『昔の人の鑑—道徳および孝行』（*Gương sáng người xưa- Đạo đức và hiếu hạnh*） 57
『名臣奏冊』 98
「明道家訓」 70
『名編輯録』 98
『蒙求集註』 113
『孟子』 106, 115, 206, 225, 451

や行
「幼学越史四字」 70
『陽岳松軒呉子文集』 98

『陽節演義』 69, 70, 80, 103, 104, 156, 185, 186, 463 464
『陽亭賦略』（*Dương Đình phú lược*） 349

ら行
『礼記』 63, 109, 113, 115, 116, 209, 421, 453
「羅仙十詠」 71
『李氏家譜』 98
『李文馥遺文』 98
『李文馥、経歴―作品』（*Lý Văn Phức Tiểu sử-Văn chương*） 96, 153
『李文馥、19世紀の作者』（*Lý Văn Phức, tác gia thế kỷ 19*） 85, 96, 98, 158, 159, 176, 178, 180, 203-205
『竜選試策』（*Long tuyển thí sách*） 404
『龍大本甲本、乙本』（『全相二十四孝詩選』系「二十四孝」） 32, 42
「倫理教科書初等クラス」（*Luân lý giáo khoa thư lớp sơ đẳng*） 55, 58, 60, 85
「倫理教科書童幼クラス」（*Luân lý giáo khoa thư lớp đồng ấu*） 55, 85
『黎朝教化条例』 84
『歴朝憲章類誌』（*Lịch triều hiến chương loại chí*） 7, 24, 25, 83, 88
『呂裁八怪綜変』 71
『魯迅全集』 467
『論語』 63, 83, 115, 451, 453
『論語愚按』 7
『論語釈義歌』 83

わ行
『我が国の歴史上の問題人物』（*Người có vấn đề trong sử nước ta*） 400, 454
『和刻本類書集成』 216, 218, 309

人名索引

あ行
青木昆陽　37, 42
足利尊氏　i
吾妻重二　iii, 12, 16, 19, 26, 27, 86, 309, 310, 455
阿悲厥　410, 443, 444, 448
アン・ヒエン（Áng Hiên）　76
伊那阿　410, 446-448
今井昭夫　24-26
岩月純一　412, 456
咽蘇瓩　410, 442, 443, 448
ヴー・ヴァン・キン（Vũ Văn Kính）　76, 78
ヴー・キエウ（Vũ Khiêu）　20
ヴー・ゴック・カイン（Vũ Ngọc Khánh）　454
ヴー・ゴック・ファン（Vũ Ngọc Phan）　159, 203
英宗（アイン・トン、Anh Tông）帝　60, 65, 409, 415, 419, 447, 456
永禎皇女　318
琰子　35, 38, 26, 28
王圻　37, 43
王脩　373, 374, 379, 380
王祥　32, 35, 38, 103, 141, 143, 224, 248, 258, 294, 295, 308, 310, 334, 353, 354, 365, 380, 452, 467
王少元　373, 374, 386
王小盾　86
王武子　35, 38
王溥　373, 388, 394
王裒　32, 33, 38, 76, 103, 137, 138, 224, 245, 246, 258, 290, 291, 308, 322, 323, 331, 353, 363, 364, 371, 452
欧陽玄　32, 39
王覽　310, 373, 374, 380

か行
カオ・ヴァン・カン（Cao Văn Cang）　85, 157, 450, 459, 466 ～ 468
カオ・トゥ・タイン（Cao Tự Thanh）　342
郭巨　i, 32, 33, 35, 38, 103, 123, 124, 165, 224, 235, 236, 258, 276, 277, 308, 323, 330, 353, 361, 450, 452, 467
郭居業　37, 39-41, 43, 64, 66, 462
郭居敬　32, 37, 39, 41, 75, 462
郭子儀　37
郭守正　37
各能　410, 445, 446, 448
ガスパルドン（E. Gaspardone）　7
狩野興以　i
花木蘭　373, 374, 384, 385
嘉隆（ザー・ロン、Gia Long）帝　20, 417, 432
刊　410-442, 448, 458
管晌　33
顏烏　373, 377, 393, 396
関帝　420
韓伯兪　373, 383
漢文　226, 227, 323, 326　→漢文帝
漢文帝　32, 33, 38, 101, 108, 161, 224, 226, 227, 258, 262, 263, 308, 353, 355
キース・ウェラー・テイラー（Keith Weller Taylor）　160
姫旦　420
吉昌権公　37
姜詩　32, 33, 35, 38, 103, 125, 126, 224, 237, 238, 258, 278, 279, 308, 324, 337, 353, 360, 370, 452
許端容　345, 396
許法積　373, 374, 385
クアン・タイン（Quang Thanh）　77
グエン・クアン・ホン（Nguyễn Quang Hồng）　81, 83, 88

493

グエン・ザー・ティエウ（Nguyễn Gia Thiều）159
グエン・シン・ケー（Nguyễn Sinh Kế）2, 23, 27
グエン・スアン・ジエン（Nguyễn Xuân Diện）7, 25
グエン・タイ・トゥ（Nguyễn Tài Thư）20, 27
グエン・タイン・トゥン（Nguyễn Thanh Tùng）341
グエン・ダック・スアン（Nguyễn Đắc Xuân）341
グエン・チュオン（Nguyễn Trường）157
グエン・チョン・タット（Nguyễn Trọng Thật）73, 79
グエン・テイ・オアン（Nguyễn Thị Oanh）20, 27, 47
グエン・テイ・ガン（Nguyễn Thị Ngân）98, 101, 159
グエン・テイ・キエウ・ミン（Nguyễn Thị Kiều Minh）340-343
グエン・ト・ズック（Nguyễn Thọ Dực）24, 25, 88
グエン・ドン・チ（Nguyễn Đồng Chi）98, 159
グエン・バー・トイ（Nguyễn Bá Thời）74, 79
グエン・バー・ハン（Nguyễn Bá Hân）75, 157
グエン・ミエン・タム（Nguyễn Miên Thẩm）159
虞集 32, 39
虞韶 33
黒田彰 36, 42, 216, 219, 309, 372, 396
啓定（カイ・ディン、Khải Định）帝 314, 341, 407
元覚 35, 38, 42

阮九逢 410, 427, 448
阮久縫（グエン・クー・フン、Nguyễn Cửu Phùng）427 →阮九逢も見よ
阮居仕（グエン・ク・シー、Nguyễn Cư Sĩ）410, 434, 448, 450
権近 35
阮弘 410, 435, 448
権採 35
権準 35
阮春盎（グエン・スアン・アン、Nguyễn Xuân Áng）55, 60, 65, 410, 426, 427, 448
阮浹（グエン・ティエップ、Nguyễn Thiếp）71, 82
憲宗（ヒエン・トン、Hiến Tông）帝 13, 50
阮鷹（グエン・チャイ、Nguyễn Trãi）410, 421, 422, 448, 449
阮庭済（グエン・ディン・テー、Nguyễn Đình Tế）410, 436, 448
阮廷亮（グエン・ディン・ルオン、Nguyễn Đình Lượng）72
建福（キエン・フック、Kiến Phúc）帝 316
阮福㬷 162, 163, 456-458
阮福綿寓（グエン・フック・ミエン・トゥアン、Nguyễn Phức Miên Tuấn）316
阮文就（グエン・ヴァン・トゥ、Nguyễn Văn Tựu）410, 430, 431, 447
阮文紹（グエン・ヴァン・ティエウ、Nguyễn Văn Thiệu）430, 431
阮文亨 441
阮文程 410, 422-424, 448
阮文名（グエン・ヴァン・ザイン、Nguyễn Văn Danh）410, 425, 426, 448
阮文璙（グエン・ヴァン・リエウ、Nguyễn Văn Liêu）410, 431, 432, 448
権溥 35

索引

黔婁　252, 253, 323　→庾黔婁も見よ
江革　33, 38, 103, 133, 135, 224, 243, 244, 258, 286, 287, 308, 323, 330, 353, 359, 452
黄金燦（ホアン・キム・サン、Hoàng Kim Xán）　410, 432, 433, 433, 448
洪娙　322, 325, 465
高月槎　72, 79, 103, 215, 217, 221, 345, 352, 372, 374, 375, 395, 465
黄香　32, 35, 38, 55, 58, 65, 103, 135, 137, 224, 244, 258, 288, 289, 308, 324, 336, 353, 360, 370
黄高啓（ホアン・カオ・カイ、Hoàng Cao Khải）　55, 65-67, 72, 76, 79, 399, 400, 402-407, 409, 410, 414, 415, 430, 452-454, 462, 465, 466
黄佐炎（ホアン・タ・ヴィエム、Hoàng Tá Viêm）　349
黄山谷　32, 35, 38, 73-79, 103, 153, 224, 256, 258, 306, 308, 324, 353, 367, 452
孔子　2, 4, 9, 12, 13, 82, 319, 326, 442
黄成助　42
黄正甫　33
光中（クアン・チュン、Quang Trung）帝　83
黄庭堅　73-75, 79, 257, 307, 367
興道大王　409, 419, 420, 448
洪嫩　321, 322
ゴー・ザー・ヴァン・ファイ（Ngô Gia Văn Phái）　159
ゴー・ドゥック・ティン（Ngô Đức Thịnh）　59, 85
ゴー・ドゥック・ト（Ngô Đức Thọ）　156, 174
ゴー・ヴァン・ライ（Ngô Văn Lại）　341
胡季犛（ホー・クイ・リー、Hồ Quý Ly）　7, 13, 82

呉氏　373, 389, 390
呉時士（ゴー・ティー・シー、Ngô Thì Sĩ）　8
呉時任（ゴー・ティー・ニャム、Ngô Thì Nhậm）　7, 159
呉士連（ゴー・シー・リエン、Ngô Sĩ Liên）　2, 3, 21
胡適　466, 467
呉猛　33, 38, 74, 103, 139, 141, 224, 247, 258, 292, 293, 308, 324, 336, 353, 354, 365, 452

さ行

蔡順　32, 35, 38, 103, 127, 128, 129, 224, 238, 239, 258, 280, 281, 308, 323, 333, 353, 362, 363, 452
崔人勇　373, 388, 389
佐世俊久　13, 26
佐藤トゥイウェン（Sato Thụy Uyên）　i, iii, 24, 26, 27, 456
士燮（シー・ニエップ、Sĩ Nhiếp）　3, 10
嗣徳（トゥ・ドゥック、Tự Đức）帝　20, 54, 71, 82, 156, 162, 163, 318, 349, 397, 398, 409, 418, 447, 456, 457, 458
清水政明　24, 456
朱熹　9, 12, 13, 219
周公　4, 12, 13, 333
慈裕太后　418
祝公栄　373, 391, 392
寿昌　201, 323　→朱寿昌
朱寿昌　32, 33, 38, 103, 151, 152, 153, 224, 255, 258, 305, 308, 331, 332, 353, 354, 367, 452
朱文安（チュー・ヴァン・アン、Chu Văn An）　7, 11, 12, 24
朱文公　72, 79, 215, 217, 345, 352, 355, 373, 387, 388, 394-396, 465

495

朱瑶　92
順宗（トゥアン・トン、Thuận Tông）
　帝　7, 13, 82
舜帝　105, 107, 205, 261, 325, 467
順天太后　416, 417
紹化（ティエウ・ホア、Thiệu Hóa）郡
　公　416, 417, 452
紹治（ティエウ・チ、Thiệu Trị）帝
　20, 55, 71, 96, 97, 156, 168, 171, 203,
　214, 318, 343, 397, 397, 398, 409, 417,
　418, 448, 449, 456, 457
韶陽公主　409, 420, 421, 448
徐積　373, 391
ジョゼフ・バラ（Joseph Bara）458 →
　鱨𩽽胮（ソ・バ・ザ）も見よ
汝廷瓚（ニュー・ディン・トアン、
　Nhữ Đình Toàn）　84
子路　55, 58, 65, 114-116, 230, 231, 232,
　327, 328, 357, 468
仁宗（ニャン・トン、Nhân Tông）帝
　32, 83, 387, 415, 419
ズオン・キン・クォック（Dương Kính
　Quốc）459
ズオン・クアン・ハム（Dương Quảng
　Hàm）87, 157, 159, 454
聖宗　6, 12, 13
成祖帝　9
成泰（タイン・タイ、Thành Thái）帝
　403
錫光（テイック・クアン、Tích Quang）
　2, 10
詹応竹　33, 216
刾子　32, 33, 38, 232, 452
宣都王鏗　373, 374, 383, 384
曹娥　35, 38, 373, 376
曽子　63, 112, 323, 326, 449, 467
曽參　32, 33, 35, 38, 101, 110, 162, 224,
　227, 258, 264, 265, 308, 353, 356, 452

鱨𩽽胮（ソ・バ・ザ）　410, 438, 439, 448,
　458
孫衍峰　449
拵𡒦壁泥　410, 446, 448

た行

大舜　32, 33, 35, 38, 101, 104, 224, 258,
　260, 308, 352, 353, 355, 368, 396, 452
太宗（帝）　12, 419, 420, 340, 341
太祖帝　422
タイン・ラン（Thanh Lãng）64, 85, 454
ダオ・ズイ・アイン（Đào Duy Anh）
　61, 82, 85
竹内与之助　104
タ・ゴック・リエン（Tạ Ngọc Liễn）
　3, 23
譚鏡湖　68-70, 91, 99, 175, 180, 181, 183,
　185-203, 464
郯子　101, 117, 118, 224, 231, 232, 258,
　270, 271, 308, 323, 329, 353, 358, 369,
　396
ダン・レー・ギー（Đặng Lễ Nghi）72,
　77, 79
チン・カック・マイン（Trịnh Khắc Mạnh）
　158, 204, 341, 396, 454
チャン・ヴァン・ザウ（Trần Văn Giàu）
　7, 11, 24, 25, 45
チャン・ヴァン・ザップ（Trần Văn
　Giáp）7, 24, 157, 159, 203, 396, 454
チャン・ギアー（Trần Nghĩa）9, 10,
　11, 14, 25, 26
チャン・チョン・キム（Trần Trọng Kim）
　3, 5, 14, 23, 24, 84, 454
チャン・テイ・タイン（Trần Thị Thanh）
　341
チャン・ディン・フオウ（Trần Đình
　Hượu）6, 11, 16, 17, 24, 25
チャン・バー・チー（Trần Bá Chí）27,

索　引

86

仲由　33, 38, 101, 114, 224, 230, 231, 258, 268, 269, 308, 353, 357, 452

チュー・ラン・カオ・フィ・ジュ（Chu Lang Cao Huy Giu）　64, 85, 157

チュオン・タウ（Chương Thâu）　396

チュオン・ヴィン・キー（Trương Vĩnh Ký）　413

チュオン・ヒウ・クイン（Trương Hữu Quýnh）　159

趙娥　373, 377, 378

張甘榴（チュオン・カム・ルウ、Trương Cam Lựu）　55, 65-67, 72, 76, 78, 79, 400, 404-407, 409, 411, 414, 415, 423, 449, 452-454, 458, 462, 465, 466

趙景真　373, 374, 381

趙孝宗　35, 38

張孝張礼　33, 38

張瑞　216

趙佗　2, 23

陳義　86

陳鏡如　43

陳荊和　23, 24, 26, 84, 88, 456, 457

陳国峻（チャン・クオック・トゥアン、Trần Quốc Tuấn）　419, 420

陳秀穎（チャン・トゥ・ジン、Trần Tú Dĩnh）　68-70, 91, 99, 100, 175-179, 181, 183, 185-201, 203, 206, 214, 464

陳名案（チャン・ザイン・アン、Trần Danh Án）　69

陳名琳（チャン・ザイン・ラム、Trần Danh Lâm）　70

坪井善明　15-18, 25, 26

程頤　9, 13

鄭楒（チン・ゾアイン、Trịnh Doanh）王　83

程顥　9, 13

帝舜　74, 225, 322, 323, 325

貞愼皇女　318

丁蘭　32, 33, 35, 38, 103, 129, 131, 224, 240, 241, 258, 282, 283, 308, 323, 333, 334, 353, 361, 372, 452

ディン・カック・トゥアン（Đinh Khắc Thuận）　4, 23, 86

ディン・スアン・ラム（Đinh Xuân Lâm）　396

田真　33, 35, 38

トアン・アイン（Toan Ánh）　61, 85, 450, 459

ドアン・チュン・コン（Đoàn Trung Còn）　43

ドアン・レー・ザン（Đoàn Lê Giang）　3, 23

董永　32, 33, 35, 38, 103, 121, 122, 165, 224, 234, 235, 258, 274, 275, 308, 323, 329, 353, 359, 452

陶侃　373, 374, 381

鄧輝熠（ダン・フイ・チュー、Đặng Huy Trứ）　59, 72, 79, 217, 313, 345-350, 352, 354, 371, 374, 395, 396

同慶（ドン・カイン、Đồng Khánh）帝　317

鄧元謹（ダン・グエン・カン、Đặng Nguyên Cẩn）　70, 71

鄧泰芳（ダン・タイ・フォン、Đặng Thái Phương）　7, 82

ドー・ドゥック・ヒエウ（Đỗ Đức Hiểu）　158, 159, 396, 454

唐夫人　32, 33, 38, 73-79, 103, 149, 224, 253, 254, 258, 302, 303, 308, 324, 337, 353, 366, 452

鄧文添　93-95, 346, 348

唐碧　310, 398

禿氏祐祥　42

徳田進　27, 32, 37, 42, 43

杜俊大（ドー・トゥアン・ダイ、Đỗ

497

Tuấn Đại) 41, 68-70, 91, 94, 99, 103, 175, 176, 178-183, 185-203
杜発（ドー・ファット、Đỗ Phát） 68, 69
冨田健次 40, 81, 87

な行

長沢規矩也 216, 309
ニディ・マハージャン（Nidhi Mahadjan） 310
ニャー・ウェン（Nhã Uyển） 75
任延（ニャム・ジエン、Nhâm Diên） 2, 3, 10

は行

裴輝賛 410, 438, 448
裴輝璧（ブイ・フイ・ビック、Bùi Huy Bích） 83
裴秀 373, 382
伯瑜 33, 35, 38, 42
橋本草子 31-33, 41, 42
潘輝注（ファン・フイ・チュー、Phan Huy Chú） 24, 25, 83, 88
范元蛤 409, 411, 423
范阮攸（ファム・グエン・ズー、Phạm Nguyễn Du） 7, 24
范泓 376
潘三省（ファン・タム・ティン、Phan Tam Tinh） 410, 437, 448
范春魁 409, 411, 343
潘清簡（ファン・タイン・ザン、Phan Thanh Giản） 20
范庭碎（ファム・ディン・トアイ、Phạm Đình Toái） 83
范道甫（ファム・ダオ・フー、Phạm Đạo Phủ） 69
潘佩珠（ファン・ボイ・チャウ、Phan Bội Châu） 14, 15

潘孚先（ファン・フー・ティエン、Phan Phu Tiên） 21
潘文閣 87
飛卿 421
人見卜幽軒 43
閔子 114, 323, 327, 356
閔子騫 56, 114, 266, 267, 327, 467
閔損 32, 33, 35, 38, 55, 65, 101, 112, 224, 229, 230, 258, 308, 353, 354, 356, 357, 369, 452
ファン・ヴァン・カク（Phan Văn Các） 7
ファン・ケー・ビン（Phan Kế Bính） 61, 85, 450
ファン・ゴック（Phan Ngọc） 11, 25
ファム・コン・ソン（Phạm Côn Sơn） 86, 466, 467
ファン・ダイ・ゾアン（Phan Đại Doãn） 4, 8, 9, 17, 21, 23, 25-27, 47, 84, 85, 88, 159, 318, 343
ファン・トゥアン・アン（Phan Thuận An） 341
ファン・ミ（Phan My） 76
フイ・ティエン（Huy Tiến） 78
フィ・ホアン（Phi Hoằng） 74, 87
文王 352, 373-375
文昌帝君 409
ホア・バン（Hoa Bằng） 64, 85, 100, 101, 158, 159, 203
ホアン・フー・ゴック・ファン（Hoàng Phủ Ngọc Phan） 75
鮑山 35, 38
麗氏 126, 324, 337, 360
包拯 373, 374, 386, 387
茅容 373, 374, 378
ポール・ドゥメール（Paul Doumer） 14
ポール・ボー（Paul Beau） 14

ま行

マイ・クオック・リエン（Mai Quốc Liên） 2, 23
明命（ミン・マン、Minh Mạng）帝 20, 51, 54, 55, 65, 96, 97, 314-316, 318, 320, 409, 416, 417, 424, 430, 433, 448, 457, 462
綿寯（ミエン・トゥアン、Miên Tuấn）皇子 ii, 59, 72, 79, 83, 313-316, 318, 320, 322, 340, 342, 462, 464-466
綿審皇子 318
綿寊皇子 318
孟宗 32, 33, 35, 38, 71, 74, 103, 145, 146, 224, 250, 251, 258, 298, 299, 308, 343, 353, 354, 364, 452
孟尊 71, 323, 334, 335, 364
桃木至朗 87, 457

や行

八尾隆生 342
山崎美成 43
湯浅邦弘 459
熊大木 33
庾黔婁 33, 35, 38, 76, 103, 147, 148, 224, 253, 258, 300, 301, 308, 332, 353, 354, 366, 371, 452
楊香 32, 33, 35, 38, 74, 103, 143, 144, 224, 249, 250, 258, 296, 297, 308, 324, 338, 353, 354, 364, 452
楊士奇 373, 374, 392

ら行

陸績 32, 33, 35, 38, 69, 70, 74, 103, 131, 133, 185, 224, 241, 242, 258, 284, 285, 308, 324, 335, 353, 363, 452, 468
李常傑（リー・トゥオン・キエット、Lý Thường Kiệt） 405
李斉賢 35
李淼（リー・ミエウ、Lý Miễu） 10
李文禎 217, 349, 350
李文馥（リー・ヴァン・フック、Lý Văn Phức） ii, 18, 20, 39-41, 59, 64, 65, 67-71, 73-79, 83, 91-101, 103, 156, 157, 175-183, 185-201, 203, 206, 214, 215, 225, 226, 246, 249, 252, 253, 259, 313, 405-407, 462-466
李余 373, 379
劉殷 35, 38
劉春銀 86
劉徳称 397, 457
劉明達 35, 38
梁音 42, 219, 309
梁釗（毅菴） 68-70, 91, 99, 175, 180, 181, 183, 185-203, 211, 464
黎貴惇（レー・クイー・ドン、Lê Quý Đôn） 7, 8
レー・クイー・グー（Lê Quý Ngưu） 378
レー・シー・タン（Lê Sỹ Thắng） 9, 25
レー・ソン（Lê Sơn） 377
黎文休（レー・ヴァン・フウ、Lê Văn Hưu） 21
黎文程 423, 424
老莱子 32, 33, 35, 38, 74, 103, 119, 120, 224, 233, 258, 272, 273, 308, 328, 353, 358, 452, 467
魯義姑 35, 38
魯迅 466, 467

わ行

和田正彦 6, 8, 24, 25

著者略歴

佐藤トゥイウェン（Sato Thuy Uyen）

1974年、ベトナム・サイゴン市（現：ホーチミン市）に生まれる。ベトナム国立・ホーチミン市社会人文科学大学東洋学部卒業。関西大学大学院文学研究科博士課程前期課程総合人文学専攻国文学専修修了、同大学院東アジア文化研究科博士課程後期課程文化交渉学専攻修了。博士（文化交渉学、関西大学）。現在、関西大学文学部非常勤講師、関西大学東西学術研究所非常勤研究員、大阪大学外国語学部非常勤講師。

専攻はベトナム儒教思想史と伝統倫理、字喃文献の研究。主な論文に「ベトナムにおける「二十四孝」と字喃文献」（『東アジア文化交渉研究』東アジア研究科開設記念号、関西大学大学院東アジア文化研究科、2012年2月）、「ベトナムにおける儒教と「二十四孝」」（『東アジア文化交渉研究』第8号、2015年3月）、「ベトナムの「家訓」文献」（吾妻重二編『文化交渉学のパースペクティブ』所収、関西大学出版部、2016年7月）など。

ベトナムにおける「二十四孝（にじゅうしこう）」の研究（けんきゅう）

2017年2月28日　初版第1刷発行

著　者●佐藤トゥイウェン
発行者●山田真史
発行所●株式会社東方書店
　　　　東京都千代田区神田神保町1-3　〒101-0051
　　　　電話03-3294-1001　営業電話03-3937-0300

装　幀●クリエィティブ・コンセプト（根本眞一）
印刷・製本●モリモト印刷株式会社

定価はカバーに表示してあります。

ⓒ 2017　佐藤トゥイウェン　　Printed in Japan
ISBN978-4-497-21702-8 C3014
乱丁・落丁本はお取り替えいたします。恐れ入りますが直接小社までお送りください。
Ⓡ本書を無断で複写複製（コピー）することは著作権法上での例外を除き禁じられています。本書をコピーされる場合は、事前に日本複製権センター（JRRC）の許諾を受けてください。JRRC（http://www.jrrc.or.jp　Eメール：info@jrrc.or.jp　電話：03-3401-2382）
小社ホームページ〈中国・本の情報館〉で小社出版物のご案内をしております。　http://www.toho-shoten.co.jp/